报关管理与实务

唐俏 张永庆 编著

格致出版社 上海人民出版社

内容简介

本书结合当前国际贸易和国际物流实践、海关改革和报关业务的最新发展，系统阐述报关基础理论知识、操作实务以及业务技能等相关知识，注重理论与实务技能的有效结合。全书从中国海关对报关单位和报关员的管理制度入手，帮助学生厘清法律和行政法规相关知识，并详细梳理实践中涉及的报关程序及对应操作。以大量的案例为依托，"手把手"指导学生进行相关单据的填制和流程的把控。本书不仅适合高等院校国际经济与贸易、国际商务、物流管理、电子商务等经济与管理类相关专业本科生使用，也是外贸从业人员和报关从业人员的案头良伴，同时还可以作为报关水平测试的参考用书。

作者简介

唐俏

上海理工大学管理学院资深教师，民盟上海理工大学委员会委员。长期从事国际经济与贸易、国际贸易政策、海关管理与报关实务、国际商务谈判等领域的教学与科研工作，多次指导学生在国家级 A 类大学生创新创业与学科竞赛中获得特等奖、金奖的优异成绩，荣获优秀指导教师。

张永庆

教授，博士生导师，九三学社上海理工大学委员会原副主委，上海理工大学管理学院原副院长，上海理工大学电子商务研究院副院长，上海理工大学沪江产业经济研究所所长，上海理工大学温州技术转移中心主任。长期从事城市与区域管理、国际经济与贸易、总部经济与产业集群、产业与区域发展战略规划、企业发展战略及企业文化等领域的教学与科研工作，长期以来一直为地方政府、国内大中型企业提供发展战略规划、战略管理等咨询服务。

前　言

随着中国全面开放格局的形成，自由贸易区战略不断推进，党的二十大提出加快建设贸易强国。为适应新形势的需要，多部与跨境贸易有关的法律法规得到了修正和修订，如《中华人民共和国海关法》（2017年修正）、《中华人民共和国国境卫生检疫法》（2018年修正）、《中华人民共和国进出口商品检验法》（2021年修正）、《中华人民共和国食品安全法》（2021年修正）、《中华人民共和国进出口商品检验法实施条例》（2022年修订）等。截至2023年12月，中国已签署了21个自由贸易协定（Free Trade Agreement, FTA），涉及超过26个国家和地区。中国FTA网络空间格局已形成，由此形成的错综复杂的原产地规则给海关原产地管理带来了挑战。此外，2013年9月29日，中国第一个自由贸易试验区——中国（上海）自由贸易试验区正式挂牌成立，经过十多年的发展建设，全国已建立了超过20个自贸试验区。中国海关大力深化改革，推行贸易便利化措施，进一步优化营商环境。特别是在党的十九大以来，中国海关进行了一系列的改革，出台了一系列的改革措施和方案。2017年7月1日，全国通关一体化全面实施；2018年国务院机构改革，出入境检验检疫管理职责和队伍划入海关总署，实行关检融合。在现代信息技术的支持下，中国海关在监督管理和流程优化方面推出了一系列措施来改善进出口贸易条件、提高通关效率、服务开放大局和外贸新业态、助力"双循环"、加强海关AEO国际互认合作等改革措施，中国海关在逐步完善安全监管制度体系、打造海关监管新模式、深度参与国际规则制定等方面进行着持续的改革。海关管理与实务相关的教材也需紧跟实际，不断更新。

在此背景下，本教材根据国际贸易和国际物流的发展趋势，结合编者多年的教学经验和对海关管理学科的深入研究编写而成。本教材的编写遵循理论与实践紧密结合的原则，围绕中国海关的基本法——《中华人民共和国海关法》来阐述基本知识和原理，全书内容涵盖报关管理和实务的基础知识、业务操作和业务技能。

作为贸易与管理类本科专业的教材，本教材突出了以下几个特点：

第一，前沿性。本教材将报关管理和实务中的最新概念、前沿理论、最新政策法规（相关政策、法律、法规更新至2023年12月）、贸易新业态和新监管方式、具体的操作流程都尽可能地呈现出来，让学生比较全面地掌握最新的知识和海关监管要求，体现了时效性。

第二，通俗性。报关实务是海关法律法规在实践中的体现，内容繁杂，法条枯燥。因此，在教材的编写体例方面，采用国际上优秀商科教材的范式，每一章通过学习导图、开篇案例、知识链接、提示、应用案例、思考等栏目和资料，以及流程图、表格等形式，帮助学生理解相关知识点及前沿问题，通俗易懂。

第三，应用性。在阐述报关管理理论的同时，注重对学生实际操作能力的培养和锻炼。通过大量的应用案例和课后的练习题、技能实训题，突出对基本理论、基本技能的掌握和应用能力的培养。

本教材含有丰富的"课程思政"内容，在每一章的开篇，编者挖掘了本章可能涵盖的课程思政元素。全书的思政内容主要从两个维度来体现，一是本教材思政的基础，即从海关的性质——"中华人民共和国海关是国家的进出关境监督管理机关"，以及海关的职责和任务等方面，让学生充分理解海关在进出境事务活动的监督管理过程中，如何守好国家的经济大门。二是从"诚信守法"和"爱岗敬业"两方面来体现该课程思政的核心内容。特别是"诚信守法"，这是报关工作的底线。在"诚信便捷通关、失信严格监管""诚信联合奖励、失信联合惩戒"的制度安排下，诚信守法经营既是报关企业的立足之本，也是企业长远发展的基础。对个人而言，诚信既是报关员品德修养的基本要求，也是报关员在行业立足发展的必然要求。

在编写过程中，编者参考了大量国内外的相关教材和著作，以及网络资料，并引用了其中许多观点和内容，限于篇幅，未一一注明出处，在此一并表示感谢。格致出版社各位编辑在统稿和编辑加工中提出了中肯的意见和建议，上海理工大学的硕士研究生刘洁对本教材的图表和部分案例有所贡献，在此表示感谢。

本教材是 2022 年上海理工大学一流本科系列教材建设的成果。

由于编者水平有限，难免有疏漏和错误之处，敬请读者批评指正。

编者
2024 年 1 月

目 录

第 **1** 章 认识海关

通过本章的学习，让学生深刻理解中国海关的性质、职责和任务，充分理解海关在服务国家发展对外经济贸易的同时，如何守好祖国的经济大门。通过了解中国海关的历史沿革以及中国对外贸易的发展概况，激发学生的爱国情怀和民族自豪感。

课程知识目标

§ 掌握中国海关的性质、任务，以及中国关境的范围；

§ 熟悉中国海关的权力特点、种类及适用范围；

§ 熟悉中国海关的管理体制和组织机构；

§ 了解关检融合的基本知识。

学习导图

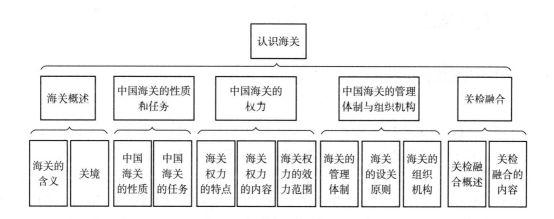

入境木质包装要申报吗?

A 公司申报进口一批货物,海关工作人员现场查验时发现,其货物的木质包装未被申报且无 IPPC 标识。经海关查实,未申报行为系 B 公司(报检企业)工作人员未认真核实 A 公司提交的单证及货物真实情况所致,故依据《中华人民共和国进出境动植物检疫法实施条例》第十九条的规定,对该批无 IPPC 专用标识的木质包装作销毁处理,同时依据《中华人民共和国进出境动植物检疫法实施条例》第五十九条第一款第一项的规定对 B 公司作出相应处罚。

B 公司辩称,木质包装不属于植物产品或其他检疫物,不需要进行申报。并且,该公司并非收货人及实际货主,申报不实的后果应当由收货人 A 公司承担。其与 A 公司的纠纷应当由民事法律关系规制,海关不应对其作出处罚。

启示:进出境货物木质包装是国际贸易中林木害虫的重要载体和传播介质。报关单为此专门设置了"包装种类""其他包装"等栏目,收货人、报检企业要充分认识木质包装规范申报的重要性,如实提供资料并填报。需要实施木质包装检疫的货物,除特殊情况外,未经海关同意,不得擅自卸离运输工具、运递及拆除或遗弃木质包装。

资料来源:王果,《进境木质包装要申报吗?》,《中国海关》2021 年第 10 期。

进一步思考:

(1)什么是 IPPC 专用标识?

(2)木质包装入境是否应当向海关申报?

(3)海关能否对报检企业进行处罚?

1.1 海关概述

1.1.1 海关的含义

自古以来,许多国家都在边境上设立关卡。当时的关,有"防守""要塞"的含义,由于管理功能单一、制度不健全,所以还比较原始,与现代意义上的海关有一定区别。例如,古希腊罗马时期的海关,其主要功能是防止奴隶外逃和外敌入侵。在战争时期,关卡封闭,戒备森严,海关俨然成了军事要塞。中国古代文献中也出现了类似的记载,如"古者,境上为关""关,要塞也"等。由此可见,中国古代海关与设在边境要塞上的关隘有着直接的渊源。[①]

_____

① 古时的關字,由"門"字演绎而来,是进出国境的关口、国家的门户。

海关是国家发展到一定阶段的产物，海关机构是随着国家机器的不断完善才逐步健全起来的。一个国家在国家机器和政治制度比较完备，对外经济交往日益增多的情况下，为了维护自己的主权，同时也为了维护自己的利益，才设立海关，对出入境的货物和人员进行监督管理。古代统治阶级为了维护其自身利益的需要，将关的军事功能不断延伸，关的设立由边境推向境内。之后，随着封建社会生产力的发展，对外贸易和国际交往的扩大，早期海关开始突破原始的军事功能，在经济方面的作用日益加强。从中国春秋时期出现的"关市之征"开始，历代统治阶级都把征收关税作为海关的一项重要工作。而在资本主义社会，随着人类生产技术的进步，特别是对外贸易在西欧国家和全球迅速发展以后，海关的地位和作用明显加强。在资本主义发展前期，海关执行保护关税政策，重视关税的征收，并建立了一套周密、繁琐的管理征税制度。20世纪以来，特别是第二次世界大战以后，海关管理的内涵和外延不断扩大，除了继续与各国的对外贸易保持密切的联系外，还与军事、外交、科技、教育、文化、旅游等领域息息相关。

由此可见，国际范围内对海关的核心职能基本具有一致的认识，即征收关税和对进出境贸易及相关活动实施管理。《关于简化和协调海关业务制度的国际公约》(International Convention on the Simplification and Harmonization of Customs Procedures，以下简称《京都公约》) 对海关的定义为：海关是指负责海关法的实施、税费的征收并负责执行与货物的进口、出口、移动或存储有关的其他法律、法规和规章的政府机构。① 也就是说，海关是各国设在关境上依法处理进出境事务活动的国家行政监督管理机关。

提示 | 世界各国海关的职能和隶属关系除征收关税一致外，其余各不相同。例如，美国在"9·11"恐怖袭击后成立了国土安全部，海关隶属于国土安全部，分为两个职能部门：海关与边境保卫局（U.S. Customs and Border Protection，CBP）和移民及海关执法局（U.S. Immigration and Customs Enforcement，ICE），分别负责边境执法和案件调查。

1.1.2 关境

关境是各国海关通用的概念，它是指实施同一海关法规和关税制度的境域，即国家或地区行使海关主权的执法范围。世界海关组织（WCO）将关境定义为：完全实施同一海关法的地区。简言之，关境就是一个国家的海关法所适用的范围。与关境相对应的一个概念是国境，它是指一个国家行使主权的领土范围，包括领土、领海、领空。关境和国境都是一个立体的概念。

一般情况下，关境与国境的范围是一致的，但是，在特殊情况下，二者也会存在差异。如果几个国家或地区结成关税同盟，实施统一的海关法规和关税制度，则组成一个共同关境。由于其成员的货物在彼此的国境间进出不会被征收关税，此时关境大于其成员各自的

---

① 参见李延等主编，海关总署国际合作司编译：《关于简化和协调海关制度的国际公约（京都公约）总附约和专项附约指南》，中国海关出版社2003年版。

国境。例如，《欧盟海关法典》中对统一欧盟关境的规定便是如此。在历史上，法国与摩纳哥公国曾于 1963 年签订过海关公约，根据该公约的规定，摩纳哥公国全部领土划入法国的关境，这样，当时法国的关境就大于其国境。若一国国内设立有保税区、保税仓库、自由港、自由贸易区、单独关税区等特定区域，则该国的国境大于其关境。

💡 **思考** 中国的国境是大于、小于还是等于关境？为什么？

提示 | 单独关税区是指"享有单独关境地位"的地区，它是世界贸易组织允许存在的一种形式。世界贸易组织规定，经其主权国家的声明和证实，一个地区可以单独成为世界贸易组织成员，由此产生了所谓的"单独关税区"。在一个主权国家国境内可设一个或一个以上的单独关税区。1995 年 12 月，中国政府与世界贸易组织达成协议，在一个中国的原则下，中华人民共和国申请加入世界贸易组织，允许中国台湾当局以"中国台澎金马关税区域"的身份申请加入世界贸易组织。目前，中华人民共和国香港特别行政区、中华人民共和国澳门特别行政区和中国台湾地区都是单独关税区，实行各自的海关法律制度和关税制度。

1.2 中国海关的性质和任务

《中华人民共和国海关法》(以下简称《海关法》)以立法的形式明确表述了中国海关的性质与任务。《海关法》第二条规定："中华人民共和国海关是国家的进出关境监督管理机关。海关依照本法和其他有关法律、行政法规，监管进出境的运输工具、货物、行李物品、邮递物品和其他物品，征收关税和其他税、费，查缉走私，并编制海关统计和办理其他海关业务。"

1.2.1 中国海关的性质

《海关法》第二条明确规定了中国海关的性质，即"中华人民共和国海关是国家的进出关境监督管理机关"。可以从以下三个方面来理解中国海关的性质。

1. 中国海关是国家行政机关

中国的国家机关包括享有立法权的立法机关、享有司法权的司法机关和享有行政管理权的行政机关。中国海关是国家的行政机关之一，从属于国家行政管理体制，中华人民共和国海关总署是最高国家行政机关国务院的直属机构。海关对内、对外代表国家依法独立行使行政管理权。

2. 中国海关是国家进出境监督管理机关

中国海关履行国家行政制度的监督职能，是国家宏观管理的一个重要组成部分。海关依照有关法律、行政法规，通过法律赋予的权力制定具体的行政规章和行政措施，对特定领域的活动开展监督管理。海关监督管理的范围是进出关境及与之有关的活动、场所。监督管理的对象是所有进出境的运输工具、货物和物品。

3. 中国海关的监督管理活动是国家的行政执法活动

中国海关执法的依据是《海关法》和其他有关法律、行政法规。这里的"其他有关法律、行政法规"，是指由全国人民代表大会或其常务委员会制定的与海关进出境监督管理相关的法律，以及由国务院制定的行政法规。海关事务属于中央立法事权，立法者为全国人民代表大会及其常委，以及国务院。除此以外。海关总署也可以根据法律和国务院的法规、决定、命令制定规章，作为执法依据的补充。地方人民代表大会和地方人民政府不得制定海关法律规范，其制定的地方法规、地方规章也不是海关执法的依据。

1.2.2 中国海关的任务

海关的任务也是海关的职责。《海关法》规定了中国海关的四项基本任务／职责：第一，监管，即监管进出境的运输工具、货物、行李物品、邮递物品和其他物品；第二，征税，即征收关税和其他税、费；第三，查私，即查缉走私；第四，统计，即编制海关统计。2018 年 4 月，按照《深化党和国家机构改革方案》，出入境检验检疫管理职责和部门归入海关，即关检融合。由此，海关在传统任务基础上又新增了检验检疫职责。

1. 监管

监管是海关最基本的任务，是各项任务的基础。海关监管是指海关运用国家赋予的权力，通过一系列管理制度与管理程序，依法对进出境运输工具、货物、物品及相关人员的进出境活动所实施的一种行政管理。海关监管是一种国家职能，其目的在于保证一切进出境活动符合国家政策和法律的规范，维护国家主权和利益。根据监管对象的不同，海关监管可分为进出口货物的监管、进出境运输工具的监管和进出境物品的监管三大体系，每个体系都有一整套规范的管理程序和方法。

提示 | 海关监管不是海关监督管理的简称，二者在海关管理中具有特定的使用场景。我们通常在阐述海关的性质时使用"监督管理"，在论述海关的任务／职责时使用"监管"。

2. 征税

关税是指由海关代表国家，按照《海关法》、《中华人民共和国进出口关税条例》（以下简称《进出口关税条例》）、《中华人民共和国进出口税则》等有关法律法规，对准许进出口的货物和进出境的物品征收的一种流转税。"其他税、费"是指在货物进出口环节，海关代征的进口环节增值税、进口环节消费税、船舶吨税等。第10章将对此进行详细阐述。

3. 查私

查缉走私是海关为保证顺利完成监管和征税等任务而采取的保障措施，是海关依照法律赋予的权力，在海关监管场所和海关附近沿海沿边规定地区，为发现、制止、打击、综合治理走私活动而进行的一种调查和惩处活动。

1998年，国务院决定在海关机关内组建由海关总署和公安部双重领导，以海关领导为主的海关缉私警察队伍。《海关法》第四条和第五条规定：国家在海关总署设立专门侦查走私犯罪的公安机构，配备专职缉私警察，负责对其管辖的走私犯罪案件的侦查、拘留、执行逮捕、预审。国家实行联合缉私、统一处理、综合治理的缉私体制。海关负责组织、协调、管理查缉走私工作。各有关行政执法部门查获的走私案件，应当给予行政处罚的，移送海关依法处理；涉嫌犯罪的，应当移送海关侦查走私犯罪公安机构、地方公安机关依据案件管辖分工和法定程序办理。

4. 统计

海关统计是以实际进出境并引起境内物质存量增加或减少的货物、物品作为统计和分析对象，通过收集、整理、加工、处理进出口货物报关单或经海关核准的其他申报单证，对进出口货物的品种、数量、价格、国别、经营单位等分别进行统计和分析，全面准确地反映对外贸易的运行态势，及时提供统计信息和咨询。海关统计是中国进出口货物的贸易统计，是国民经济统计的重要组成部分，是国家制定贸易政策、宏观调控、实施海关高效管理的重要依据，是研究中国对外经济发展和国际经济贸易关系的重要资料。

5. 检验检疫

2018年4月20日起，原中国出入境检验检疫部门正式并入中国海关，统一以海关名义对外开展工作。对进出口货物实施检验检疫，是国家赋予海关的一项重要职责。海关根据中国有关法律、行政法规和中国政府所缔结或参加的国际条约，对进出中国国境的货物及其包装、物品及其包装、交通运输工具及运输设备和进出境人员实施检验检疫监督管理，包括国境卫生检疫、进出口动植物检疫、进出口食品检验检疫、进出口商品检验。其目的是维护国家荣誉和对外贸易有关当事人的合法权益，保护人民生命财产安全。

除了上述海关职责外，近年来，随着社会的发展和国际形势的变化，在中国进一步深化改革、优化营商环境、促进贸易便利化的背景下，海关在贸易安全与便利的维护、知识产权的海关保护、原产地的管理、国际贸易争端的协助解决、贸易救济和贸易保障的实施、国际反恐的参与和核扩散的防止、国际海关的合作等非传统职能任务方面发挥着越来越重要的作用。随着中国对外经贸关系的不断深化发展，海关的新职能和新任务还会不断增加。

1.3　中国海关的权力

海关权力是指国家为保证海关能充分履行自身的职能，有效维护国家的主权和利益，国家通过法律、法规赋予海关对进出境运输工具、进出口货物、进出境物品的监督管理权能。海关权力属于行政职权，其行使有一定范围和条件，并应当接受执法监督。

1.3.1　海关权力的特点

海关权力作为一种行政权力，除了具有一般行政权力的单方性、强制性、无偿性等基本特征外，还具有以下特点：

1. 特定性

海关是国家的进出关境监督管理机关，明确了海关享有对进出关境的活动进行监督管理的行政主体资格，除海关外的其他任何机关、团体和个人都不具备行使海关权力的资格，也不享有这种权力。海关权力的特定性，还体现在对海关权力的限制上，即这种权力只适用于进出关境监督管理领域，而不适用于其他场合。

2. 独立性

《海关法》第三条规定："海关依法独立行使职权，向海关总署负责。"也就是说，海关行使职权只对法律和上级海关负责，而不受地方政府、其他机关、企事业单位或个人的干预。

3. 效力先定性

这一特点意味着，海关的行政行为一旦做出，就应推断为合法，对海关本身及海关管理相对人都具有约束力。《海关法》第六十四条规定："纳税义务人同海关发生纳税争议时，应当缴纳税款，并可以依法申请行政复议；对复议决定仍不服的，可以依法向人民法院提起诉讼。"在没有被国家有关机关宣布为违法和无效之前，按照"国家意思先定力"的原则，即使管理相对人认为海关的行政行为侵犯其合法权益，也应该遵守和服从。

4. 优益性

优益性的意思是，海关在行使职权时，依法享有一定的行政优先权和行政受益权。行政优先权是国家为保障海关有效行使职权而赋予海关职务上的优先条件；行政受益权是海关享受国家提供的各种物质优惠条件，如直属中央的财政经费等。

提示| 权力是指一定的机关或组织依法具有的支配力量，而权利是指国家机关、社会组织和自然人可以依法进行一定作为和不作为的资格，由相应的义务所保证的利益、自由和权能。海关权力和权利的主要区别有：

（1）海关权力的主体是国家行政机关，公民不能作为海关权力主体，而权利主体除了国家机关或组织，还可以是自然人。

（2）海关行使权力的行为属于国家行为，而享受权利的行为不属于国家行为。

（3）海关权力是指法律所确认的权能和支配力，权利是指法律所赋予的自由和利益。因此在使用时，对权力称"行使"，对权利则称"享受"。

（4）海关权力的实现取决于海关自身的权力行为，不以相对人的态度和行为为转移，因此，海关权力行为具有单方性。而权利的实现一般取决于义务人相应的行为，因而多不具有单方性。

（5）海关权力不能自由处置，否则行为人应当承担法律责任；而权利可以相对自由地放弃或转让。

海关权力与权利又有密切联系，权力来源于权利，权利是目的，而权力则是实现和维护权利的手段。

1.3.2　海关权力的内容

根据《海关法》及有关法律、行政法规的规定，海关作为国家行政管理机关，具有一般行政机关所必需的行政许可权、税费征收权、行政监督检查权、行政强制权、行政处罚权等，同时，海关作为进出境的监督管理机关，还具有一些特定的、独立的权力，如行政裁定权、佩带和使用武器权、连续追缉权等。虽然出入境检验检疫管理职责和部门已并入海关，但在目前尚未系统出台新的法律和行政法规的情况下，本教材对海关权力内容的表述暂不作变更。下面对一些主要的权力进行阐述。

1. 行政监督检查权

行政监督检查权包括六个方面的内容：（1）检查权；（2）查验权；（3）查阅、复制权；（4）查问权；（5）查询权；（6）稽查权。

（1）检查权。海关行使检查权的内容有：检查进出境运输工具、货物及物品；在海关监管区和海关附近沿海沿边规定地区，检查有走私嫌疑的运输工具和有藏匿走私货物、物品嫌疑的场所，检查走私嫌疑人的身体；在海关监管区和海关附近沿海沿边规定地区以外，海关在调查走私案件时，对有走私嫌疑的运输工具和除公民住处以外的有藏匿走私货物、物品嫌疑的场所，经直属海关关长或者其授权的隶属海关关长批准，可以进行检查，有关当事人应当到场；当事人未到场的，在见证人在场的情况下，可以径行检查。

提示 | 海关不能检查公民住处。

（2）查验权。海关有权查验进出境货物、物品，海关认为必要时可以径行提取货样。

（3）查阅、复制权。海关有权查阅进出境人员的证件，查阅、复制与进出境运输工具、货物、物品有关的合同、发票、账册、单据、记录、文件、业务函电、录音录像制品和其他资料。

（4）查问权。海关有权对违反《海关法》或者其他有关法律、行政法规的嫌疑人进行询问。

（5）查询权。在调查走私案件时，经直属海关关长或者其授权的隶属海关关长批准，海关有权查询案件涉嫌单位和涉嫌人员在金融机构、邮政企业的存款、汇款。

（6）稽查权。海关有权在规定的期限内对被稽查人的会计账簿、会计凭证、报关单证及其他有关资料和有关进出口货物进行核查，监督被稽查人进出口活动的真实性和合法性。

2. 税费征收权

税费征收权是指海关有权依据有关法律、法规的规定，对进出境货物、物品和运输工具征收税、费。这项权力还包括，依法对特定的进出口货物、物品减征或免征关税，对海关放行后的有关货物、物品，发现少征或者漏征税款的，依法补征、追征，有权征收滞纳金与滞报金。

3. 行政许可权

海关行政许可权是指海关依据有关法律、法规的规定，经国务院批准，对公民、法人或者其他组织的申请依法审查，并准予其从事与海关进出境监督管理相关的特定活动的权力。海关行政许可事项清单见表1.1。

表1.1　海关行政许可事项清单（截至2022年1月）

事项名称	实施机关	设定和实施依据
保税仓库设立审批	直属海关（由所在地主管海关受理）	《海关法》《中华人民共和国海关对保税仓库及所存货物的管理规定》
出口监管仓库设立审批	直属海关（由所在地主管海关受理）	《海关法》《中华人民共和国海关对出口监管仓库及所存货物的管理办法》

事项名称	实施机关	设定和实施依据
免税商店经营许可	海关总署	《海关法》《中华人民共和国海关对免税商店及免税品监管办法》
保税物流中心设立审批	海关总署会同财政部、税务总局、国家外汇局（由直属海关受理）；直属海关（由所在地主管海关受理）	《海关法》《中华人民共和国海关对保税物流中心（A型）的暂行管理办法》《中华人民共和国海关对保税物流中心（B型）的暂行管理办法》
海关监管货物仓储企业注册	直属海关或者隶属海关	《海关法》《中华人民共和国海关监管区管理暂行办法》
过境动物、进境特定动植物及其产品检疫审批	海关总署或者其授权的直属海关	《中华人民共和国进出境动植物检疫法》《中华人民共和国进出境动植物检疫法实施条例》
出境特定动植物及其产品和其他检疫物的生产、加工、存放单位注册登记	直属海关	《中华人民共和国进出境动植物检疫法实施条例》
进出境动植物检疫除害处理单位核准	直属海关	《中华人民共和国进出境动植物检疫法实施条例》
特殊物品出入境卫生检疫审批	直属海关	《中华人民共和国国境卫生检疫法实施细则》
国境口岸卫生许可	直属海关或者隶属海关	《中华人民共和国国境卫生检疫法》《中华人民共和国食品安全法》《中华人民共和国国境卫生检疫法实施细则》《公共场所卫生管理条例》

4. 行政强制权

行政强制权主要包括五个方面的内容：（1）扣留权；（2）封存权；（3）税收保全权；（4）提取货物变卖、先行变卖权；（5）强制扣缴权和变价抵缴关税权。

（1）扣留权。

海关有权对违反海关法律、法规的进出境运输工具、货物和物品，以及与之有关的凭证、文件、资料等进行扣留。对涉嫌侵犯知识产权的货物，海关可以依法申请扣留。对走私犯罪嫌疑人，经直属海关关长批准，可以限时扣留审查。具体内容见表1.2所示。

表1.2　海关行使扣留权的相关内容

扣留的对象	适用范围	扣留的依据	行使扣留权的形式
运输工具、货物、物品和与之有关的合同、发票、账单、单据、记录和其他资料	无区域限制	违反《海关法》或者有关法律、行政法规	直接扣留
涉嫌侵犯知识产权	"两区"内	《海关法》《中华人民共和国知识产权海关保护条例》	依权利人的申请扣留
有藏匿走私嫌疑的运输工具、货物、物品	"两区"内	违反《海关法》或者有关法律、行政法规	须经直属海关关长或者其授权的隶属海关关长批准可以扣留
	"两区"外	有走私嫌疑的证据、证明	可直接扣留
走私嫌疑人	"两区"内	有走私嫌疑	经直属海关关长或者其授权的隶属海关关长批准，扣留时间最多为24小时，特殊时最多为48小时
	"两区"外		不能扣留

注："两区"是指海关监管区和海关附近沿海沿边规定地区。

（2）封存权。

海关进行稽查时，发现被稽查人有可能转移、隐匿、篡改、毁弃账簿和单证等有关资料的，经直属海关关长或者其授权的隶属海关关长批准，可以查封、扣押其账簿、单证等有关资料以及相关电子数据存储介质。采取该项措施时，不得妨碍被稽查人正常的生产经营活动。

（3）税收保全权。

进出口货物纳税义务人在海关依法责令其提供纳税担保，而纳税义务人不能提供纳税担保时，经直属海关关长批准，海关可以采取相应税收保全措施，书面通知纳税义务人、开户银行或者其他金融机构，暂停支付纳税义务人相当于应纳税款的存款，或扣留纳税义务人价值相当于应纳税款的货物或其他财产。

（4）提取货物变卖、先行变卖权。

进口货物的收货人自运输工具申报进境之日起超过3个月未向海关申报的，其进口货物由海关提取并依法变卖处理；属误卸或者溢卸的进境货物，在规定期限内未向海关申报的，海关有权提取并依法变卖处理；在规定期限内未向海关申报及误卸或溢卸的不宜长期保留的货物，海关可以按照实际情况依法提取并变卖处理；进口货物收货人或其所有人声明放弃的货物，海关有权依法提取并变卖处理。

（5）强制扣缴权和变价抵缴关税权。

进出口货物的纳税义务人，应当自海关填发税款缴款书之日起15日内缴纳税款；逾期

11

缴纳的，由海关征收滞纳金。纳税义务人、担保人超过3个月仍未缴纳的，经直属海关关长或者其授权的隶属海关关长批准，海关可以采取下列强制措施：书面通知其开户银行或者其他金融机构从其存款中扣缴税款；将应税货物依法变卖，以变卖所得抵缴税款；扣留并依法变卖其价值相当于应纳税款的货物或者其他财产，以变卖所得抵缴税款。

5. 行政处罚权

海关有权对不予追究刑事责任的走私行为和违反海关监管规定的行为，以及违反法律、行政法规规定由海关实施行政处罚的行为进行处罚。

6. 配备和使用武器权

海关为履行职责，可以配备武器。海关工作人员佩带和使用武器的规则，由海关总署会同国务院公安部门制定，报国务院批准。

7. 连续追缉权

进出境运输工具或者个人违抗海关监管逃逸的，海关可以连续追至海关监管区和海关附近沿海沿边规定地区以外，将其带回处理。

1.3.3 海关权力的效力范围

海关权力的效力范围包括时间效力范围和区域效力范围。海关权力的特定性决定了海关权力有特定的范围限制，正确理解和掌握海关权力的效力范围，有助于海关正确有效地行使海关执法职权，并避免滥权、越权，保障海关执法的严肃性。

1. 海关权力的时间效力范围

海关权力的时间效力范围通常体现在具体法律条文的规定中，可分为法定期限和指定期限。法定期限是指在法律条文中具体规定的时间期限，如"运输工具进境申报之日起14天内"。指定期限是指海关依照监管的职权，对进出境活动的当事人履行其义务的规定时间，这种时间期限是相对于法定期限而言，是对法定期限的一种补充。指定期限在海关监管法上没有明确的规定，但在海关监管实践中时常有运用，海关的监管起讫体系时间即为指定期间的重要体现。

（1）进出境运输工具。境外运输工具从进境起到出境止；境内运输工具从经营国际航行业务起到结束此项业务止；在境内承运海关监管货物的，从起运地装载货物起到货物运抵指运地卸货止。

（2）进出口货物、物品。进口货物、物品从进境起到办结海关手续止；出口货物、物品从申报起到出境止；过境、转运、通运货物从进境起到出境止；暂时进口货物、物品从进境起到出境止；保税货物从进境起到复运出口或办结海关手续止；特定减免税货物从进境起到解除海关监管止。

2. 海关权力的区域效力范围

海关权力的区域范围一般限于"海关监管区"和"海关附近沿海沿边规定地区"，俗称"两区"。

"海关监管区"是指设立海关的港口、车站、机场、国界孔道、国际邮件互换局（交换站）和其他有海关监管业务的场所，以及虽未设立海关，但是经国务院批准的进出境地点。

"海关附近沿海沿边规定地区"的范围，由海关总署和国务院公安部门会同有关省级人民政府确定。在国际上，沿海国为了有效地防止走私、实行防疫、执行移民法，而在邻接其领海的海域所划定的行使管辖权的区域是毗邻区。根据《中华人民共和国领海及毗连区法》的规定，中国领海为邻接中国陆地领土和内水的一带海域，宽度从领海基线起12海里。经海关总署和公安部会同有关省级人民政府确定的沿海规定的领海也是海关监管区，海关可依法行使常规监管任务。毗邻区不是海关监管区，但可以根据政府授权执行某些特殊公务。

💡 **思考** "延伸意义的领土"属于中国海关监管的场所吗？

所谓"延伸意义的领土"是指一国领域外的船舶或飞机，如中国航行在公海或外国领海的船舶。按照国际惯例，发生在这些船舶或飞机内部的刑事案件或民事案件，适用本国的法律。如《中华人民共和国刑法》规定：凡在中华人民共和国船舶或者飞机内犯罪的，也适用本法。

但是，海关货运监管法规有自己的特点，不同于刑法、民事法律的规定。出境（即超出中国领域）的船舶或飞机，在办结海关手续后即脱离中国海关的监管，中国海关货运监管法不再对其有法律效力。它们如果进入外国的领域，也应当适用该国海关法，接受该国海关的监管。这体现了海关货运监管法规的效力只依船舶或飞机所在地域，而不依其国籍的特点。同样，外国飞机或船舶进入中国领域，也必须适用中国海关货运监管法规，接受中国海关的查验和监管，按照中国法律规定办理海关手续。

1.4 中国海关的管理体制与组织机构

1.4.1 海关的管理体制

中国海关实行集中统一的垂直领导体制。《海关法》规定，"国务院设立海关总署，统一管理全国海关""海关依法独立行使职权，向海关总署负责""海关的隶属关系，不受行政区划的限制"。

海关实行垂直管理体制是改革开放和维护国家整体利益的需要。海关执行着国家统一的政策、法律和法规，必然需要垂直管理体制来保障各项政令的统一。海关是国家涉外经济宏观监管的部门，其工作具有鲜明的涉外性，需要排除各种干扰，独立行使职权，才能发挥海关维护国家主权和利益的整体效能。

1.4.2　海关的设关原则

《海关法》明确规定，"国家在对外开放的口岸和海关监管业务集中的地点设立海关。海关的隶属关系，不受行政区划的限制"。海关机构的设立和撤销由国务院或者国务院授权海关总署决定。

对外开放的口岸，是指由国务院批准，允许运输工具及所在人员、货物、物品直接出入国（关）境的港口、机场以及边界通道。国家规定，在对外开放的口岸必须设置海关和出入境检验检疫机构。海关监管业务集中的地点，是指虽非国务院批准对外开放的口岸，但是某类或某几类海关监管业务比较集中的地方，如转关运输监管、保税加工监管等。这一设关原则为海关管理从口岸向内陆、进而向全关境的转化奠定了基础，同时也为海关业务制度的发展预留了空间。海关的隶属关系不受行政区划的限制，表明海关管理体制与一般行政管理体制的区域划分无必然联系。如果海关监管有需要，国家可以在现有的行政区划之外，考虑和安排海关的上下级关系和海关的相互关系。

知识链接

中国海关关徽

中国海关关徽由商神手杖与金色钥匙交叉组成。商神手杖代表国际贸易，金色钥匙象征海关为祖国把关。海关关徽寓意着中国海关依法实施进出境监督管理，维护国家的主权和利益，促进对外经贸的发展和科技文化的交流，保障社会主义现代化建设。

资料来源：《中华人民共和国海关关徽使用管理办法》。

知识链接

中国海关关衔制度

2003 年 2 月 28 日，第九届全国人民代表大会常务委员会第三十二次会议通过了《中华人民共和国海关关衔条例》。海关关衔制度是中国继军衔、警衔后实行的第三种衔级制度。关衔是区分海关关员等级、表明海关关员身份的称号和标志，是国家给予海关关员的荣誉。

表 1.3　中国海关关衔等级及标志

关衔等级	关　衔	标　志
一等	海关总监	
	海关副总监	
二等	关务监督一级	
	关务监督二级	
	关务监督三级	
三等	关务督察一级	
	关务督察二级	
	关务督察三级	
四等	关务督办一级	
	关务督办二级	
	关务督办三级	
五等	关务员一级	
	关务员二级	

结束"异地报关"长白山海关开关

2020 年 8 月 18 日，长白山海关正式开关。该关是由中编办和海关总署批准成立，隶属于长春海关的正处级机构，负责长白山自然保护开发区和安图县行政区划内的属地及口岸相关海关业务，管辖中朝边境唯一陆路通道——双目峰口岸。

长白山海关的设立是地方经济快速全面发展的客观需求。长白山海关正式开关，彻底结束了本地区外贸企业"异地报关"的历史，有效降低了企业进出口贸易的时间与经济成本，为"长白山特产"走向世界提供了便利条件，增强了企业的竞争优势，为地方经济发展增添了新动力。双目峰口岸的对外开放，为推动边境贸易创新发展带来了机遇，使环长白山跨境旅游及免税购物发展迎来了契机。

"有了海关，我们长白山地区和安图县进出口企业在家门口就可以报关，再不用跑到异地报关了。海关一系列的通关便利措施也大大降低了企业成本，提高了通关效率，增强了企业竞争力"，当天参会企业代表向记者说。

资料来源：海关总署官网，http://www.customs.gov.cn//customs/xwfb34/mtjj35/3248124/index.html。

1.4.3　海关的组织机构

按照集中统一的垂直管理体制，海关实行海关总署、直属海关、隶属海关三级行政管理体系。隶属海关由直属海关领导，向直属海关负责，直属海关由海关总署领导，向海关总署负责。海关总署是国务院设立的机构，受国务院的领导。

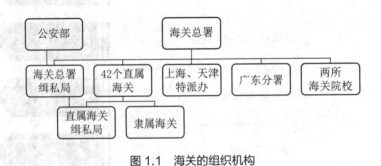

图 1.1　海关的组织机构

1. 海关总署

海关总署是国务院下属的正部级直属机构，统一管理全国海关，统一管理、调配全国海关机构、人员编制、经费物资和各项海关业务，是海关系统的最高领导部门。海关总署的基本任务是在国务院领导下，领导和组织全国海关正确贯彻实施《海关法》和国家的有关政策、行政法规，积极发挥依法行政、为国把关的职能，服务、促进和保护社会主义建设。

中央纪委国家监委在海关总署派驻纪检监察组。

2. 直属海关

直属海关是指直接由海关总署领导、负责管理一定区域范围内海关业务的海关。除三个单独关税区外，我国在全国 31 个省、自治区、直辖市设立了 42 个直属海关。

3. 隶属海关

隶属海关是指由直属海关领导、负责办理具体海关业务的海关。在全国海关通关一体化的架构下，隶属海关划分为口岸型、属地型、综合型三大类型。

口岸型海关是指处在沿海沿边出入国境的港口、车站、国界孔道，或国际机场、国际邮件互换局（交换站）、国际多式联运监管点上的海关，管辖范围限定为上述的海关监管区和海关附近沿海沿边规定地区。口岸型海关主要负责"一次申报、分步处置"中第一步处置的执行反馈，具体职责为口岸通关职责，包括运输工具检查、货物查验和物品监管、现场验估（通关）、海关监管作业场所规范管理、口岸应急事务处理等，执行下达的查验（检查）、验估等指令，并将指令执行结果反馈。口岸型海关侧重于现场实际监管，突出正面拦截作用，重点承担口岸通关中的安全准入风险处置作业，压缩通关时间，降低物流成本。

属地型海关是指处在非口岸型海关监管点上的海关，管辖口岸型海关管辖范围以外的区域。属地型海关主要负责"一次申报、分步处置"中第二步处置的执行反馈，具体职责为属地管理职责，包括稽（核）查、企业管理、现场验估（后续）、减免税审核等，执行报关单修撤、退补税、验估、稽（核）查等指令，并进行指令后续处置。同时，根据工作需要，执行直属海关范围内稽查等后续管理专项任务。属地型海关侧重于后续监管和属地企业管理，发挥熟悉本地企业情况的优势，重点承接口岸通关后的税收风险处置作业，加强企业信用管理、稽（核）查等手段的运用，积极反馈风险信息和处置建议，将属地管理结果以风险参数、布控指令建议等方式作用于口岸通关。

综合型海关是指兼有口岸型海关和属地型海关业务的海关，管辖区域包含口岸型海关和属地型海关管辖的区域。综合型海关分为偏口岸综合型海关和偏属地综合型海关。偏口岸综合型海关一般是口岸型海关兼有属地管理职责，如保税港区海关等。偏属地综合型海关一般是属地型海关兼有口岸通关职责，如特殊监管区域海关和市场采购、跨境电商等新型贸易业态所在地海关等。

4. 派出机构和其他机构

海关总署在广州设立广东分署，其主要任务除了监督、检查、指导广东省内七个直属海关的工作外，还负责对广东省内海关及长沙、南宁、海口、重庆、成都、贵阳、昆明海关实施监督、审计、巡视和培训。

天津特派员办事处主要是负责监督、检查华北地区的北京、天津、石家庄、郑州、太原、呼和浩特、满洲里七个海关和中国海关干部管理学院的工作。上海特派员办事处主要负责监督、检查华东地区的上海、南京、杭州、宁波、合肥、福州、厦门、南昌、青岛九个海关和上海海关学院的工作。

上述三个海关总署派出机构均不办理具体海关业务。此外，海关总署设有上海海关学院和中国海关干部管理学院。

1.5　关检融合

1.5.1　关检融合概述

1998 年，国家进出口商品检验局（原属对外贸易经济合作部）、国家动植物检疫局（原属农业部）、国家卫生检疫局（原属卫生部），合并为国家出入境检验检疫局，实现了三检合一，由海关总署管理。2001 年，国务院进行机构调整，国家出入境检验检疫局和国家质量技术监督局合并为国家质量监督检验检疫总局。2018 年 3 月，根据国务院关于《深化党和国家机构改革方案》，不再保留国家质量监督检验检疫总局，而是将其中的出入境检验检疫管理职责和队伍划入海关总署。自 2018 年 4 月 20 日起，原中国出入境检验检疫部门正式并入中国海关，统一以海关名义对外开展工作。

1.5.2　关检融合的内容

1. 机构融合

出入境检验检疫系统统一以海关名义对外开展工作，一线旅检、查验等岗位统一上岗，统一穿着海关制服，统一佩戴关衔，对外统一使用海关标识，以及设置统一的政策宣传设施。

原关检两个窗口统一整合为一个窗口，统一对外办理相关业务。各业务现场按照优化整合后的业务流程，统一以海关名义对外开展工作。检验检疫原有的管理要求和作业标准不变，实行"一口对外，一次办理"。

2. 职能融合

在国门安全管控方面，海关将在原有安全准入（出）、税收征收风险防控基础上，增加卫生检疫、动植物检疫、商品检验、进出口食品安全监管等职责，并建立信息集聚、协调统一的风险防控体系。其中，口岸型海关承担进出境运输工具、货物、物品及人员的口岸检验检疫功能与职责；属地型海关承担进口目的地检验、出口产地/组货地检验检疫及后续监管等功能与职责；综合型海关根据实际需要相应增加上述功能和职责。在促进贸易便利化方面，全国检验检疫作业将全面融入优化作业流程，减少非必要的作业环节和手续。

3. 整合企业管理

（1）企业报关报检资质整合。

检验检疫自理报检企业备案与海关进出口货物收发货人备案，合并为海关进出口货物收发货人备案，企业备案后，同时取得报关和报检资质。检验检疫代理报检企业备案与海关报关企业注册登记或者报关企业分支机构备案，合并为海关报关企业注册登记和报关企业分支机构备案。企业注册登记或者企业分支机构备案后，同时取得报关和报检资质。检验检疫报检人员备案与海关报关人员备案，合并为报关人员备案。报关人员备案后，同时取得报关和报检资质。

（2）统一企业信用管理整合。

以海关现行企业信用管理制度为主线，整合检验检疫对企业信用的管理要求，形成统一的制度，由海关企业管理职能部门对海关注册或备案的企业实施统一的信用管理。以海关现有的企业进出口信用管理系统为基础，整合原检验检疫进出口企业信用管理系统有关功能。

4. 关检申报项目整合

根据海关总署制定的《全国通关一体化关检业务全面融合框架方案》，海关和原国检申报系统及数据合并整合，做到五个统一，即申报统一、系统统一、风控统一、指令下达统一、现场执法统一。取消入境/出境货物报检单和入境/出境货物通关单，报关报检合并为一张报关单及一套随附单据，统一通过"国际贸易单一窗口"或"互联网+海关"进行申报。

本章小结

1. 海关是国家进出关境监督管理机关。中国海关的基本职责/任务有：监管、征税、查实、统计、检验检疫。为保证海关能充分履行自身的职责，有效维护国家的主权和利益，国家通过立法赋予海关对进出境事务活动的执法权。海关权力属于行政权，其行使有一定的范围和条件，并应当接受执法监督。

2. 中国海关实行集中统一、垂直领导的管理体制。海关总署是国务院的直属部门，统一管理全国海关。海关依法独立行使职责，向海关总署负责。国家在对外开放的口岸和海关监管业务集中的地点设立海关，海关的隶属关系不受行政区划的限制。2018年4月20

日起，原中国出入境检验检疫部门正式归入中国海关，统一以海关名义对外开展工作，实现关检融合。

练习题

一、单选题

1. 中国海关是国家的（　　　）。

   A. 立法机关　　　　　B. 司法机关　　　　　C. 行政监督管理机关

2. 中国海关基本职责的基础是（　　　）。

   A. 监管　　　　　B. 征税　　　　　C. 缉私　　　　　D. 统计

3. 中国海关的管理体制是集中统一的（　　）领导体系。

   A. 垂直　　　　　B. 平行　　　　　C. 双重　　　　　D. 直接

4. 海关对有走私嫌疑的运输工具和有藏匿走私货物、物品嫌疑的场所行使检查（　　　）。

   A. 不能超出海关监管区和海关附近沿海沿边规定地区的范围

   B. 不受地域限制，但不能检查公民住处

   C. 在海关监管区和海关附近沿海沿边规定地区，海关人员可直接检查；超出这个范围，只有在调查走私案件时，海关人员才能直接检查，但不能检查公民住处

   D. 在海关监管区和海关附近沿海沿边规定地区，海关人员可直接检查；超出这个范围，只有在调查走私案件时，经直属海关关长或其授权的隶属海关关长批准才能进行检查，但不能检查公民住处

5. （　　　）年4月20日起，原中国出入境检验检疫部门正式并入中国海关，统一以海关名义对外开展工作。

   A. 1999　　　　　B. 2001　　　　　C. 2018　　　　　D. 2022

二、多选题

1. 根据《海关法》的规定，海关可以行使的权力有（　　　）。

   A. 检查进出境运输工具，查验进出境货物、物品

   B. 查阅、复制与进出境运输工具、货物、物品有关的合同、发票、账册、单据、记录、文件、业务函电、录音、录像制品和其他资料

   C. 在调查案件时，调查关员可以直接查询案件涉嫌单位和涉嫌人员在金融机构、邮政企业的存款、汇款

   D. 在调查案件时，经直属海关关长或其授权的隶属海关关长批准，可以扣留走私犯罪嫌疑人，扣留时间不超过24小时，特殊情况可延长至48小时

2. 目前中国的关境范围不包括（　　　）。

    A. 中国香港　　　　　　B. 中国澳门　　　　　C. 中国台湾

3. 中国海关的基本任务有（　　　）。

    A. 监管　　　　　　　　B. 征税　　　　　　　C. 缉私

    D. 统计　　　　　　　　E. 检验检疫

4. 根据《海关法》的规定，中国在下列哪些地点设立海关机构？（　　　）

    A. 沿海、沿边、沿江的口岸　　　　　B. 对外开放的口岸

    C. 中等以上规模城市　　　　　　　　D. 海关监管业务集中的地方

5. 中国海关执法的区域一般限于（　　　）

    A. 海关监管区　　　　　　　　　　　B. 延伸意义的领土

    C. 海关附近沿海沿边规定地区　　　　D. 无限制

三、判断题

1. 海关的隶属关系不受行政区划的限制。（　　　）

2. 海关关衔制度是中国继军衔、警衔后实行的第三种衔级制度。（　　　）

3. 在调查走私案件时，经直属海关关长或经授权的隶属海关关长的批准，海关人员可以检查公民住宅。（　　　）

4. 1997 年香港回归后，香港海关受海关总署的直接领导。（　　　）

5. 国家实行联合缉私、统一处理、综合治理的缉私体制。（　　　）

四、问答题

1. 中国海关的性质是什么？有哪些含义？

2. 海关权力效力的时间范围和区域范围有哪些？

3. 什么是关检融合？关检融合的内容有哪些？

4. 隶属海关按功能可以分为哪三类？简述各自的主要职责范围。

5. 中国海关的基本职责有哪些？

第2章 报关管理

通过本章的学习，提升学生对报关行业的认同感，充分认识"诚信守法便利，失信违法严惩"这一管理理念，培养守法意识和诚信品质。

课程知识目标

§ 掌握报关的含义及分类；
§ 熟悉报关单位的类别、正确区分自理报关和代理报关的形式及各自的法律责任；
§ 了解海关对备案企业信用管理的等级、认证标准和管理措施；
§ 了解报关人员的含义和关务水平测试的基本内容。

学习导图

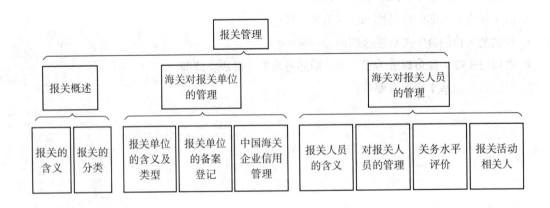

开篇案例

某年11月21日，中国浙江商人林某某在泰国清迈购买了泰国产龙眼干2 915件，共计 42 341 千克，价值人民币 467 626 元。林某某委托泰国清盛县临时聘用人员李某，将货物交由某货运公司经澜沧江—湄公河航道途经西双版纳运至昆明，合同约定的全部代办价格为每千克 1.8 元人民币。李某收货后在未经货主林某某同意的情况下，私自将该合同转给某双龙有限公司（以下简称双龙公司）。11 月 24 日，双龙公司将货物从泰国清迈启运，由澜沧江—湄公河航道沿江而上，11 月 25 日下午，在缅甸梭累港上岸后改用汽车运输，于 11 月 26 日零时从未设有海关机构的 240 界碑处（以下简称 240 通道）运输入境。26 日凌晨 6 时，某海关根据情报将该批货物查扣。

经调查取证，海关出具《行政处罚决定书》认定：双龙公司违反《海关法》第四十八条、《海关法行政处罚实施细则》第三条第（一）项的规定，构成走私行为。依照《海关法行政处罚实施细则》第五条第一款第（二）项的规定，没收其在扣的 2 915 件共计 42 341 千克龙眼干。

双龙公司对行政处罚决定不服，申请行政复议，复议机关做出复议决定，维持原处罚决定。双龙公司向某中级人民法院提起行政诉讼，法院追加林某某为本案的第三人参加诉讼。经过审理，某中级人民法院做出"驳回当事人诉讼请求，维持海关行政处罚决定"的一审判决。双龙公司不服一审判决，向某省高级人民法院上诉。某省高级人民法院做出"驳回上诉，维持原判"的终审判决。

在上诉中，双龙公司提出了两点申诉理由：

（1）双龙公司认为，海关行政处罚决定认定其故意逃避海关监管与客观事实不符，它不是逃避海关监管，而是因 240 通道无海关机构，他们准备将货物运到景洪（西双版纳海关所在地）后，再办理报关手续。双龙公司认为，从 240 界碑起到景洪市几十公里的地区属于某海关监管区，该批货物从 240 通道入境后，在运往景洪海关所在地报关途中被查扣，不能被认定为走私。

（2）双龙公司认为，其在本案中只是代理人的身份，并非货物的实际所有人，《海关法》所处罚的对象应是进出口货物的所有人，海关在处罚对象的主体认定上错误。

资料来源：陈晖、邵铁民主编，《案例海关法教程》，立信会计出版社 2007 年版。

进一步思考：
你认为双龙公司的申诉理由成立吗？请具体讨论法院裁决的理由。

2.1 报关概述

2.1.1 报关的含义

《海关法》第八条规定："进出境运输工具、货物、物品，必须通过设立海关的地点进境或者出境。"由此可知，所有的运输工具、货物和物品在进出境时都要向海关报告，并按照国家规定办理进出境手续及相关的海关事务。

所谓报关，是指进出境运输工具负责人、进出口货物收发货人、进出境物品的所有人或者他们的代理人向海关办理运输工具、货物、物品进出境手续及相关海关事务的过程。

表2.1 报关的主体、对象及内容

报关的对象	报关的主体	报关的内容
进出口货物	进出口货物的收发货人或其代理人	进出口货物的报关
进出境运输工具	进出境运输工具的负责人或其代理人	进出境运输工具的报关
进出境物品	进出境物品的所有人或其代理人	进出境物品的报关

提示 | 通关、报关、结关三者都是针对货物、物品、运输工具的进出境而言的，但是它们所包含的内容和视角存在一定的差异。

通关不仅包括报关管理相对人向海关办理运输工具、货物、物品的进出境手续及相关海关事务，还包括海关对进出境运输工具、货物、物品依法进行监督管理，核准其进出境的管理过程。因此，报关是从报关管理相对人的角度讲的，报关是通关的一个方面，而通关是从报关管理相对人和海关两方面来讲的。

结关又称清关，是指海关管理相对人在海关办理完相关进出境手续及海关事务后，海关对进出境运输工具、货物、物品不再进行监管，海关管理相对人可以自行处理运输工具、货物、物品。结关是海关对进出境的运输工具、货物、物品结束监管的环节，是报关流程的一部分。

2.1.2 报关的分类

（1）按照报关的对象，可分为进出口货物报关、进出境运输工具报关和进出境物品报关。海关对进出境运输工具、货物、物品的监管要求各不相同，其具体的报关手续也各不相同。进出境运输工具主要指用以载运人员、货物、物品进出境，在国际运营的各种境内或境外的船舶、航空器、车辆和驮畜等。进出境运输工具到达或者驶离设立海关的地点时，运输工具负责人应当向海关如实申报、交验单证，并接受海关监管和检查。进出口货物包括一般进出口货物、减免税货物、暂时进出口货物、保税货物等。进出境物品主要包括进出境的行李物品、邮递物品和其他物品。其他物品主要是指享有外交特权和豁免的外国机构或者人员的公务用品或自用物品等。海关根据不同的监管要求制定了一系列的报关管理规范。

（2）按照报关的目的，可分为进境报关和出境报关。

（3）按照报关活动的实施者，可分为自理报关和代理报关。自理报关是指进出口货物收发货人为本单位进出口货物自行办理报关纳税手续的行为。代理报关是指报关企业（代理人）接受进出口货物收发货人（委托人）的委托，代理其办理报关手续的行为。代理报关又分为直接代理报关和间接代理报关。直接代理报关是指报关企业接受委托人的委托，以委托人的名义办理报关业务的行为，即向海关披露其代理人身份。间接代理报关是指报关企业接受委托人的委托，以报关企业自身的名义向海关办理报关业务的行为，即未向海关披露其代理人的身份。在直接代理报关中，代理人代理行为的法律后果直接作用于委托人（进出口货物的收发货人）。而在间接代理报关中，报关企业以自己的名义办理报关手续，应当承担与进出口货物收发货人相同的法律责任。目前，中国报关企业大多采用直接代理的形式报关，经营国际快件业务的营运人等国际货物运输代理企业使用间接代理报关。

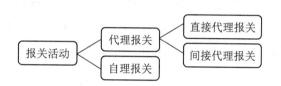

图 2.1 按照报关活动实施者分类

2.2 海关对报关单位的管理

2.2.1 报关单位的含义及类型

1. 报关单位的含义

报关单位是指依法在海关备案的进出口货物收发货人和报关企业。报关单位可以在我国关境内办理报关业务。《海关法》第十一条规定："进出口货物收发货人和报关企业办理报关手续，应当依法向海关备案。"这以法律的形式明确了对向海关办理报关手续的企业实行备案登记的管理制度，只有向海关办理了备案登记手续并取得报关权的境内法人、组织或个人才能成为报关单位，从事有关报关活动。

2. 报关单位的类型

报关单位可分为进出口货物收发货人和报关企业两种类型。

（1）进出口货物收发货人是指根据《中华人民共和国对外贸易法》向国务院对外贸易主管部门或者其委托的机构办理备案登记①，直接进口或出口货物的中华人民共和国境内的

---

① 2022年12月30日，十三届全国人大常委会第三十八次会议经表决通过了关于修改《中华人民共和国对外贸易法》的决定，删去《中华人民共和国对外贸易法》第九条关于对外贸易经营者备案登记的规定。自2022年12月30日起，各地商务主管部门停止办理对外贸易经营者备案登记。对于申请进出口环节许可证、技术进出口合同登记证书、配额、国营贸易资格等相关证件和资格的市场主体，有关部门不再要求其提供对外贸易经营者备案登记材料。

法人、其他组织或者个人。其重要特征为：拥有进出口经营权，向海关备案登记，只能为本单位的进出口货物报关。因此，进出口货物收发货人也称为自理报关单位。

（2）报关企业是指经海关备案登记，接受进出口货物收发货人的委托，以进出口货物收发货人的名义或者以自己的名义向海关办理代理报关业务，提供报关服务的境内企业法人。这类报关企业属于代理报关类型。目前，报关企业主要有两类：一类是经营国际货物运输代理、国际运输工具代理等业务，兼营进出口货物代理报关业务的国际货物运输代理公司；另一类是主营代理报关业务的报关公司或报关行。

目前，国内多数报关企业提供的专业服务内容包括代理报关、报检、查验、换单、代为办理海关征免税证明、加工贸易备案与核销等业务。有些企业也提供一些质检服务，如代为办理熏蒸处理、3C认证（即中国强制性产品认证）、旧机电备案等。为了提高通关服务的含金量，越来越多的报关企业介入物流衍生服务和咨询服务。

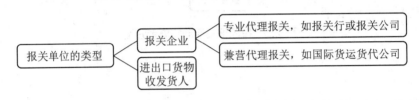

图 2.2　报关单位的类型

2.2.2　报关单位的备案登记

2021 年 4 月 29 日，第十三届全国人民代表大会常务委员会第二十八次会议决定对《海关法》作出修改，取消了报关企业注册登记这一行政许可事项，报关企业、进出口货物收发货人由注册登记管理改为备案管理，从 2022 年 1 月 1 日起实施。

提示 | 注册登记和备案登记的主要区别在于：注册登记需要经过相关机构审批同意，而备案登记则是提交相关资料，资料齐全且符合法定形式即可，办理程序相对简单，不用相关部门批复。

1. 备案登记程序

（1）取得市场主体资格。进出口货物收发货人、报关企业申请备案的，应当取得市场主体资格；其中进出口货物收发货人申请备案的，还应当取得对外贸易经营者备案，但法律、行政法规、规章另有规定的，从其规定。进出口货物收发货人、报关企业已办理报关单位备案的，其分支机构也可以申请报关单位备案。

（2）向海关办理备案。报关单位有两种方式办理报关备案。根据《国务院关于深化"证照分离"改革进一步激发市场主体发展活力的通知》，报关单位备案全面纳入"多证合一"的改革，申请人办理市场监管部门市场主体登记时，需要同步办理报关单位备案的，按照要求勾选报关单位备案，并补充填写《报关单位备案信息表》(见图 2.3)，市场监管部门按照"多证合一"流程完成登记，并在市场监管总局层面完成与海关总署的数据共享，企业无须再向海关提交备案申请。企业如未选择"多证合一"方式提交报关备案申请，仍可通过国际贸易"单一窗口"或"互联网+海关"提交报关单位备案申请。

统一社会信用代码				填表/打印日期	
申请类型		□备案　　　□备案信息变更　　　□注销			
申请报关单位类型		□进出口货物收发人　　□报关企业　　　□临时备案单位 □进出口货物收发人分支机构　　□报关企业分支机构			
行政区划		所在地海关		统计经济区域	
中文名称					
英文名称					
住所（主要经营场所）				邮政编码	
英文地址					
组织机构类型		市场主体类型		行业种类	
联系人		固定电话		移动电话	
电子邮箱		传真		网址	
所属单位代码			所属单位名称		
经营范围					

管理人员信息

	姓名	证件类型	证件号码	国籍	移动电话
法定代表人（负责人）					
财务负责人					
关务负责人					

出资者信息

序号	出资者名称（姓名）	国籍	出资币制	出资金额
1				
2				
3				

所属报关人员信息

序号	姓名	证件类型	证件号码	移动电话	申请办理类型
1					□到岗 □变更 □离岗
2					□到岗 □变更 □离岗
3					□到岗 □变更 □离岗
4					□到岗 □变更 □离岗
5					□到岗 □变更 □离岗
6					□到岗 □变更 □离岗
7					□到岗 □变更 □离岗
8					□到岗 □变更 □离岗
9					□到岗 □变更 □离岗
10					□到岗 □变更 □离岗

本单位承诺对本表所填报备案信息的真实性、有效性负责并承担相应的法律责任。

（单位印章）

年　月　日

图 2.3 《报关单位备案信息表》样式

（3）临时备案登记。下列单位按照国家有关规定需要从事非贸易性进出口活动的，应当办理临时备案。

　①境外企业、新闻、经贸机构、文化团体等依法在中国境内设立的常驻代表机构；

　②少量货样进出境的单位；

　③国家机关、学校、科研院所、红十字会、基金会等组织机构；

　④接受捐赠、礼品、国际援助或者对外实施捐赠、国际援助的单位；

　⑤其他可以从事非贸易性进出口活动的单位。

办理临时备案时，应当向所在地海关提交《报关单位备案信息表》，并随附主体资格证明材料、非贸易性进出口活动证明材料。

（4）海关予以备案。海关经审核，备案材料齐全、符合报关单位备案要求的，海关应当在3个工作日内予以备案。备案信息通过"中国海关企业进出口信用信息公示平台"进行公布。

2. 备案的有效期

报关单位备案长期有效。临时备案有效期为1年，届满后可以重新申请备案。

3. 报关单位的备案变更

报关单位名称、市场主体类型、住所（主要经营场所）、法定代表人（负责人）、报关人员等《报关单位备案信息表》上载明的信息发生变更的，报关单位应当自变更之日起30日内向所在地海关申请变更。因迁址或者其他原因造成报关单位所在地海关发生变更的，应当向变更后的海关申请变更。

4. 报关单位的备案注销

报关单位有下列情形之一的，应当向所在地海关办理备案注销手续：

（1）因解散、被宣告破产或者其他法定事由终止的；

（2）被市场监督管理部门注销或者撤销登记、吊销营业执照的；

（3）进出口货物收发货人对外贸易经营者备案失效的；

（4）临时备案单位丧失主体资格的；

（5）其他依法应当注销的情形。

报关单位已在海关备案注销的，其所属分支机构应当办理备案注销手续。报关单位未按照规定办理备案注销手续的，海关发现后将依法注销。

提示 | 根据《中华人民共和国海关报关单位备案管理规定》，取消了双重身份企业的经济区域限制，报关单位在全国范围内可以同时具有进出口货物收发货人和报关企业双重身份。

5. 报关单位的法律责任

报关单位的海关法律责任是指报关单位违反海关法律法规所应承担的法律后果，并由海关及有关司法机关对其违法行为依法予以追究，实施法律制裁。《海关法》《中华人民共和国进出口商品检验法》《中华人民共和国进出境动植物检疫法》《中华人民共和国国境卫生检疫法》《中华人民共和国食品卫生法》《中华人民共和国海关行政处罚实施条例》等法律法规以及海关规章，都对报关单位的法律责任进行了规定。《中华人民共和国刑法》关于走私犯罪的规定，《中华人民共和国行政处罚法》关于行政处罚的原则、程序、时效、管辖、执行等的规定，也都适用于对报关单位海关法律责任的追究。

2.2.3 中国海关企业信用管理

为了建立海关注册登记和备案企业信用管理制度，推进社会信用体系建设，促进贸易安全与便利，根据《海关法》、《中华人民共和国海关稽查条例》（以下简称《海关稽查条例》）、《企业信息公示暂行条例》、《优化营商环境条例》以及其他有关法律、行政法规的规定，海关总署制定了《中华人民共和国海关注册登记和备案企业信用管理办法》，配套执行的《海关高级认证企业标准》同时发布并于 2021 年 11 月 1 日起实施。原《中华人民共和国海关企业信用管理办法》（海关总署令第 237 号）同时废止。

1. 企业信用类别

海关根据企业的信用状况，并根据管理办法的标准和程序，将企业信用认证为高级认证企业、一般信用企业、失信企业三类。

（1）海关高级认证企业。海关高级认证企业是指经企业申请，海关按照高级认证企业的认证标准和程序的规定进行认证，符合高级认证企业标准的企业。高级认证企业是中国海关的经认证的经营者（authorized economic operator，AEO），除享受中国海关提供的通关便利外，还可享受到由与中国海关互认的国家和地区提供的国际通关便利措施。

🔗 **知识链接**

经认证的经营者

　　经认证的经营者在世界海关组织制定的《全球贸易安全与便利标准框架》中被定义为"以任何一种方式参与货物国际流通，并被海关当局认定符合世界海关组织或相应供应链安全标准的一方，包括生产商、进口商、出口商、报关行、承运商、理货人、中间商、口岸和机场、货站经营者、综合经营者、仓储业经营者和分销商"。

（2）海关一般信用企业。海关对高级认证企业和失信企业之外的其他企业实施常规的管理措施，这些企业为一般信用企业。

（3）海关失信企业。海关根据采集的信用信息，按照规定的标准和程序将违法违规企业认定为失信企业，并对其实施严格的管理措施。

2. 企业信用状况的认证标准和程序

（1）高级认证企业。

第一，高级认证企业的标准和类型。高级认证企业的认证标准分为通用标准和单项标准。通用标准是对所有企业类型和经营范围的企业都适用的标准。单项标准是海关针对不同企业类型和经营范围制定的认证标准，高级认证企业应当同时符合通用标准和相应的单项标准，即针对不同类型的企业形成"1+N"的企业认证标准体系（见表2.2）。其中，"1"为通用标准，"N"为针对不同类型的企业的特点而制定的单项标准。"1+N"企业认证标准体系使海关认证标准体系更加科学、客观，符合企业经营管理的实际情况。

表2.2　海关高级认证企业类型

通用标准	单项标准
高级认证通用标准	进出口货物收发货人
	报关企业
	外贸综合服务企业
	跨境电子商务平台企业
	进出境快件运营人
	水运物流运输企业
	航空物流运输企业
	公路物流运输企业

高级认证通用标准包括四部分：内部控制、财务状况、守法规范、贸易安全，海关可以根据国家政策导向，添加附加标准。每部分又包含若干项目，具体见表2.3。单项标准因认证企业的类型不同存在差异，具体可参考海关公告表述。

表2.3　海关高级认证企业标准（通用标准）

四个部分	包含项目内容
（一）内部控制标准	1. 组织机构控制
	2. 进出口业务控制
	3. 内部审计控制
	4. 信息系统控制

四个部分	包含项目内容
（二）财务状况标准	5. 财务状况
（三）守法规范标准	6. 遵守法律法规
	7. 进出口业务规范
	8. 海关管理要求
	9. 外部信用
（四）贸易安全标准	10. 场所安全控制措施
	11. 进入安全控制措施
	12. 人员安全控制措施
	13. 商业伙伴安全控制措施
	14. 货物安全控制措施
	15. 集装箱安全控制措施
	16. 运输工具安全控制措施
	17. 危机管理控制措施
（五）附加标准	18. 加分标准

资料来源：海关总署公告 2021 年第 88 号。

提示 | 考虑到编发"中国外贸出口先导指数"和开展"进口货物使用去向统计调查工作"是中国海关服务宏观经济决策的两项重要举措，海关总署将（1）属于中国外贸出口先导指数样本企业的、一年内填报问卷及时率在 90% 以上的、问卷答案与出口增速的吻合度在 0.3 以上的；（2）属于进口货物使用去向调查样本企业、其他统计专项调查样本企业的、一年内填报问卷及时率和复核准确率在 90% 以上的。这两项从通用标准的管理要求调整为通用标准的附加要求，从减分项指标变为加分项指标，从而鼓励支持样本企业积极参与调查，使得调查问卷数据更准确，更能反映企业进出口的实际情况。

例如，某生产型企业在海关备案的身份为进出口货物收发货人，该企业向海关申请高级认证时，必须同时符合高级认证的通用标准和进出口货物收发货人的单项标准。跨境电子商务平台企业向海关申请高级认证企业，因其具备跨境电商和收发货人两个身份特征，应当同时符合通用标准、进出口货物收发货人和跨境电子商务平台企业单项标准。

 知识链接

关于《中华人民共和国海关注册登记和备案企业信用管理办法》的几点说明

一是优化企业信用等级分类。根据"简单管用"原则，将企业信用等级由原来的四级优化为三级，保留"高级认证企业"和"失信企业"认证，分别实施便利或者严格的海关管理措施。对其他注册登记和备案企业，统一实施常规的海关管理措施（第四条）。考虑到一般认证企业认证标准高、程序复杂，但企业实际享受的便利措施少等突出问题，故取消一般认证企业这一分类。同时，考虑到纳入海关信用管理的企业范围为海关注册登记和备案企业，故将规章标题由《中华人民共和国海关企业信用管理办法》修改为《中华人民共和国海关注册登记和备案企业信用管理办法》。

二是落实守信激励原则，进一步提升守法企业获得感。在保留原有高级认证企业便利措施的基础上，进一步降低出口货物原产地调查抽查比例，优先办理出口货物通关手续，优先向其他国家推荐食品等出口企业注册等便利措施（第三十条）；将高级认证企业复核期间由三年调整为五年，进一步降低企业负担（第十九条）；同时明确信用培育机制，帮助支持符合条件的企业成为高级认证企业（第五条）。

三是落实国务院要求，依法依规实施失信惩戒，建立信用修复制度。设列严重失信主体名单领域必须以法律、法规、党中央和国务院政策文件为依据，结合国家发展改革委等国家信用管理牵头部门意见，在违反进出口食品安全监管、进出口化妆品监管以及非法进口固体废物领域设列严重失信主体名单；对于列入严重失信主体名单的标准、程序、移出条件和救济措施等，必须根据规章以上层级法律文件设定的有关要求，对以上内容予以明确（第二十三条至第二十五条、第二十八条、第二十九条）。建立企业信用修复机制（第七条），根据失信行为社会危害性程度，明确失信企业修复标准及程序，鼓励失信企业通过合法渠道提升信用水平（第二十六条至二十九条）。

资料来源：海关总署官网，http://www.customs.gov.cn/customs/302249/302270/302272/3873245/index.html。

第二，认证程序。企业申请成为高级认证企业的，应当向海关提交书面申请，并按照海关要求提交相关资料。海关依据高级认证企业通用标准和相应的单项标准，对企业提交的申请和有关资料进行审查，并赴企业进行实地认证。

海关应当自收到申请及相关资料之日起90日内进行认证并作出决定。在特殊情形下，海关的认证时限可以延长30日。经认证，符合高级认证企业标准的企业，海关制发高级认证企业证书；不符合高级认证企业标准的企业，海关制发未通过认证决定书。

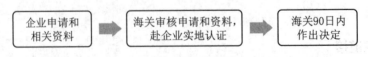

图2.4 高级认证企业认证程序

海关对高级认证企业每五年复核一次。企业信用状况发生异常情况的，海关可以不定期开展复核。经复核，不再符合高级认证企业标准的，海关应制发未通过复核决定书，并收回高级认证企业证书。

提示 | 企业有下列情形之一的，一年内不得提出高级认证企业认证申请：

（1）未通过高级认证企业认证或者复核的；

（2）放弃高级认证企业管理的；

（3）撤回高级认证企业认证申请的；

（4）高级认证企业被海关下调信用等级的；

（5）失信企业被海关上调信用等级的。

📋 **专栏**

构建以信用为基础的新型海关监管机制：中国与多国签署 AEO 互认，数量居世界首位

近年来，海关总署深化信用管理制度改革，着力构建以信用为基础的新型海关监管机制，以"一带一路"沿线国家、《区域全面经济伙伴关系协定》（RCEP）成员国、中东欧国家和重要贸易国家为重点，全力推进 AEO 互认合作进程。截至 2022 年 6 月底，中国海关共与新加坡、欧盟等 22 个经济体签署 AEO 互认协议，覆盖 48 个国家和地区，互认协议数量和互认国家（地区）数量居全球"双第一"。中国 AEO 企业对 AEO 互认国家或地区进出口额占其进出口总额的约 60%。

海关调查显示，在出口到互认国家（地区）的中国 AEO 企业中，有 73.6% 的企业境外通关查验率明显降低，77.3% 的企业境外通关速度明显提升，58.9% 的企业境外通关物流成本降低。

"通过海关 AEO 高级认证半年来，出口货物通关速度更快、手续更简便，还赢得了几个重要客户，公司综合竞争力上了一个新的台阶。2021 年上半年，公司出口额增长了 38%。"浙江天派针织有限公司的董事长拿着公司半年度数据表高兴地说。

浙江天派针织有限公司是一家集自主设计、生产和外贸服务于一体的无缝内衣生产企业。受新冠疫情全球流行、欧美等传统市场需求趋于饱和等因素影响，企业竞争压力不断增大，亟须开拓"一带一路"沿线国家等新兴市场。该公司董事长发现，在和国外客户谈判时，许多国外客户很看重供应商是否具备海关认证资质。

得知企业申请 AEO 高级认证的迫切需求后，杭州海关所属义乌海关选派认证专家担任企业协调员，深入该企业开展精准培育、重点辅导，帮助企业梳理规范内部管理流程，并从系统构架上引导、规范企业经营行为，全面提升企业贸易安全管理水平。2020 年底，浙江天派针织有限公司成功通过海关 AEO 高级认证。

AEO 这块金字招牌，成为公司开拓"一带一路"市场的利器。浙江天派针织有限公司在和另外两家公司争取以色列海外客户时，因自身与竞争公司各项实力指标不相上下，谈判一度陷入拉锯战。而转机发生在以色列客户得知该公司是 AEO 高级认证企业后。以色列是中国的 AEO 互认国，凭借 AEO 高级认证企业资质这块金字招牌，浙江天派针织有限公司最终争取到了这家海外客户并顺利进军以色列市场。

资料来源：《我国 AEO 互认协议数量和互认国家（地区）数量居全球双第一》，央视新闻 2022 年 7 月 21 日，http://www.customs.gov.cn/customs/xwfb34/mtjj35/3951838/index.html。

（2）失信企业。

第一，认定标准。企业有下列情形之一的，被海关认定为失信企业：

① 被海关侦查走私犯罪公安机构立案侦查并由司法机关依法追究刑事责任的；

② 构成走私行为被海关行政处罚的；

③ 非报关企业1年内违反海关的监管规定，被海关行政处罚的次数超过上年度报关单、进出境备案清单、进出境运输工具舱单等单证（以下简称"相关单证"）总票数千分之一，且被海关行政处罚金额累计超过100万元的；报关企业1年内违反海关的监管规定，被海关行政处罚的次数超过上年度相关单证总票数万分之五，且被海关行政处罚金额累计超过30万元的；上年度相关单证票数无法计算，1年内因违反海关的监管规定被海关行政处罚，且非报关企业处罚金额累计超过100万元、报关企业处罚金额累计超过30万元的；

④ 自缴纳期限届满之日起超过3个月仍未缴纳税款的；

⑤ 自缴纳期限届满之日起超过6个月仍未缴纳罚款、没收的违法所得和追缴的走私货物、物品等值价款，并且超过1万元的；

⑥ 抗拒、阻碍海关工作人员依法执行职务，被依法处罚的；

⑦ 向海关工作人员行贿，被处以罚款或者被依法追究刑事责任的；

⑧ 法律、行政法规、海关规章规定的其他情形。

失信企业如果存在下列情形的，海关依照法律、行政法规等有关规定实施联合惩戒，将其列入严重失信主体名单：

① 违反进出口食品安全管理规定、进出口化妆品监督管理规定或者走私固体废物被依法追究刑事责任的；

② 非法进口固体废物被海关行政处罚金额超过250万元的。

第二，认定程序。海关在作出认定失信企业决定前，应当书面告知企业拟作出决定的事由、依据和企业依法享有的陈述、申辩权利。海关拟依照规定将企业列入严重失信主体名单的，还应当告知企业列入的惩戒措施提示、移出条件、移出程序及救济措施。

企业对海关拟认定失信企业决定或者列入严重失信主体名单决定提出陈述、申辩的，应当在收到书面告知之日起5个工作日内向海关书面提出。海关应当在20日内进行核实，企业提出的理由成立的，海关应当采纳。

第三，失信企业的信用修复。未被列入严重失信主体名单的失信企业在纠正失信行为、消除不良影响后，根据导致失信的情形，在满足一定的时间要求下，可以向海关书面申请信用修复并提交相关证明材料。经审核符合信用修复条件的，海关应当自收到企业信用修复申请之日起20日内作出准予信用修复决定。

失信企业连续2年未发生规定的失信情形的，海关应当对失信企业作出信用修复决定。如失信企业已被列入严重失信主体名单，海关应当将其移出严重失信主体名单并通报相关部门。

3. 企业信用管理措施

海关按照"诚信守法便利、失信违法惩戒、依法依规、公正公开"原则，对企业实施信用管理。海关对高级认证企业实施便利的管理措施，对失信企业实施严格的管理措施，对一般信用企业实施常规的管理措施。同时，海关根据社会信用体系建设有关要求，与国家有关部门实施守信联合激励和失信联合惩戒，推进信息互换、监管互认、执法互助（简称"三互"）。

（1）高级认证企业适用的管理措施。高级认证企业是中国海关 AEO，适用下列管理措施：

① 进出口货物平均查验率低于实施常规管理措施企业平均查验率的 20%，法律、行政法规或者海关总署有特殊规定的除外；

② 出口货物原产地调查平均抽查比例在企业平均抽查比例的 20% 以下，法律、行政法规或者海关总署有特殊规定的除外；

③ 优先办理进出口货物通关手续及相关业务手续；

④ 优先向其他国家（地区）推荐农产品、食品等出口企业的注册；

⑤ 可以向海关申请免除担保；

⑥ 减少对企业稽查、核查的频次；

⑦ 可以在出口货物运抵海关监管区之前向海关申报；

⑧ 海关为企业设立协调员；

⑨ AEO 互认国家或者地区海关通关便利措施；

⑩ 国家有关部门实施的守信联合激励措施；

⑪ 因不可抗力中断的国际贸易恢复后优先通关；

⑫ 海关总署规定的其他管理措施。

（2）失信企业适用的管理措施。海关对失信企业实施以下管理措施：

① 进出口货物查验率在 80% 以上；

② 经营加工贸易业务的，全额提供担保；

③ 提高对企业稽查、核查的频次；

④ 海关总署规定的其他管理措施。

提示 | 由办理同一海关业务涉及的企业信用等级不一致而导致的适用的管理措施相抵触的，海关按照较低信用等级企业适用的管理措施实施管理。

2.3 海关对报关人员的管理

1. 报关人员的含义

报关人员是指经报关单位向海关备案，专门负责办理所在单位报关业务的人员。

提示 | 报关员和报关人员没有本质的区别，只是从不同角度所进行的界定。从报关职业角度出发，报关从业人员统称为报关员；从法律角度出发，报关从业人员可统称为报关人员。

2. 对报关人员的管理

2014年3月13日，海关总署取消了报关员的注册登记，改为以报关单位名义对其所属从业人员进行备案，报关单位对所属报关人员承担法律责任。同时，取消了报关人员积分考核管理，改为对报关单位的报关差错进行记录，记录不设上限，海关对报关单位办理报关业务中出现的报关差错予以公布。报关单位可以通过"海关企业进出口信用管理体系"平台进行查询。报关差错的高低是报关单位信用评级的重要因素之一，所以会影响企业的信用评级，达到监督报关单位加强自身内部管理、提高报关质量、提高海关监管效能的目的。因此，报关人员需要具有基本的专业知识和业务素养。

3. 关务水平评价

（1）概述。为了提高报关人员的整体素质和职业水平，1997年12月21日，海关总署在全国范围内首次举行了报关员资格全国统一考试，并在1998—1999年间每年的上半年和下半年各举行一次。从2000年开始，海关总署每年举行一次全国报关员资格考试，考试合格取得报关员资格证书，并报海关总署备案。2013年10月，根据国务院下达的简政放权、转变职能、进一步减少资质资格类许可和认定的有关要求，取消对报关人员资格的行政许可，因此从2014年起，海关总署不再组织报关员资格全国统一考试。

为提升报关人员的职业素养，提高通关质量，服务企业选人、用人和院校后备人才培养工作，更好地对行业人才进行综合评价和定量分析，2014年中国报关协会依据中国法律法规和"报关服务作业规范""报关服务质量要求"等行业标准，组织了报关水平测试。该测试以企业需求和就业为设计导向，考察报关人员的专业知识和岗位实操技能，为企业选聘专业人才和院校培养专业人才提供客观的标准和依据。

🔗 知识链接

中国报关协会

中国报关协会（China Customs Brokers Association，CCBA）于2002年12月11日成立，是经中华人民共和国民政部注册，由在海关备案的报关单位、依法成立的其他相关企事业单位、科研院所、社会团体及有关人士等自愿结成的全国性、行业性社会团体，是非营利性社会组织。

中国报关协会的宗旨为：配合政府部门加强对我国报关行业的管理，改善、维护报关市场的经营秩序，提高行业素质，促进会员间的交流与合作，依法代表本行业利益，维护会员的合法权益，促进我国报关服务行业的健康发展。

资料来源：中国报关协会，www.chinacba.org。

（2）关务水平测试内容。

关务水平评价是对参评申请人的职业技能、专业知识水平进行的测试和综合评定，分为初级、中级和高级。初级即为关务水平测试。关务水平测试的内容包含两个科目，每个科目包含若干模块，详见表2.4。

表2.4　关务水平测试内容

科　目	模　块	分　值	测试时长
关务基础知识	国际贸易实务基础知识、海关基础知识、业务合规基础知识	100分	60分钟
关务基本技能	进出境通关、商品归类、数据申报、税费核算、保税关务	200分	120分钟

4. 报关活动相关人

报关活动相关人是指经营海关监管仓储业务的企业、保税货物的加工企业、转关运输货物的境内承运人，以及保税区、出口加工区内的部分企业。此类企业需经海关批准，办理海关注册/备案登记手续，接受海关监管。这些企业虽不直接参与进出境报关纳税活动，但其经营活动与海关监管货物及海关监管要求有着密切的关联。因而，报关活动相关人对与之有关的海关监管货物应承担相应的法律责任。其理由包括以下几点：

（1）海关监管货物是指尚未办结海关手续的货物，在未缴纳关税和进口环节税，属国家限制进口、未交验进口许可证等情况下，应当由控制货物的当事人承担该货物被用于境内消费时缴纳税款和交验许可证的责任。

（2）如果货物在收发货人的控制下，收发货人应承担上述责任。但如果收发货人将货物交由海关监管的仓储企业储存、加工贸易生产企业加工、境内承运企业转关运输等，则货物应处于保管人、加工企业或承运人的实际控制之下，收发货人无法预见也无法防止货物灭失情形的发生，保管人、加工企业或承运人应当对海关监管货物的收发货人承担控制的责任；其间造成海关监管货物损毁或灭失的，除不可抗力外，保管人、加工企业或承运人应承担相应的纳税义务和呈验许可证件的责任。

（3）对海关监管货物负有保管、加工或承运义务的境内企业不仅对货物本身负有保管的民事责任，更应对国家负有不让该货物擅自被投入境内使用的义务；一旦被投入境内使用，境内企业有向海关纳税、呈验许可证件的责任。

（4）在某些情况下，海关尚无法知晓货物的收发货人时，更应由货物的实际控制人，即报关活动相关人承担相应的法律责任。

报关活动相关人违反《海关法》有关规定的，由海关责令改正，可以给予警告、暂停其从事有关业务，直至撤销注册，并承担相应的行政、刑事法律责任。

本章小结

1. 报关是指进出境运输工具负责人、进出口货物收发货人、进出境物品的所有人或者代理人向海关办理运输工具、货物、物品进出境手续及相关海关事务的过程。

2. 报关单位是指依法在海关备案的进出口货物收发货人和报关企业。报关单位的备案长期有效，报关单位可以在中国境内办理报关业务。进出口货物收发货人可以自理报关，也可以委托报关企业代为报关。报关单位如果违反海关法律法规，应该承担相应的法律后果。

3. 海关对注册登记的企业和备案的企业实行信用管理。海关根据相关管理办法，将企业的信用等级分为高级认证企业、一般信用企业和失信企业。对高级认证企业实施便利化管理措施，对一般信用企业实施常规管理措施，对失信企业实施严格管理措施。

4. 报关人员是指经报关单位向海关备案，专门负责办理所在单位报关业务的人员。报关单位对其所属报关人员进行备案，报关单位对所属报关人员的报关活动承担法律责任。

5. 报关活动相关人是指经营海关监管仓储业务的企业、保税货物的加工企业、转关运输货物的境内承运人，以及保税区、出口加工区内的部分企业。报关活动相关人对与之有关的海关监管货物承担相应的法律责任。

练习题

一、单选题

1. 从委托关系的角度，报关可以分为（　　　）。
   A. 口岸报关与属地报关　　　　　B. 直接代理报关和间接代理报关
   C. 自理报关和代理报关　　　　　D. 进境报关和出境报关

2. 海关对（　　）应当每五年重新认证一次。
   A. 高级认证企业　　　　　　　　B. 一般信用企业
   C. 失信企业

3. 报关企业备案登记的有效期为（　　　）。
   A. 一年　　　　　B. 两年　　　　　C. 三年　　　　　D. 长期有效

4. 下列表述错误的是（　　　）。
   A. 进出口货物收发货人只能办理本企业进出口货物的报关业务
   B. 进出口货物收发货人可以自理报关，也可以委托报关企业代为报关
   C. 进出口货物收发货人、报关企业只能在备案地海关办理报关业务
   D. 报关单位在全国范围内可以同时具有进出口货物收发货人和报关企业双重身份

二、多选题

1. 需要向海关办理报关备案登记的有（   ）。
   A. 进出口货物收发货人
   B. 报关企业
   C. 境外企业在中国的常驻代表机构
   D. 国际援助的单位

2. 进出境的报关范围可以分成（   ）。
   A. 进出口货物收发货人、报关单位、报关人员的报关
   B. 进出境运输工具的报关
   C. 进出口货物的报关
   D. 进出境物品的报关

3. 与报关活动密切相关，承担着相应的海关义务和法律责任的企业有（   ）。
   A. 海关监管货物仓储业务的企业
   B. 保税货物的加工企业
   C. 转关运输货物的境内承运人
   D. 保税区、出口加工区的部分企业

4. 报关单位具有哪些基本特征？（   ）
   A. 依法在海关注册登记
   B. 依法在海关备案登记
   C. 必须是境内法人、组织或个人
   D. 必须办理报关业务

5. 海关高级认证企业的通用标准包括（   ）内容。
   A. 内部控制
   B. 财务状况
   C. 守法规范
   D. 贸易安全
   E. 单项标准

三、判断题

1. 海关对高级认证企业每五年复核一次。企业信用状况发生异常情况的，海关可以不定期开展复核。（   ）

2. 高级认证企业应当同时符合通用标准和相应的单项标准。（   ）

3. 报关单位只能备案登记为进出口货物收发货人或报关企业，不能二者兼有。（   ）

4. 一些没有进出口经营权但临时有非贸易性质的进出口业务的单位，可以向海关办理报关临时备案手续。临时备案登记有效期为一年。（   ）

5. 进出口货物收发货人既能办理本单位进出口货物的报关业务，也能代理其他单位报关。（   ）

6. 在间接代理中，报关企业应当承担与进出口货物收发货人自理报关时所应承担的相同的法律责任。（   ）

7. 进出境运输工具、货物和物品，必须通过设立海关的地点进境或出境，并向海关办理相关报关手续。（   ）

四、简答题

1. 什么是报关？报关的分类有哪些？
2. 什么是报关单位？报关单位的类型有哪些？
3. 什么是直接代理报关和间接代理报关？二者的法律责任如何？
4. 什么是海关高级认证企业？有哪些类别？
5. 海关高级认证企业可以享受到哪些海关便利措施？

第 **3** 章 对外贸易管制

本章通过阐述海关监管与对外贸易管制的关系，加深对海关是国家进出境监督管理机关的认识，培养对外贸易经营者及从业人员在进出口经营活动中熟悉国家外贸政策，在进出境环节守法和合规的职业素养。

课程知识目标

§ 了解贸易管制的目标及其与海关监管的关系，了解中国贸易管制的主要内容；
§ 掌握进出口货物、技术许可管理制度的对象、方式，主管机构及其职责范围；
§ 了解许可管理的主要进出口货物及其基本内容。

学习导图

对外贸易管制
- 对外贸易管制概述
  - 对外贸易管制的含义及目的
  - 海关监管与对外贸易管制
  - 中国对外贸易管制的基本框架与法律体系
- 对外贸易管制的内容
  - 对外贸易经营资格管理制度
  - 货物、技术进出口许可管理制度
  - 货物贸易外汇管理制度
  - 对外贸易救济措施
- 许可管理的主要进出口货物
  - 两用物项和技术进出口许可证管理
  - 野生动植物种进出口管理
  - 药品进出口管理
  - 黄金及其制品进出口管理
  - 音像制品进口管理
  - 民用爆炸物品进出口管理
  - 有毒化学品进出口环境管理
  - 农药进出口管理
  - 兽药进口管理

开篇案例

燕窝不得私自携带入境

2021 年 10 月，A 海关在对某吉隆坡入境航班进行监管过程中，发现一名旅客私自携带两盒裸装干燕窝，总重量 100 克。A 海关依据《出入境人员携带物检疫管理办法》第三十二条和第三十三条的规定，对该名旅客处以相应罚款，并对其携带的燕窝作限期退回或者销毁处理。

燕窝是人们境外旅游时常爱购买的物品。殊不知，燕窝属于法律禁止携带、邮寄进境的动植物及其产品，根据相关法律法规的规定，未经审批许可，私自携带燕窝入境属违法行为。海关查获旅客私自携带燕窝入境的执法案例时有发生，其中多为未经处理的毛燕窝或没有厂商标识的裸装干燕窝。

旅客为什么不能私自携带燕窝入境呢？

个人携带入境的燕窝多为未经处理的毛燕窝或没有厂商标识的裸装干燕窝。境外燕窝产地中很大部分是禽流感疫区，未经清洗加工或加工工艺不当的燕窝可能夹带禽类粪便、羽毛等，存在携带高致病性禽流感的风险。禽流感是同时能感染动物和人类的动物传染病，对禽类致病率高。高致病性禽流感毒株可导致人类感染，引发呼吸系统疾病和全身多脏器功能衰竭，被称为"人禽流感病"，该病病情进展快、病死率高。高致病性禽流感是世界动物卫生组织（OIE）《法定报告动物疫病名录》中的传染疾病，也是《中华人民共和国进境动物检疫疫病名录》中的一类传染病。禽流感疫区的禽类及未经深加工的禽类产品均有可能携带禽流感病毒，对国家生态安全构成极大威胁。

因此，燕窝（经商业无菌处理的罐头装燕窝除外）为国家禁止携带、寄递进境的动物及动物产品。为防止动植物疫病及有害生物传入和防范外来物种入侵，保护中国农林牧渔业生产、生态和公共卫生安全，农业农村部和海关总署于 2021 年 10 月 20 日联合发布了新的《中华人民共和国禁止携带、寄递进境的动植物及其产品和其他检疫物名录》（以下简称《名录》）。《名录》增加《中华人民共和国生物安全法》作为法律依据，强调生态安全。根据其规定，燕窝（经商业无菌处理的罐头装燕窝除外）禁止携带、寄递进境，只有经过审批许可，并具有输出国或地区官方出具的检疫证书的燕窝，才不受该名录的限制。

资料来源：肖敏娟、杨鑫鑫，《燕窝不得私自携带入境》，《中国海关》2021 年第 12 期，第 63 页。

进一步思考：

进出境旅客在出入境时对随身携带的物品应做到哪些合理的注意来避免不必要的经济损失和法律风险？

3.1 对外贸易管制概述

3.1.1 对外贸易管制的含义及目的

1. 对外贸易管制的含义

对外贸易管制也称进出口的国家管制，是指一国政府为了国家的宏观经济利益、国内外政策的需要以及履行所缔结或加入的国际条约的义务，对本国的对外贸易活动实施有效的管理而实行的各种贸易政策、制度或措施的总称，简称贸易管制。

按照管制对象的不同，对外贸易管制可以分为货物进出口贸易管制、技术进出口贸易管制和国际服务贸易管制。本教材主要关注货物进出口贸易管制。对外贸易管制是政府的一种强制性行政管理行为，属于非关税措施。

2. 对外贸易管制的目的

贸易管制体现了国家意志，并以国家强制力作为后盾，不仅是一国政府的重要职能，也是国家对外经济政策的具体体现。贸易管制的主要目的体现在三个方面：

一是保护本国市场，发展本国经济。比如，发展中国家实行贸易管制是为了保护本国的幼稚产业，建立、巩固本国的经济体系，通过对外贸易的各项措施，防止外国产品冲击本国市场，进而影响本国建立独立的经济结构和体系。

二是推行本国的外交政策。无论是发达国家还是发展中国家，往往出于政治或安全上的考虑，在不同时期，针对不同国家或不同商品实行不同的贸易管制措施，以达到其政治上或安全上的目的，因此贸易管制往往成为一国推行其外交政策的有效手段。

三是行使国家职能。贸易管制的强制性是国家为了保护本国环境和资源，保障国民人身安全，调控本国经济而行使国家管理职能的一个重要保证。

3.1.2 海关监管与对外贸易管制

1. 海关监管是实行贸易管制的重要手段

货物的进出口贸易，包括以货物为载体的技术进出口贸易，都要通过进出境活动来实现。海关作为进出境的监督管理机关，依据《海关法》所赋予的权力，代表国家在口岸行使进出境监督管理职责。这种特殊的管理职能决定了海关监管是实现贸易管制目标的有效行政管理手段。

2. 海关监管是确认进出口货物合法性的重要环节

国家通过发放各种许可类证件来实施对外贸易管制。《海关法》第二十四条规定：

"进口货物的收货人、出口货物的发货人应当向海关如实申报，交验进出口许可证件和有关单证。国家限制进出口的货物，没有进出口许可证件的，不予放行。"当货物进出口时，收发货人或其代理人需要向海关提交单据、证件，配合海关查验。海关监管通过查对"单""证""货"三要素来确认货物进出口的合法性，而"单"和"证"正是通过报关活动中的申报手续向海关递交的材料。海关通过审核单据、证件与货物是否相符来确认货物进出口的合法性。因此，报关不仅是进出口货物收发货人或其代理人必须履行的法律手段，也是海关确认进出口货物合法性的重要环节。

3. 贸易管制是海关监管的重要依据

《海关法》第四十条规定："国家对进出境货物、物品有禁止性或者限制性规定的，海关依据法律、行政法规、国务院的规定或者国务院有关部门依据法律、行政法规授权做出的规定实施监管。"该条款不仅赋予了海关对进出口货物实施监督管理的权力，还明确了国家对外贸易管制政策所涉及的法律、法规是海关对进出口货物进行监管的法律依据。

3.1.3　中国对外贸易管制的基本框架与法律体系

中国对外贸易管制是一种综合的管理制度。为保障贸易管制各项制度的实施，中国已基本建立并逐步健全了以《中华人民共和国对外贸易法》为核心的对外贸易管理与管制的法律体系，并依据这些法律、行政法规、部门规章和中国履行国际公约的有关规定，自主实行对外贸易管制。

贸易管制是一种国家管制，因此其法律渊源不包括地方性法规、地方性规章以及地方政府的地方条例和单行条例，所涉及的法律渊源只限于宪法、法律、行政法规、部门规章以及相关的国际条约。

1. 法律

法律是指由国务院最高权力机关——全国人民代表大会或其常务委员会制定的、由国家主席颁布的规范性文件的总称。中国现行的与贸易管制有关的法律主要有：《中华人民共和国对外贸易法》《中华人民共和国出口管制法》《海关法》《中华人民共和国进出口商品检验法》《中华人民共和国进出境动植物检疫法》《中华人民共和国固体废物污染环境防治法》《中华人民共和国国境卫生检疫法》《中华人民共和国野生动物保护法》《中华人民共和国药品管理法》《中华人民共和国文物保护法》《中华人民共和国食品卫生法》等。

《中华人民共和国出口管制法》简介

2020年10月17日，十三届全国人大常委会第二十二次会议审议通过了《中华人民共和国出口管制法》，该法自同年12月1日起施行。这是中国出口管制领域的第一部专门法律。《中华人民共和国出口管制法》所称的出口管制，是指国家对从中华人民共和国境内向境外转移管制物项，以及中华人民共和国公民、法人和非法人组织向外国组织和个人提供管制物项，采取禁止或者限制性措施。该法规定，国家对两用物项、军品、核以及其他与维护国家安全和利益、履行防扩散等国际义务相关的货物、技术、服务等物项实施出口管制，采取禁止或限制性措施。国家实行统一的出口管制制度，通过制定管制清单、名录或目录，实施出口许可等方式进行管理。

出口货物的发货人未向海关交验由国家出口管制管理部门颁发的许可证件的，海关有证据表明出口货物可能属于出口管制范围的，应当向出口货物发货人提出质疑；海关可以向国家出口管制管理部门提出组织鉴别，并根据国家出口管制管理部门作出的鉴别结论依法处置。在鉴别或者质疑期间，海关对出口货物不予放行。

资料来源：海关总署官网，http://www.customs.gov.cn//customs/xwfb34/mtjj35/3524963/index.html。

2. 行政法规

行政法规是指国务院为了实施宪法和其他相关法律，在自己职权范围内制定的行政管理规范性文件的总称，通常以条例的形式出现。中国现行的与贸易管制有关的行政法规主要有：《中华人民共和国货物进出口管理条例》《中华人民共和国技术进出口管理条例》《进出口关税条例》《中华人民共和国知识产权海关保护条例》(以下简称《知识产权海关保护条例》)、《中华人民共和国反倾销条例》《中华人民共和国反补贴条例》《中华人民共和国保障措施条例》《中华人民共和国原产地条例》《中华人民共和国核出口管制条例》《中华人民共和国核两用品及相关技术出口管制条例》《中华人民共和国野生动植物保护条例》《中华人民共和国外汇管理条例》等。

3. 部门规章

部门规章是指国务院各部门根据法律和国务院的行政法规、决定和命令，在本部门的权限范围内发布的规范性文件，通常以管理办法的形式出现。中国现行的与贸易管制有关的部门规章主要有：《货物自动进口许可管理办法》《货物进口许可证管理办法》《货物出口许可证管理办法》《消耗臭氧层物质进出口管理办法》《重点机电产品进口管理办法》《机电产品进口管理办法》《两用物项和技术进出口许可证管理办法》《药品进口管理办法》《进口药材管理办法》《兽药进口管理办法》《黄金及黄金制品进出口管理办法》《文物进出境审核管理办法》《进口医疗器械检验监督管理办法》等。

4. 国际公约

国际公约也称国际条约，是指两个或两个以上主权国家为确定彼此在政治、经济、贸易、文化、军事等方面的权利和义务而缔结的诸如公约、协定、议定书等各种协议的总称。国际贸易条约与协定成为各国之间确立国际贸易关系和立场的重要法律形式。中国缔结或参加的各类国际条约、协定，虽然不属于国内法的范畴，但就其效力而言，可视为中国法律渊源之一。截至 2022 年底，中国加入或缔结的、涉及贸易管制的国际条约主要有：《关于简化和协调海关制度的国际公约》(《京都公约》)、《濒危野生动植物种国际贸易公约》(亦称《华盛顿公约》)、《关于消耗臭氧层物质的国际公约》(亦称《蒙特利尔议定书》)、《关于在国际贸易中对某些危险化学品和农药采用事先知情同意程序的鹿特丹公约》(亦称《鹿特丹公约》)、《精神药物公约（1971 年）》、《关于化学品国际贸易资料交换的伦敦准则》(以下简称《伦敦准则》)、《关于控制危险废物越境转移及其处置的巴塞尔公约》、《关于货物暂准进口的 ATA 报关单证册海关公约》(简称《ATA 公约》) 等。

3.2　对外贸易管制的内容

中国对外贸易管制的主要内容包括：对外贸易经营资格管理制度，货物、技术进出口许可管理制度，货物贸易外汇管理制度和对外贸易救济措施。

3.2.1　对外贸易经营资格管理制度

1. 对外贸易经营资格备案管理制度

对外贸易经营者是指依法办理工商登记或者其他执业手续，依照《中华人民共和国对外贸易法》和其他有关法律、行政法规的规定，从事对外贸易经营活动的法人、其他组织或者个人。

截至 2022 年底，中国对外贸易经营者资格管理实行备案登记制。从事货物进出口或者技术进出口的对外贸易经营者，应当向国务院对外贸易主管部门或者其委托的机构办理备案登记；但是，法律、行政法规和国务院对外贸易主管部门规定不需要备案登记的除外。依法办理备案登记后的对外贸易经营者取得了对外签订进出口合同的资格，可在国家允许的范围内从事对外贸易经营活动。对外贸易经营者未按照规定办理备案登记的，海关不予办理进出口货物的报关验放手续。

2. 国营贸易

为对关系国计民生的重要进出口商品实行有效的宏观管理，国务院商务主管部门在一定时期内对部分进出口商品实行国营贸易管理。国营贸易是指由特定的法人企业或其他组织代表国家从事部分商品的进出口经营活动。国营贸易实质上具有指定的性质，即实行国营贸易管理货物的进出口业务一般只能由经授权的企业经营，擅自进出口实行国营贸易管理货物的，海关不予放行。

提示 | 属于进口国营贸易管理的货物有：小麦、玉米、大米、食糖、烟草及其制品、原油、成品油、化肥、棉花。属于出口国营贸易管理的货物有：玉米、大米、烟草及其制品、钨及钨制品、锑及锑制品、煤炭、原油、成品油、棉花、白银。

3.2.2 货物、技术进出口许可管理制度

进出口许可管理制度是指国家根据《中华人民共和国对外贸易法》《中华人民共和国货物进出口管理条例》《中华人民共和国技术进出口管理条例》等相关法律和行政法规，对进出口贸易所实行的一种行政管理制度。货物、技术进出口许可管理制度是中国进出口许可管理制度的主体，是国家对外贸易管制中极其重要的管理制度。根据管制程度，分为禁止进出口的货物和技术、限制进出口的货物和技术、自由进出口的货物和技术。

1. 禁止进出口的货物、技术管理

为维护国家安全、社会公共利益或者公共道德，保护人民的健康或者安全，保护动物、植物的生命或者健康，保护环境，履行中国缔结或者参加的国际条约和协定的规定，国务院对外贸易主管部门会同国务院其他有关部门，依照《中华人民共和国对外贸易法》的有关规定，制定、调整并公布禁止进出口的货物、技术目录，海关依据国家相关法律法规，对禁止进出口目录的商品实施监督管理。

对列入国家公布的禁止进出口目录及有关法律、法规明令禁止或停止进出口的货物、技术，任何单位和个人不得经营进出口。

提示 | 国家对与裂变、聚变物质或者衍生此类物质的物质有关的货物、技术进出口，以及与武器、弹药或者其他军用物资有关的进出口，可以采取任何必要的措施以维护国家安全。在战时或者为维护国际和平与安全，国家在货物、技术进出口方面可以采取任何必要的措施。

（1）禁止进出口货物管理。

禁止进口的货物范围，除了目前商务部、海关总署、生态环境部已经公布的八批《禁止进口货物目录》外，还包括根据《关于全面禁止进口固体废物有关事项的公告》规定，

从 2021 年 1 月 1 日起禁止以任何方式进口的固体废物，以及部分明令禁止进口的商品（见表 3.1）。

表 3.1　禁止进口货物

范　围	具体说明
目录商品	列入《禁止进口货物目录》的货物
动植物及其产品	禁止进口《濒危野生动植物种国际贸易公约》中禁止的以商业贸易为目的进出口的濒危野生动植物及其产品
音像制品及任何出版物	禁止进口有下列内容的音像制品及出版物：（1）反对宪法确定的基本原则的；（2）危害国家统一、主权和领土完整的；（3）泄露国家秘密、危害国家安全或者损害国家荣誉和利益的；（4）煽动民族仇恨、民族歧视，破坏民族团结，或者侵害民族风俗、习惯的；（5）宣扬邪教、迷信的；（6）扰乱社会秩序、破坏社会稳定的；（7）宣扬淫秽、赌博、暴力或者教唆犯罪的；（8）侮辱或者诽谤他人，侵害他人合法权益的；（9）危害社会公德或民族优秀文化传统的；（10）以未成年人为对象的出版物不得含有诱发未成年人模仿违反社会公德的行为和违法犯罪的行为的内容，不得含有恐怖、残酷等妨碍未成年人身心健康的内容
农药	禁止进口未取得农药登记证的农药
兽药	禁止进口下列兽药：（1）药效不确定、不良反应大以及可能对养殖业、人体健康造成危害或者存在潜在风险的；（2）来自疫区，可能造成疫病在中国境内传播的兽用生物制品；（3）经考察生产条件不符合规定的；（4）国务院兽医行政管理部门禁止生产、经营和使用的
药品	禁止进口疗效不确切、不良反应大或者因其他原因危害人体健康的药品
货物、单证及外包装	禁止进口含有违反一个中国原则内容的货物及其包装
其他物品	（1）禁止进口动植物病原体（包括菌种、毒种等）、害虫及其他有害生物；（2）禁止进口动植物疫情流行的国家（地区）的有关动植物、动植物产品和其他检疫物；（3）禁止进口动物尸体；（4）禁止进口土壤；（5）禁止进口具有传播艾滋病风险的制品，如浓缩血小板等

禁止出口的货物范围，除目前已经公布的七批《禁止出口货物目录》外，还包括部分明令禁止出口的商品（见表 3.2）。

表 3.2　禁止出口货物

范　围	具体说明
目录商品	列入《禁止出口货物目录》的货物
动植物及其产品	（1）禁止出口未命名的或者新发现并有重要价值的野生动植物及其产品，以及国务院或者国务院野生动植物主管部门禁止出口的濒危野生动植物及其产品；（2）国务院主管部门禁止出口的其他畜禽遗传资源；（3）禁止出口奶畜在规定用药期和休药期内产的乳

范　围	具体说明
药品	（1）国家禁止出口天然麻黄草；（2）国务院主管部门公布的禁止出口的国内防疫急需的疫苗；（3）国务院公布的禁止出口的国内短缺药品、中药材、中成药
货物、单证及外包装	禁止出口含有违反一个中国原则内容的货物及其包装
其他物品	（1）禁止出口劳改产品；（2）禁止向朝鲜出口部分两用物项和技术；（3）禁止出口原料血浆；（4）禁止出口内容涉及国家秘密的手稿、印刷品、胶卷、照片、唱片、影片、录音带、录像带、激光、激光视盘、计算机存储介质及其他物品

（2）禁止进出口技术管理。

根据《中华人民共和国对外贸易法》《中华人民共和国技术进出口管理条例》《中华人民共和国禁止进口限制进口技术管理办法》《中华人民共和国禁止出口限制出口技术管理办法》的有关规定，国务院商务主管部门会同国务院有关部门制定、调整并公布禁止进出口的技术目录。属于禁止进出口的技术不得进出口。

目前，《中国禁止进口限制进口技术目录》所列明的禁止进口的技术涉及化学原料及化学制品制造业、非金属矿物制品业、有色金属冶炼和压延加工业、汽车制造业、电气机械及器材制造业等技术领域。

截至 2023 年底，列入《中国禁止出口限制出口技术目录》禁止出口的技术涉及测绘技术、地质技术、医学技术、药品生产技术、中药生产技术、农业技术、畜牧兽医技术、水产技术、矿业工程技术、冶金工程技术、动力工程技术、电子技术、通信技术、自动化技术、计算机技术、民用爆炸物工业技术、轻工技术、食品加工技术、纺织技术、航空技术、航天技术等行业领域。

🔗 知识链接

技术出口与管制

根据《中华人民共和国对外贸易法》和《中华人民共和国技术进出口管理条例》，2020 年 8 月 28 日，商务部会同科技部调整发布了《中国禁止出口限制出口技术目录》。属于军民两用技术的，纳入出口管制管理。本次目录调整先后征求了相关部门、行业协会、业界学界和社会公众意见，共涉及 53 项技术条目。

据商务部统计，2013 年，中国技术出口合同金额 200 亿美元，不到进口合同金额的一半；2019 年，技术出口合同金额 321 亿美元，已基本接近进口合同金额。技术出口既优化了中国的出口结构，也推动了相关贸易伙伴的产业升级和经济发展。今后，中国将进一步加强与世界各国的技术贸易合作，不断优化技术贸易营商环境，促进中国技术贸易健康有序可持续发展。

资料来源：商务部、科技部公告，http：//www.gov.cn/zhengce/zhengceku/2020-08/29/content_5538299.htm。

2. 限制进出口的货物、技术管理

国务院对外贸易主管部门会同国务院其他有关部门，依照《中华人民共和国对外贸易法》的有关规定，制定、调整并公布限制进出口的货物、技术目录，海关依据国家相关法律法规，对限制进出口目录的商品实施监督管理。目前，中国对限制进口或者出口的货物实行配额、许可证等方式管理；对限制进口或者出口的技术实行许可证管理。国家对部分进口货物实行关税配额管理。实行配额、许可证管理的货物、技术，应当按照国务院规定，经国务院对外贸易主管部门或者经其会同国务院其他有关部门许可，方可进口或者出口。对外贸易经营者凭许可证或配额证明向海关办理报关验放手续。

中国限制进出口货物的管理方式如图 3.1 所示。

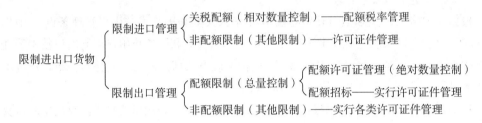

图 3.1　中国限制进出口货物的管理方式

（1）进出口许可证管理制度。

许可证是国家批准外贸经营者进口或出口某种货物或技术的证明文件，是中国外贸管制方面最基本、最重要的具有法律效力的官方文件之一，包括法律、行政法规规定的各种具有许可进出口性质的证明、文件，用来证明对外贸易经营者经营列入国家进出口许可证管理目录的商品合法进出口的证明文件，是海关监管和验放进出口货物、技术的重要依据。外贸经营者进出口国家限制进出口的货物或技术，必须事先征得国家的许可，取得进出口许可证。

进出口许可证管理内容如表 3.3 所示。

表 3.3　进出口许可证管理内容

许可证管理目录的制定、修改	国务院商务主管部门或其会同国务院有关部门制定
许可证的管理	经商务部授权，配额许可证事务局（简称许可证局）统一管理、指导全国各发证机构的签发工作
许可证的申领	按国家进出口许可证管理商品分级发证目录的要求，向各级签发机关办理（有配额要求的要先取得配额才可申领）
许可证的签发方式	三级分类签发制度：许可证局；商务部驻各地特派员办事处；商务部授权的各省市的商务厅（局）、商务委（厅、局）

许可证的有效期	进口：一年；出口：6个月 跨年使用时，进口许可证有效期不得超过次年的3月31日 出口许可证有效期截止时间不得超过当年12月31日 供港澳地区鲜活冷冻商品有效期为1个月
许可证的使用	"一批一证""一证一关"

提示 | "一批一证"是指进出口许可证在有效期内一次性用于报关。"一证一关"指进口许可证或出口许可证只能在入境地海关或者目的地海关或者出境地海关用于报关。一般情况下，进出口货物适用"一批一证"制度。对于不实行"一批一证"的商品，发证机关应在进出口许可证"备注"栏中注明"非一批一证"字样。

"非一批一证"的商品和外资企业和补偿贸易项下的出口商品，其许可证有效期自发证之日起最长为6个月，并允许在同一口岸多次报关，但在有效期内不得超过12次。海关在进出口货物通关时根据实际进出口数量做必要批注。

进出口属于限制类技术的步骤如图3.2所示。

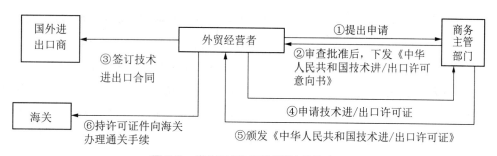

图3.2　进出口属于限制类技术的步骤

⚙️ **小任务**

通过商务部的网站查阅当年公布的《进口许可证管理货物目录》《出口许可证管理货物目录》《进口许可证管理货物分级发证目录》《出口许可证管理货物分级发证目录》《中国禁止进口限制进口技术目录》《中国禁止出口限制出口技术目录》，了解中国禁止、限制进出口货物、技术的范围。

（2）配额管理制度。

配额是指一国政府在一定时期内（如一季度、半年或一年以内），对某些商品的进口或出口数量进行直接的限制。在规定的期限内，配额以内的货物可以进口或出口，超过配额不准进口或出口，或者征收较高的关税或罚款才能够进口或出口。配额的种类

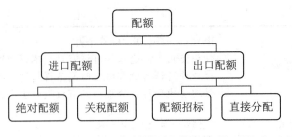

图 3.3 配额的类别及分类管理

如图 3.3 所示。

第一，进口配额。进口配额可以分为绝对配额和关税配额。绝对配额是指在一定时期内，某些商品的进口数量达到规定的一个最高数额后，就不准进口。而关税配额是指进口数量在配额以内，进口商品可以享受到比较优惠的关税，超过配额仍然可以进口，但是会被征收比较高的关税。

中国对化肥、小麦、玉米、稻谷和大米、糖、羊毛、毛条、棉花等八类商品实施关税配额管理，对配额外进口的一定数量的棉花实施滑准税。化肥进口关税配额为全球配额。商务部负责化肥进口关税配额的总量管理、发放分配、组织实施和执行协调。凡在工商行政管理部门登记注册的企业，在其经营范围内均可向所在地区的授权机构申请化肥进口关税配额。商务部负责在化肥进口关税配额总量内，根据国民经济综合平衡及资源合理配置的要求，对化肥进口关税配额进行分配，由商务部颁发化肥进口关税配额证明。另外根据中国加入世界贸易组织货物贸易减让表所承诺的配额量，确定实施进口关税配额管理的农产品的年度市场准入数量。食糖、羊毛、毛条进口关税配额由商务部分配，小麦、玉米、大米、棉花进口关税配额由国家发展和改革委员会（以下简称国家发展改革委）会同商务部分配，颁发《农产品进口关税配额证》。

第二，出口配额。出口配额是指在一定时期内，为建立公平竞争机制，增强中国商品在国际市场的竞争力，保障最大限度的收汇及保护我国产品的国际市场利益，国家对部分商品的出口数量直接加以限制的措施。中国出口配额有两种管理方式：出口配额许可证管理和出口配额招标管理。

出口配额许可证管理是国家对部分商品的出口，在一定时期内规定数量总额，由国务院商务主管部门或国务院有关部门在各自的职责范围内，根据申请者需求并结合进出口实际能力等条件，按照效益、公平、公正、公开竞争的原则，对符合条件的申请人进行配额的直接分配，颁发配额证明文件，获得配额的允许出口，否则不准出口的配额管理措施。出口配额招标管理是国家对部分商品的出口，在一定时期内规定数量总额，根据招标分配的原则，经过招标获得配额的，允许出口，否则不准出口的配额管理措施。二者均需凭配额证明文件或者配额招标中标证明文件申领出口许可证，凭出口许可证向海关办理货物出口报关验放手续。

货物出口配额总量（2022 年）

依据《中华人民共和国对外贸易法》《中华人民共和国货物进出口管理条例》《出口商品配额管理办法》《出口商品配额招标办法》等法律、行政法规和规章的规定，现公布货物出口配额总量（2022 年）及配额管理有关事项如下：

1. 2022 年，甘草及甘草制品、药料用人工种植麻黄草、活猪（对港澳）、活牛（对港澳）、活鸡（对香港）、锯材、蔺草及蔺草制品出口配额分别为 520 万千克、120 万千克、143.04 万头、2.8 万头、300 万只、10 万立方米、2 000 万千克。

2. 出口上述货物的对外贸易经营者应向商务部申请取得配额（全球或者地区配额），凭配额证明文件或者配额招标中标证明文件申领《中华人民共和国出口许可证》（以下简称出口许可证），凭出口许可证向海关办理货物出口报关验放手续。

3. 甘草及甘草制品、蔺草及蔺草制品出口配额通过招标的方式进行分配，有关申请的条件和程序等事项另予公布。

资料来源：商务部官网，http://www.mofcom.gov.cn/article/zcfb/zcdwmy/202110/20211003212910.shtml。

3. 自由进出口的货物、技术管理

除上述国家禁止、限制进出口的货物和技术外，其他货物和技术均属于自由进出口的范围，其进出口不受限制。但是，基于监测进出口情况的需要，国家对部分属于自由进出口的货物实行自动进口许可管理，对自由进出口的技术实行技术进出口合同登记管理。

（1）货物自动进口许可管理。

货物自动进口许可管理是指在任何情况下对进口申请一律给予批准的进口许可制度。这种进口许可实际上是一种进口前自动登记性质的许可性质，通常用于国家对这类货物的统计和监测，是中国进出口许可管理制度中的重要组成部分。对于进口属于《自动进口许可管理货物目录》的货物，进口经营者应当在办理海关报关手续前，向国务院商务主管部门或其委托的经济管理部门提交自动进口许可申请。进口经营者凭国务院商务主管部门或其委托的经济管理部门发放的自动进口许可证明，向海关办理报关手续。

（2）技术进出口合同登记管理。

进出口属于自由进出口的技术，应当向国务院商务主管部门或者其委托的机构办理合同备案登记。国务院商务主管部门应当自收到规定的文件之日起 3 个工作日内，对技术进出口合同进行登记，颁发技术进出口合同登记证。申请人凭技术进出口合同登记证，办理外汇、银行、税务、海关等相关手续。

3.2.3 货物贸易外汇管理制度

在对外贸易经营活动中，对外贸易经营者应当依照国家有关规定办理结汇、用汇，国家外汇管理局依据《中华人民共和国外汇管理条例》及其他规定，对于包括经常项目外汇业务、资本项目外汇业务、金融机构外汇业务、人民币汇率的生成机制和外汇市场等领域实施监督管理。

1. 中国货物贸易外汇管理制度概述

为完善货物贸易外汇管理，大力推进贸易便利化水平，进一步改进货物贸易外汇服务和管理，中国自2012年8月1日起在全国实施货物贸易外汇管理制度改革。国家外汇管理局对企业的外汇管理方式由现场逐笔核销改变为非现场总量核销，国家外汇管理局通过货物贸易外汇监测系统，全面采集企业货物进出口和贸易外汇收支数据，定期比对，评估企业货物流和资金流总量匹配情况。这样做，一方面便利合规企业进行贸易外汇收支，另一方面对存在异常的企业进行重点监测，必要时实施现场核查。

2. 中国货物贸易外汇管理制度的运行机制

中国货物贸易外汇管理制度的运行主要靠三方面来完成，即企业自律、金融机构专业审查及国家外汇管理局的监管。

（1）企业自律。企业的贸易外汇收支活动应当自觉遵守国家法律规定，按照"谁出口谁收汇，谁进口谁付汇"的原则办理货物贸易外汇收支业务。中国对贸易项下的国际收支不予限制，从事对外贸易经营机构的贸易外汇收支，应当具有真实、合法的交易背景，与货物进出口一致。企业应当依据真实贸易方式、结算方式及资金来源，向金融机构办理贸易外汇收支，并按相关规定向金融机构如实申报贸易外汇收支信息。

（2）金融机构专业审查。金融机构应当对企业提交的交易单证的真实性及其与贸易外汇收支的一致性在专业层面上进行合理审查，并负责向国家外汇管理局报送相关贸易外汇收支信息。

（3）国家外汇管理局的监管。国家外汇管理局建立进出口货物流与收付汇资金流匹配的核查机制，依法对企业贸易外汇收支进行非现场总量核查和监测，对存在异常或可疑情况的企业进行现场核查，对金融机构办理贸易外汇收支业务的合规性与报送相关信息的及时性、完整性、准确性实施非现场核查和现场核查，通过核查结果实施差别化管理。当国际收支出现或者可能出现严重失衡时，国家可以对贸易外汇收支采取必要的保障、控制等措施。

非现场核查是国家外汇管理局的常规监管方式。国家外汇管理局通过货物贸易外汇监测系统，根据企业进出口和贸易外汇收支数据，结合其贸易信贷报告等信息，设定总量差额、总量差额比例、资金货物比率、贸易信贷报告余额比率等总量核查指标，衡量企业在一定期限内，其资金流与货物流的偏离和贸易信贷余额变化等情况，将总量核查指标超过一定范围的企业列入重点监测对象。对企业的贸易信贷、出口收入存放境外、来料加工、转口贸易、境外承包工程，进出口退汇等业务，以及海关特殊监管区内企业、辅导期企业等主体实施专项监测，将资金流与货物流的规模与结构等存在异常或可疑情况的企业列入重点监测范围。

对核查期内存在下列情形之一的企业，可以实施现场核查：① 任一总量核查指标与本地区指标阈值偏离程度 50% 以上；② 任一总量指标连续四个核查期超过本地区指标阈值；③ 预收货款、预付货款、延期收款或延期付款各项贸易信贷余额比率大于 25%；④ 一年期以上的预收货款、预付货款、延期收款或延期付款各项贸易信贷发生额比率大于 10%；⑤ 来料加工工缴费率大于 30%；⑥ 转口贸易收支差额占支出比率大于 20%；⑦ 单笔退汇金额超过 50 万美元或等值金额且退汇笔数大于 12 次。

3.2.4 对外贸易救济措施

世界贸易组织允许成员在进口产品存在倾销、补贴和过激增长给国内产业造成损害时，使用反倾销、反补贴和保障措施等手段保护国内产业不受损害。反倾销、反补贴和保障措施属于主要的对外贸易救济措施，反倾销和反补贴措施针对的是价格歧视这种不公平贸易行为，保障措施针对的是进口产品数量激增的情况。

为了维护国内市场自由贸易和公平竞争的秩序，中国政府依据世界贸易组织的《反倾销协议》《补贴与反补贴措施协议》《保障措施协议》及《中华人民共和国对外贸易法》的有关规定，制定颁布了《中华人民共和国反补贴条例》《中华人民共和国反倾销条例》及《中华人民共和国保障措施条例》。

1. 反倾销措施

（1）实施反倾销措施的必要条件。

进口产品以倾销方式进入中国市场，并对已经建立的国内产业造成实质性损害、产生实质性损害威胁，或者对建立国内产业造成实质性阻碍的，依据《中华人民共和国反倾销条例》进行调查，采取反倾销措施。进口产品存在倾销并对国内产业造成损害，二者之间存在因果关系，是采取反倾销措施的必要条件。

（2）反倾销调查的方式和阶段。

发起反倾销调查有两种方式：一是基于国内产业或者代表国内产业的自然人、法人或者有关组织向商务部提出反倾销调查的书面申请；二是特殊情况下，商务部可以自主决定立案调查。反倾销调查分为初步裁定和终局裁定两个阶段。

（3）反倾销措施。

反倾销措施包括临时反倾销措施、价格承诺和反倾销税。

第一，临时反倾销措施。临时反倾销措施是指商务部经过调查，初步认定被指控产品存在倾销，并对国内同类产业造成损害，在全部调查结束之前采取的临时性反倾销措施，以防止在调查期间国内产业继续受到损害。临时反倾销措施有两种形式：一是征收临时反倾销税，二是要求提供保证金、保函或其他形式的担保。征收临时反倾销税须由商务部提出建议，国务院关税税则委员会根据其建议作出决定，商务部予以公告。要求提供保证金、保函或其他形式的担保须由商务部作出决定并予以公告。海关自公告规定实施之日起执行。临时反倾销措施实施的期限自临时反倾销措施决定公告规定实施之日起不得超过4个月，在特殊情况下可以延长至9个月。自反倾销立案调查决定公告之日起60天内不得采取临时反倾销措施。

第二，价格承诺。倾销进口产品的出口经营者在反倾销调查期间，可以向商务部作出改变价格或者停止以倾销价格出口的价格承诺。商务部可以向出口经营者提出作出价格承诺的建议，但不得强迫出口经营者作出价格承诺。即使出口经营者不作出价格承诺或者不接受价格承诺建议，也不妨碍对反倾销案件的调查和确定。商务部认为出口经营者作出的价格承诺能够接受并符合公共利益的，可以决定中止或者终止反倾销调查，不采取临时反倾销措施或者征收反倾销税。中止或者终止反倾销调查的决定由商务部予以公告。商务部不接受价格承诺的，应当向有关出口经营者说明理由。商务部对倾销以及由倾销造成的损害作出肯定的初裁决定前，不得寻求或者接受价格承诺。

第三，反倾销税。对终裁决定确定倾销成立，并由此对国内产业造成损害的，可以在正常关税之外征收反倾销税。征收反倾销税由商务部提出建议，国务院关税税则委员会根据其建议作出决定，海关自公告规定实施之日起执行。反倾销税的征收期限和价格承诺的履行期限不超过5年。但是，经过复审确定终止征收反倾销税有可能导致损害的继续或者再度发生的，可以适当延长反倾销税的征收期限。

2. 反补贴措施

进口产品存在补贴，并对已经建立的国内产业造成实质性损害、产生实质性损害威胁，或者对建立国内产业造成实质性阻碍的，依照《中华人民共和国反补贴条例》的规定进行调查，采取反补贴措施。进口产品存在补贴并对国内产业造成损害，二者之间存在因果关系，是采取反补贴措施的必要条件。

补贴措施的调查方式和阶段与反倾销措施基本相同。

反补贴措施的类型包括临时反补贴措施、承诺及反补贴税。

（1）临时反补贴措施。

初裁决定确定补贴成立，并由此对国内产业造成损害的，可以采取临时反补贴措施。临时反补贴措施采取以保证金或保函作为担保或征收临时反补贴税的形式。采取临时反补贴措施，由商务部提出建议，国务院关税税则委员会根据其建议作出决定，由商务部予以公告，海关自公告规定实施之日起执行。临时反补贴措施实施的期限自临时反补贴措施决定公告规定实施之日起不超过4个月。自反补贴立案调查决定公告之日起60天内不得采取临时反补贴措施。

（2）承诺。

在反补贴调查期间，出口国（地区）政府提出取消、限制补贴或者其他有关措施的承诺的，或者出口经营者提出修改价格承诺的，商务部应当予以充分考虑。商务部可以向出口经营者或者出口国（地区）政府提出有关价格承诺的建议，但不得强迫出口经营者作出承诺。

提示 | 根据《中华人民共和国反补贴条例》的规定，出口国政府或出口经营者都可以作出承诺，分别承诺取消、限制补贴或其他有关措施，承诺修改价格。

（3）反补贴税。

在为完成磋商的努力没有取得效果的情况下，终裁决定确定补贴成立，并由此对国内产业造成损害的，可以征收反补贴税。征收反补贴税应当符合公共利益。征收反补贴税由商务部提出建议，国务院关税税则委员会根据商务部的建议作出决定，由商务部予以公告。海关自公告规定实施之日起执行。

反补贴税的征收期限和承诺的履行期限不超过5年。但是，经复审确定终止征收反补贴税有可能导致补贴和损害的继续或者再度发生的，反补贴税的征收期限可以适当延长。

3. 保障措施

进口产品数量增加，并对生产同类产品或者直接竞争产品的国内产业造成严重损害或严重损害威胁的，依照《中华人民共和国保障措施条例》规定进行调查，采取保障措施。进口产品数量增加和国内产业受到损害，二者之间存在因果关系是采取保障措施的三个基本条件。

保障措施分为临时保障措施和最终保障措施。

（1）临时保障措施。

有明确证据表明进口产品数量增加，在不采取临时保障措施将对国内产业造成难以补救的损害的紧急情况下，可以作出初裁决定，并采取临时保障措施。临时保障措施采取提高关税的形式，实施期限自临时保障措施决定公告规定实施之日起不得超过200天，并且此期限计入保障措施总期限。如终裁决定确定不采取保障措施的，已征收的临时关税应当予以退还。

（2）最终保障措施。

终裁决定确定进口产品数量增加，并由此对国内产业造成损害的，可以采取保障措施。保障措施可以采取提高关税、数量限制等形式。保障措施采取提高关税形式的，由商务部提出建议，国务院关税税则委员会根据商务部的建议作出决定，由商务部予以公告；采取数量限制形式的，由商务部作出决定并予以公告。海关自公告规定实施之日起执行。

保障措施应当针对正在进口的产品实施，不区分产品来源国（地区）。保障措施的实施期限不超过 4 年，符合条件的，保障措施的实施期限可以适当延长。一项保障措施的全部实施期限（包括临时保障措施期限和延长期限），最长不超过 10 年。

> ⚙ **小任务** 通过查阅商务部等网站，了解中国实施贸易救济措施的情况，讨论这些措施的实施对市场和企业可能带来哪些影响。

3.3 许可管理的主要进出口货物

3.3.1 两用物项和技术进出口许可证管理

两用物项和技术是军民两用的敏感物项和技术、易制毒化学品和其他的总称。其中，敏感物项和技术包括核两用物项和技术、生物两用物项和技术、化学两用物项和技术、监控化学品和导弹相关物项和技术；易制毒化学品包括可用于制造毒品的化学品，涉及《中华人民共和国核出口管制条例》《中华人民共和国核两用品及相关技术出口管制条例》《中华人民共和国导弹及相关物项和技术出口管制条例》《中华人民共和国生物两用品及相关设备和技术出口管制条例》《中华人民共和国监控化学品管理条例》《中华人民共和国易制毒化学品管理条例》及《有关化学品及相关设备和技术出口管制办法》等法律、行政法规、规章所附清单和名录，以及国家依据相关法律、行政法规和规章予以管制、临时管制或特别管制的物项和技术。

商务部会同海关总署制定和发布《两用物项和技术进出口许可证管理目录》（以下简称《管理目录》），并且根据情况对《管理目录》进行调整，以公告形式发布。

许可证件名称：中华人民共和国两用物项和技术进口许可证、中华人民共和国两用物项和技术出口许可证。

发证机关：商务部配额许可证事务局和商务部委托的省级商务主管部门。

报关使用规范：两用物项和技术进口许可证实行"非一批一证"制和"一证一关"制，两用物项和技术出口许可证实行"一批一证"制和"一证一关"制。两用物项和技术进出口许可证有效期一般不超过一年，跨年度使用时，在有效期内只能使用到次年 3 月 31 日，逾期发证机构将根据原许可证有效期换发许可证。

3.3.2 野生动植物种进出口管理

为了保护野生动植物，拯救珍贵、濒危野生动植物，维护生物多样性和生态平衡，推进生态文明建设，中国根据《濒危野生动植物种国际贸易公约》《中华人民共和国森林法》《中华人民共和国野生动物保护法》《中华人民共和国野生植物保护条例》等国际公约的约束和法律规定，依法对受保护的珍贵、濒危野生动植物种及其产品实施进出口管理。国家林业和草原局下设的中华人民共和国濒危物种进出口管理办公室会同其他部门，依法制定或调整《进出口野生动植物种商品目录》。

中国对进出口野生动植物及其产品实行野生动植物种进出口证书管理。野生动植物种进出口证书管理是指国家濒危物种进出口办公室依据《进出口野生动植物种商品目录》签发"濒危野生动植物种国际贸易公约允许进出口证明书"（以下简称"公约证明"）、"中华人民共和国濒危物种进出口办公室野生动植物允许进出口证明书"（以下简称"非公约证明"）、"非《进出口野生动植物物种商品目录》物种证明"（以下简称"物种证明"），对该目录列明的依法受保护的珍贵、濒危野生动植物及其产品实施的进出口限制管理。进出口列入《进出口野生动植物种商品目录》的野生动植物或其产品，必须事先向国家濒危物种进出口办公室或其授权的办事处申领公约证明、非公约证明或物种证明后，再向海关办理进出口手续。

1. 公约证明管理范围及报关规范

"公约证明"是中国进出口许可管理制度中具有法律效力的、用来证明对外贸易经营者经营列入《进出口野生动植物种商品目录》中属于《濒危野生动植物种国际贸易公约》成员应履行保护义务的物种并允许其合法进出口的证明文件，是海关验放该类货物的重要依据。

公约证明实行"一批一证"制，其有效期不超过 180 天。

2. 非公约证明管理范围及报关规范

"非公约证明"是中国进出口许可管理制度中具有法律效力的、用来证明对外贸易经营者经营列入《进出口野生动植物种商品目录》中属于中国自主规定管理的野生动植物种及其产品并允许其合法进出口的证明文件，是海关验放该类货物的重要依据。

非公约证明实行"一批一证"制，其有效期不超过 180 天。

3. 物种证明管理范围及报关规范

进出口列入《进出口野生动植物种商品目录》中的其他野生动植物及其产品，实行物种证明管理，由国务院濒危物种进出口办公室指定机构进行认定，并出具"物种证明"，这是海关验放该类货物的重要依据。

物种证明分为"一次使用"和"多次使用"两种。一次使用的物种证明的有效期自签发之日起不得超过 180 天，多次使用的物种证明有效期不超过 360 天。多次使用的物种证明只适用于同一物种、同一货物类型、在同一报关口岸多次进出口的野生动植物及其产品。

3.3.3 药品进出口管理

进出口药品管理是指为了加强对药品的监督管理，保证药品质量，保障人体用药安全，维护人民身体健康和用药合法权益，国家药品监督管理局依据《中华人民共和国药品管理法》、有关国际公约以及其他法律法规，对进出口药品实施监督管理的行政行为。

进出口药品管理是中国进出口许可管理制度的重要组成部分，属于国家限制进出口货物管理范畴，国家对此实行分类和目录管理。进出口药品管理可分为进出口精神药品、进出口麻醉药品、进出口兴奋剂以及进口一般药品。国家药品监督管理局会同国务院商务部门对上述药品依法制定并调整管理目录，以签发许可证件的形式对其进出口加以管制。

1. 精神药品进出口管理范围及报关规范

国家药品监督管理局制定和调整《精神药品品种目录》，并以签发"精神药品进口准许证"或"精神药品出口准许证"的方式，对《精神药品管制品种目录》中的药品实施进出口限制管理。精神药品进出口准许证是海关验放此类药品进出口的主要依据，实行"一批一证"制度。

2. 麻醉药品进出口管理范围及报关规范

国家药品监督管理部门制定和调整《麻醉药品品种目录》，并签发"麻醉药品进口准许证"或"麻醉药品出口准许证"，对该目录中的商品实行进出口限制管理。该准许证是海关验放该类货物的重要依据，实行"一批一证"制度。

3. 兴奋剂进出口管理范围及报关规范

国家体育总局会同商务部、卫生部、海关总署、国家食品药品监督管理局制定和颁布《兴奋剂目录》，并以签发"进口准许证"或"出口准许证"的方式，对进出口列入《兴奋剂目录》的药品实行进出口管制。进口准许证和出口准许证是海关验放该类货物的重要依据。实行"一批一证"制度。

4. 一般药品进口管理范围及报关规范

国家对一般药品进口的管理实行目录管理。国家食品药品监督管理局制定和调整《进口药品目录》及《生物制品目录》。国家食品药品监督管理总局授权的口岸药品检验所以签发进出口药品通关单的形式，对列入管理目录的商品实行进口限制管理。该通关单是证明外贸经营者经营列入管理目录的商品合法进口的证明文件，是海关验放的重要依据。一般进口药品通关单实行"一批一证"制度。

3.3.4　黄金及其制品进出口管理

黄金是指未锻造金，黄金制品是指半制成金和金制成品等。黄金及其制品进出口管理指的是中国人民银行依据《中华人民共和国中国人民银行法》《海关法》《中华人民共和国金银管理条例》等有关规定，对进出口黄金及制品实施监督管理的行政行为。中国人民银行是黄金及黄金制品进出口主管部门，对黄金及黄金制品进出口实行准许证制度。

中国人民银行会同海关总署制定、调整并公布《黄金及黄金制品进出口管理商品目录》。列入该目录的黄金及黄金制品进口或出口通关时，应当向海关提交中国人民银行及其分支机构签发的"中国人民银行黄金及黄金制品进出口准许证"，海关凭该证进行验放。

许可证件名称：中国人民银行黄金及黄金制品进出口准许证。

发放机关：中国人民银行及其分支机构。

报关使用规范：实行"一批一证"制，自签发日起40个工作日内使用。

3.3.5　音像制品进口管理

音像制品是指录有内容的录音带、录像带、唱片、激光唱盘、激光视盘等。中国对从国外进口音像制品和进口用于出版（包括利用信息网络出版）的音像制品，实行进口许可管理制度，获得"进口音像制品批准单"方可进口，国家新闻出版总署负责全国音像制品进口的监督管理和内容审查等工作，各级海关在其职责范围内负责音像制品进口的监督管理工作。

音像制品进口经营活动应当遵守宪法和有关法律、法规，坚持为人民服务和为社会主义建设服务的方向，传播有益于经济发展和社会进步的思想、道德、科学技术和文化知识。国家禁止进口有下列内容的音像制品：反对宪法确定的基本原则的；危害国家统一、主权和领土完整的；泄漏国家秘密、危害国家安全或者损害国家荣誉和利益的；煽动民族仇恨、民族歧视，破坏民族团结，或者侵害民族风俗、习惯的；宣扬邪教、迷信的；扰乱社会秩序，破坏社会稳定的；宣扬淫秽、赌博、暴力或者教唆犯罪的；侮辱或者诽谤他人，侵害他人合法权益的；危害社会公德或者民族优秀文化传统的；有法律、行政法规和国家规定禁止的其他内容的。

音像制品进口业务由新闻出版总署批准的音像制品成品进口单位经营；未经批准，任何单位或者个人不得从事音像制品进口业务。

许可证件名称：新闻出版总署进口音像制品批准单。

发放机关：国家新闻出版总署。

报关使用规范：进口单位持新闻出版总署进口音像制品批准单向海关办理音像制品的进口报关手续。进口音像制品批准单一次报关使用有效，不得累计使用。其中，属于音像制品成品的，批准单当年有效；属于用于出版的音像制品的，批准单有效期限为1年。

3.3.6 民用爆炸物品进出口管理

民用爆炸物品是指用于非军事目的、列入民用爆炸物品品名表的各类火药、炸药及其制品和雷管、导火索等点火、起爆器材。工业和信息化部（以下简称"工信部"）为国家进出口民用爆炸物品的主管部门，负责民用爆炸物品进出口的审批，公安机关负责民用爆炸物品境内运输安全监督管理，海关负责民用爆炸物品进出口环节的监管。

《民用爆炸物品品名表》由国务院民用爆炸物品行业主管部门会同国务院公安部门制定、公布。

在进出口民用爆炸物品前，进出口企业应当向工信部申领"民用爆炸物品进/出口审批单"。在取得审批单后，进出口企业应当将获得准许进出口的民用爆炸物品的品种和数量等信息向收货地或出境口岸所在地县级人民政府公安机关备案，在依法取得公安机关合法的民用爆炸物品运输许可证后，方可运输民用爆炸物品。

许可证件名称：中华人民共和国民用爆炸物进/出口审批单。

发放机关：工业与信息化部。

报关使用规范："一批一单""一单一关"，有效期6个月。

3.3.7 有毒化学品进出口环境管理

有毒化学品是指进入环境后通过环境蓄积、生物累积、生物转化或化学反应等方式损害健康和环境，或者通过接触，对人体具有严重危害和具有潜在危险的化学品。

国家生态环境部对有毒化学品进出口实施统一的环境监督管理，依据《伦敦准则》，制定和发布《中国严格限制的有毒化学品名录》，对列入名录内的有毒化学品进出口实施审批管理，签发"有毒化学品进出口环境管理放行通知单"。放行通知单实行"一批一证"制，每份通知单在有效期内只能报关使用一次。海关凭放行通知单进行验放。

许可证件名称：有毒化学品进口环境管理放行通知单、有毒化学品出口环境管理放行通知单。

发放机关：国家生态环境部。

报关使用规范："一批一证"制，每份放行通知单在有效期内只能报关使用一次。进出口数量以有毒化学品进出口环境管理放行通知单所列数量为限，不允许溢装。

3.3.8 农药进出口管理

农药是指用于预防、控制危害农业、林业的病、虫、草、鼠和其他有害生物，以及有目的地调节植物、昆虫生长的化学合成，或者来源于生物和其他天然物质的一种物质或者几种物质的混合物及其制剂。由农业农村部负责全国的农药监督管理工作。

农业农村部是国家农药进出口管理的主管部门，其会同海关总署依据《农药管理条例》和《在国际贸易中对某些危险化学品和农药采用事先知情同意程序的鹿特丹公约》，制定、公布和调整《中华人民共和国进出口农药登记证明管理名录》(以下简称《农药名录》)。进出口物品中包含列入上述名录的农药，应事先向农业农村部药检所申领"农药进出口登记管理放行通知单"，凭通知单向海关办理报关手续。

农药进出口登记管理放行通知单是中国进出口许可管理制度中具有法律效力、用来证明对外贸易经营者经营《农药名录》所列农药合法进出口的证明文件，是海关验放该类货物的主要依据。

许可证件名称：农药进出口登记管理放行通知单。

发放机关：国家农业农村部。

报关使用规范："一批一证"制，有效期3个月。

3.3.9 兽药进口管理

兽药进口管理是指国家农业农村部依据《海关法》《兽药管理条例》和《进口兽药管理办法》对进口兽药实施监督管理的行政行为。进口兽药实行目录管理，《进口兽药管理目录》由农业农村部会同海关总署制定、调整并公布。农业农村部负责全国进口兽药的监督管理工作，县级以上地方人民政府兽医行政管理部门负责本行政区域内进口兽药的监督管理工作。

企业进口列入《进口兽药管理目录》的兽药，应向进口口岸所在地人民政府兽医行政管理部门申请办理"进口兽药通关单"，进口时，需持进口兽药通关单向海关申报。兽药应当从具备检验能力的兽药检验机构所在地口岸进口。

许可证件名称：进口兽药通关单。

发放机关：国家农业农村部或兽药进口口岸所在地省级人民政府兽医行政管理部门。

报关使用规范："一单一关"制，在30日有效期内只能一次性使用。

本章小结

1. 一国为发展本国经济、保护本国产业和市场，或者为履行参加或缔结的国际公约规定的义务，该国政府都会制定并不断调整自己的对外贸易管制政策，并采取各种措施来实现对外贸易的管制。对外贸易管制是一国政府行使国家主权、实现其监督管理职能的一个重要体现，海关监管是实现外贸管制的重要手段和环节。

2. 现行中国对外贸易管制的主要内容包括对外贸易经营者备案管理制度、进出口货物、技术许可管理制度、货物贸易外汇管理制度、对外贸易救济措施，可分别概括为"备、证、核、救"。

3. 进出口许可管理是中国对外贸易管制的主要手段。中国对外贸易管制的目标主要依靠政府行政管理手段来实现。国家各职能部门通力合作，特别是通过海关机构在进出境环节对货物、技术实施监督管理来达到有效管制对外贸易的目的。

练习题

一、单选题

1. 中国目前对对外贸易经营者的管理实行（　　）。
   A. 自由进出制　　　B. 登记和核准制　　C. 审批制　　　　D. 备案登记制

2. 向海关申报出口列入《进出口野生动植物种商品目录》中属于《濒危野生动植物种国际贸易公约》成员国应履行保护义务的物种时，报关单位应向海关提交的证明为（　　）。
   A. 公约证明
   B. 非公约证明
   C. 物种证明正本联
   D. 物种证明副本联

3. 临时反倾销措施实施的期限自临时反倾销措施决定公告规定实施之日起不超过（　　）个月，特殊情况下可以延长至（　　）个月。
   A. 6，12　　　　B. 5，8　　　　C. 4，9　　　　D. 3，6

4. 进口用于出版的音像制品，在进口前应向（　　）进行申请，审查并获批取得"进口音像制品批准单"。
   A. 商务部　　　　B. 文化部　　　　C. 国家新闻出版总署　　D. 广电总局

5. 某省粮油进出公司计划进口泰国大米500公吨。该公司在申领进口许可证之前必须取得的文件是（　　）。
   A. 特定商品进口登记证明
   B. 进口配额证明
   C. 国家发改委证明
   D. 国家粮食主管部门证明

二、多选题

1.《中华人民共和国货物进出口管理条例》根据管理的不同需要，将进出口货物分为（　　）。
   A. 禁止进出口货物　　B. 限制进出口货物　　C. 鼓励进出口货物　　D. 自由进出口货物

2. 下列关于国家对限制进口货物管理的表述正确的是（　　）。
   A. 国家实行限制进口管理的货物，必须依照国家有关规定取得国务院对外贸易主管部

门或者由其会同国务院有关部门许可，方可进口

    B. 实行配额或者非配额限制的进口货物，采用配额许可证管理

    C. 关税配额内进口的货物，按照配额内税率缴纳关税

    D. 关税配额外进口的货物，按照配额外税率缴纳关税

3. 下列关于贸易救济措施表述正确的有（　　　　）。

    A. 临时反倾销措施不超过 4 个月，特殊情况下可以延长至 9 个月

    B. 最终反补贴措施征收反补贴税

    C. 临时反倾销措施和临时保障措施，可采取征收临时关税的形式

    D. 临时保障措施要求提供现金、保证金、保函或者其他形式的担保

4. 下列关于保障措施的表述正确的是（　　　　）。

    A. 保障措施针对的是公平贸易条件下的进口数量激增产品

    B. 保障措施分为临时保障措施和最终保障措施

    C. 临时保障措施不得超过 200 天，并进入保障措施总期限

    D. 最终保障措施一般不超过 4 年，仍需延长实施期限的，不得超过 8 年

5. 下列关于有关许可证件表述正确的是（　　　　）。

    A. 民用爆炸物进 / 出口审批单实行"一批一单"和"一单一关"管理

    B. 进口兽药通关单实行"一批一单"和"一单一关"制，在 30 日有效期内只能一次性使用

    C. 农药进出口登记管理放行通知单实行"一批一证"管理

    D. 进口药品通关单实行"一批一证"管理

三、判断题

1. 关税配额是一种非关税措施。（　　　）

2. 两用物项和技术进出口许可证实行"非一批一证"制和"一关一证"制。（　　　）

3. 对于列入国家公布的禁止进口目录以及其他法律、法规明令禁止或停止进口的货物、技术，必须取得国家商务主管部门的许可才能经营进口。（　　　）

4. 对外贸易经营者只能在备案登记的经营范围内经营，超出经营范围进出口限制进出口的商品，将不能申领到进出口许可证。（　　　）

5. 反补贴反倾销措施是针对价格歧视不公平贸易而采取的措施。（　　　）

四、简答题

1. 简述中国对外贸易管制的主要内容。

2. 简述中国对外贸易管制的法律框架。

3. 什么是对外贸易救济措施？对外贸易救济措施有哪些种类？在何种情况下使用？

4. 简述中国对限制进出口货物、技术管理的方式。

5. 何谓进口关税配额管理？简述中国进口关税配额管理的方式、管理范围。

五、案例题

2018 年 1 月中旬，张某随企业商务考察团到非洲考察，看到当地市场上有象牙出售且价格不贵。在考察结束回国前，张某在当地市场上购得 5 根大小不等的象牙，锯断后放入行李中。张某在上海虹桥机场入境时，推着行李从海关绿色通道通行。海关通过技术检查设备发现了其行李中的象牙。张某携带象牙入境的行为构成了走私珍贵动物及其产品罪，被判处有期徒刑 1 年、缓刑 1 年，并被没收了其携带进境的 5 根象牙。

张某在海关调查期间多次申辩自己不知道哪些物品是禁止带入国境的，更没有想到象牙属于国家保护动物物种范围。他认为象牙在国外市场上可以随意买卖、出境也未受到限制，所以中国也不会禁止其进境，且他带回国的目的是收藏、馈赠，并非想以此牟利，所以不认为自己的行为违反了规定，更没有想到竟然还构成了犯罪。

试分析：张某的申辩理由成立吗？为什么？

第 **4** 章 海关管理制度

海关管理制度是一系列调整海关管理活动的法律规范，与进出境事务相关的管理制度以海关行政法规为主要内容。本章的目的是熟悉理解这些管理制度，并培养学生树立诚信守法合规的职业基本素质。例如，海关统计是国民经济统计的重要内容之一，是国家制定外贸政策的重要依据。正确理解报关从业人员的如实申报与海关统计之间的关系，培养学生树立诚信守法合规的职业素养。又如，在熟悉中国知识产权海关保护制度的基础上，正确理解国家知识产权战略和创新驱动发展战略，充分认识海关在知识产权保护、维护国家形象和保护消费者权益中的作用。

课程知识目标

§ 了解海关管理的含义和特点、海关管理制度的构成；

§ 熟悉海关统计的含义、特点、范围和项目；

§ 熟悉海关稽查的含义、对象、方法及相关的法律责任；

§ 熟悉知识产权海关保护的范围、模式及海关对侵权嫌疑货物的调查处理；

§ 熟悉海关行政处罚的含义、性质、范围、行政处罚的管辖范围及行政处罚的种类；

§ 熟悉海关事务担保的适用、担保方式、担保人资格及担保责任等基本内容；

§ 熟悉进出境检验检疫的含义、内容及检验重点。

学习导图

```
                              ┌ 海关管理的含义和特点
                   海关管理制  ┤
                    度概述    └ 海关管理制度的含义和特点

                   海关统计   ┌ 海关统计概述
                    制度     └ 海关统计制度的基本内容

                   海关稽查   ┌ 海关稽查概述
                    制度     └ 海关稽查制度的基本内容

                   知识产权海  ┌ 知识产权海关保护概述
          海关管理制度 ┤ 关保护制度 └ 知识产权海关保护制度的基本内容

                   海关行政处  ┌ 海关行政处罚概述
                    罚制度    └ 海关行政处罚制度的基本内容

                   海关事务担  ┌ 海关事务担保概述
                    保制度    └ 海关事务担保制度的基本内容

                              ┌ 国境卫生检疫制度
                   出入境检验  │ 进出境动植物检疫制度
                    检疫制度  ┤ 进出口食品检验检疫制度
                              └ 进出口商品检验制度
```

开篇案例

福州、宁波、南京海关查获侵犯奥林匹克知识产权系列案

2022 年 3 月，福州海关隶属榕城海关在出境邮件中查获 100 件涉嫌侵权北京冬奥会特许周边产品"冰墩墩"钥匙扣。宁波海关关员在对台州某公司申报出口的一批货物开展查验时发现未向海关申报的两款鞋子，鞋子侧面印有一只穿着冰糖外壳的熊猫图案，这涉嫌侵犯北京 2022 年冬奥会吉祥物"冰墩墩"奥林匹克标志专有权，数量共计 590 双，经权利人确认均为侵权货物。同年 5 月，南京海关隶属新生圩海关查获外包装使用"Olympia"字母标识玻璃杯 89 208 个，涉嫌侵犯国际奥林匹克委员会在海关总署备案的"OLYMPIC"商标权。目前，该关已依法对该批涉嫌侵权货物予以扣留。

资料来源：中青在线，http://news.cyol.com/gb/articles/2022-07-25/content_ygKamHLX8.html。

进一步思考：

（1）海关在监管中如何进行知识产权的海关保护？

（2）海关如何处理查获的侵犯知识产权的进出口货物？

4.1 海关管理制度概述

4.1.1 海关管理的含义和特点

1. 海关管理的含义

海关管理是指海关代表国家依据相关的法律法规对进出境的运输工具、货物和物品实行监督管理，从而直接或间接产生法律后果的行政管理活动。广义上的海关管理还包括海关自身事务的管理。正确理解海关管理的含义，需要注意以下几点：

（1）海关管理行为的主体是海关。海关属于国家行政管理机关，代表国家行使权力。在进出境活动中依法对进出境的运输工具、货物和物品进行监督管理。

（2）海关管理的对象。海关管理的对象是指海关依法行使其管理职权所指向的目标或作用的客体，即进出境的物与管理相对人的行为。通常，进出境的运输工具、货物、物品及包含在进出境货物中的非物质财富——知识产权等为直接对象。人的行为即在进出境管理活动中管理相对人产生后果的合法行为或违法行为。海关管理对象的范围如表 4.1 所示。

表 4.1　海关管理对象的范围

进出境货物	贸易性商品	按货物报关（由进出口货物收发货人或其代理人办理）
	以货物为载体的包含在其中的非物质财富	
进出境物品	企业或单位通过货物运输渠道进出境的非贸易性物品	按物品报关（由所有人或其代理人办理）
	人员通过携带、托运或邮递进出境的非贸易性自用物品	
进出境运输工具	进出境船舶、航空器、列车、汽车及其他运输工具	按运输工具报关（由承运人或其代理人办理）
	境内承运海关监管货物、物品的运输工具	

（3）海关管理的本质特征是依法行政。海关是国家行政管理机关，以国家的名义依法对进出境事务活动进行监督管理，其管理活动属于行政管理。海关管理的依据是相关的法律法规。海关必须遵循法律所规定的条件、程序、方式和形式，在法律规定的范围内实施管理。

2. 海关管理的特点

（1）辐射面广、政策性强。海关围绕进出境货物、物品、运输工具及其相关事务的各项管理，包括监管、征税、缉私、统计、检验检疫等主要内容，会涉及外汇管理、税务、工商、商务部等众多国家管理部门，需要执行国家在政治、经济、文化等多方面的政策。这一特点体现了海关为国家经济把关的重要性。

（2）知识面广、专业性强。海关在对进出境事务进行管理的过程中，会涉及国际贸易、国际物流、外语、商品知识、税务、会计、海关业务知识及相关法律法规等多方面知识。海关需要对众多知识进行综合运用，如海关估价、商品归类、原产地确定等方面，都需要有较强的专业知识和技能。

（3）规制体系健全、法制性强。依法管理是海关管理的本质特征。目前，海关已建立起以《海关法》为核心，包括行政法规、海关规章、海关规范性文件，以及中国签订或缔结的海关国际公约或海关行政互助协议在内的法律体系，这是海关管理活动的重要依据和保障。

（4）简政放权、促进贸易便利。海关利用信息化手段致力于整合海关作业内容，优化业务流程，压缩通关时间。整合各类政务服务资源与数据，推进国际贸易"单一窗口"和"互联网＋海关"的建设。优化营商环境，提高贸易便利化水平。电子信息技术和其他科技手段的大规模应用极大地提高了海关管理活动的效能。

4.1.2 海关管理制度的含义和特点

1. 海关管理制度的含义

海关管理制度是指调整海关管理活动的全部法律规范的总称。这里的法律规范包含三个层次：国家最高权力机关制定的《海关法》；由国务院根据《海关法》和其他法律制定的行政法规，如《进出口关税条例》、《中华人民共和国海关统计条例》（以下简称《海关统计条例》）、《海关稽查条例》等；由海关总署根据海关行使职权、履行职责的需要，依据《中华人民共和国立法法》的规定，单独或会同其他部门制定的行政规章。其中，海关行政规章一般以海关总署令的形式发布，其法律效力低于法律、法规。但是行政规章在海关监督管理中是数量最多、内容最广泛、操作性最强的法律依据，是海关管理制度中最主要的表现形式。

海关管理制度主要包括海关监管制度、海关税收征管制度、海关统计制度、海关稽查制度、海关行政处罚制度、知识产权海关保护制度、海关检验检疫制度、海关事务担保制度等。其中，海关监管制度和海关税收征管制度由于内容较多而且重要，在本书的其他章节有详细阐述。

2. 海关管理制度的特点

（1）综合性。海关管理制度所涉及的一系列的法律规范，既有组织法，又有业务活动法；既有实体法，又有程序法；既有国内的各种法律规范，又有中国参加或缔结的国际公约、条约和协议等。由于海关管理涉及国家的政治、经济、文化等诸多方面，根据海关管理活动的需要，海关管理制度不仅与国家的宪法、刑法、民法、刑事诉讼法、民事诉讼法、行政诉讼法、行政处罚法、行政复议法等有衔接，而且与公安、工商、税务、外贸、外交、边防、文化、文物、卫生、交通、外汇、知识产权等部门法有一定的联系和内容上的交叉，因此形成了内容庞大但又层次清晰完整的体系，体现出综合性的特点。

（2）涉外性。调整海关监督管理活动的法律规范，具有明显的涉外性，特别是构成海关管理制度主体内容的法律规范，其制定既要考虑本国的主权和利益，也要遵循国际惯例与国际公约。随着中国进一步对外开放，海关管理制度的涉外性将更加明显。

（3）统一性。海关代表国家独立行使权力，统一执行国家的各项法律、法规和规章。

4.2 海关统计制度

4.2.1 海关统计概述

1. 海关统计的含义

《海关统计条例》第二条对海关统计做了明确定义，即海关统计是海关依法对进出口货物的统计，是国民经济统计的组成部分。

海关统计具有三方面内涵：海关统计工作、海关统计资料和海关统计理论。海关统计工作是指收集、整理和分析中国对外贸易进出口货物原始资料，形成海关统计资料的工作过程。海关统计资料是指反映中国对外贸易进出口货物情况的数据和资料，它是国家制定对外贸易政策和检查、监督政策执行情况及进行宏观经济调控的重要依据，也是研究对外贸易发展和国际经济贸易关系的重要资料。海关统计理论是指中国海关统计在实践中不断总结，逐步形成并不断完善的一套较为系统的制度、原则和方法，是统计学原理与海关管理理论和海关具体业务的有机结合。

海关统计以实际进出口货物作为统计和分析的对象，通过搜集、整理、加工处理进出口货物报关单或经海关核准的其他申报单证，对进出口货物的品种、数（重）量、价格、国别（地区）、经营单位、境外目的地、境内目的地、境内货源地、贸易方式、运输方式、关别等项目分别进行统计和综合分析，全面、准确地反映对外贸易的运行态势，及时提供统计信息和咨询。

2. 海关统计的任务

海关统计是国家赋予海关的一项基本职能，海关统计的任务包括以下四项：

（1）对进出口货物贸易进行统计调查、统计分析和统计监督。

（2）进行进出口监测预警。

（3）编制、管理和公布海关统计资料。

（4）提供统计服务。

统计调查、统计分析和统计监督是海关统计的基本职能；监测预警是海关统计决策服务和监督监测职能的进一步深化；编制、管理和公布海关统计资料是《中华人民共和国统计法》赋予统计工作的职责；统计服务体现了海关统计工作的职能定位。

提示 | 国际上编制国际货物贸易统计通常采用总贸易体系和专门贸易体系这两种体系。中国的对外贸易统计自 1859 年至 1994 年采用专门贸易体系，1995 年起改为总贸易体系。

3. 海关统计的特点

中国的海关统计除具有社会经济统计的一般特点外，还具有全面性、可靠性和国际可比性等特点。

（1）全面性。《海关法》明确规定，进出口货物的收发货人应当向海关如实申报，接受海关的监督管理，从而为海关及时全面收集进出境货物统计资料提供法律依据和根本保证。

（2）可靠性。海关统计的原始资料是经海关监督的实际进出口货物报关单及有关单证。海关统计是海关监管过程和结果的记录，其可靠性由海关在对外贸易活动中所处的客观地位决定。

（3）国际可比性。中国海关统计全面采用国际标准，统计方法与统计口径同各国通行的货物贸易统计方法是一致的，海关统计数据具有国际可比性。

4.2.2 海关统计制度的基本内容

海关统计制度是关于海关统计的行为规范。国务院发布的《海关统计条例》和海关总署发布的《中华人民共和国海关统计工作管理规定》（以下简称《海关统计工作管理规定》）是海关统计的法律规范，明确了进出口货物统计的性质、任务、组织机构、职责、统计范围、统计项目、海关及当事人的权利和义务等内容。

1. 海关统计资料的管理

（1）海关统计数据的原始资料。

海关统计原始资料是指经海关确认的进出口货物报关单及其他有关单证。进出口货物报关单和其他单证是由进出口货物收发货人或其代理人填制并向海关提交的申报货物状况的法律文书，是编制海关统计的重要凭证。

提示 | 海关统计原始资料包括经海关确认的《中华人民共和国海关进/出口货物报关单》《中华人民共和国海关保税区进/出境货物备案清单》《中华人民共和国海关出口加工区进/出境货物备案清单》等报关单证、随附单证及有关的电子数据。

（2）海关统计数据的收集。

《海关法》规定，进出口货物收发货人应当向海关如实申报，接受海关的监督管理。这为海关及时收集全面、准确的进出境货物统计资料提供了法律依据和根本保证。

（3）海关统计数据的审核。

海关统计数据的审核是指通过利用计算机的各种检控条件，对已转入统计数据库的数据进行检查，并打印出各种统计数据审核表供统计人员进行复核。

海关统计数据的审核主要由海关总署综合统计司和各地海关共同完成。海关总署主要负责各直属海关上报数据的最终复核，检查工作的重点是对错误信息进行检控。

（4）海关统计资料的编制。

海关统计资料的编制是指对所收集的统计数据资料进行科学的汇总与加工整理，使之系统化、条理化，成为能够反映进出口货物贸易和物品特征的综合统计资料。其范围为列入海关统计的货物、物品及海关统计项目。

（5）海关综合统计资料的发布。

海关总署及各直属海关统计部门对汇总、加工、编制的海关统计资料，通过出版发行统计书刊、电子数据交换、新闻媒体等形式，定期向社会公开发布。公众可以通过查阅《海关统计快讯》《海关统计月刊》《中国海关统计年鉴》等出版物来获取有关信息。

海关统计综合资料包括下列内容：① 各地区进出口总值表；② 进出口商品贸易方式总值表；③ 国别（地区）进出口总值表；④ 主要商品进出口量值表；⑤ 进出口贸易方式企业性质总值表；⑥ 运输方式进出口总值表；⑦ 反映进出口总体进度的分析报告、进出口监测预警信息等。

⚙ **小任务**

中华人民共和国海关总署官网（www.customs.gov.cn）按照《海关统计条例》《海关统计工作管理规定》等提供统计制度、统计快讯、统计月报、数据公布特殊标准、监测预警分析文章、关区统计、统计服务指南等信息，公众还可以通过"数据在线查询"获取所需信息。

请通过上述网站查询中国近几年进出口货物各地区进出口总值、进出口商品贸易方式总值、国别（地区）进出口总值、主要商品进出口量值、进出口贸易方式企业性质总值、运输方式进出口总值等统计资料并进行讨论。

2. 海关统计范围

《海关统计条例》规定，实际进出境并引起境内物质存量增加或减少的货物，列入海关统计；进出境物品超过自用合理数量的，列入海关统计。这表明列入中国海关统计范围的货物和物品须同时具备两个条件：一是货物／物品的进出境流动；二是改变中国物质资源存量。

根据联合国关于国际货物贸易统计的原则，中国将进出口货物分为三类：列入海关统计的进出口货物、不列入海关统计的货物、不列入海关统计但实施单项统计的货物。

（1）列入海关统计的进出口货物。

列入海关统计的进出口货物，以海关的监管方式进行分类。主要包括：中国境内法人、其他组织和个人以一般贸易、易货贸易、加工贸易、补偿补易、寄售代销贸易等方式进出口的货物；保税区和保税区仓库进出口货物；租赁一年及以上的租赁进出口货物；边境小额贸易进出口货物；国际援助物资或捐赠的物资；溢卸货物等。

（2）不列入海关统计的货物。

根据国际贸易惯例和中国确定的统计范围，对于没有实际进出境或虽实际进出境但是没有引起境内物质存量变化的货物，不列入海关统计。

不列入海关统计的货物主要有：① 过境货物、转运货物和通运货物；② 暂时进出口货物；③ 用于国际收支手段的流通中的货币及货币用黄金；④ 租赁期在 1 年以下的租赁货物；⑤ 由于货物残损、短少、品质不良或规格不符而由该进出口货物的承运人、发货人或者保险公司免费补偿或者更换的同类货物；⑥ 退运货物；⑦ 边民互市贸易进出口货物；⑧ 中国籍船舶在公海捕获的水产品；⑨ 中国籍船舶或者飞机在境内添装的燃料、物料、食品；⑩ 中国籍或者外国籍的运输工具在境外添装的燃料、物料、食品以及放弃的废旧物料等；⑪ 无商业价值的货样或者广告品；⑫ 海关特殊监管区域之间、保税监管场所之间以及海关特殊监管区域和保税监管场所之间转移的货物；⑬ 其他不列入海关统计的货物。

不列入海关统计的物品主要有：① 修理物品；② 打捞物品；③ 进出境旅客的自用物品（汽车除外）；④ 中国驻外国和外国驻中国使领馆进出境的公务物品及使领馆人员的自用物品；⑤ 其他不列入海关统计的物品。

（3）不列入海关统计但实施单项统计的货物。

为了更好地发挥海关统计在国民经济和海关管理中的作用，对于不列入进出口海关统计的货物，海关可以根据惯例需要对其实施单项统计，对其统计的数值不列入国家进出口货物贸易统计的总值。海关实施单项统计的货物包括：免税品；进料与来料以产顶进货物；进料与来料加工转内销货物与转内销设备；进料与来料深加工结转货物、进料与来料加工结转余料、退运货物；进料与来料加工复出口料件等。

提示 | （1）中国海关在统计实践中，将中国香港、中国澳门和中国台湾视作贸易伙伴地区，内地与这三个地区之间往来的货物，列入中国的对外贸易统计；这三个地区与内地

以及世界上其他国家（地区）直接的贸易往来由这三个地区另行统计。

（2）出于贸易优惠政策和海关监管的需要，中国境内划分了多个海关特殊监管区域和保税监管场所。特殊监管区域和保税监管场所与境外之间进出口的货物列入进出口统计，特殊监管区域和保税监管场所与境内之间流转的货物，不列入对外贸易统计。虽然实际进出境但没有引起境内物质存量增加或减少的货物，不列入海关统计，而是根据需要实行单项统计。

（3）除货物外，超过自用合理数量的进出境物品也列入进出口总额的统计范围之内。

3. 海关统计项目

进出口货物的统计项目包括：① 品名及编码；② 数量、价格；③ 收发货人；④ 监管方式；⑤ 运输方式；⑥ 进口货物的原产国（地区）、启运国（地区）、境内目的地；⑦ 出口货物的最终目的国（地区）、运抵国（地区）、境内货源地；⑧ 进出口日期；⑨ 关别；⑩ 海关总署规定的其他统计项目。

其中，进出口货物的品名、数量/重量、价格、国别（地区）和运输方式，是各国对外贸易统计的常规项目。这些项目的定义和统计方法完全根据联合国建议的国际标准制定。而收发货人、境内目的地、境内货源地、监管方式和关别等，则是为了满足中国对外贸实施有效的宏观调控和海关对进出口货物实施有效的监督管理的需要而设置的项目。这些项目的定义和统计方法以相关的海关法规和海关业务制度为基础制定。

提示| 海关统计项目的商品名称及编码应当按照《中华人民共和国海关统计商品目录》所列的商品名称及编码进行归类统计。

4. 海关统计的权利、义务及法律责任

海关统计部门对统计原始资料中的申报内容有疑问的，可以向当事人提出查询，核实有关内容。当事人应当及时据实作出答复。海关统计人员对在统计过程中知悉的国家秘密、商业秘密负有保密义务。海关工作人员不得自行、参与或者授意篡改海关统计资料、编造虚假数据。海关工作人员在统计工作中玩忽职守、滥用职权、徇私舞弊的，依法给予处分；构成犯罪的，依法追究刑事责任。

当事人有权在保存期限内查询自己申报的海关统计原始资料及相关信息，对查询结果有疑问的，可以向海关申请核实，海关应当予以核实并解答有关问题。依法应当申报的项目未申报或者申报不实而影响海关统计准确性的，海关应当责令当事人予以更正，需要予以行政处罚的，依照《中华人民共和国海关行政处罚实施条例》（以下简称《海关行政处罚实施条例》）的规定予以处罚。统计调查对象拒绝、阻碍统计调查，或者提供不真实、不准确、不完整的统计原始资料，或者转移、藏匿、篡改、毁弃统计原始资料的，依照《中华人民共和国统计法》的有关规定处理。

4.3 海关稽查制度

4.3.1 海关稽查概述

1. 海关稽查的含义

海关稽查是指海关在规定期限内对与进出口货物直接有关的企业、单位的会计账簿、会计凭证、报关单证及其他有关资料和有关进出口货物进行核查，监督其进出口活动的真实性和合法性。

具体可以从以下几方面来理解海关稽查的含义：

（1）海关享有依法实施稽查的权力。《海关法》第四十五条将海关稽查制度以法律形式予以确认，使海关稽查有了法律依据。海关稽查的执法主体是海关本身，不能被其他机关、组织代替。《海关稽查条例》对海关实施稽查时享有的权利、义务等内容做了具体的规定。

（2）海关稽查具有特定期限。海关稽查必须在法定的期限内，对与进出口货物直接有关的企业实施才具有法律效力。对一般进出口货物，海关稽查的期限是自货物放行之日起3年内；对保税货物、特定减免税货物、暂时进出境货物等，海关稽查的期限是海关监管期限内及其后的3年内。

（3）海关稽查针对特定的对象。海关稽查的对象是与进出口货物直接有关的企业、单位。

（4）海关稽查具有特定的内容。海关稽查的内容主要是被稽查人的会计账簿、会计凭证、报关单证及其他有关的资料和有关的进出口货物。

提示 | "账簿、单证等有关资料"包括会计凭证、会计账簿、财务会计报告和其他会计资料、报关单证、进出口单证、合同、业务函电、被稽查人内部资料，以及与进出口业务有关的其他单证。
被稽查人运用电子信息系统储存、处理的账簿、单证等有关资料（包括软件和硬件），与纸质资料具备相同效力。

（5）海关稽查具有特定目的。海关稽查的目的是监督被稽查人进出口活动的真实性和合法性，规范企业的进出口行为。

📋 **专栏**

海关向社会力量购买服务

早在2008年，中国海关便启动了委托社会专业机构提供专业服务的试点工作，在向社会力量购买服务方面进行了有益的探索和尝试。2013年9月，国务院办公厅印发了

《关于政府向社会力量购买服务的指导意见》，对海关相关工作起到了重要的推动作用。截至 2015 年底，全国海关共委托专业机构提供专业服务稽查企业 5 065 家，查发各类问题 1 887 起，稽查补税入库 16.38 亿元。为了保证此项工作的持续有效开展，2016 年修订的《海关稽查条例》对委托社会专业机构进行稽查作出规定，并在新实施的办法中对相关具体事宜予以明确和细化，对于充分发挥该项制度在创新海关管理方式、提高海关管理效能、促进社会共同治理等方面的积极作用具有重要意义。

2. 海关稽查的特征

从本质上看，海关稽查是海关监督管理职能的实现方式，也是海关监管制度的主要组成部分。与传统的海关监管相比，海关稽查又有其明显的特征，主要表现在以下两方面：

（1）将原有的海关监管在时间和空间上进行了大范围的延伸和拓展。海关监管不再局限于进出境的实时监控和进出境口岸，而是在货物结关放行之后的一定时期内，对与进出口货物直接有关的企业、单位的会计资料、报关单证和其他相关资料进行稽查，并对放行未结关货物的使用、管理情况进行核查。从这个角度讲，海关稽查也可以归入监管之列。

（2）将海关监管的主要目标从控制进出口货物转变为控制货物的经营主体——进出口企业，不再人为地将企业与货物割裂开来。海关围绕企业的进出口活动实施动态和全方位监管，通过监管企业的进出口行为来达到监管进出口货物的目的。稽查的结果，除了是海关针对处理的具体事件外，还是海关进行企业信用管理的重要依据。

4.3.2　海关稽查制度的基本内容

1. 海关稽查的对象、范围

（1）海关稽查的对象。

根据《海关稽查条例》第三条的规定，海关对下列与进出口货物直接有关的企业、单位实施稽查：① 从事对外贸易的企业、单位；② 从事对外加工贸易的企业；③ 经营保税业务的企业；④ 使用或经营减免税进口货物的企业、单位；⑤ 从事报关业务的企业；⑥ 进出口货物的实际收发货人；⑦ 其他与进出口货物直接有关的企业、单位。

上述企业、单位是海关稽查的对象，也称为被稽查人。

（2）海关稽查的范围。

海关稽查除了对被稽查人的会计账簿、会计凭证、报关单证以及其他有关资料（以下统称账簿、单证等有关资料）和有关进出口货物进行核查，还包括监督其进出口活动的真实性和合法性。

海关对被稽查人实施稽查所涉及的进出口活动包括以下方面：① 进出口申报；② 进出口关税和其他税、费的缴纳；③ 进出口许可证件的交验；④ 与进出口货物有关的资料的记载、保管；⑤保税货物的进口、使用、储存、维修、加工、销售、运输、展示和复出口；⑥减免税进口货物的使用、管理；⑦其他进出口活动。

提示 | 关于海关稽查的期限主要需要注意以下几点：

（1）海关对一般贸易和其他进出口货物的稽查期限为自进出口货物放行之日起 3 年内。

（2）海关对保税货物的稽查期限为保税货物的海关监管期限内及其后的 3 年内，包括三个方面：一是在保税货物的海关监管期限内；二是自保税货物复运出境之日起 3 年内；三是保税货物经批准转为一般贸易进口放行之日起 3 年内。

（3）海关对减免税货物的稽查期限为减免税货物的海关监管期限内及其后的 3 年内。海关对船舶、飞机的监管期限为 8 年，对应的稽查期限为 11 年；对机动车辆的监管期限为 6 年，对应的稽查期限为 9 年；对其他减免税货物的监管期限为 3 年，对应的稽查期限为 6 年。

2. 海关稽查的方式和机制

常见的海关稽查的方式有常规稽查和专项稽查两种，但海关稽查部门所采取的工作方式还包括贸易调查和主动披露。同时，根据《海关稽查条例》的规定，海关稽查还可以引入社会中介机构提供服务。以上方式共同构成了海关稽查的工作机制。

（1）常规稽查。

常规稽查是指海关以监督和规范被稽查人进出口行为为主要目标，以例行检查和全面"体检"为基本特征，有计划地对被稽查人一定期限或业务范围内的进出口活动实施检查的一种稽查工作方式。目前，常规稽查实行"双随机"工作机制，即通过计算机系统，在全国海关随机选取常规稽查对象，在有条件的海关随机选取常规稽查人员。

（2）专项稽查。

专项稽查是指以查发企业各类问题，保障海关监管税收和贸易安全，防范走私违法活动为目的，以风险程度较高或政治敏感性较强的行业、企业、商品为重点而实施的一种稽查工作方式。海关稽查部门开展自主分析或接受其他部门提供的线索，分析确定专项稽查的作业对象和内容。

🔗 **知识链接**

海关总署开展进口废五金专项稽查

2018 年 4 月 27 日，海关总署对进口废五金专项稽查行动结束，查出废五金问题企业 41 家，涉及货物总量 3.79 万吨，货值 4.14 亿元。

为严禁"洋垃圾"走私，加强对进口固体废物的管控，自 2018 年 1 月起，海关对取得《固体废物进口许可证》的全部 302 家废五金企业开展了稽查，查发涉嫌走私"洋垃圾"违法情事 4 起，涉嫌"以税换证"逃避许可证监管违法情事 4 起，涉嫌低报价格违法情事 18 起，涉嫌买卖进口固体废物许可证违法情事 9 起，此外人去楼空企业 6 家。

为加强对固废行业的综合治理，海关向生态环境部通报了废五金违规企业 40 家，生态环境部门根据名单取消了企业再申请进口固体废物的资质，进一步规范了固体废物进口许可证管理。

资料来源：海关总署官网，http://www.customs.gov.cn/customs/ztzl86/302414/302417/lt2018zxxd_djyljzs/mtbd79/1814582/index.html。

（3）贸易调查。

贸易调查是海关根据稽查工作需要，通过实地查看、走访咨询、书面函询、网络调查和委托调查等方式向有关行业协会、政府部门和相关企业等开展的综合性调研活动，收集相关信息，如政府部门监督管理信息；特定行业、企业的主要状况、贸易惯例、生产经营、市场结构等信息；特定商品的结构、成分、等级、功能、用途、工艺流程、工作原理等技术指标或者技术参数以及价格等信息；以及其他与进出口活动有关的信息。有关政府部门、金融机构、行业协会和相关企业等应当配合海关贸易调查，提供有关信息。

（4）主动披露。

进出口企业、单位主动向海关书面报告海关尚未掌握的、其违反海关监管规定的行为并接受海关处理的，海关可以认定有关企业、单位主动披露，但有下列情形之一的除外：报告前海关已经掌握违法线索的；报告前海关已经通知被稽查人实施稽查的；报告内容严重失实或隐瞒其他违法行为的。

进出口企业、单位主动披露应当向海关提交账簿、单证等有关资料，并对所提交资料的真实性、准确性、完整性负责。海关应当核实主动披露的进出口企业、单位的报告，可以要求其补充有关材料。对主动披露的、违反海关监管规定的进出口企业单位，海关结合具体情形予以从轻、减轻或者不予行政处罚。对主动披露并补缴税款的，海关可以减免滞纳金。

（5）海关稽查引入社会中介机构提供服务。

海关在稽查工作中，根据工作需要，可以委托会计师事务所、税务师事务所或者其他具备会计、税务等相关资质和能力的专业机构，就相关问题得出专业结论，经海关认可后被作为稽查认定事实的证据材料。被稽查人委托专业机构得出的专业结论，可以作为海关稽查的参考依据。

3. 海关稽查的方法

海关稽查方法是指海关稽查人员采用审计、稽核、检查等方式和技术手段，对特定的稽查对象进行核查，以核实被稽查人的进出口行为是否合法、规范，有无违反海关法行为。海关稽查常用的方法有以下几种：

（1）查账法。它是海关稽查最主要、最基本的方法。海关稽查人员根据会计凭证、会计账簿和财务报表等资料的内在关系，通过对被稽查人会计资料的稽核、检查，以核查被稽查人的进出口行为是否合法、规范。它以被稽查人的各种会计资料为稽查的直接对象。

（2）调查法。它是指海关稽查人员通过观察、询问、检查、比较等方式，对被稽查人的进出口活动进行全面综合的调查了解，以核实其进出口行为是否真实、合法、规范。

（3）盘存法。它是指海关在检查进出口货物的使用状况时，通过盘点实物库存等方法，具体查证核实现金、商品、材料、在产品、产成品、固定资产和其他商品的实际结存量。

（4）分析法。它是指海关利用现有的各种信息数据系统，充分依靠现代信息技术，对海关监管对象及其进出口活动全面综合统计、汇总，进行定量定性分析、评估，以确定被分析对象进出口活动的风险情况。

4. 被稽查人对账簿、单证等有关资料管理的规范性要求

（1）账簿、单证等有关资料的真实性。与进出口货物直接有关的企业、单位所设置、编制的会计账簿、会计凭证、会计报表和其他会计资料，应当真实、准确、完整地记录和反映进出口业务的有关情况。

（2）对账簿、单证等有关资料的保管。与进出口货物直接有关的企业、单位应当依照有关法律、行政法规规定的保管期限，保管会计账簿、会计凭证、会计报表和其他会计资料。

（3）对账簿、单证等有关资料的报送。与进出口货物直接有关的企业、单位应当按照海关要求，报送有关进出口货物的购买、销售、加工、使用、损耗和库存情况的资料。

5. 海关稽查的实施

海关按照监管要求，根据进出口企业、单位和进出口货物的具体情况，确定海关稽查重点，制定稽查工作计划。海关进行稽查时，将组成稽查组，其成员不少于2人。

海关进行稽查时，海关稽查人员应当向被稽查人出示"中华人民共和国海关稽查证"，同时应当说明双方的权利和义务等有关事项。

海关工作人员与被稽查人有直接利害关系的应当回避。

海关稽查的实施程序由稽查通知、稽查实施、稽查报告和稽查结论环节组成。

（1）稽查通知。海关实施稽查3日前，应当将稽查通知书送达被稽查人的法定代表人、主要负责人或指定代表人。被稽查人在收到稽查通知书后，应正本留存，副本加盖被稽查人印章并由被稽查人代表签名后交海关留存。在被稽查人有重大违法嫌疑，其账簿、单证等有关资料以及进出口货物可能被转移、隐匿、毁弃等紧急情况下，经直属海关关长或者其授权的隶属海关关长批准，海关可以不经事先通知进行稽查。但径行稽查时仍应制发稽查通知书。

（2）稽查实施。稽查实施是指海关依照稽查程序，采用各种有效的稽查方法，对被稽查人进出口货物的合法性、真实性和规范性进行核查的行政执法活动。

（3）稽查报告和稽查结论。海关稽查组实施稽查后，应当向海关提出稽查报告。稽查报告认定被稽查人涉嫌违法的，在报送海关前应当就稽查报告认定的事实征求被稽查人的意见，被稽查人应当自收到相关材料之日起7日内，将其书面意见送交海关。

海关应当自收到稽查报告之日起30日内，得出海关稽查结论并送达被稽查人。

6. 海关稽查时可以行使的职权

依据《海关稽查条例》规定，海关在实施稽查时可以行使下列职权：

（1）查阅、复制被稽查人的账簿、单证等有关资料。

（2）进入被稽查人的生产经营场所、货物存放场所，检查与进出口活动有关的生产经营情况和问题。

（3）询问被稽查人的法定代表人、主要负责人和其他有关人员与进出口活动有关的情况和问题。

（4）经直属海关关长或其授权的隶属海关关长批准，查询被稽查人在商业银行或其他金融机构的存款账户。

（5）海关进行稽查时，发现被稽查人有可能篡改、转移、隐匿、毁弃账簿和单证等有关资料的，经直属海关关长或其授权的隶属海关关长批准，在不妨碍被稽查人正常生产经营活动的前提下，可以查封、扣押其账簿、单证等有关资料以及相关电子数据存储介质。

海关对有关情况经查明或者取证后，应当当即解除对上述资料的查封、扣押。

海关进行稽查时，发现被稽查人的进出口货物有违反《海关法》和其他法律、行政法规嫌疑的，经直属海关关长或其授权的隶属海关关长批准，可以查封、扣押有关进出口货物。

7. 海关稽查被稽查人的义务

依据《海关稽查条例》规定，海关在进行稽查时，被稽查人应当履行下列义务：

（1）配合海关稽查工作，并提供必要的工作条件。

（2）接受海关稽查，如实反映情况，提供账簿、单证等有关资料，不得拒绝、拖延、隐瞒。被稽查人使用计算机记账的，应当向海关提供记账软件、使用说明书及有关资料。

（3）海关行使查阅、复制、检查权时，被稽查人的法定代表人、主要负责人或指定代表人应当到场，并按照海关的要求，清点账簿、打开货物存放场所、搬移货物或开启货物包装。

（4）海关进行稽查时，与被稽查人有财务往来或者其他商务往来的企业、单位，应当向海关如实反映被稽查人的有关情况，提供有关资料和证明材料。

8. 海关稽查发现问题的处理

海关稽查是海关监督被稽查人进出口活动真实性和合法性的一种措施。稽查中发现税款少征或漏征，或者被稽查人存在违法活动的，应按《海关稽查条例》的规定分别做出相应的处理。

（1）经海关稽查，发现关税或其他进口环节的税收少征或漏征的，由海关依照《海关法》和有关税收法律、行政法规的规定向被稽查人补征；因被稽查人违反规定而造成少征或者漏征的，由海关依照《海关法》和有关税收法律、行政法规的规定追征。

被稽查人在海关规定的期限内仍未缴纳税款的，海关可以依法采取强制执行措施。

（2）查封、扣押的有关进出口货物，经海关稽查排除违法嫌疑的，海关应当立即解除查封、扣押；经海关稽查认定违法的，由海关依照《海关法》和《海关行政处罚实施条例》的规定处理。

（3）经海关稽查，认定被稽查人有违反海关监管行为的，由海关依照《海关法》和《海关行政处罚实施条例》的规定处理。与进出口货物直接有关的企业、单位主动向海关报告其违反海关监管规定的行为，并接受海关处理的，应当从轻或者减轻行政处罚。

（4）经海关稽查，发现被稽查人有走私行为，构成犯罪的，依法追究刑事责任；尚不构成犯罪的，由海关依照《海关法》和《海关行政处罚实施条例》的规定处理。

（5）海关通过稽查决定补征或者追征的税款、没收的走私货物和违法所得以及收缴的罚款，全部上缴国库。

（6）被稽查人同海关发生纳税争议的，依照《海关法》第六十四条的规定办理。

9. 与海关稽查相关的法律责任

（1）被稽查人的法律责任。

被稽查人有下列行为之一的，由海关责令限期改正，逾期不改正的，处 2 万元以上 10 万元以下的罚款；情节严重的，禁止其从事报关活动；对负有直接责任的主管人员和其他直接责任人员处 5 000 元以上 5 万元以下的罚款；构成犯罪的，依法追究刑事责任：

第一，向海关提供虚假情况或者隐瞒重要事实；

第二，拒绝、拖延向海关提供账簿、单证等有关资料以及相关电子数据存储介质；

第三，转移、隐匿、篡改、毁弃报关单证、进出口单证、合同、与进出口业务直接有关的其他资料以及相关电子数据存储介质。

被稽查人未按照规定编制或者保管报关单证、进出口单证、合同以及与进出口业务直接有关的其他资料的，由海关责令限期改正，逾期不改正的，处 1 万元以上 5 万元以下的罚款；情节严重的，禁止其从事报关活动；对负有直接责任的主管人员和其他直接责任人员处 1 000 元以上 5 000 元以下的罚款。

被稽查人未按照规定设置或者编制账簿，或者转移、隐匿、篡改、毁弃账簿的，依照《中华人民共和国会计法》的有关规定追究法律责任。

（2）海关工作人员的法律责任。

海关工作人员在稽查中玩忽职守、徇私舞弊、滥用职权，或者利用职务上的便利收受、索取被稽查人的财物，构成犯罪的，依法追究刑事责任；不构成犯罪的，由海关依照《中华人民共和国公务员法》《海关法》和其他有关法律、行政法规予以处分。

 应用案例

海关对完税价格申报不实等问题的行政处罚

中华人民共和国惠州海关行政处罚决定书惠州关缉决字〔2021〕0015号

当事人：惠州××科技有限公司　　　法定代表人：陈××

海关编码：441334×××

海关对当事人稽查发现，当事人公司自2018年1月1日至2020年10月29日实施一般贸易方式进口货物期间，存在进口玻璃纤维垫等货物的完税价格申报不实等问题，涉及报关单96票，漏报的运杂费及保费共计人民币15.486 967万元，漏缴税款共计人民币4.773 17万元。

上述行为违反海关监管规定。以上行为有当事人营业执照、当事人报告、查问笔录、稽查审核报告、计税表、货代费用报告、入库单、进出口报关单及随附单证等为证。

依据《中华人民共和国行政处罚法》第二十七条第一款第（一）项、《中华人民共和国 海关行政处罚实施条例》第十五条第（四）项的规定，决定对当事人作出如下行政处罚：科处罚款人民币0.72万元整。

当事人应当自本处罚决定书送达之日起15日内，根据《中华人民共和国行政处罚法》第四十四条、第四十六条、第四十八条的规定，履行上述处罚决定。

当事人不服本处罚决定的，依照《中华人民共和国行政复议法》第九条、第十二条，《 中华人民共和国行政诉讼法》第四十六条之规定，可自本处罚决定书送达之日起60日内向深圳海关申请行政复议，或者自本处罚决定书送达之日起6个月内，直接向惠州市中级人民法院起诉。

根据《中华人民共和国行政处罚法》第五十一条之规定，到期不缴纳罚款的，每日可以按罚款数额的百分之三加处罚款。

根据《海关法》第九十三条、《中华人民共和国海关行政处罚实施条例》第六十条的规定，当事人逾期不履行处罚决定又不申请复议或者向人民法院提起诉讼的，海关可以将扣留的货物、物品、运输工具依法变价抵缴，或者以当事人提供的担保抵缴；也可以申请人民法院强制执行。

资料来源：深圳海关官网，http://shenzhen.customs.gov.cn/shenzhen_customs/zfxxgk15/2966748/sgs62/xzcf6660/hgzswgxzcfajxxgk21/3779913/index.html。

4.4 知识产权海关保护制度

4.4.1 知识产权海关保护概述

1. 知识产权海关保护的含义

知识产权是人们利用自己的知识，主要基于脑力劳动所创造的智力成果而依法享有的一种权利。知识产权海关保护是指海关依法禁止侵犯知识产权的货物进出口的措施，在世界贸易组织《与贸易有关的知识产权协议》中被称为知识产权的边境措施。

2. 知识产权海关保护的范围

世界贸易组织《与贸易有关的知识产权协议》中将与贸易有关的知识产权范围确定为七部分，即版权与邻接权、商标权、地理标志权、工业品外观设计权、专利权、集成电路布图设计权、未披露信息专有权。

《知识产权海关保护条例》第二条规定，中国海关保护的知识产权范围是与进出口货物有关并受中华人民共和国法律、行政法规保护的商标专用权、著作权和与著作权有关的权利、专利权。具体来说，包括以下内容：①国家工商行政管理总局商标局核准注册的商标；②在世界知识产权组织注册并延伸至中国的国际注册商标；③国家知识产权局（包括原中国专利局）授予专利权的发明、外观设计、实用新型专利；④《保护文学和艺术作品伯尔尼公约》成员国的公民或者组织拥有的著作权和与著作权有关的权利。

此外，根据国务院颁布的《奥林匹克标志保护条例》和《世界博览会标志保护条例》的规定，中国海关也对奥林匹克标志和世界博览会标志实施保护。

> **💡 思考** "冰墩墩""雪容融"是北京 2022 年冬奥会和冬季残奥会吉祥物，这种图案标志和文字能不能印到出口商品上呢？
>
> 答案是不能擅自使用。北京 2022 年冬奥和冬残奥会组织委员会、国际奥林匹克委员会、国际残疾人奥林匹克委员会已向海关总署提出奥林匹克标志专用权保护备案申请。海关总署已核准备案，并公布了《奥林匹克标志专有权海关保护备案目录》。奥林匹克标志专有权受法律保护，未经权利人许可，不得为商业目的使用奥林匹克标志。擅自进口、出口含有奥林匹克标志货物的，海关依法予以查处。

3. 知识产权海关保护模式

中国海关对知识产权海关保护的具体执法模式分为"依职权保护"和"依申请保护"两种模式。

（1）依职权保护模式是以知识产权权利人将其知识产权向海关总署备案为前提。海关在对进出口货物实施监管过程中发现货物有涉嫌侵犯在海关总署备案的知识产权嫌疑时，可主动中止货物的通关过程并立即书面通知知识产权权利人，并根据知识产权权利人的申请对侵权嫌疑货物实施扣留。由于海关依职权扣留侵权嫌疑货物属于主动采取措施制止侵权货物进出口，而且海关还有权对货物的侵权状况进行调查和对有关当事人进行处罚，所以依职权保护也被称作海关对知识产权的"主动保护"模式。知识产权权利人则应当在收到海关书面通知之日起 3 个工作日内，向海关提出扣留侵权嫌疑货物的申请并提供担保，海关据此扣留相关货物，否则将终止扣留货物的措施。

海关对其发现的涉嫌侵犯在海关总署备案的知识产权的货物会进行调查，并在扣留货物之日起 30 个工作日内对货物是否侵犯知识产权进行认定。如果海关不能认定货物侵犯知识产权，就会立即书面通知知识产权权利人。自扣留之日起 50 个工作日内未收到人民法院协助执行通知的，并且经调查不能认定被扣留的侵权嫌疑货物侵犯知识产权的，海关放行扣留货物。

（2）依申请保护是指知识产权权利人发现侵权嫌疑货物即将进出口时，根据《知识产权海关保护条例》第十二、第十三和第十四条向海关提出采取保护措施的申请，由海关对侵权嫌疑货物实施扣留。由于海关对依申请扣留的侵权嫌疑货物不进行调查，知识产权权利人需要就有关侵权纠纷向人民法院起诉，所以依申请保护也被称作海关对知识产权的"被动保护"模式。

自扣留之日起 20 个工作日内未收到知识产权权利人向法院起诉及人民法院协助执行通知的，海关放行扣留货物。

4.4.2 知识产权海关保护制度的基本内容

1. 知识产权海关保护的备案

（1）知识产权海关保护备案的含义。

知识产权海关保护备案是指知识产权权利人按照《知识产权海关保护条例》将其知识产权的法律状况、有关货物的情况、知识产权合法使用情况和侵权货物进出口情况以书面形式通知海关，以便海关在对进出口货物的监管过程中能够主动对有关知识产权实施保护。

（2）知识产权海关保护备案的作用。

备案是海关采取主动保护措施的前提条件。根据《知识产权海关保护条例》的规定，知识产权权利人如果事先没有将其知识产权向海关备案，那么海关在监管中发现侵权货物即将进出境，也没有权力主动中止其进出口，也无权对侵权货物进行调查处理。

备案有助于海关发现侵权货物。尽管根据《知识产权海关保护条例》的规定，知识产权权利人在进行备案后，仍然需要在发现侵权货物即将进出境时向海关提出采取保护措施的申请，但是从实践看，海关能否发现侵权货物，主要依赖于海关对有关货物的查验。由于知识产权权利人在备案时，需要提供有关知识产权的法律状况、权利人的联系方式、合法使用知识产权情况、侵权嫌疑货物情况、有关图片和照片等情况，使海关有可能在日常监管过程中发现侵权嫌疑货物并主动予以扣留。所以，事先进行知识产权备案，可以使权利人的合法权益得到及时的保护。

知识产权权利人的经济负担较轻。根据《知识产权海关保护条例》的实施办法规定，在海关依职权保护模式下，知识产权权利人向海关提供的担保最高不超过人民币10万元。如果知识产权权利人事先未进行知识产权备案，则不能享受上述待遇，而是必须提供与其要求扣留的货物等值的担保。

可以对侵权人产生震慑作用。由于海关对进出口侵权货物予以没收并给予进出口企业行政处罚，所以尽早进行知识产权备案，可以对那些过去毫无顾忌地进出口侵权货物的企业产生警告和震慑作用，促使其自觉地尊重有关知识产权。此外，有些并非恶意出口侵权产品的企业也可能通过查询备案，了解其承揽加工和出口的货物是否可能构成侵权。

🔗 知识链接

知识产权海关保护备案信息系统

海关通过"知识产权海关保护备案子系统"公示已在海关备案的知识产权。申请人可以通过系统向海关总署传输备案申请、备案续展申请的电子数据，并将电子数据打印成纸质申请书后，随同需要提交的证明文件邮寄至海关总署。申请人申请变更备案申请人、变更备案代理人、注销知识产权海关保护的，应当直接向海关总署提交规定格式的纸面申请，不需要通过该系统传输电子数据。在知识产权海关保护备案系统中可以查询权利标识备案信息。

（3）知识产权海关保护的备案申请。

申请人申请备案时应根据其申请备案的知识产权的性质，按海关总署制定的格式分别填写并提交商标权、著作权或专利权备案申请书。申请书应当包括以下内容：① 知识产权权利人的名称或者姓名、注册地或者国籍；② 知识产权的名称、内容及其相关信息；③ 知识产权许可行使状况；④ 知识产权权利人合法行使知识产权的货物的名称、产地、进出境地海关、进出口商、主要特征、价格等；⑤ 已知的侵犯知识产权的货物的制造商、进出口商、进出境地海关、主要特征、价格等。

共有知识产权权利人中的任何一人向海关提出备案申请的，其他共有人无须就同一知识产权重复备案，但可要求海关总署为其颁发该知识产权备案证书副本。

提示 | 知识产权权利人向海关总署申请备案时，应尽可能按照要求将自己和其他共有知识产权权利人的情况及许可他人使用知识产权的情况填写齐全。否则，可能会造成合法使用知识产权的货物被海关扣留的情况。

（4）海关对备案申请的受理及撤销。

海关对申请内容进行审查，确认其是否属于海关保护范围，申请文件是否齐备。海关总署应当在当事人提出申请的 30 个工作日内，通知申请人是否准予备案。不予备案的，应当说明理由。知识产权海关保护备案自海关总署准予备案之日起生效，有效期为 10 年。超过有效期需要继续保护的，可在有效期届满前 6 个月申请续展，海关总署应自收到申请文件之日起 10 个工作日内做出是否准予续展备案的决定。续展备案有效期也为 10 年。备案知识产权情况发生改变的，知识产权权利人应当自发生变化之日起 30 个工作日内，向海关总署办理备案变更或者注销手续。

提示 | 自备案生效之日起知识产权的有效期不足 10 年的，备案有效期以知识产权的有效期为准。

2. 权利人申请扣留侵权嫌疑货物及提供担保

知识产权权利人发现侵权嫌疑货物（已备案或尚未备案）即将进出口，或者接到海关在实际监管中发现进出口货物涉嫌侵犯在海关总署备案的知识产权而发出的书面通知的，可以向货物进出境地海关提出扣留侵权嫌疑货物的申请，并按规定提供相应的担保。

（1）知识产权权利人发现侵权嫌疑货物的扣留申请和担保（海关依申请保护）。

申请扣留侵权嫌疑货物的文件。知识产权权利人发现侵权嫌疑货物即将进出口并要求海关予以扣留的，应当向货物进出境地海关提交申请书及相关证明文件。有关知识产权未在海关总署备案的，知识产权权利人还应当随附知识产权海关保护备案申请的文件及证据。

申请书应当包括下列主要内容：① 知识产权权利人的名称或者姓名、注册地或者国籍等；② 知识产权的名称、内容及相关信息；③ 侵权嫌疑货物收发货人的名称；④ 侵权嫌疑货物名称、规格等；⑤ 侵权嫌疑货物可能进出境的口岸、时间、运输工具等；⑥ 侵权嫌疑货物涉嫌侵犯备案知识产权的，申请书还应当包括海关备案号。

申请扣留侵权嫌疑货物的证据。权利人或其代理人提出申请时，除填具申请书外还应提供足以证明侵权事实明显存在的证据。知识产权权利人提交的证据，应当能够证明以下事实：请求海关扣留的货物即将进出口；在货物上未经许可使用了侵犯其商品专用权的商标标志、作品或实施了其专利。

申请扣留侵权嫌疑货物的担保。知识产权权利人请求海关扣留侵权嫌疑货物，应当在海关规定的期限内向海关提供相当于货物价值的担保。知识产权权利人提出的申请不符合规定或者未按规定提供担保的，海关应驳回其申请并书面通知知识产权权利人。

（2）知识产权权利人接到海关发现侵权嫌疑货物通知的扣留申请和担保（海关依职权保护）。

第一，海关书面通知知识产权权利人。海关对进出口货物实施监管，发现进出口货物涉及在海关总署备案的知识产权，且进出口商或者制造商使用有关知识产权的情况未在海关总署备案的，可以要求收发货人在规定期限内申报货物的知识产权状况并提交相关证明文件。收发货人未按照有关规定申报货物知识产权状况，提交相关证明文件或者海关有理由认为货物涉嫌侵犯在海关总署备案的知识产权的，海关应当中止放行货物并书面通知知识产权权利人。

第二，知识产权权利人的回复及其扣留申请。知识产权权利人应在接到海关书面通知送达之日起 3 个工作日内予以回复。认为有关货物侵犯其在海关总署备案的知识产权并要求海关予以扣留的，向海关提出扣留侵权嫌疑货物的书面申请；其扣留申请办法与知识产权权利人发现侵权嫌疑的扣留申请相同。认为有关货物未侵犯其在海关总署备案的知识产权或者不要求海关扣留的，向海关书面说明理由。经海关同意，知识产权权利人可以查看有关货物。

第三，请求扣留货物的担保。知识产权权利人在接到海关发现侵权嫌疑货物通知后，认为有关货物侵犯其在海关总署备案的知识产权并提出申请，要求海关扣留侵权嫌疑货物的，应当按照以下规定向海关提供担保：货物价值不足人民币 2 万元的，提供相当于货物价值的担保；货物价值为人民币 2 万元至 20 万元的，提供相当于货物价值 50% 的担保，但担保金额不得少于人民币 2 万元；货物价值超过人民币 20 万元的，提供人民币 10 万元的担保。

第四，请求扣留货物的总担保。

总担保适用范围。知识产权权利人根据规定请求海关扣留涉嫌侵犯商标专用权货物的，可以向海关总署提供总担保。在海关总署备案的商标专用权的知识产权权利人，经海关总署核准可以向海关总署提交银行或者非银行金融机构出具的保函，为其向海关申请商标专用权海关保护措施提供总担保。

自海关总署核准其使用总担保之日至当年 12 月 31 日，知识产权权利人在接到海关发现侵权嫌疑货物通知后，请求海关扣留涉嫌侵犯其已在海关总署备案的商标专用权的进出口货物的，无须另行提供担保，但知识产权权利人未按规定支付有关费用或者未按规定承担赔偿责任，海关总署向担保人发出履行担保责任通知的除外。

总担保的申请及随附材料。知识产权权利人申请使用总担保，应向海关总署提交"知识产权海关保护总担保申请书"，并随附已获准在中国大陆境内开展金融业务的银行出具的为知识产权权利人申请总担保承担连带责任的"总担保保函"，和知识产权权利人上一年度向海关申请扣留侵权嫌疑货物后发生的仓储处置费的清单。

总担保的金额。总担保的金额应相当于知识产权权利人上一年度向海关申请扣留侵权嫌疑货物后发生的仓储、保管和处置等费用之和；知识产权权利人上一年度未向海关申请扣留侵权嫌疑货物或者仓储处置费不足人民币 20 万元的，总担保的金额为人民币 20 万元。

总担保保函的有效期及担保事项发生期间。总担保保函的有效期是指作为担保人的银行承担履行担保责任期间，即自总担保保函签发之日起至下一年的 6 月 30 日。担保事项发生期间是指知识产权权利人在向海关提出采取保护措施申请时无须另行提供担保的期间，即自海关总署核准之日起至当年 12 月 31 日。知识产权权利人未提出申请或者未提供担保的，海关将放行货物。

提示 | 担保有两种用途，一是赔偿可能因申请不当给收货人、发货人造成的损失，二是支付货物由海关扣留后的仓储、保管和处置等费用。侵权嫌疑货物被认定侵犯知识产权的，知识产权权利人可以将其支付的有关仓储、保管和处置等费用计入其为制止侵权行为所支付的合理开支，并向侵权人追偿。

3. 海关对侵权嫌疑货物的调查处理

（1）扣留侵权嫌疑货物并制发通知和扣留凭单。知识产权权利人申请扣留侵权嫌疑货物并提供担保的，海关应当扣留侵权嫌疑货物并将扣留侵权嫌疑货物的扣留凭单送达相关当事人。

向知识产权权利人制发通知。海关将货物的名称、数量、价值、收发货人名称、申报进出口日期、海关扣留日期等情况书面通知知识产权权利人。经海关同意，知识产权权利人可以查看海关扣留的货物。

向收发货人制发扣留凭单。海关将扣留侵权嫌疑货物的扣留凭单送达收发货人。经海关同意，收发货人可以查看海关扣留的货物。

（2）海关对扣留侵权嫌疑货物的调查。

海关依职权扣留侵权嫌疑货物后，应当依法对侵权嫌疑货物以及其他有关情况进行调查。收发货人和知识产权权利人应当对海关调查予以配合，如实提供有关情况和证据。

海关对侵权嫌疑货物进行调查，可以请求有关知识产权主管部门提供咨询意见。知识产权权利人与收发货人就海关扣留的侵权嫌疑货物达成协议，向海关提出书面申请并随附相关协议，要求海关解除扣留侵权嫌疑货物的，海关除认为涉嫌构成犯罪外，可以终止调查。

（3）放行被扣留的侵权嫌疑货物。

海关对扣留的侵权嫌疑货物进行调查，不能认定货物是否侵犯有关知识产权的，应当自扣留侵权嫌疑货物之日起30个工作日内书面通知知识产权权利人和收发货人。

海关不能认定货物侵犯有关专利权的，收发货人向海关提供相当于货物价值的担保后，可以请求海关放行货物。海关同意放行货物的，海关应当放行货物并书面通知知识产权权利人。

知识产权权利人就有关专利侵权纠纷向人民法院起诉的，应当在海关书面通知送达之日起30个工作日内向海关提交人民法院受理案件通知书的复印件。

对海关不能认定侵犯其知识产权的有关货物，知识产权权利人可以依法在起诉前向人民法院申请采取责令停止侵权行为或者财产保全措施。

海关自扣留侵权嫌疑货物之日起50个工作日内收到人民法院协助扣押有关货物书面通知的，应当予以协助；未收到人民法院协助扣押通知或者知识产权权利人要求海关放行有关货物的，海关应当放行货物。

（4）没收被扣留的侵权货物。

没收侵权货物并通知知识产权权利人。被扣留的侵权嫌疑货物，海关经调查后认定侵犯知识产权的，予以没收，并应当将侵犯知识产权货物的下列情况书面通知知识产权权利人：①侵权货物的名称和数量；②收发货人名称；③侵权货物申报进出口日期、海关扣留日期和处罚决定生效日期；④侵权货物的起运地和指运地；⑤海关可以提供的其他与侵权货物有关的情况。

进出口货物或进出境物品经海关调查认定侵犯知识产权的，根据规定应当由海关予以没收，但当事人无法查清的，自海关制发有关公告之日起满3个月即可由海关予以收缴。

侵权货物没收后的处理。有关货物可以直接用于社会公益事业或知识产权权利人有收购意愿的，海关可将货物转交给有关公益机构用于社会公益事业或者有偿转让给知识产权权利人；有关货物不能转交给有关公益机构用于社会公益事业或者有偿转让给知识产权权利人，且侵权特征能够消除的，在消除侵权特征后依法拍卖；但对进口假冒商标货物，仅清除货物上的商标标志，仍不允许其进入商业渠道；有关货物不能按照前述规定处置的，应当予以销毁。

海关拍卖侵权货物，应当事先征求有关知识产权权利人的意见。海关销毁侵权货物，知识产权权利人应当提供必要的协助。有关公益机构将海关没收的侵权货物用于社会公益事业以及知识产权权利人接受海关委托销毁侵权货物的，海关应当进行必要的监督。

🔗 知识链接

2021年中国海关知识产权保护状况（节选）

2021年，全国海关在全国打击侵犯知识产权和制售假冒伪劣商品工作领导小组以及国务院知识产权战略实施工作部际联席会议的组织领导下，围绕《知识产权强国建设纲要（2021—2035年）》和《"十四五"国家知识产权保护和运用规划》，海关总署制定印发《"十四五"海关发展规划》，对知识产权海关保护能力提升工程作出全面部署，先后印发全国海关知识产权保护"龙腾行动2021"、寄递渠道知识产权保护"蓝网行动2021"、出口转运货物知识产权保护"净网行动2021"等专项执法行动方案，会同市场监管总局等14个部门联合印发2021网络市场监管专项行动（网剑行动）方案，印发通知指导各地海关加强奥林匹克标志专有权海关保护。

2021年，全国海关查获进出口侵权货物情况如下：（1）全国海关共采取知识产权保护措施8.4万次，实际扣留进出口侵权嫌疑货物7.92万批，共计7 180.28万件。（2）全年共受理知识产权海关保护备案申请20 133件，审核通过备案申请17 667件，其中国内权利人备案数量为11 738件。

2021年中国海关查扣的侵权嫌疑货物主要呈现以下特点：

（1）出口环节执法成效明显，进口环节持续增长。2021年，全国海关共在出口环节扣留侵权嫌疑货物7.86万批，共计6 378.54万件；在进口环节扣留侵权嫌疑货物571批，共计801.73万件，进口环节查获侵权货物数量占比进一步提高。

（2）查获侵权货物仍以侵犯商标权为主，专利权、著作权、奥林匹克标志专有权执法成效明显。全国海关扣留涉嫌侵犯商标权的货物 7.89 万批，共计 6 804.63 万件。专利权、著作权、奥林匹克标志专有权的侵权查获数量成倍增长，其中扣留涉嫌侵犯专利权货物 293.33 万件，扣留涉嫌侵犯著作权货物 81.47 万件，扣留涉嫌侵犯奥林匹克标志专有权货物 8 380 件。

（3）货运渠道执法模式以海关依职权保护为主，依申请保护稳步增长。全国海关在货运渠道扣留侵权嫌疑货物 2 282 批次，共计 6 078.47 万件。其中海关采取依职权保护措施扣留侵权嫌疑货物 2 194 批，共计 5 769.88 万件，采取依申请保护措施扣留侵权嫌疑货物 88 批，共计 308.58 万件。

（4）跨境电商渠道成为全国海关执法重点，扣留批次、数量均明显增长。随着互联网新业态的发展，跨境电商渠道已逐步成为全国海关执法重点。2021 年全年共查扣跨境电商侵权嫌疑货物 1.78 万批，共计 199.57 万件。扣留批次和数量在非货运渠道执法的占比分别由 2020 年的 11.69% 和 9.93%，提升到 2021 年的 23.25% 和 18.11%。

（5）中西部地区海关执法成效更加明显，执法水平逐步提升。中西部地区海关 2021 年共扣留侵权嫌疑货物 2.06 万批，共计 223.31 万件，其中太原、南昌、长沙、贵阳等海关扣留批次同比增长 2 倍以上，武汉、南宁、乌鲁木齐海关的年查获数量较 2020 年增长超过 10 万件，西宁海关自成立以来首次查发侵权案件，扣留侵权商标 9 000 余件。

（6）扣留侵权嫌疑货物主要涉及电子电器、服装、鞋帽等类别。以扣留批次统计，服装鞋帽、皮具箱包、电子电器等货物依然占据前三位，分别为 3.9 万批、2.2 万批和 0.6 万批。以扣留数量统计，电子电器、烟草制品、服装鞋帽等货物的数量占据前三位，分别为 2 036.19 万件、1 847.52 万件和 645.44 万件。

资料来源：摘自《2021 年中国海关知识产权保护状况》，https://www.cnipa.gov.cn/art/2022/4/24/art_2863_175005.html。

4. 相关当事人应承担的责任

（1）知识产权权利人应承担的责任。

海关协助人民法院扣押侵权嫌疑货物或者放行被扣留货物的，知识产权权利人应当支付货物在海关扣留期间的仓储、保管和处置等费用。知识产权权利人未支付有关费用的，海关可以从其向海关提供的担保金中予以扣除，或者要求担保人履行有关担保责任。侵权嫌疑货物被认定为侵犯知识产权的，知识产权权利人可以将其支付的有关仓储、保管和处置等的费用计入其为制止侵权行为所支付的合理开支。

海关没收侵权货物的，知识产权权利人应当按照货物在海关扣留后的实际存储时间支付仓储、保管和处置等费用。但海关自没收侵权货物的决定送达收发货人之日起 3 个月内不能完成货物处置，且非因收发货人申请行政复议、提起行政诉讼或者货物处置方面的其他特殊原因导致的，知识产权权利人不需支付 3 个月后的有关费用。

海关接受知识产权保护备案和采取知识产权保护措施的申请后，因知识产权权利人未提供确切情况而未能发现侵权货物，未能及时采取保护措施或者采取保护措施不力的，由知识产权权利人自行承担责任。

知识产权权利人请求海关扣留侵权嫌疑货物后，海关不能认定被扣留的侵权嫌疑货物侵犯知识产权权利人的知识产权，或者人民法院判定不侵犯知识产权权利人的知识产权的，知识产权权利人应当依法承担赔偿责任。

提示 | 个人携带或者邮寄进出境的物品，超出自用、合理数量，并侵犯相关知识产权的，按照侵权货物处理。

（2）收发货人应承担的法律责任。

进口或出口侵犯知识产权货物，经法院判定对知识产权权利人造成损害的，承担相应赔偿责任，构成犯罪的，依法承担刑事责任。

应用案例

关于"熊本熊"著作权被侵犯的案例

洋山海关关于绍兴 ×× 进出口有限公司出口侵犯"熊本熊"（KUMAMON）著作权的凉拖鞋、毛巾案件行政处罚决定书（沪洋山关知字〔2022〕0001 号）

当事人姓名/名称：绍兴 ×× 进出口有限公司　　海关注册编码：330696××××

法定代表人：张 ××

当事人委托上海 ×× 国际物流有限公司，于 2022 年 1 月 1 日以一般贸易方式向海关申报出口赞比亚一批塑料凉拖鞋、毛巾等，报关单号 223120220000002636。经查，实际出口货物中，有标有"熊本熊"（KUMAMON）图案的塑料凉拖鞋 150 双、毛巾 250 条，货值合计 1 752.19 元人民币。熊本县认为上述货物属于侵犯其"熊本熊"著作权的货物，并向我关提出采取知识产权保护措施的申请。

我关经调查，认为当事人出口货物中的塑料凉拖鞋、毛巾上使用的"熊本熊"图案，与著作权人注册的"熊本熊"著作权相同，且事先未经著作权人许可。根据《中华人民共和国著作权法》第五十三条第（一）项的规定，上述货物属于侵犯熊本县"熊本熊"著作权的货物。当事人出口上述货物的行为已构成出口侵犯他人著作权货物的行为。

以上有海关出口货物报关单证、海关查验记录、权利人权利证明、当事人查问笔录等材料为证。

根据《中华人民共和国海关法》第九十一条、《中华人民共和国海关行政处罚实施条例》第二十五条第一款之规定，我关决定没收上述标有"熊本熊"图案的塑料凉拖鞋150双、毛巾250条，并处以罚款人民币175.22元。

当事人应当自本处罚决定书送达之日起15日内，根据《中华人民共和国行政处罚法》第六十六条、第六十七条、第六十九条的规定，履行上述处罚决定。

当事人不服本处罚决定的，依照《中华人民共和国行政复议法》第九条、第十二条，《中华人民共和国行政诉讼法》第四十六条之规定，可自本处罚决定书送达之日起60日内向上海海关申请行政复议，或者自本处罚决定书送达之日起6个月内，直接向上海知识产权法院起诉。

根据《中华人民共和国行政处罚法》第七十二条之规定，到期不缴纳罚款的，每日可以按罚款数额的百分之三加处罚款。

根据《中华人民共和国海关法》第九十三条、《中华人民共和国海关行政处罚实施条例》第六十条的规定，当事人逾期不履行处罚决定又不申请复议或者向人民法院提起诉讼的，海关可以将扣留的货物、物品、运输工具依法变价抵缴，或者以当事人提供的担保抵缴；也可以申请人民法院强制执行。

资料来源：上海海关官网，http://shanghai.customs.gov.cn/shanghai_customs/423405/fdzdgknr8/423510/shgk78/423512/423513/4457286/index.html。

（3）海关工作人员应承担的责任。

海关工作人员在实施知识产权保护时玩忽职守、滥用职权、徇私舞弊，构成犯罪的，依法追究刑事责任；尚不构成犯罪的，依法给予行政处分。

5. 海关对当事人所提供担保的处理

（1）海关没收侵权货物的，应当在货物处置完毕并结清有关费用后，向知识产权权利人退还担保金或者解除担保人的担保责任。

（2）海关协助人民法院扣押侵权嫌疑货物或者根据规定放行被扣留货物的，收发货人可以就知识产权权利人提供的担保向人民法院申请财产保全。海关自协助人民法院扣押侵权嫌疑货物或者放行货物之日起20个工作日内，未收到人民法院就知识产权权利人提供的担保采取财产保全措施的协助执行通知的，海关应当向知识产权权利人退还担保金或者解除担保人的担保责任。

（3）海关放行被扣留的涉嫌侵犯专利权的货物后，知识产权权利人向海关提交人民法院受理案件通知书复印件的，海关应当根据人民法院的判决结果处理收发货人提交的担保金；知识产权权利人未提交人民法院受理案件通知书复印件的，海关应当退还收发货人提交的担保金。对知识产权权利人向海关提供的担保，收发货人可以向人民法院申请财产保全，海关未收到人民法院对知识产权权利人提供的担保采取财产保全措施的协助执行通知的，应当自处理收发货人提交的担保金之日起20个工作日后，向知识产权权利人退还担保金或者解除担保人的担保责任。

4.5 海关行政处罚制度

4.5.1 海关行政处罚概述

1. 海关行政处罚的含义和性质

（1）海关行政处罚的含义。海关行政处罚是指海关根据法律授予的行政处罚权力，对公民、法人或者其他组织违反海关法律、行政法规，依法不追究刑事责任的走私行为和违反海关监管规定的行为，以及法律、行政法规规定由海关实施行政处罚的行为所实施的一种行政制裁。

（2）海关行政处罚的性质。海关行政处罚作为一种行政制裁行为，通过对违反海关法的当事人财产、资格或声誉予以一定的剥夺或者限制，以达到规范进出境监管秩序、保护国家利益和他人合法权益的目的。海关行政处罚以当事人的行为违反海关法律、行政法规，并需要追究当事人的行政法律责任为前提，因此不能把海关行政处罚和海关行政强制措施相混淆。同时，对于应追究刑事法律责任的违反海关法的行为也不能"以罚代刑"，即不能用海关行政处罚代替刑事惩罚。

2. 海关行政处罚的基本原则

（1）公正、公开原则。公正原则是指海关对公民、法人或者其他组织的行政处罚，应当同其违反海关法行为的事实、性质、情节及危害程度相当；对有基本相同的违法行为的两个以上的公民、法人或者其他组织，如果其违法行为发生的环境条件、危害程度基本相同，那么受到的处罚也应基本相同。

公开原则是指有关海关行政处罚的法律、行政法规及规章应当公布；海关执法人员应当公开执法身份，出示执法证件；海关行政处罚的依据、证据、理由等应当向当事人公开。

（2）法定原则。法定原则是指海关行政处罚的法律依据、程序、主体及其职权等是法定的。

（3）处罚与教育相结合的原则。海关行政处罚的功能不只是单纯的处罚和惩戒，而是通过制裁手段，使违法者改正违法行为，形成守法自律意识，因此海关行政处罚的过程包含教育的内容。

（4）救济原则。海关行政处罚中的救济手段包括行政复议、行政申诉、行政诉讼和行政赔偿。

4.5.2 海关行政处罚制度的基本内容

1. 海关行政处罚的范围

依据《海关行政处罚实施条例》，应受海关行政处罚的行为包括依法不追究刑事责任的走私行为和违反海关监管规定行为，以及法律、行政法规规定由海关实施行政处罚的行为。

提示 | 《海关法》规定，走私情节严重的（主要以走私物的品种、数量和逃税额为标准），构成走私罪。认定和惩罚走私罪（追究刑事责任）属于司法机关的职能，不在海关行政处罚范围内；而依法不追究刑事责任的走私行为，以及涉嫌走私罪但人民检察院依法不追究刑事责任、构成走私犯罪但人民法院依法决定免于追究刑事责任的，应由海关依据《海关行政处罚实施条例》进行行政处罚。

（1）依法不追究刑事责任的走私行为。

依法不追究刑事责任的走私行为包括三类情形，即走私行为、按走私行为论处的行为和以走私的共同当事人论处的行为。

第一，走私行为。《海关行政处罚实施条例》第七条规定，违反《海关法》及其他有关法律、行政法规，逃避海关监管，偷逃应纳税款，逃避国家有关进出境的禁止性或者限制性管理，有下列情形之一的，是走私行为：① 未经国务院或者国务院授权的机关批准，从未设立海关的地点运输、携带国家禁止或者限制进出境的货物、物品或者依法应当缴纳税款的货物、物品进出境的；② 经过设立海关的地点，以藏匿、伪装、瞒报、伪报或者其他方式逃避海关监管，运输、携带、邮寄国家禁止或者限制进出境的货物、物品或者依法应当缴纳税款的货物、物品进出境的；③ 使用伪造、变造的手册、单证、印章、账册、电子数据或者以其他方式逃避海关监管，擅自将海关监管货物、物品、进境的境外运输工具在境内销售的；④ 使用伪造、变造的手册、单证、印章、账册、电子数据或者以伪报加工贸易制成品单位耗料量等方式，致使海关监管货物、物品脱离监管的；⑤ 以藏匿、伪装、瞒报、伪报或者其他方式逃避海关监管，擅自将保税区、出口加工区等海关特殊监管区域内的海关监管货物、物品运出区外的；⑥ 有逃避海关监管，构成走私的其他行为的。

提示 | 走私行为在客观上首先表现为违反《海关法》及其他有关法律、行政法规，其次表现为逃避海关监管，这是构成走私行为必不可少的两个前提条件，二者缺一不可。

第二，按走私行为论处的行为。《海关行政处罚实施条例》规定了以下两项以走私行为论处的行为。这些行为不具有典型的走私特征，但与走私行为联系密切，为走私货物、物品提供了销售、流通渠道，成为完成走私的一个重要环节，其违法性质、危害后果与直接走私行为相近，因此，为严厉打击走私违法行为，海关法规定应当按走私行为论处。

有下列行为之一的，按走私行为论处：① 明知是走私进口的货物、物品，直接向走私人非法收购的；② 在内海、领海、界河、界湖，船舶及所载人员运输、收购、贩卖国家禁止或者限制进出境的货物、物品，或者运输、收购、贩卖依法应当缴纳税款的货物，没有合法证明的。

关于第①条，应该从以下三个方面来理解：一是行为人必须明知收购的货物、物品是走私进口的货物、物品。二是行为人必须明知对方是走私人，且直接向走私人非法收购走

95

私进口的货物、物品，即所谓的"第一手交易"。如果不是第一手交易，而是经过第二手、第三手甚至更多层级的收购环节，则不能按走私行为论处。三是收购的行为是非法进行的。

关于第②条，必须符合四个条件：一是特定的区域，行为人必须是在内海、领海、界河、界湖特定的区域运输、收购、贩卖国家禁止或者限制进出境的货物、物品，或者依法应当缴纳税款的货物，如果是在内地，则不构成按走私行为论处的行为；二是行为方式，即采用运输、收购、贩卖的方式；三是运输、收购、贩卖的对象是国家禁止、限制进出境的货物、物品，或者依法应当缴纳税款的货物；四是没有合法证明。

提示 | "合法证明"是指船舶及其所载人员依照国家有关规定或者依照国际运输惯例所必须持有的证明其运输、携带、收购、贩卖所载货物、物品真实、合法、有效的商业单证、运输单证及其他有关证明、文件。

第三，以走私的共同当事人论处的行为。与走私人通谋，为走私人提供贷款、资金、账号、发票、证明、海关单证的，或与走私人通谋，为走私人提供走私货物、物品的提取、发运、运输、保管、邮寄或者其他方便的，以走私的共同当事人论处。

（2）违反海关监管规定的行为。

违反海关监管规定的行为是指海关管理相对人在从事运输工具、货物、物品的进出境活动或从事海关监管货物的运输、储存、加工、装配、寄售、展示等业务活动中，违反《海关法》及其他有关法律、行政法规的规定，且未构成走私的行为。主要表现为违反海关关于进出境监管的具体要求、监管程序和监管手续，没有按照海关规定履行应尽的义务，这些在海关的执法实践中被简称为"违规行为"。

根据《海关行政处罚实施条例》，违反海关监管规定的行为主要有：① 违反国家进出口管理规定，进出口国家禁止进出口货物的；② 违反国家进出口管理规定，进出口国家限制进出口的货物或属于自动进出口许可管理的货物，进出口货物的收发货人向海关申报时不能提交许可证件的；③ 进出口货物的品名、税则号列、数量、规格、价格、贸易方式、原产地、启运地、运抵地、最终目的地或者其他应当申报的项目未申报或者申报不实的；④ 擅自处置监管货物，违规存放监管货物，监管货物短少灭失且不能提供正当理由的，未按规定办理保税手续，单耗申报不实，过境、转运、通运货物违规，暂时进出口货物违规的；⑤ 报关单位违规（非法代理、行贿、未经备案从事报关业务）；⑥ 其他违法行为（中断监管程序、伪造、变造、买卖单证、进出口侵犯知识产权货物等）。

提示 | 走私行为与违规行为的主要区别包括如下几点：
（1）主观故意不同。走私具有很强的主观目的性，其行为的目的就在于偷逃国家应缴税款或逃避国家对进出境运输工具、货物、物品的禁止或限制性管制，并往往有针对性地采取各种伪装欺骗手法，企图逃避海关监管；而违规行为在主观认识上通常表现为"过失"状态，没有很明确的追求逃税、逃证的主观目的性，通常也不会采取有针对性的欺骗手法来逃避海关监管。

（2）客观行为不同。走私是为了逃税、逃证，所以通常会采取欺骗手法逃避海关监管，而且这种逃避海关监管的手法是行为人在明知或应知条件下有针对性采取的。而违规行为一般都不会采取欺骗手法来掩饰自己的过失行为，其行为往往没有明确的逃税、逃证的针对性和目的性，发生的环节也多在程序和手续方面。

（3）行为危害结果不同。走私行为侵害的主体是国家关于运输工具、货物、物品进出境税收和管制的实体性规定，通常会产生逃税、逃证的实质性危害，《海关行政处罚实施条例》规定的走私行为和以走私行为论处的行为都会直接产生逃税、逃证的结果。而违规行为侵害的是海关监管的程序、手续及具体要求等进出境管理秩序。

（3）法律、行政法规规定由海关实施行政处罚的行为。

除《海关法》规定的由海关处理的走私行为和违反海关监管规定的行为外，还包括其他法律、行政法规，以及国务院的规范性文件规定的由海关实施处罚的行为。

2. 海关行政处罚的管辖

行政处罚的管辖是指行政机关或者法律、法规授权的组织，实施行政处罚权限的划分和分工。根据《海关行政处罚实施条例》，海关行政处罚的管辖权规定如下：

（1）由发现违法行为的海关管辖，也可以由违法行为发生地海关管辖。

（2）两个以上海关都有管辖权的案件，由最先发现违法行为的海关管辖。

（3）管辖不明确的案件，由有关海关协商确定管辖，协商不成的，报请共同的上级海关指定管辖。

（4）重大、复杂的案件，可以由海关总署指定管辖。

一个海关只有同时具有地域管辖、级别管辖、职权管辖三个权能，才具有行政处罚权。

3. 海关行政处罚的形式

由于海关行政处罚的违法标的物可分为禁止、限制进出口的货物，应缴纳税款的货物，既属限制进出口又属应缴纳税款的货物，以及法律规定的其他特殊货物（如固体废物）等，其造成的危害后果是不同的。因此，《海关行政处罚实施条例》对上述不同违法行为所涉及的违法标的做出了不同的处罚规定。

（1）海关行政处罚的基本形式。海关行政处罚的基本形式主要包括：① 警告；② 罚款；③ 没收走私货物、物品、运输工具及违法所得；④ 撤销报关单位的备案登记，暂停从事有关业务或者执业；⑤ 取缔未经备案登记单位的报关业务活动。

（2）海关行政处罚的具体方式。

第一，对走私行为的行政处罚。《海关行政处罚实施条例》对走私行为的行政处罚有以下方式：① 没收走私货物、物品及违法所得；② 罚款；③ 专门用于走私的运输工具或用于掩护走私的货物、物品，应当予以没收；④ 2 年内 3 次以上用于走私的运输工具或用于掩护走私的货物、物品，应当予以没收；⑤ 藏匿走私货物、物品的特制设备、夹层、暗格，应当予以没收或责令拆毁。使用特制设备、夹层、暗格实施走私的，应当从重处罚；

⑥在海关备案登记的报关单位构成走私犯罪或 1 年内有 2 次以上走私行为的，海关可以撤销备案登记。

第二，对违规行为的行政处罚。《海关行政处罚实施条例》对违规行为的处罚规定了下列方式：①警告，警告应严格按照法定程序实施，单独给予警告处罚的，可以适用行政处罚简易程序；②罚款；③没收违法所得；④暂停有关企业从事有关业务、撤销海关备案登记；⑤未经海关备案登记从事报关活动的，予以取缔。

4.6　海关事务担保制度

4.6.1　海关事务担保概述

1.海关事务担保的含义

海关事务担保是指与海关管理有关的当事人在向海关申请从事特定的经营业务或办理特定的海关事务时，其本人或海关认可的第三人以向海关提交保证金、实物或保证函等财产、权利的方式，保证在一定期限内履行其承诺的义务的法律行为。

2.海关事务担保的作用和性质

（1）海关事务担保的作用。

海关事务担保制度从本质上讲，是海关支持和促进对外贸易发展和科技文化交流的措施，既保障国家利益不受损害，又便利进出境活动，有利于对外贸易效率的提高。同时，担保制度也对进出境活动的当事人产生较强的制约作用，促进企业守法自律，按时履行其承诺的义务。

（2）海关事务担保的性质。

履行性。当事人提供的担保，具有在规定期限内由当事人履行其在正常情况下应当履行其承诺的义务的性质。

惩罚性。如果由于当事人的过错，不能履行担保事项所列明的义务，海关将依法对当事人给予惩罚，让其承担一定的法律责任，以达到惩戒和教育的目的。

补偿性。对涉及税款的担保，无论是责令补缴税款，还是将保证金抵作税款，或者通知银行扣缴税款，其主要目的还是在于补偿和保证国家的税收。

4.6.2　海关事务担保制度的基本内容

1.海关事务担保的适用

根据《海关法》和《中华人民共和国海关事务担保条例》（以下简称《海关事务担保条

例》）等法律规范，海关事务担保的适用包括一般适用、其他适用、海关事务担保的免除和海关事务总担保等情况。

（1）海关事务担保的一般适用。海关事务担保的一般适用可以使当事人获得提前放行、办理特定海关业务以及免于扣留财产等便利，主要有以下四种情形：

第一，对当事人申请提前放行货物的担保。在确定货物的商品归类、估价，提供有效报关单证或办结其他海关手续前，当事人向海关提供与应纳税款相适应的担保，向海关申请提前放行货物。

有下列情形之一的，当事人可以在办结海关手续前向海关申请提供担保，要求提前放行货物：①进出口货物的商品归类、完税价格、原产地尚未确定的；②有效报关单证尚未提供的；③在纳税期限内税款尚未缴纳的；④滞报金尚未缴纳的；⑤其他海关手续尚未办结的。

国家对进出境货物、物品有限制性规定，对于应当提供许可证件而不能提供的，以及法律、行政法规规定不得担保的其他情形，海关不予办理担保放行。

应用案例

地震影响单证滞后，海关帮忙企业不慌

"船到了，要卸货了，报关单证却还没拿到，怎么办？" 2011年2月24日，一个求助电话打到了厦门海关下属某海关通关科。原来，上海某集团国际贸易有限公司进口的一批货值106万美元的印尼产甲醇已经到港，但因印尼近期地震频发，网络时断时续，通关所需的装货港重量证书、品质证书和原产地证书无法及时传输到位。

了解事情原由后，关员及时向企业介绍了海关担保通关政策，给企业服下定心丸，然后依据进口合同中相关质量条款收取全额保证金，为这批货物办理通关手续，待货物相关单证到位，根据实际情况征收税款，退还保证金。

资料来源：作者根据相关资料整理得到。

第二，对当事人申请办理特定海关业务的担保。当事人申请办理下列特定海关业务的，按照海关规定提供担保：①运输企业承担来往内地与港澳公路货物运输、承担海关监管货物境内公路运输的；②货物、物品暂时进出境的；③货物进境修理和出境加工的；④租赁货物进口的；⑤货物和运输工具过境的；⑥将海关监管货物暂时存放在海关监管区外的；⑦将海关监管货物向金融机构抵押的；⑧为保税货物办理有关海关业务的。

当事人不提供或提供的担保不符合规定的，海关不予办理特定海关业务。

第三，对税收保全的担保。进出口货物的纳税义务人在规定的纳税期限内有明显的转移、藏匿其应税货物以及其他财产的迹象的，海关可以责令纳税义务人提供担保；纳税义务人不能提供担保的，海关依法采取税收保全措施。

第四，对免于扣留财产的担保。具体包括：①有违法嫌疑的货物、物品、运输工具应当或者已经被海关依法扣留、封存的，当事人可以向海关提供担保，申请免予或者解除扣留、封存；②有违法嫌疑的货物、物品、运输工具无法或者不便扣留的，当事人或者运输工具负责人应当向海关提供等值的担保；未提供等值担保的，海关可以扣留当事人等值的其他财产；③有违法嫌疑的货物、物品、运输工具属于禁止进出境，或者必须以原物作为证据，又或依法应当予以没收的，海关不予办理担保；④法人或其他组织受到海关处罚，在罚款、违法所得或者依法应当追缴的货物、物品、走私运输工具的等值价款未缴清前，其法定代表人、主要负责人出境的，应当向海关提供担保；未提供担保的，海关可以通知出境管理机关阻止其法定代表人、主要负责人出境；⑤受海关处罚的自然人出境的，适用上述规定。

（2）海关事务担保的其他适用。进口已采取临时反倾销措施、临时反补贴措施的货物应当提供担保的，或者进出口货物收发货人、知识产权权利人申请办理知识产权海关保护相关事务等的，依照一般适用的规定办理海关事务担保。法律、行政法规有特别规定的，从其规定。

（3）海关事务担保的免除。根据《海关法》的有关条款，如其他法律、行政法规根据实践需要规定在特定情形下可以免除担保提前放行货物的，这种"免除担保"的特别规范优先于"凭担保放行"的一般规定。因此，在特定规范适用的范围内，因各种原因未办结海关手续的货物，可以免除担保而被收发货人先予提取或装运出境。但同时规定，海关对享受免除担保待遇的进出口企业实行动态管理，当事人不再符合规定条件的，海关应当停止对其适用免除担保。

按照海关总署的规定，经海关认定的高级认证企业可以申请免除担保，并按照海关规定办理有关手续。

（4）海关事务总担保。当事人在一定期限内多次办理同一类海关事务的，可以向海关申请提供总担保。海关接受总担保的，当事人办理该类海关事务，不再单独提供担保。

可申请总担保的情形有：①ATA单证册项下的暂时出口货物，由中国国际商会统一向海关总署提供总担保；②经海关同意，知识产权权利人可以向海关提供金额不低于人民币20万元的总担保；③由银行对纳税义务人在一定时期内通过网上支付方式申请缴纳的进出口税费提供的总担保。

2. 海关事务担保中担保人的资格及其担保责任

（1）担保人的资格。

《海关法》第六十七条对担保主体资格做了原则规定，即具有履行海关事务担保能力的法人、其他组织或者公民，可以成为担保人。法律规定不得成为担保人的除外。这一规定包括三层含义：一是担保人要具有履行海关事务担保能力；二是担保人可以是法人、其他组织或者公民；三是法律规定不得成为担保人的除外。

具有履行海关担保义务能力是对自然人、法人或其他组织作为担保人的基本要求。对于担保人而言，其履行义务的能力主要表现在应当拥有足以承担担保责任的财产。公民作为担保人，还应当具有民事行为能力，无民事行为能力或者限制行为能力的公民，即使拥有足以承担担保责任的财产，也不能作为担保人。

提示 | 根据中国担保法等有关法律的规定，以下主体不得成为担保人：
（1）国家机关不得为担保人。国家机关之所以不得担任担保人，是因为它主要从事国家活动，其财产和经费源于国家财政和地方财政的拨款，并主要用于符合其设立宗旨的公务活动。国家机关的财产和经费若用于清偿担保义务，不仅与其活动宗旨不符，而且也会影响其职能的正常发挥。
（2）学校、幼儿园、医院等以公益为目的的事业单位、社会团体不得为担保人。这类单位、团体的设立，具有增进社会公共利益的目的，如果为海关事务提供担保，就有可能减损其用于公益目的的财产，无疑有违其设立的宗旨。
（3）企业法人的分支机构、职能部门不得为担保人。由于企业法人的分支机构和职能部门不具有法人资格，没有独立的财产，不能独立承担法律责任，因此它不具备作为担保人的条件，也没有代为偿付能力。
以上这些法律规定对履行海关事务担保的担保人同样适用。

（2）担保人的担保责任。

《海关事务担保条例》规定："被担保人在规定的期限内未履行有关法律义务的，海关可以依法从担保财产、权利中抵缴。当事人以保函提供担保的，海关可以直接要求承担连带责任的担保人履行担保责任。担保人应当在担保期限内承担担保责任。担保人履行担保责任的，不免除被担保人应当办理有关海关手续的义务。海关则应当及时为被担保人办理有关海关手续。"

首先是担保责任。具有履行海关事务担保能力的人，以向海关提交现金、实物或保证函等财产、权利的方式，保证在一定期限内履行其承诺的法律义务，必须承担相应的法律责任，这一责任又称为担保责任。也就是说，由担保人向海关提供担保，承诺当被担保人不履行海关义务时，由其来履行的责任，比如进出口货物的收发货人在未缴纳关税前将货物提取，事后又不办理关税缴纳手续的，担保人就要承担按照承诺将所提供的担保抵作税款的责任。

其次是担保期限。担保人应当在担保期限内承担担保责任。所谓担保期限，是指始于担保生效终于担保消灭的时间阶段。由于履行海关义务都有一定的法律上的时间要求，因此为履行海关义务所提供的担保自然也不是无期限的，担保人仅在担保期限内承担担保责任。若逾期，即使被担保人未履行海关义务，担保人也不再承担担保责任。所以确定担保期限对于确定担保责任具有重要的法律意义。鉴于法律规定可适用担保的范围内所涉及的事项千差万别，法律不可能对此做统一规定，因而担保期限主要由海关行政法规及海关规章来制定。

（3）担保解除。

被担保人如能在规定的期间内履行担保承诺的义务或规定的担保期间届满，担保人的担保责任则应依法予以解除。

提示 | 担保人履行担保责任的，不免除被担保人应当办理有关海关手续的义务。这是海关事务担保与一般民事法律担保的重要区别。由于海关与被担保人不是平等民事主体的关系，而是以国家权力为基础的监管与被监管的关系，所以海关并不是担保人承担了担保责任就被免除了被担保人所承担的法律义务，被担保人就可以不再办理有关的海关手续，因此无论担保人是否履行了担保责任，被担保人都有办理有关海关手续的义务。

3. 海关事务担保的方式

担保人可以以下列财产、权利提供担保：

（1）人民币、可自由兑换货币。这是担保人向海关缴纳现金的一种担保形式。无论是人民币还是可自由兑换货币，从性质上来看都是金钱，而金钱是一种特殊的物，是一定财产的象征与等价物，因此也是最为传统和最普遍使用的担保方式。

（2）汇票、本票、支票、债券、存单。这几种担保物所代表的是能够以金钱估价的财产权利，具有可让与性，因此是一种适合设立担保的权利。

（3）银行或非银行金融机构的保函。保函是由担保人按照海关的要求向海关提交的、由银行或者非银行金融机构签发的、订有明确权利义务的一种担保文件，它依赖于银行或非银行金融机构的信用，具有一定的可靠性，因此也是一种适合作为担保物的担保方式。

提示 | （1）根据《中华人民共和国银行法》的规定，中国人民银行作为中央银行不能为任何单位和个人提供担保，不属于银行担保的范畴。

（2）对于 ATA 单证册项下的进出口货物，由中国国际商会这一特殊的第三方为担保人，为展览品等暂时进出口货物提供保函方式的担保。

（4）海关依法认可的其他财产、权利。担保人除可以上述几种财产、权利作为担保物提供担保外，还可用海关依法认可的其他财产、权利提供担保。

4. 海关事务担保的实施

（1）担保金金额。在确定担保金额方面，《海关事务担保条例》坚持的原则是既要保证国家税收不受损失，又不能增加当事人的经济负担。因此，《海关事务担保条例》规定，当事人提供的担保应当与其需要履行的法律义务相当，其担保金金额按照下列标准确定：

① 为提前放行货物提供的担保，担保金额不得超过可能承担的最高税款总额。

② 为办理特定海关业务提供的担保，担保金额不得超过可能承担的最高税款总额或者海关总署规定的金额。

③ 因有明显的转移、藏匿应税货物及其他财产迹象而被责令提供的担保，担保金额不得超过可能承担的最高税款总额。

④ 为有关货物、物品、运输工具的免予或解除扣留、封存提供的担保，担保金额不得超过该货物、物品、运输工具的等值价款。

⑤ 为罚款、违法所得或者依法应当追缴的货物、物品、走私运输工具的等值价款未缴清前出境提供的担保，担保金额应当相当于罚款、违法所得数额或者依法应当追缴的货物、物品、走私运输工具的等值价款。

此外，有违法嫌疑的货物、物品、运输工具无法或不便扣留的，当事人或运输工具负责人应当向海关提供等值担保；未提供等值担保的，海关可以扣留当事人等值的其他财产。

除上述须用担保金申请担保的外，担保人均可以保证函方式申请担保。在实施保证函担保时，因担保人所要担保的情况不同，在实际使用时，对担保人的身份也有相应的要求。

（2）办理海关事务担保的程序。

① 担保的申请。凡符合申请担保条件的货物，由当事人向办理有关货物进出口手续的海关申请担保。办理担保时，当事人应当提交书面申请，以及真实、合法、有效的财产、权利凭证和身份或者资格证明等材料，并按海关审核确定的担保方式提供担保。

② 担保的受理。海关应当自收到当事人提交的材料之日起 5 个工作日内对相关财产、权利等进行审核，并决定是否接受担保。当事人申请办理总担保的，海关应当在 10 个工作日内审核并决定是否接受担保。对符合规定的担保，自海关决定接受之日起生效。对不符合规定的担保，海关应当书面通知当事人不予接受，并说明理由。

③ 担保的变更。被担保人履行法律义务期限届满前，担保人和被担保人因特殊原因要求变更担保内容的，应当向接受担保的海关提交书面申请及有关证明材料。海关应当自收到当事人提交的材料之日起 5 个工作日内做出是否同意变更的决定，并书面通知当事人；不同意变更的，应当说明理由。

④ 担保责任的履行。被担保人在规定的期限内未履行有关法律义务的，海关可以依法从担保财产、权利中抵缴。当事人以保函形式提供担保的，海关可以直接要求承担连带责任的担保人履行担保责任。担保人履行担保责任的，不免除被担保人办理有关海关手续的义务，海关应当及时为被担保人办理有关海关手续。

担保财产、权利不足以抵偿被担保人有关法律义务的，海关应当书面通知被担保人另行提供担保或者履行法律义务。

⑤ 担保财产、权利的退还。《海关事务担保条例》规定，当事人已经履行有关法律义务、不再从事特定海关业务，或者担保财产、权利被海关采取抵缴措施后仍有剩余的，海关应当书面通知当事人办理担保财产、权利的退还手续。

自海关要求办理担保财产、权利退还手续的书面通知送达之日起 3 个月内，当事人无正当理由未办理退还手续的，海关应当发布公告。自海关公告发布之日起 1 年内，当事人仍未办理退还手续的，海关应当将担保财产、权利依法变卖或者兑付后，上缴国库。

5. 担保人、被担保人的法律责任

被担保人在规定的期限内未履行有关法律义务的，海关可以依法从担保财产、权利中抵缴。当事人以保函提供担保的，海关可以直接要求承担连带责任的担保人履行担保责任。

担保人、被担保人违反《海关事务担保条例》，使用欺骗、隐瞒等手段提供担保的，由海关责令其继续履行法律义务，并处 5 000 元以上 50 000 元以下的罚款；情节严重的，可以暂停被担保人从事有关海关业务或撤销其从事有关海关业务的注册登记。

担保人、被担保人对海关有关海关事务担保的具体行政行为不服的，可以依法向上一级海关申请行政复议或向人民法院提起行政诉讼。

4.7　出入境检验检疫制度

对进出口货物实施检验检疫是国家赋予海关的一项重要职责。海关根据中国有关法律、行政法规和中国政府所缔结或参加的国际条约，对出入中国国境的货物及其包装、物品及其包装、交通运输工具和运输设备和进出境人员实施检验检疫监督管理，包括国境卫生检疫、进出境动植物检疫、进出口食品检验检疫、进出口商品检验。其目的是维护国家荣誉和对外贸易有关当事人的合法权益，保护人民生命财产安全。

4.7.1　国境卫生检疫制度

1. 国境卫生检疫的含义、内容

国境卫生检疫是指海关根据《中华人民共和国国境卫生检疫法》及其实施细则以及其他的卫生法律、法规和卫生标准，为了防止传染病由国外传入或者由国内传出，保护人体健康，在中国国际通航的港口、机场以及陆地边境和国界江河的口岸（以下简称国境口岸），设立国境卫生检疫机关，依法实施传染病检疫、监测和卫生监督。出入境的人员、交通工具、运输设备以及可能传播检疫传染病的行李、货物、邮包等物品，都应当接受检疫，经国境卫生检疫机关许可，方准入境或者出境。

国境卫生检疫是一项政策性和技术性很强的工作，其目的是运用卫生技术手段，通过行政管理形式和配套的法规制度，防止传染病由国外传入或由国内传出，保护人民健康，维护国家卫生主权。其工作内容主要包括检疫、传染病监测、卫生监督和卫生处理。其工作范围是本国境内国际通航的港口、机场、陆地边界和国界江河的沿岸，以及各口岸范围

内的公共场所和食品、饮用水供应设施等。

2. 出入境卫生检疫

入境的交通工具和人员，必须在最先到达的国境口岸的指定地点接受检疫。除引航员外，未经国境卫生检疫机关许可，任何人不准上下交通工具，不准装卸行李、货物、邮包等物品。出境的交通工具和人员，必须在最后离开的国境口岸接受检疫。

来自国外的船舶、航空器因故停泊、降落在中国境内非口岸地点的时候，船舶、航空器的负责人应当立即向就近的国境卫生检疫机关或者当地卫生行政部门报告。除紧急情况外，未经国境卫生检疫机关或者当地卫生行政部门许可，任何人不准上下船舶、航空器，不准装卸行李、货物、邮包等物品。

在国境口岸发现检疫传染病、疑似检疫传染病，或者有人非因意外伤害而死亡并死因不明的，国境口岸有关单位和交通工具的负责人，应当立即向国境卫生检疫机关报告，并申请临时检疫。国境卫生检疫机关依据检疫医师提供的检疫结果，对未染有检疫传染病或者已实施卫生处理的交通工具，签发入境检疫证或者出境检疫证。国境卫生检疫机关必须立即将检疫传染病染疫人隔离，隔离期限根据医学检查结果确定；国境卫生检疫机关应当留验检疫传染病染疫嫌疑人，留验期限根据该传染病的潜伏期确定。

3. 传染病监测

传染病监测是指对特定环境、人群进行流行病学、血清学、病原学、临床症状以及其他有关影响因素的调查研究，预测有关传染病的发生、发展和流行。国境卫生检疫机关对出入境人员实施传染病监测，并且采取必要的预防、控制措施。国境卫生检疫机关有权要求出入境人员填写健康申明卡，出示某种传染病的预防接种证书、健康证明或者其他有关证件。对患有监测传染病的人、来自国外监测传染病流行区的人或者与监测传染病人密切接触的人，国境卫生检疫机关应当区别情况，发给就诊方便卡，实施留验或者采取其他预防、控制措施，并及时通知当地卫生行政部门。各地医疗单位对持有就诊方便卡的人员，应当优先诊治。

4. 卫生监督

卫生监督是指为执行卫生法规和卫生标准所进行的卫生检查、卫生鉴定、卫生评价和采样检验。国境卫生检疫机关根据国家规定的卫生标准，对国境口岸的卫生状况和停留在国境口岸的出入境交通工具的卫生状况实施以下卫生监督：（1）监督和指导有关人员对啮齿动物、病媒昆虫的防除；（2）检查和检验食品、饮用水及其储存、供应、运输设施；（3）监督从事食品、饮用水供应的从业人员的健康状况，检查其健康证明书；（4）监督和检查垃圾、废物、污水、粪便、压舱水的处理。

国境卫生检疫机关设立国境口岸卫生监督员，执行国境卫生检疫机关下发的任务。国境口岸卫生监督员在执行任务时，有权对国境口岸和出入境交通工具进行卫生监督和技术指导，对卫生状况不良和可能引起传染病传播的因素提出改进意见，协同有关部门采取必要的措施，进行卫生处理。

　　5. 卫生处理

　　卫生处理是指隔离、留验和就地诊验等医学措施，以及消毒、除鼠、除虫等卫生措施。国境口岸卫生处理是针对染疫人或染疫嫌疑人的出入境运载工具（含集装箱）可能传播的检疫传染病，为监测传染病的行李、货物、邮包，以及受污染的周围环境等采取的消毒、除鼠、除虫等卫生措施。

4.7.2　进出境动植物检疫制度

　　进出境动植物检疫制度是指海关根据《中华人民共和国进出境动植物检疫法》及其实施条例的规定，对进出境动植物及动植物产品的生产、加工、存放过程实行动植物检疫的进出境监督管理制度。中国实行进出境动植物检疫制度是为了防止动物传染病、寄生虫病、植物危害性病、虫、杂草以及其他有害生物传入、传出国境，保护农、林、牧、渔业的生产和人体健康，促进对外经济贸易的发展。中国进出境动植物检疫制度包括进境检疫、出境检疫、过境检疫、进出境携带和邮寄物检疫、出入境运输工具检疫等。

4.7.3　进出口食品检验检疫制度

　　进出口食品检疫检验制度是指海关根据《中华人民共和国食品安全法》及其实施条例、《中华人民共和国进出口商品检验法》、《中华人民共和国进出口食品安全管理办法》及其他的卫生法律、法规和国家标准，对进出口的食品、食品添加剂及与食品相关产品是否符合中国食品安全国家标准实施的检验，对出口食品、食品添加剂及与食品相关产品是否符合进口国或地区的标准或合同要求实施监督检查的口岸监督管理制度。海关对进出口食品生产经营者及进出口食品安全实施监督管理。中国实行进出口食品安全检验检疫制度的目的是保证食品安全，保障公众身体健康和生命安全。其监督职能主要包括进口食品安全检验、境外食品安全生产情势监控预警、出口食品安全抽检，以及评估和审查向中国出口食品的国家或地区的出口食品安全管理体系和食品安全状况等。

4.7.4　进出口商品检验制度

　　进出口商品检验制度是指海关根据《中华人民共和国进出口商品检验法》及其实施条

例的规定，对进出口商品所进行的品质、数量检验和监督管理的制度。实行进出口商品检验制度，是为了保证进出口商品的质量，维护对外贸易有关各方的合法权益，促进对外贸易关系的顺利发展。进出口商品检验的内容包括对商品的质量、规格、数量、重量、包装及其是否符合安全、卫生要求的检验。中国商品检验的种类有四种，即法定检验、合同检验、公证鉴定和委托检验。对法律、行政法规、部门规章规定有强制性标准或者其他必须执行的检验标准的进出口商品，依照法律、行政法规、部门规章规定的检验标准检验，对法律、行政法规、部门规章未规定有强制性标准或其他必须执行的检验标准的，依照对外贸易合同约定的检验标准检验。

表4.2　进出口商品检验、进出境动植物检疫、国境卫生检疫和进出口食品检验检疫的比较

检验类别	法律依据	检验要求	检验重点
进出口商品检验	《中华人民共和国进出口商品检验法》及相关法规	法定检验、合同检验、公正签订和委托检验	进出口商品的质量、规格、数量、包装是否符合安全、标准，侧重于商业性要求
进出境动植物检疫	《中华人民共和国进出境动植物检疫法》及相关法规	法定检验	进出境动植物有无传染性疾病、寄生虫病或是否携带有害生物，侧重于卫生要求
国境卫生检疫	《中华人民共和国国境卫生检疫法》及相关法规	法定检验	出入境的交通运输工具、货物、运输容器及口岸辖区的公共场所、环境、生活设施、生产设备的检疫、传染病监测、卫生监督和卫生处理，侧重于卫生要求
进出口食品检验检疫	《中华人民共和国食品安全法》及相关法规	法定检验	侧重进出口食品安全的检验

本章小结

1. 本章介绍了中国海关管理制度的基础知识和主要的海关管理制度。对海关统计制度、海关稽查制度、海关行政处罚制度、知识产权海关保护制度和海关事务担保制度、出入境检验检疫制度等各项制度的内容做了进一步的介绍。本章的学习，为实际业务操作奠定良好的理论基础和制度保障。由于海关监管制度、海关税收征管制度所涉及的内容广泛而且重要，所以在本教材中独立成章来介绍，未包含在本章中。

2. 海关管理制度是一系列调整海关管理活动的法律规范，与进出境事务相关的管理制度以海关行政法规为主要内容，如《知识产权海关保护条例》《海关统计条例》《海关稽查条例》《海关事务担保条例》《海关行政处罚实施条例》等，熟悉这些法律规范是理解海关

管理制度的基本要求。

练习题

一、单选题

1. 目前中国海关统计体系采用的是（　　）。

    A. 总贸易体系　　　　　B. 专门贸易体系　　　C. 总贸易体系和专门贸易体系

2. 对于保税货物，海关的稽查期限是（　　）。

    A. 海关监管期限内　　　　　　　　　　　B. 海关放行货物之日起 3 年内

    C. 海关监管期限及其后的 3 年内

3. 对于走私情节严重构成走私罪的行为，其认定和处罚（　　）。

    A. 在海关行政处罚范围内　　　　　　　　B. 属于司法机关的职能

    C. 不在司法机关的职能范围内

4. 下列说法不正确的是（　　）。

    A. 被海关没收的侵权货物可以直接用于社会公共事业的，海关可以将货物转交给有关
       公益机构用于社会公益事业

    B. 海关对没收的侵权货物可以有偿转让给知识产权权利人

    C. 对进口假冒商标货物，清除货物上的商标标识后可以通过依法拍卖进入商业渠道

5. 在海关事务担保范围内，国家对进出境货物有限制性规定，收发货人提交了许可证件申
请担保放行的，海关应办理担保手续，但（　　）规定不得担保的除外。

    A. 法律、行政法规　　　B. 部委规章　　　　　C. 地方性法规

二、多选题

1. 根据联合国关于国际货物贸易统计原则，中国将进出口货物分为（　　）。

    A. 列入海关统计的进出口货物　　　　　　B. 不列入海关统计的货物

    C. 不列入海关统计但实施单项统计的货物　　D. 其他

2. 下列说法正确的是（　　）。

    A. 海关进行稽查时，将组成稽查组，其成员不得少于 2 人

    B. 海关工作人员与被稽查人有直接利害关系的应当回避

    C. 海关进行稽查时可以查询被稽查人在银行或其他金融机构的存款账户

    D. 使用减免税进口货物的企业不属于海关稽查的对象

3. 海关行政处罚的种类有（　　）。

    A. 警告　　　　　　　　B. 罚款　　　　　　　C. 没收走私货物

D. 对从事走私犯罪的嫌疑人依法追究刑事责任

4. 根据《知识产权海关保护条例》，海关对知识产权的保护分为（   ）。

   A. 依企业保护　　　　B. 依备案保护　　　　C. 依职权保护　　　　D. 依申请保护

   5. 担保人可以（   ）作为担保。

   A. 美元、港币、不丹国货币　　　　　　B. 空头支票

   C. 上海银行提供的保函　　　　　　　　D. 海关认可的企业自有厂房

三、判断题

1. 海关统计的原始资料是进出口货物报关单。（   ）

2.《海关稽查条例》是海关总署根据《海关法》的规定制定的。（   ）

3. 明知是走私进口的货物、物品，直接向走私人非法收购的行为按走私行为论处。（   ）

4. 知识产权海关保护的备案是海关知识产权保护的前提。（   ）

5. 担保人可以以人民币或其他货币为履行海关义务的收发货人提供担保。（   ）

6. 担保人应当在担保期限内承担担保责任。担保人履行担保责任的，可以免除被担保人应
   当办理有关海关手续的义务。（   ）

7. 进出口物品列入中国海关统计的范畴。（   ）

四、简答题

1. 列入中国海关统计范围的货物必须同时具备哪两个条件？

2. 走私行为与违规行为的区别。

3. 何谓知识产权海关保护？中国知识产权海关保护的适用范围是什么？

4. 为什么说对商标专有权利人等知识产权权利人而言，知识产权的海关备案与否有很大
   差异？

5. 海关稽查的对象、范围和内容是什么？

6. 什么是海关事务担保？海关事务担保一般适用于哪几种情形？

7. 什么是海关行政处罚？有哪些处罚方式？

五、实训题

　　某市 A 公司于某年 5 月在 M 海关申报进口电子元器件，因急于向客户交付货物，所以
向海关申请先行放行货物。该货物属于海关可以担保放行的范围，海关要求其提供与货物
税款相应的 103 万元人民币保证金或银行保函。A 公司以资金周转困难和银行不为其出具
保函为由，拒绝提供保证金和保函，并于次日拿着公司房产证到海关要求以公司房产进行
抵押担保。M 海关以担保方式不合适拒绝接受 A 公司的担保申请。请问：M 海关是否有权
拒绝 A 公司的抵押担保申请方式？

第 **5** 章 海关监管货物报关程序

海关通关一体化改革是为了实现海关优化营商环境、提升国际贸易便利水平的目标。本章将通过介绍海关监管货物的报关程序，正确理解海关如何在提供通关贸易便利化的同时，确保海关监管的安全性，并理解贸易便利与海关监管之间的关系。

课程知识目标

§ 掌握海关监管货物的含义及主要类别；

§ 熟悉不同海关监管货物在报关程序的不同阶段所涉及的主要事项；

§ 了解全国海关通关一体化的运行机制。

学习导图

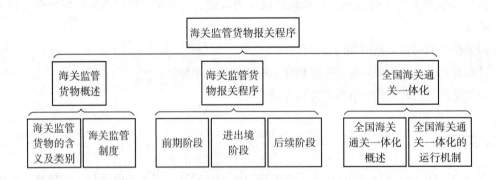

开篇案例

见证通关一体化改革

假如有企业来咨询："舟山某企业要从宁波出口一批水产品，需要在哪个关区申报?"

"武汉某企业要从上海进口一批铁矿石，报关需要哪些材料？""在不同关区报关的单证审核流程是否会有区别？"如果在十年前让我来回答这些问题，我要大费周章。

我是一名长期工作于宁波北仑口岸出口通关业务一线的基层海关关员，亲历了海关这些年来的通关业务改革。在我的印象里，从通关无纸化改革到区域通关一体化改革再到全国通关一体化，最近十年可谓通关领域改革的黄金十年。身处业务量较大的宁波舟山港口岸一线，我对这种改革的体会更深刻一些。

2010年那会儿，口岸海关的通关现场基本都是门庭若市，其喧嚣和忙碌程度比菜市场有过之而无不及，目光所及之处全是堆积如山的报关单。那时窗口关员经常一边忙碌地审核单证盖章，一边回答来自报关员的各类问题，由于口岸和属地报关业务没有打通，口岸报关业务扎堆的现象比较严重。这就是我记忆中一体化通关改革之前的景象。

到了2012年，海关总署开始进行通关无纸化改革，改变了原先进出口企业需要递交书面报关单及随附单证以办理通关手续的做法，转化为对进出口货物报关单电子数据进行审核验放，从线下走到了线上，这可以说是通关一体化改革的前奏，为实现通关一体化在技术上做好了铺垫。

到了2014年9月22日，紧随京津冀区域一体化的步伐，上海、宁波、杭州等五个关区开始实施长三角区域一体化改革，当年12月1日，一体化区域又扩大至南昌、武汉、重庆等长江经济带区域的12个关区。我依然记得，那时宁波某报关公司的一名报关员兴高采烈地告诉我："货物报关单在重庆申报、交单、放行，总体手续花了约5分钟，宁波北仑港收到电子数据后，直接办理实货放行手续，又仅花了约5分钟，整个通关流程大约10分钟就完成了，真是太便捷了。海关通关一体化改革，使得很多不在口岸城市的进出口企业在家门口就能享受到原先必须在口岸才能实现的便利，极大节省了经济成本和时间成本。

时间再来到2017年7月，海关在区域通关一体化的基础上，全面实施全国海关通关一体化，企业可在全国任一海关办理通关手续，实现同一监管口径、同一服务标准。全国通关一体化以后，我已经渐渐习惯了审核验放来自全国各地企业的报关单。

通过近十年的一系列通关改革，目前所有证件联网全面铺开，九成以上的单证可由计算机系统自动甄别放行或查验。跨区域通关的藩篱被打破，带来的是通关效率不断提升、贸易便利化不断深化、营商环境不断优化。我从繁忙机械的传统通关作业中被解放出来，从而有机会为更多的来自全国各地的进出口企业服务；企业切切实实享受到改革红利，进出口货物更为通畅。

资料来源：海关发布。

进一步思考：

1. 请根据以上材料，大致整理出中国海关通关改革的时间线和主要举措。
2. 学习完本章内容后，尝试回答上述案例开始的几个问题。

5.1 海关监管货物概述

5.1.1 海关监管货物的含义及类别

1. 海关监管货物的含义

海关监管货物是指以各种贸易或非贸易形态进出境，在尚未办结海关手续的情形下，其处置及物流受到海关监督控制的货物。海关监管货物包括自进境起到办结海关手续止的进口货物，自向海关申报起到出境止的出口货物，过境、转运、通运货物，特定减免税货物，以及暂时进出境货物、保税货物和其他尚未办结海关手续的进出境货物。

海关监管货物属于在进出境环节中未办结海关手续的货物。其主要特征如下：一是进出境货物，这是海关监管的前提；二是在海关监管起讫时间内，必须接受海关监管的进出境货物。

"进口货物自进境起"是指自载运进口货物的运输工具进入中国关境之时起。"办结海关手续"简称结关，是指报关人已经在海关办理完毕进出口货物通关所必需的所有手续，完全履行了法律规定的与进出口有关的义务，包括纳税、提交许可证件及其他单证等，进口货物可以进入国内市场自由流通，出口货物可以运出境外。这是海关对进出境货物实施监管法律意义上的时间和范围，是海关对进出境货物实施监管的基础。

提示 | 海关监管货物，未经海关许可，不得开拆、提取、交付、发运、调换、改装、抵押、质押、留置、转让、更换标记、移作他用，或者进行其他处置。

2. 海关监管货物类别及监管时限

按货物进出境的性质划分，海关监管货物主要分为以下几类，监管期限分别如下：

（1）一般进出口货物。这类货物包括一般进口货物和一般出口货物。一般进口货物的监管期限为自进境起到办结海关手续止；一般出口货物的监管期限为自向海关申报起到出境止。

（2）保税货物。自进境起，到原货物退运或加工成品复运出境并由海关核销结案，或向海关补办正式进口的补证、纳税手续止。

（3）暂时进出境货物。暂时进境货物，自进境起，到原货物复运出境并由海关注销，或向海关补办正式进口的补证、纳税手续止；暂时出境货物，须在规定期限内复运进境，或向海关补办正式出口的补证、纳税手续止。

（4）特定减免税货物。其监管期限为进境起到海关监管年限期满止，或向海关办理补证、补税手续止。

（5）过境、转运、通运货物。自进境起，到出境止。

（6）超期未报货物。自进境起，到海关提取变卖止。

除了上述监管货物之外，海关还对进出境租赁货物、退运货物、退关货物等其他尚未办结海关手续的进出境货物进行监管。海关对不同性质的海关监管货物分别制定了相应的监管办法。

📋 **专栏**

市场采购贸易

根据《关于修订市场采购贸易监管办法及其监管方式有关事宜的公告》规定，市场采购贸易方式是指在经认定的市场集聚区采购商品，单票报关单的货值最高限额为 15 万美元，由符合条件的经营者在采购地海关办理出口通关手续的贸易方式。市场采购海关监管方式代码"1039"，全（简）称"市场采购"。

该贸易方式为专业市场"多品种、多批次、小批量"的外贸交易创设，具有通关快、便利化、免征增值税等特点。

作为全球规模最大、经营品种最多的纺织品集散中心，2020 年 12 月 25 日，中国轻纺城正式开展市场采购贸易方式试点。试点以来，这种为"多品种、多批次、小批量"外贸量身定制的新型贸易方式广受中小微企业的青睐。根据市场采购贸易联网信息平台统计，2021 年 1 月至 7 月累计出口 10 022 票，出口货值约 9.1 亿美元，已备案市场主体 249 家。

"相比一般贸易来说，更简化的通关手续、更便捷的通关条件、更低的出口成本，提升了我们外贸企业在国内国际'双循环'发展中的竞争力。"绍兴饶吉贸易有限公司负责人苏先生说。该公司 2021 年以来通过市场采购渠道出口的货物量明显增长，平均单箱节约物流成本 1 000 元，预计一年下来能减少成本 100 多万元。

市场采购贸易方式是一种适合小微企业的新型贸易方式，单票报关单商品货值 15 万美元以下，符合条件即可享受简化申报、免征不退等政策便利。绍兴海关表示，这一新业态为中国轻纺城市场的商户搭建了一个低成本、高效率的出口通道，实实在在地解决了中小企业和个体工商户使用一般贸易方式出口的难题。

目前，中国轻纺城已有超过 100 家个体工商户尝试了市场采购贸易方式。对于这种新型贸易方式，这些个体工商户们感触良多。"近年来，由于国际经济形势多变、市场疲软和疫情影响，外贸需求侧出现了小众化、小单化、小批量和多批次等特点，市场采购贸易方式让'家门口'的外贸生意成为了现实。"轻纺城纺织面料供货商户屠女士说。通过市场采购贸易方式，国际贸易不再是专业人士、大型企业、外贸公司的"专利"，在集聚区内备案的个体工商户，无论大小都能参与外贸。

资料来源：海关总署网站，http://www.customs.gov.cn//customs/xwfb34/302425/3812624/index.html。

5.1.2 海关监管制度

1. 海关监管制度的含义

海关监管制度是规定和调整海关在对进出境货物、物品、运输工具及监管场所进行实际监管过程中发生的，海关与进出境货物、物品、运输工具的当事人及其代理人、担保人之间的管理与被管理的关系，以及海关与其他行政部门或企事业单位之间业务合作、配合关系的法律规范的总称。海关监管制度是海关实施进出境监管活动的基本制度保障，同时也是监督海关依法行政的主要依据。

2. 海关监管制度体系

在海关法律体系中，涉及海关监管的法律、规章数量繁多，可分为进出境货物监管制度、进出境运输工具监管制度、进出境旅客行李物品监管制度、进出境邮递物品监管制度、海关监管场所监管制度等分支。由于进出境货物的贸易形态与营销方式复杂，进出境物品的携运途径多样、运输工具的种类繁多等特点，海关需要具有与其管理目标相适应，且各具针对性的监管方式，如进出境货物的一般进出口、保税进出口、暂时进出口和进出境物品的旅客携带、邮局寄递等。

海关在构建进出境货物的大监管体系时，全面推行综合监管模式，针对监管对象的不同形态，海关监管程序在不同时段采用不同的监管措施。以进出境货物的监管制度为例，如图5.1所示，货物进出境过程中应办理通关监管、保税或免税监管手续，货物结关后或者后续监管期间应进行海关稽查，海关对进出境企业应进行资信管理，以及海关对海关特殊监管区域、监管场所应进行管理等。由此，海关监管制度就形成了一个层次分明、各有分支、相对完整的体系。其中，程序性监管制度具有海关监管"证实进出境实际状态"及

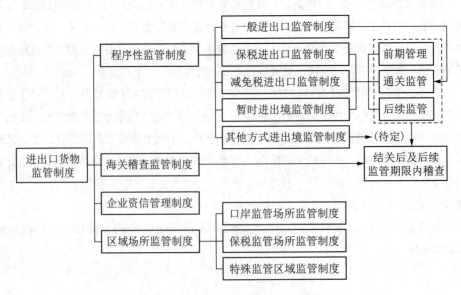

图5.1　进出境货物海关综合监管体系

"全过程监控"的基本要素，且能为海关开展其他业务提供主要依据，属于进出境货物海关监管制度中的基础性制度，也是本教材主要介绍的内容。

此外，海关监管还要执行或监督执行国家其他对外贸易管理制度的实施，如进出口许可制度、外汇管理制度、文物管理制度等，从而在政治、经济、文化、道德、公众健康等方面维护国家利益。

5.2 海关监管货物报关程序

报关程序是指进出口货物的收发货人、进出境运输工具的负责人、进出境物品所有人或其代理人按照海关的规定，办理货物、运输工具、物品进出境及相关海关事务的手续和步骤。

根据进出口货物的性质、类别及监管期限和要求，海关监管货物的监管流程分为三个阶段：前期阶段、进出境阶段、后续阶段。

5.2.1 前期阶段

对于特殊类别的海关监管货物，进出口货物收发货人、报关企业（以下简称当事人）根据海关监管要求，在货物进出口之前，需办理加工贸易手册（账册）、减免税证明、法定检验检疫等事项的申请、设立、备案、报备、核准等手续。

（1）加工贸易货物。进口前，当事人需办理加工贸易手册、账册设立等手续。

（2）特定减免税货物。进口前，当事人需办理货物的减免税审批手续。

（3）检验检疫业务的事项办理。进口货物：装运前检验、境外预检、检疫准入、检疫审批等。出口货物：出境危险货物运输包装容器的性能检验、鉴定，出口前监管服务事项电子底账设立，政府协议装运前检验等。

（4）进出境前向海关报备的法定查验检疫货物和特殊物品。例如：进口微生物、人体组织、生物制品、血液及其制品或种畜、禽及其精液、胚胎、受精卵的，应当在入境前30天报备；进口其他动物的，应当在入境前15天报备；进口植物、种子、种苗及其他繁殖材料的，应当在入境前7天报备。出境货物最迟应于报关或装运前7天报备，对于个别检验检疫周期较长的货物，应留有相应的检验检疫时间；需隔离检疫的出境动物在出境前60天预报，隔离前7天报备。

除了上述针对特殊类别的海关监管货物的手续外，一般海关监管货物在进出境前，还会涉及税款担保备案、海关预裁定、申报前查看货物或提取货样等手续。

（1）税款担保备案。为提高通关效率，进出口货物收发货人（失信企业除外），可凭银行或非银行金融机构开具的海关税款担保保函、关税保证保险单办理海关税款担保业务。海关税款担保业务范围包括：汇总征税担保、纳税期限担保、征税要素担保，进出口货物收发货人应在办理货物通关手续前向金融机构申请获取保函或保单。保函受益人或保单被保险人应包括企业注册地和报关单申报地直属海关。当进出口货物收发货人缴纳税款或担保核销后，保函、保单的担保额度自动恢复；进出口货物收发货人在保函、保单列明的申报地海关办理不同税款担保业务可共用一份保函或保单，担保额度在有效期内可循环使用。

（2）海关预裁定。在货物实际进出口前，申请人（与实际进出口活动有关，并且在海关备案登记的对外贸易经营者）可以就进出口货物的商品归类、进出口货物的原产地或者原产资格、进口货物完税价格相关要素、估价方法等海关事务申请预裁定。申请人应在货物拟进出口3个月之前向其注册地直属海关提出预裁定申请。特殊情况下，申请人确有正当理由的，可以在货物拟进出口前3个月内提出预裁定申请。

（3）申报前查看货物或提取货样。当事人在向海关申报前，可以因确定货物品名、规格、型号、归类等原因，向海关提出查看货物或提取货样的书面申请。提取货样的货物涉及动植物及产品，以及其他依法需提供检验检疫证明的，应当按国家有关法律规定取得海关的书面批准证明。

5.2.2 进出境阶段

货物进出口时，其收发货人或其代理人向海关请求申报，交验规定的证件和单据，配合海关对其所申报货物查验，依法缴纳海关关税和其他由海关代征的税费后，海关批准货物放行。从进出口货物收发货人方面来看，其相应的流程为：提出申报—配合查验—缴纳税费—提取货物或装运出口。从海关方面来看，其业务程序是：接受申报—查验货物—征收关税—结关放行。这四个环节的详细阐述将在第6章展开。

5.2.3 后续阶段

海关放行并不意味着海关监管的结束。当海关放行后，针对特殊类别的海关监管货物，当事人需根据海关监管要求，在完成货物的加工装配、使用、维修、复运进出口、纳税等过程或手续后，按照规定的期限和要求，向海关办理核销、销案、申请解除监管等手续。

（1）保税货物。无论是保税加工货物还是保税物流货物，进出口货物收发货人或其代理人应当在规定期内办理核销手续。

（2）特定减免税货物。当事人需在海关监管期满，或者在海关监管期内经海关批准出售、转让、退运、放弃并办结有关手续后，向海关申请办理解除监管手续。

（3）暂时进出口货物。在海关规定的期限内，办理复运进出口或正式进出口手续后申请销案。

（4）法定检验检疫货物。出具其证书及办理后续监管事项。

表 5.1　不同海关监管货物的报关阶段

监管类别	前期阶段	进出境阶段	后续阶段
一般进出口货物	无		无
保税货物	加工贸易备案，申请建立加工贸易电子化手册或电子账册	申报，配合查验，缴纳税费，提取或装运货物	申请核销
特定减免税货物	减免税备案和审批手续，申领减免税证明		申请解除海关监管
暂时进出口货物	暂时进出口备案申请手续		办理复运进出口手续，或正式进出口手续，申请销案

5.3　全国海关通关一体化

5.3.1　全国海关通关一体化概述

全国海关通关一体化是指报关单位可以在全国任意选择一个海关办理进出口货物的通关业务，适用"一次申报，分步处置"的通关作业流程，即报关单位在货物通关时一次申报，海关在货物放行前、放行后分步处理。海关在口岸处置安全准入风险，完成对货物的安全准入甄别后，先予放行；货物放行后，再由属地海关进行税收安全等后续管理。它是一种新型的海关通关管理模式。全国海关通关一体化模式涉及商品为全部进出口商品。

报关单位经其所在地直属海关审核同意，并与报关所在地直属海关、中国电子口岸数据中心第三方认证机构签订电子数据应用协议后，可在全国海关适用"通关作业无纸化"通关方式。海关对通过"中国电子口岸"申报的报关单及随附单证的电子数据进行无纸化审核、验放处理。

5.3.2　全国海关通关一体化的运行机制

全国海关通关一体化是围绕"两中心、三制度"来运行的，它是机构重组、制度重构、流程再造的通关监管模式。"两中心"是指全国海关实行风险防控和税收征管的统一集中①，"三制度"是指"一次申报、分步处置"、海关税收征管方式改革以及全国隶属海关功能化建设。其中，"两中心"是全国海关通关一体化主体架构的核心框架，"两中心、三制度"紧密联系、相互联动，共同提升全国海关整体监管效能。

1. 风险防控

海关风险防控组织机构由海关总署和直属海关两级组成，按照"防控结合、分层防控、合理错位"的思路设立。海关总署风险防控机构按照"1+N"的模式建立，"1"指的是海关总署风险防控中心（一级），"N"指的是海关总署设在各直属海关的二级风险防控中心。由稽查司承担海关总署风险防控中心对应的工作职责，并作为海关业务风险控制的职能管理部门，负责加强全国海关业务风险的统筹管理。

风险防控中心重点围绕运输工具舱单、收发货人 / 报关企业资信、检验检疫要求和供应链等相关信息，分析研判安全准入风险，通过风险参数、布控指令、稽查指令等形式统一下达本关区各职能部门的作业要求。

2. 税收征管

海关建立税收征管中心，按商品和行业批量审核。税收征管按照"1+3"的模式建立，其中"1"指的海关总署负责税收征管的管理办公室，由关税征管司承担相应职责，对税收征管局业务运行进行职能管理。"3"指的是在广州、上海、京津建立的 3 个海关总署税收征管局，按照商品和行业进行分工，上海税收征管局主要负责机电大类（机电、仪器仪表、交通工具类）等商品，包括税则共 8 章（第 84—87 章、第 89—92 章）；京津税收征管局主要负责农林、食品、药品、轻工、杂项、纺织类及航空器等商品，包括税则共 58 章（第 1—24 章、第 30 章、第 41—67 章、第 88 章、第 93—97 章）；广州税收征管局主要负责化工大类（化工原料、高分子、能源、矿产、金属类等）商品，包括税则共 30 章（第 25—29 章、第 31—40 章、第 68—83 章）。三个税收征管局对全部运输方式和各自负责的税则商品实施税收征管要素风险管理，其工作重点是汇总全国同类别的报关数据，主要针对归类、价格、原产地等税收征管要素，分析审核税收征管风险，实施批量审核，根据审核结果下达放行后的核查、稽查等指令，为通关监管、稽查和缉私提供关税技术支持，发布商品和行业税收状况分析报告。

海关根据企业信用资质，允许企业自报自缴税费、自行打印税单，海关受理企业申报，对税收风险实施前置风险分析、放行前验估、放行后批量审核与稽（核）查等。

3."一次申报、分步处置"

"一次申报、分步处置"是指基于舱单提前传输，通过对舱单和报关单风险甄别和业务

---

① "两中心"现已分别改名为风险防控局和税收征管局。

现场处置作业环节的前推后移，在企业完成报关和税款自报自缴手续后，海关主要在口岸通关现场处置安全准入风险，主要在货物放行后处置税收风险。

4. 隶属海关协同监管

口岸型海关主要负责"一次申报、分步处置"中第一步处置的执行反馈，侧重于现场实际监管，突出正面拦截的作用，重点承担口岸通关中的安全准入、风险处置作业，压缩通关时间，降低物流成本。属地型海关主要负责"一次申报、分步处置"中第二步处置的执行反馈，侧重于后续监管和属地企业管理，发挥熟悉本地企业情况的优势，承接口岸通关后的税收风险处置作业，加强企业信用管理和稽（核）查等手段的运用，反馈风险信息和处置建议，将属地管理结果以风险参数、布控指令建议等方式作用于口岸海关。

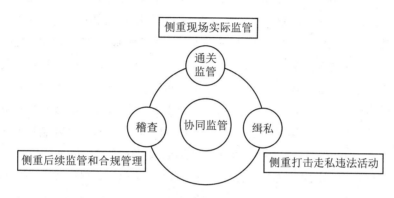

图 5.2　协同监管

知识链接

国际贸易"单一窗口"的建设

"单一窗口"（Single Window）是联合国在 2005 年发起的一种旨在促进贸易便利化的口岸管理措施。通过对国际贸易信息的集约化和自动化处理，达到共享国际贸易数据和提高国际贸易效率及效益的目的。世界海关组织认为，"单一窗口"通过实现单一电子信息递交来满足口岸执法所有要求，以简化对贸易商和其他经济活动经营者的跨境手续。

联合国贸易便利化和电子商务中心（UN/CEFACT）33 号建议书将"单一窗口"解释为：参与国际贸易和运输的各方，通过单一的切入点提交标准化的信息和单证，以满足相关法律、法规及管理要求的平台。如所提交的信息为电子数据，则单个数据元素应只提交一次。"单一窗口"要求参与贸易管理的政府部门通过一个平台协调各自的管理职责，并为办理相关手续提供便利。

世界贸易组织《贸易便利化协定》第十条第四款要求各成员努力建立或设立"单一窗口"，使贸易商能够通过一个单一接入点向参与的主管机关或机构提交货物进口、出口或过境的单证和（或）数据要求。主管机关或机构审查单证和（或）数据后，审查结果应通过该"单一窗口"及时通知申请人。

目前，国际上"单一窗口"的运行模式主要有三种：一是"单一机构"式，即通过一个机构来协调并执行所有与进出境相关的监管职能，代表国家为瑞典；二是"单一系统"式，即通过一个系统整合、收集、使用并分发与进出境相关的国际贸易电子数据，代表国家为美国的"国际贸易信息系统"（International Trade Data System）；三是"公共平台"式，贸易商通过一个公共平台向不同监管机构一次性申报，上述机构使用各自系统分头处理后，通过该平台将处理结果传输给贸易商，使用该模式的代表国家或地区为新加坡，中国香港也采用这一模式。

中国采用第三种模式，已于2017年底前建成中国的国际贸易"单一窗口"（www.singlewindow.cn）。中国国际贸易"单一窗口"标准版系统依托中国电子口岸平台建设，是实现现代化、信息化、智能化的口岸通关模式的信息系统。该系统简化、统一单证格式与数据标准，实现申报人通过"单一窗口"向口岸管理相关部门的一次性申报，口岸管理相关部门通过电子口岸平台共享信息数据、实施职能管理，执法结果通过"单一窗口"反馈给申报人，简化了通关手续并降低了通关费用。系统目前已实现货物申报、舱单申报、运输工具申报、企业资质办理、许可证件申请、原产地证书申请、出口退税申请、税费办理、加工贸易备案、跨境电商、物品通关、检验检疫、服务贸易、金融服务、口岸物流、查询统计等19大类基本服务功能。同时《国际贸易"单一窗口"标准版服务目录》列出了"单一窗口"标准版为用户提供的所有服务类别、服务名称、服务功能事项与业务主管单位等。

资料来源：国际贸易单一窗口网站，https://www.singlewindow.cn。

本章小结

1. 海关监管货物的报关程序分为三个阶段，即前期阶段、进出境阶段和后续阶段。不同的海关监管货物在不同阶段，特别是前期和后续阶段，其海关监管要求、具体事宜有所差异。海关主要监管货物的报关监管要求及报关程序将在后续章节里具体介绍。

2. 海关通关一体化改革是海关优化营商环境、提升贸易便利化水平的主要举措，围绕着"两中心、三制度"来运行的，它是机构重组、制度重构、流程再造的通关监管模式。"两中心"是指全国海关实行风险防控和税收征管的统一集中，"三制度"是指"一次申报、分步处置"、海关税收征管方式改革以及全国隶属海关功能化建设。

练习题

一、判断题

1. 报关程序按时间先后可以分为备案阶段、进出境阶段和核销阶段。(   )

2. 报关程序是指进出口货物收发货人、运输工具负责人、物品所有人或其代理人按照海关的规定办理货物，物品、运输工具进出境及相关海关事务的手续和步骤。(   )

3. 海关监管货物属于在进出境环节中未办结海关手续的货物。(   )

4. 海关对一般进出口货物的放行就意味着结关。(   )

5. 申请人就进出口商品归类向海关申请预裁定的，应在货物拟进出口 3 个月之前向其注册地直属海关提出申请。(   )

二、简答题

1. 什么是海关监管货物？有哪些主要类别？

2. 简述海关监管制度的含义。

3. 保税货物、特定减免税货物、暂时进出境货物在报关的前期阶段和后续阶段各需要办理哪些手续？

4. 全国海关通关一体化主体架构的"两中心、三制度"分别是什么含义？

第 **6** 章　一般进出口货物的报关

本章将介绍一般进出口货物报关的四个环节及相关要求。《海关法》规定，进出口货物的收发货人应当向海关如实申报。申报是海关放行和结关的前提和基础，没有进出口货物收发货人或其代理人的申报行为就不能启动货物进出境的报关程序，更谈不上海关的放行和结关。本章将分别从海关和海关管理相对人的角度，讨论"如实申报"对海关监管的重要性。帮助报关从业人员提高报关职业技能水平，培养诚信守法、合规操作、爱岗敬业的精神，进而提升企业的竞争力。

课程学习目标

§ 了解一般进出口货物的含义、特点、范围，以及一般进出口报关的四个环节；

§ 熟悉申报的含义，对一般进出口货物申报地点、期限与日期的规定，以及申报时应交验的单证；

§ 了解海关查验的概念及海关对查验地点、方法、时间的规定；

§ 掌握海关放行的含义及放行的形式；

§ 了解海关通关作业模式及两步申报的要求。

学习导图

```
                        ┌──────────────┐
                        │  一般进出口    │
                        │  货物的报关    │
                        └──────────────┘
        ┌────────────────────┼────────────────────────────┐
  ┌──────────┐        ┌──────────────┐            ┌──────────────┐
  │ 一般进出口 │        │ 一般进出口货物 │            │  海关通关     │
  │ 货物概述   │        │  报关程序     │            │  作业模式     │
  └──────────┘        └──────────────┘            └──────────────┘
   ┌────┬────┐      ┌────┬────┬────┬────┐    ┌────┬────┬────┬────┬────┐
┌─────┐┌─────┐┌─────┐┌────┐┌────┐┌────┐┌────┐┌────┐┌────┐┌────┐┌────┐
│一般进││一般进││进出口││查验││征税与││放行││申报││自报││安全准││现场业││放行及│
│出口货││出口货││申报  ││    ││缴纳  ││    ││    ││自缴││入风险││务处理││后期  │
│物的含││物的  ││      ││    ││环节  ││    ││    ││    ││管理  ││      ││管理  │
│义及特││范围  ││      ││    ││      ││    ││    ││    ││      ││      ││      │
│点    ││      ││      ││    ││      ││    ││    ││    ││      ││      ││      │
└─────┘└─────┘└─────┘└────┘└────┘└────┘└────┘└────┘└────┘└────┘└────┘
```

开篇案例

申报不实

江苏常州某进出口公司 A 委托上海报关有限公司 B 于 2022 年 1 月 4 日向海关申报进口一般贸易项下连接环 26 279 个，商品编号为 9026900090（相对应的关税率为 0），总价 FOB 5 092.87 美元，报关单号为 224420221000001391。经海关查验发现，实际进口货物为橡胶 O 型圈，商品编号应为 4016991090（相对应的关税率为 8%），与申报不符。另经查，A 公司于 2021 年 10 月 9 日委托 B 报关有限公司向海关申报进口连接环 33 721 个，商品编号为 9026900090，总价 FOB 6 535.13 美元，报关单号为 24420211001199575。实际进口货物为橡胶 O 型圈，商品编号应为 4016991090，与申报不符。

经海关核定，上述两票进口货物的完税价格共计人民币 76 218.00 元，应纳税款共计人民币 16 798.45 元，当事人漏缴税款共计人民币 6 890.15 元。

上述事实业已构成违反海关监管规定的行为。根据《海关法》第八十六条第（三）项、《中华人民共和国海关行政处罚实施条例》第十五条第（四）项的规定，对当事人作出罚款人民币 4 700 元的行政处罚。

资料来源：作者根据相关资料整理得到。

进一步思考：

1. 海关查验在海关监管中的作用。

2. 结合本案例，讨论申报不实会给海关监管带来哪些影响？

报关程序是指进出口货物的收发货人、进出境运输工具的负责人、进出境物品所有人或其代理人按照海关的规定，办理货物、运输工具、物品进出境及相关海关事务的手续和步骤。

6.1 一般进出口货物概述

6.1.1 一般进出口货物的含义及特点

1. 一般进出口货物的含义

一般进出口货物是一般进口货物和一般出口货物的合称，是指在进出境阶段缴纳了应征的进出口税费并办结了所有必要的海关手续，海关放行后不再进行监管，可以直接进入生产、消费流通领域的进出口货物。一般进出口监管制度由一系列具体的法律规范组成，其中既包含货物进出口的基本通关规则，也有办理通关手续的程序性要求。其报关程序由进出口申报、配合查验、缴纳税费、提取或装运货物四个环节构成。

提示| 一般进出口货物并不完全等同于一般贸易货物。"一般贸易"是指国际贸易中的一种交易方式，是买卖双方转让货物所有权所采用的方式。按"一般贸易"交易方式进出口的货物即为一般贸易货物。一般进出口货物，是按照海关一般进出口监管制度监管的进出口货物。一般贸易货物在进口时可以按"一般进出口"监管制度办理海关手续，这时它就是一般进出口货物；如符合条件可以享受特定减免税优惠，按"特定减免税"监管制度办理海关手续，这时它就是特定减免税货物；如经海关批准保税，按"保税"监管制度办理海关手续，这时它就是保税货物。另外，一般进出口货物中按照一般贸易方式成交的货物可以归入一般贸易货物。但是另外一些采用其他贸易方式成交的一般进出口货物，如易货贸易、补偿贸易成交的货物就不能归入一般贸易货物中，而是相应归入易货贸易货物、补偿贸易货物中。因此，一般进出口货物与一般贸易货物的内容虽有重合，但本质上是两个不同的概念。

2. 一般进出口货物的特点

（1）进出境时缴纳进出口税费。一般进出口货物的收发货人应该按照《海关法》《进出口关税条例》《中华人民共和国进出口税则》和其他法律法规的规定，在规定的期限内缴纳税费。对于规定的免税货物、零税率货物，减免税货物等则无须缴纳或减少缴纳。

（2）进出境时提交相关的许可证件。对于涉及国家进出境贸易管制的一般进出口货物，收发货人均应在货物进出口前办妥审批手续，获得相关许可证件，在申报时向海关提交相应的许可证件，否则，海关不接受申报和验放货物。

（3）海关放行即办理结关手续。一般进出口货物在申报、查验、缴税，经海关审核放行后，即意味着已经办结各项海关手续，结束海关监管。其中，进口货物由当事人提离海关监管场所，进入国内流通或生产环节，海关不再监管；出口货物也可以运输出境，进入国际市场流通，海关也不再监管。

提示| "一般"一词是海关监管业务中的一种习惯用语，是相对于其他海关特殊监管形式而言的。中国《海关法》对一般进出口货物的规定与世界海关组织《京都公约》中的"结关内销"和"直接出口"两项附约基本吻合。

6.1.2 一般进出口货物的范围

实际进出口的货物，除特定减免税和不准予保税的，都属于一般进出口货物的范围，包括以下类别：（1）一般贸易进口货物；（2）一般贸易出口货物；（3）转为实际进口的保税货物、暂时进境货物或转为实际出口的暂时出境货物；（4）易货贸易、补偿贸易的进出口货物；（5）不准予保税的寄售、代销贸易货物；（6）承包工程项目实际进出口货物；（7）外国驻华商业机构进出口陈列用样品；（8）外国旅游者小批量订货出口的商品；（9）随展览品进出境的小卖品；（10）免费提供的进口货物（商业往来的赠送属于一般进口货物），包括外商在经济贸易活动中赠送的进口货物（外国政府免费赠送属于法定减免税货物）、外商在经济贸易活动中免费提供的试车材料等、中国在境外的企业、机构向国内单位赠送的进口货物。

提示 |（1）实际进出口货物是指实际出口货物和实际进口货物。实际出口货物是指出口后不再进口的货物，实际进口货物是指进口后不再出口的货物。
（2）以保税、特定减免税和暂时免税进境的货物，因故改变使用目的从而改变货物性质转为一般进口时，进口货物的收货人或其代理人应当在货物所在地主管海关申报。

6.2 一般进出口货物报关程序

一般进出口货物报关是按照海关基础监管制度进行管理的，即货物在进出境时，其收发货人或代理人向海关请求申报，交验规定的证件和单据，接受海关人员对其所报货物的查验，依法缴纳海关关税和其他由海关代征的税费，海关批准货物的放行。从海关方面来看，其业务程序是：接受申报—查验货物—征收关税—结关放行；从进出口货物收发货人方面来看，其相应的报关程序为：提出申报—配合查验—缴纳税费—提取货物或装运出口。

海关为优化口岸营商环境，促进贸易便利化，提高通关效率，进行了全国海关通关一体化的改革，对传统的报关程序重新进行了梳理，优化流程，但其中涉及的申报、查验、缴税和放行四个环节没有改变。一般进出口货物收发货人或代理人，可以通过申请获得通关作业无纸化的资格，按照全国海关通关一体化作业流程进行报关，也可以选择不通过通关作业无纸化报关。

6.2.1 进出口申报

1. 申报的含义、期限、日期与滞报金

（1）申报的含义。申报，即通常所说的狭义报关，是指进出口货物的收发货人、受委托的报关企业，依照《海关法》及有关法律、行政法规和规章的要求，在规定的期限、地点，采用电子数据报关单或纸质报关单的形式，向海关报告实际进出口货物的情况，并接受海关审核的行为。申报与否及是否如实申报，是区别走私与非走私的重要界限之一。因此，海关法律对进出口货物的申报，包括申报的资格、申报时提交的单证、申报期限、申报内容都作了明确的规定，把申报制度以法律形式规范下来。

申报是一般进出口货物报关程序的第一个环节，也是关键的环节。申报质量如何，直接影响到企业在对外贸易活动中能否顺利通关。海关接受申报后，将严格审核单证。审核单证是海关监管的重要环节，它不仅为海关监管的查验和放行环节打下了基础，也为海关的征税、统计、查私工作提供了可靠的单证和资料。

（2）申报期限。申报期限是指货物运到口岸后，法律规定收发货人或其代理人向海关申报的时间限制。根据《海关法》第二十四条的规定，进口货物的申报期限为自运输工具申报进境之日起14日内，进口转关运输货物的收货人、受委托的报关企业应当自运输工具申报进境之日起14日内，向进境地海关办理转关运输手续，有关货物应当自运抵指运地之日起14日内向指运地海关申报。出口货物的发货人除海关特准外，应当在货物运抵海关监管区后装货的24小时以前向海关申报。除了需紧急发运的鲜活、维修和赶船期货物等特殊情况之外，在装货的24小时以内申报的出口货物海关一般暂缓受理。

提示 | 经海关批准准予集中申报的进口货物，自装载货物的运输工具申报进境之日起1个月内办理申报手续。

经电缆、管道或其他特殊方式进出境的货物，进出口货物收发货人或其代理人应当按照海关的规定定期申报。

申报期限从运输工具申报日的第二日开始计算，即运输工具的申报日并不计入。

（3）申报日期。申报日期是指申报数据被海关接受的日期。

进出口货物收发货人或其代理人的申报数据自被海关接受之日起，其申报的数据就产生法律效力，即进出口货物收发货人或其代理人应当向海关承担"如实申报""如期申报"等法律责任。因此，海关接受申报数据的日期非常重要。

以纸质报关单方式申报的，申报日期为海关接受纸质报关单并且对报关单进行登记处理的日期。

以电子数据报关单方式申报的，申报日期为海关计算机系统接受申报数据时记录的日期，该日期将反馈给原数据发送单位，或公布于海关业务现场，或通过公共信息系统发布。电子数据报关单经过海关计算机检查被退回的，视为海关不接受申报，进出口货物收发货人或其代理人应当按照要求修改后重新申报，申报日期为海关接受重新申报的日期。

海关已接受申报的电子数据报关单，经人工审核后，需要对部分内容修改的，进出口货物收发货人、受委托的报关企业应当在10日内完成修改，并且重新发送电子数据报关单，申报日期仍为海关接受原接受申报的日期；超过10日的，原报关单无效，应当另行向海关申报，申报日期为海关再次接受申报的日期。

提示 | 不论以电子数据报关单方式申报还是以纸质报关单方式申报，申报日期为海关接受申报数据的日期。

（4）滞报金。因进口货物收货人未按规定期限向海关申报而产生滞报的，由海关按《海关法》和《中华人民共和国海关征收进口货物滞报金办法》规定征收滞报金。

首先是滞报金的计算与征收。进口货物滞报金应按日计征，以自运输工具申报进境之日起第15日为起征日，以海关接受申报之日为截止日，起征日和截止日均计入滞报期间。

进口货物自运输工具申报进境之日起超过3个月还未向海关申报，其进口货物由海关提取变卖处理的，符合条件的收发货人申请返还余款的，其滞报金的征收，以运输工具申报进境之日起第 15 日为起始日，以该 3 个月的最后一日为截止日。

滞报金的日征收金额为进口货物完税价格的 0.5‰，以人民币"元"为计征单位，不足人民币 1 元的部分免予计征。

滞报金的计算公式如下：

$$滞报金金额 = 进口货物完税价格 \times 0.5‰ \times 滞报期间（滞报天数）$$

滞报金的起征额为人民币 50 元，不足 50 元的可以予以免征。

提示 | 滞报金的起征起始日如遇休息日或法定节假日，则顺延至其后第一个工作日。国务院临时调整休息日与工作日的，按照调整后的情况确定滞报金的起征日。
规定进口货物的申报期限和征收滞报金是为了运用行政手段和经济手段，促使进口货物收货人或其代理人及时报关，从而加速口岸货运、减少积压，使货物早日投入生产和使用。

其次是滞报金的减免。有下列情形之一的，进口货物收货人可以向海关申请减免滞报金：

① 政府主管部门有关贸易管理规定变更，要求收货人补充办理有关手续或者政府主管部门延迟签发许可证件，导致进口货物产生滞报的；

② 产生滞报的进口货物属于政府间或国际组织无偿援助和捐赠，用于救灾、社会公益福利等方面的进口物资或其他特殊货物的；

③ 因不可抗力导致收货人无法在规定期限内申报，从而产生滞报的；

④ 因海关及相关执法部门工作原因致使收货人无法在规定期限内申报，从而产生滞报的；

⑤ 其他经海关批准的特殊情况。

进口货物收货人申请减免滞报金的，应当自收到海关滞报金缴款通知书之日起 30 个工作日内，以书面形式向申报地海关提交申请书，申请书应当加盖公章，同时提供政府主管部门或者相关部门出具的相关证明材料，并对申请书以及相关证明材料的真实性、合法性、有效性承担法律责任。

有下列情形之一的，海关不予征收滞报金：

① 因收货人在运输工具申报进境之日起超过 3 个月未向海关申报，进口货物被依法变卖处理，其余款按《海关法》第三十条规定上缴国库的；

② 进口货物收货人在申报期限内，根据《海关法》有关规定向海关提供担保，并在担保期限内办理有关进口手续的；

③ 进口货物收货人申报并经海关依法审核，必须撤销原电子数据报关单重新申报，因删单重报产生滞报的；

④ 进口货物经海关批准直接退运的；

⑤ 进口货物应征收滞报金金额不满人民币 50 元的。

提示 | 进口货物因被行政扣留或者刑事扣押不能按期申报而产生滞报的，其扣留或者扣押期间不计入滞报期间。

_____海关滞报金缴款通知

编号：

_____公司：

你公司于___年___月___日在我关报关进口的_____，报关单号_____，已滞报___天，产生滞报金_____元人民币。请你公司收到此通知后，速到海关办理缴纳滞报金手续。

经办人：
中华人民共和国____海关（印章）
年　月　日

第一联：企业留存

_____海关滞报金缴款通知

编号：

_____公司：

你公司于___年___月___日在我关报关进口的_____，报关单号_____，已滞报___天，产生滞报金_____元人民币。请你公司收到此通知后，速到海关办理缴纳滞报金手续。

经办人：
中华人民共和国____海关（印章）
年　月　日

兹收到报关单编号为_____的《____海关滞报金缴款通知》（编号_____）正本一份。

签收单位：
签 收 人：
日　　期：

第二联：海关留存

图 6.1　海关滞报金缴款通知样式

海关滞报金缴款通知样式见图 6.1。

2. 申报前的准备工作

（1）进口需接到进口提货通知，出口需备齐出口货物。进口货物的收货人或代理人接到运输单位寄交的《提货通知单》，即表示欲进口的货物已经到达港口、机场、车站或其他运输地点，收货人应当立即准备向海关办理报关手续，或委托报关企业向海关申请办理报关手续。出口货物的发货人应根据出口合同的规定，备齐出口货物，向运输公司办理租船订舱或其他运输手续，同时准备向海关办理报关手续，或委托报关企业办理报关手续。

（2）委托报关者需办理报关委托协议。

需要委托报关企业向海关办理申报手续的，在货物进口或出口之前，应向报关企业办理委托报关手续。报关企业凭委托方的报关委托书或报关委托协议接受报关委托。进出口货物收发货人应当向报关企业提供委托报关事项的真实情况。报关企业接受进出口收发货人的委托办理报关手续时，应当对委托人所提供情况的真实性、完整性进行合理审查。报关企业未对进出口货物的收发货人所提供情况的真实性、完整性履行合理审查义务或报关企业违反海关规定申报的，应当承担相应的法律责任。

《代理报关委托书》和《委托报关协议》的样式分别见图 6.2 和图 6.3。

代理报关委托书

编号：□□□□□□□□□□

我单位现＿＿＿（A.逐票 B.长期）委托贵公司代理＿＿＿等通关事宜。〔A.填单申报 B.申请、联系和配合实施检验检疫 C.辅助查验 D.代缴税款 E.设立手册（账册）F.核销手册（账册）G.领取海关相关单证 H.其他〕详见《委托报关协议》。

我单位保证遵守海关有关法律、法规、规章，保证所提供的情况真实、完整、单货相符，无侵犯他人知识产权的行为。否则，愿承担相关法律责任。

本委托书有效期自签字之日起至＿＿年＿＿月＿＿日止。

委托方（盖章）：

法定代表人或其授权签署《代理报关委托书》的人（签字）

年　月　日

图 6.2 《代理报关委托书》样式

委托报关协议

为明确委托报关具体事项和各自责任，双方经平等协商签订协议如下：

委托方		被委托方		
主要货物名称		* 报关单编码	No.	
HS 编码	□□□□□□□□	收到单证日期		年　月　日
进出口日期	年　月　日	收到单证情况	合同□	发票□
提（运）单号			装箱清单□	提（运）单□
贸易方式			加工贸易手册□	许可证件□
数（重）量			其他	
包装情况				
原产地 / 货源地		报关收费	人民币：	元
其他要求：		承诺说明：		
背面所列通用条款是本协议不可分割的一部分，对本协议的签署构成了对背面通用条款的同意。		背面所列通用条款是本协议不可分割的一部分，对本协议的签署构成了对背面通用条款的同意。		
委托方业务签章：		被委托方签章：		
经办人签章： 联系电话： 年　月　日		报关人员签名： 联系电话： 年　月　日		

中国报关协会监制

图 6.3 《委托报关协议》样式

（3）准备申报单证。

一是申报单证种类。申报单证可以分为报关单和随附单证两大类。报关单是报关员按照海关规定格式填制的申报单，包括《中华人民共和国进（出）口货物报关单》（以下简称《进（出）口货物报关单》）和带有进出口货物报关单性质的单证。随附单证包括基本单证和特殊单证。基本单证是指与进出口货物直接相关的商业和货运单据，主要包括商业发票、装箱单、提（装）货凭证（或运单、包裹单）、载货清单（舱单）等。一般来说，任何货物的申报，都必须有基本单证。特殊单证是指国家有关法律规定实行特殊管制的证件，主要包括进出口许可证件、加工贸易手册（包括纸质手册、电子账册、电子化手册）、特定减免税证明、作为某些货物进出境证明的原《进（出）口货物报关单》、货物原产地证明、贸易合同等。

> **提示｜** 随附单证是指除报关单以外，随附报关单一起向海关申报的单证，包括基本单证和特殊单证，如合同、发票、装箱清单、载货清单（舱单）、提（运）单、代理报关授权委托协议、进出口许可证件、海关要求的加工贸易手册（纸质或电子数据的）等。
> 报关单中的"随附单据"栏仅填报除进出口许可证以外的监管证件代码及编号，但合同、发票、装箱单、许可证等随附单证不在"随附单据"栏填报。

> **提示｜** （1）申报进口租赁贸易货物，必须提交租赁合同。而申报进口其他货物不一定需要贸易合同，因此贸易合同对于租赁贸易货物的申报来说是一种特殊单证。
> （2）具有进出口货物报关单性质的单证包括特殊监管区域进出境备案清单、进出口货物集中申报清单、ATA单证册、过境货物报关单、快件报关单等。

《进（出）口货物报关单》是进出口货物的收发货人、报关企业向海关递交的申报货物情况的法律文书，是海关依法监管货物进出口的重要凭证。报关单位须如实、认真填写，并对报关单的真实性、合法性负责，承担相应的法律和经济责任。

二是准备申报单证的原则：基本单证、特殊单证、预备单证必须齐全、有效、合法；填制报关单必须真实、准确、完整；报关单与随附单证必须一致。

> **提示｜** 报关企业代理报关的，还必须提交代理报关授权委托协议。货物实际进出口前，海关已对该货物作出预归类决定的，进出口货物的收发货人、受委托的报关企业在货物实际进出口申报时应当向海关提交《中华人民共和国海关商品预归类决定书》。

（4）申报前看货取样。

进口货物的收货人在向海关申报前，为了确定货物的品名、规格、型号等，可向海关提出查看货物或提取货样的书面申请。海关审核同意后将派员到场监管。

涉及动植物及其产品以及其他须依法提供检疫证明的货物，如需提取货样，应当按照国家有关法律规定，事先取得主管部门签发的书面批准证明。提取货样后，到场监管的海关工作人员与进口货物的收货人在海关开具的取样记录和取样清单上签字确认。

提示 | 进口货物申报前看货取样的作用如下：

一是为了让进口收货人对实际进口货物的情况有一个全面准确的了解，避免货物的收发双方因信息沟通不畅或交付单证不清等造成申报不实；二是进口货物申报前看货取样对违反《海关法》的案件查缉时认定当事人或犯罪嫌疑人的主观方面也具有重要作用。

3. 向海关申报

进出口货物收发货人或其代理人可以通过"中国国际贸易单一窗口"电子系统进行申报。进出口货物收发货人或其代理人在委托录入或自行录入报关单数据的计算机上接收海关发送的"接受申报"报文和"现场交单"或"放行交单"通知，即表示电子申报成功。如收到"不接受申报"的报文，则应当根据报文提示修改报关单内容后重新申报。

关于修改申报内容或撤销申报的规定如下：海关接受进出口货物申报后，电子数据和纸质《进（出）口货物报关单》不得修改或撤销；确有正当理由的，经进出口货物收发货人或其代理人向原接受申报的海关提出申请，海关审核批准的，可以修改或撤销。有以下情形之一的，当事人可以向原接受申报的海关办理《进（出）口货物报关单》修改或者撤销手续：

（1）出口货物放行后，由于装运、配载等原因造成原申报货物部分或者全部退关、变更运输工具的；（2）进出口货物在装载、运输、存储过程中发生溢短装，或者由于不可抗力造成灭失、短损等，导致原申报数据与实际货物不符的；（3）由于办理退补税、海关事务担保等其他海关手续而需要修改或者撤销报关单数据的；（4）根据贸易惯例先行采用暂时价格成交、实际结算时按商检品质认定或者按国际市场实际价格付款方式需要修改申报内容的；（5）已申报进口货物办理直接退运手续，需要修改或者撤销原《进（口）货物报关单》的；（6）由于计算机、网络系统等技术原因导致电子数据申报错误的。

海关已经决定布控、查验进出口货物的，进出口货物收发货人、受委托的报关企业不得修改报关单内容或撤销报关单证。

海关发现《进（出）口货物报关单》需要修改或者撤销的，可以采取以下方式主动要求当事人修改或者撤销：（1）将电子数据报关单退回，并详细说明修改的原因和要求，当事人应当按照海关要求进行修改后重新提交，而不得对报关单其他内容进行变更；（2）向当事人制发《进出口货物报关单修改/撤销确认书》，通知当事人要修改或者撤销的内容，当事人应当在5日内对《进（出）口货物报关单》要修改或者撤销的内容进行确认，确认完成后由海关完成对报关单的修改或者撤销。

提示 | 报关单是进出口货物收发货人或其代理人就进出口货物的真实情况向海关所做的报告，报关单一经海关接受，即产生法律上的确定力和约束力。海关应根据报关单上的内容进行审核并结合查验来确认单货是否相符，进出口货物收发货人或其代理人必须对其提交给海关的报关单内容的合法性和准确性负责。报关单在海关接受后一般不可修改或撤销。

4. 集中申报

集中申报是指经海关备案，进出口货物收发货人在同一口岸多批次进出口规定范围内的货物，可以先以《中华人民共和国海关进口货物集中申报清单》《中华人民共和国海关出口货物集中申报清单》(以下统称《集中申报清单》) 申报货物进出口，再以报关单集中办理海关手续的特殊通关方式。

（1）集中申报适用范围。

经海关备案，下列进出口货物可以适用集中申报通关方式：图书、报纸、期刊类出版物等时效性较强的货物；危险品或者鲜活、易腐、易失效等不宜长期保存的货物；公路口岸进出境的保税货物。

收发货人因涉嫌走私或者违规而正在被海关立案调查的、因进出口侵犯知识产权的货物被海关依法给予行政处罚的、海关信用管理类别为失信企业的，以及相关海关事务担保失效的，不适用集中申报通关方式。

（2）申报程序。

以集中申报通关方式办理海关手续的收发货人，应当在载运进口货物的运输工具申报进境之日起 14 日内，以及出口货物运抵海关监管区后装货的 24 小时前填制《集中申报清单》向海关申报。

收发货人应当对 1 个月内以《集中申报清单》申报的数据进行归并，填制《进（出）口货物报关单》，一般贸易货物应在次月 10 日之前、保税货物应在次月底之前到海关办理集中申报手续。一般贸易货物集中申报手续不得跨年度办理。

提示 ｜（1）《集中申报清单》归并为同一份报关单的，各清单中的进出境口岸、经营单位、境内收发货人、贸易方式（监管方式）、启运国（地区）、装货港、运抵国（地区）、运输方式栏目以及适用的税率、汇率必须一致。各清单中上述规定项目不一致的，收发货人应当分别归并为不同的报关单进行申报。对确实不能归并的，应当填写单独的报关单进行申报。各清单归并为同一份报关单时，各清单中载明的商品项在商品编号、商品名称、规格型号、单位、原产国（地区）、单价和币制均一致的情况下可以进行数量和总价的合并。

（2）对适用集中申报通关方式的货物，海关按照接受清单申报之日实施的税率和汇率计征税费。

（3）收发货人办结集中申报海关手续后，海关按集中申报进出口货物报关单签发报关单证明联。"进出口日期"以海关接受报关单申报的日期为准。

6.2.2　查验

进出口货物查验（简称查验），是指海关为确定进出口货物收发货人向海关申报的内容是否与进出口货物的真实情况相符，或者为确定商品的归类、价格、原产地等，依法对进出口货物进行实际核查的执法行为。

查验是国家赋予海关的一种依法行政的权力。进出口货物,除海关总署特准可以免验的以外,都应接受海关的查验。

海关查验主要分两个方面:一是检查核实实际进出口货物与申报环节中所申报的内容是否一致,即单货是否一致,通过查验发现申报审单环节所不能发现的瞒报、伪报和申报不实等走私、违规、逃漏关税或其他进出口问题。二是验证申报审单环节提出的疑点,为征税、统计和后续管理提供可靠的监管依据。因为进出口货物的税则分类号列及适用税率、申报价格等是否为海关接受,均决定于查验的结果。如查验不实,税则归类及海关估价不当,则不仅适用的税率可能发生差错,估价也可能或高或低,致使税负不公,从而使国家或进出口货物收发货人蒙受损失。

1. 查验地点、方法、时间和要求

(1) 查验地点。

海关查验货物,应当在海关监管区内实施,即进出口口岸码头、车站、机场、邮局或海关的其他监管场所进行。

因货物易受温度、静电、粉尘等自然因素影响,不宜在海关监管区内实施查验的,或者因其他特殊原因,需要在海关监管区外查验的,经进出口货物收发货人或者其代理人书面申请,海关可以派员到海关监管区外实施查验。

在海关监管区外查验货物,进出口货物收发货人或者其代理人应当按照规定向海关缴纳规费。

(2) 查验方法。

若是按照查验程度,海关查验可以分为彻底查验和抽查。彻底查验是指对一票货物逐件开拆包装,验核货物实际状况的查验方式。抽查是指按照一定比例有选择地对一票货物中的部分货物验核实际状况的查验方式。

若是按照操作方式,查验可以分为人工查验和机检查验。人工查验包括外形查验和开箱查验。外形查验是指对外部特征直观、易于判断基本属性的货物的包装、唛头和外观等状况进行验核;开箱查验是指将货物从集装箱、货柜车厢等箱体中取出并拆除外包装后,对货物实际状况进行验核。机检查验是指以利用技术检查设备为主,对货物实际状况进行验核。

海关可以根据货物情况和实际执法需要,确定具体的查验方式。

(3) 查验时间。

在海关决定查验时,即将查验的决定以书面通知的形式通知进出口货物收发货人或者其代理人,约定查验的时间。查验时间一般约定在海关正常的工作时间内。

在一些进出口业务繁忙的口岸,海关也可以接受进出口货物收发货人或者其代理人的请求,在海关正常工作时间以外安排实施查验。

对于危险品或者鲜活、易腐、易烂、易失效、易变质等不宜长期保存的货物,以及因其他特殊情况需要紧急验放的货物,经进出口货物收发货人或者其代理人申请,海关可以优先安排查验。

(4) 海关在查验中的要求。

首先,进出口货物收发货人或其代理人必须到场,按海关的要求负责办理货物的搬运、拆装箱和重封货物的包装等工作。

其次，海关认为必要时，也可以复验、径行开验或者提取货样，货物保管人员应当到场作为见证人。

海关可以对已查验货物进行复验。有下列情况之一的，海关可以复验：经初次查验未能查明货物的真实属性，需要对已查验货物的某些性状进一步确认的；货物涉嫌走私违规，需要重新查验的；进出口货物收发货人对海关查验结论有异议，提出复验要求并经海关同意的；其他海关认为必要的情形。

提示 | 已经参加过查验的查验人员不得参加对同一票货物的复验。

径行开验是指海关可以在进出口货物收发货人或者其代理人不在场的情况下，对进出口货物进行开拆包装查验。有下列情形之一的，海关可以径行开验：（1）进出口货物有违法嫌疑的；（2）经海关通知查验，进出口货物收发货人或者其代理人届时未到场的。海关径行开验时，存放货物的海关监管场所经营人、运输工具负责人应当到场协助，并在查验记录上签名确认。

2. 配合海关查验

海关查验货物时，进出口货物收发货人或者其代理人应当到场，配合海关查验。
进出口货物收发货人或者其代理人在配合海关查验时应当做好以下工作：
（1）按照海关的要求搬移货物、开拆和重封货物的包装等；
（2）预先了解和熟悉所申报货物的情况，如实回答查验人员的提问并提供必要的资料；
（3）协助海关提取需要进一步检验、化验或鉴定的货样，收取海关出具的清单；
（4）查验结束后，认真阅读查验人员填写的"海关进出境货物查验记录单"，注意以下情况的记录是否符合实际：开箱的具体情况；货物残损情况及造成残损的原因；提取货样的情况；查验结论。查验记录准确、清楚的，应立即签名确认。

3. 被查验货物损坏的赔偿

（1）赔偿范围。
《海关法》第九十四条规定："海关在查验进出境货物、物品时，损坏被查验的货物的，应当赔偿实际损失。""实际损失"是指由于海关关员的责任造成被查验货物、物品损坏的，海关应当按规定赔偿当事人直接经济损失。直接经济损失的金额根据被损坏的货物、物品或其他部件的受损程度或修理费用确定。必要时，可凭公证机构出具的鉴定证明确定。

（2）不予赔偿的范围。
在下述情况下，海关对被查验货物造成的损失不予赔偿：① 由于收发货人或其代理人搬移、开拆、重封包装或保管不善造成的损失；② 易腐及易失效货物、物品在海关正常工作程序所需时间（含扣留或代保管期间）所发生的变质或失效，当事人未事先向海关声明的；③海关正常检查产生的不可避免的磨损；④在海关查验之前已发生的损坏和海关查验之后发生的损坏；⑤由于不可抗力的原因造成的货物、物品毁坏和损失。

（3）赔偿办法。

首先，若海关关员在查验货物、物品时，损坏被查验的货物、物品，应如实填写《中华人民共和国海关查验货物、物品损坏报告书》(以下简称《损坏报告书》，见图 6.4），《损坏报告书》一式两份，由查验关员和当事人双方签字，各留一份。海关依法进行开验、复验或者提取货样时，应会同有关货物、物品保管人共同进行，如造成货物、物品损坏，查验人应请在场的保管人员作为见证人在《损坏报告书》上签字，并及时通知货主。

其次，进出口货物收发货人或其代理人在收到《损坏报告书》后，可与海关共同协商确定货物、物品的受损程度。受损程度确定后，以海关审定的完税价格为基数，确定赔偿金额。报关人和海关对赔偿金额有争议时，可向法院起诉，由法院裁定和判决赔偿金额。

（4）赔偿时间。

赔偿金额确定后，由海关填发《中华人民共和国海关损坏货物、物品赔偿通知单》(以下简称《赔偿通知单》)，报关人自收到《赔偿通知单》之日起 3 个月内凭单向海关领取赔款，或将银行账号告知海关以便划拨，逾期海关不再赔偿。赔款一律用人民币支付。

> **提示** 海关赔偿范围仅限于实施查验过程中，由查验人员造成的被查验货物损坏的直接经济损失。
>
> 进出口货物收发货人或其代理人在海关查验时对货物是否受损未提出异议，事后发现货物有损坏的，海关不负赔偿责任。

中华人民共和国海关查验货物、物品损坏报告书

（　　）关字第　　号

货物、物品所有人（代理人）：
地址、电话：
货物名称：
数量：
单价：
发票号：
合同号：
申报进出境日期：
开验日期：
开验地点：
备注：
损坏情况：

值班关员（签印）
货物（物品）所有人（代理人）（签印）
见证人（签印）
　年　月　日

图 6.4 《中华人民共和国海关查验货物、物品损坏报告书》样式

6.2.3　征税与缴纳环节

征收税款是指海关依据国家有关法律、行政法规和规章的要求，对进出口货物、物品征收关税、进口环节税的行为。

自 2017 年 7 月 1 日起，海关征税方式已由海关审核方式全面向"自报自缴"方式转变，仅个别类型单据实施海关审核纳税方式。"自报自缴"方式以企业诚信管理为前提，企业自主申报报关单的涉税要素，自行完成税款税费金额的核算，自行完成税费缴纳后，海关即可放行货物，货物放行前如需查验，则在查验后放行。放行后，海关根据风险分析结果对纳税义务人申报的价格、归类、原产地等税收要素进行抽查审核。企业自行打印海关专用缴款书。

审核纳税方式是指海关在货物放行前，对纳税义务人申报的价格、归类、原产地等税收要素进行审核，并进行相应的查验（如需），确定货物的完税价格后核定应缴税款。纳税义务人缴纳税款后，货物方予放行。

征税是海关的主要职责，具体内容见本教材的第 10 章。

6.2.4　放行

进出口货物的放行是指进出口货物在办结向海关申报、接受查验、缴纳税费等手续后，进出口货物收发货人或其代理人凭海关的放行准许提取进口货物或将出口货物装至运输工具并运离出境。

1. 海关进出境现场放行和货物结关

（1）海关进出境现场放行。海关进出境现场放行是指海关接受进出口货物的申报、审核报关单及随附单证、查验货物、征免税费或接受担保后，对进出口货物作出结束海关进出境现场监管的决定，允许进出口货物离开海关监管现场的工作环节。

海关进出境现场放行一般由海关在进口货物提货凭证或出口货物装货凭证上加盖海关放行章。进口货物收发货人或其代理人凭该放行章到海关监管仓库提取货物，出口货物发货人或其代理人凭该放行章装运到运输工具上起运出境。

在实行"无纸通关"申报方式的海关，海关作出现场放行决定时，通过计算机将海关决定放行的信息发给进出口货物收发货人或其代理人和海关监管货物保管人。进出口货物收发货人或其代理人从计算机上自行打印海关通知放行的凭证，凭该凭证提取进口货物或将出口货物装运出境。

（2）货物结关。货物结关是进出口货物办结海关手续的简称。进出口货物收发货人或其代理人向海关办理完所有的海关手续，履行了法律规定的与进出口有关的一切义务，就办结了海关手续，海关不再进行监管。

提示 | 海关进出境现场放行有两种情况：一种情况是货物已经结关。对于一般进出口货物，放行时进出口货物收发货人或其代理人已经办理了所有海关手续，因此，海关放行即等于结关。另一种情况是货物尚未结关，对于保税货物、减免税货物、暂时进出口货物和部分其他进出口货物，放行时进出口货物收发货人或其代理人并未全部办完所有的海关手续，海关在一定期限内还需进行监管，所以该类货物的海关放行不等于结关。

（3）单证签发。进出口货物收发货人或其代理人在办理提取进口货物或装运出口货物的手续后，如需海关签发有关货物的进口、出口证明联或办理其他证明手续的，均可向海关提出申请。常见的单证主要有进口付汇证明、出口收汇证明、出口收汇核销单、出口退税证明、货物进 / 出口证明书、检验检疫证书等凭证。

2. 放行形式

海关放行的基本形式有三种：征税放行、海关事务担保放行、信任放行。

（1）征税放行。进出口货物在取得海关放行前，如属应税货物，应由海关税收部门按照《中华人民共和国关税条例》和《中华人民共和国进出口税则》的规定，对进出口货物征收有关关税和代征税后，签印放行。

（2）海关事务担保放行。在货物进出境通关过程中，海关对报关人的申报提出质疑或确认报关人需要补充相关单证再进行申报，而报关人无法在短期内满足海关要求但需要海关先行放行货物时，可向海关提出担保申请，提供与应纳税款相适应的担保，海关可以先行放行货物。担保放行主要适用下列情形：①进出口货物的商品归类存在争议，等待海关归类部门的归类结果的；②进出口商品的完税价格存在争议，报关人需要提供成交证明或与海关进行价格磋商的；③原产地尚未确定的；④有效报关单证尚未提供的，如需发货人提供货物成分、含量说明等。

国家对进出境货物有限定性规定，应当提供许可证而不能提供的，以及法律法规规定不得担保放行的其他货物，海关不得办理担保放行。

（3）信任放行。高信用级别的企业可以在不用提供税收担保的情况下，向海关申请先行放行货物，后续再缴纳税费，这是海关对高信用企业给予的通关便利。

6.3 海关通关作业模式

为了更好地服务中国经济的对外发展，提高贸易便利化水平，优化口岸营商环境，降低企业办理货物通关的时间和经济成本，中国海关近年来推出了一系列监管创新。在借助信息化技术和手段的基础上，海关进行了全国通关一体化改革，对传统报关流程重新进行流程梳理、再造和优化，进一步为进出口当事人提供通关便利。2019 年 6 月，国务院常务会议提出，按照推动更高水平对外开放的要求，继续简化一体化通关流程，实施进口概要申报、完整申报"两步申报"通关模式改革，大幅压缩通关时间，形成统一规范的通关制度。本节将介绍全国海关通关一体化的主要作业流程。

🔗 **知识链接**

中国电子口岸

  中国电子口岸是经国务院批准，由海关总署会同国家发展改革委、工业与信息化部、公安部、财政部、生态保护部、交通运输部、铁路局、商务部、中国人民银行、税务总局、市场监管总局、民航总局、国家外汇管理局、农业农村部、自然资源部等国务院 17 个部门共同建设的跨部门、跨地区、跨行业信息平台。它依托互联网，将进出口信息流、资金流、货物流集中存放于一个公共数据平台，实现口岸管理相关部门间的数据共享和联网核查，并向进出口企业提供货物申报、舱单申报、运输工具申报、许可证和原产证书办理、企业资质办理、公共查询、出口退税、税费支付等"一站式"窗口服务，是一个集口岸通关执法服务与相关物流商务服务于一体的大通关统一信息平台，并逐步延伸扩展至国际贸易的各主要服务环节，实现国际贸易"单一窗口"功能。

  中国电子口岸建设由国务院口岸工作部际联席会议指导，各口岸管理相关部门参与建设，分为中国电子口岸和地方电子口岸两个层面。中国电子口岸由国务院 17 个部委共同建设，具体由中国电子口岸数据中心（以下简称"数据中心"）承建，主要承担国务院各有关部门间与大通关流程相关的数据共享和联网核查，面向企业和个人提供"一站式"的口岸执法申报基本服务；地方电子口岸建设由各地方政府牵头，主要承担地方政务服务和特色物流商务服务，地方电子口岸是中国电子口岸的延伸和补充。

  资料来源：中国电子口岸官网，https://www.chinaport.gov.cn/pages/survey/survey.html?_index=0。

6.3.1　申报

1. 舱单申报

  进出境运输工具负责人及其他运输经营人等按照规定向海关传输舱单及相关电子数据，海关舱单管理系统对舱单实施逻辑检控和审核。对不符合舱单填制规范的退回舱单，海关应要求传输人予以修改，对通过逻辑检控和审核的，海关应进行风险甄别。海关对舱单货物进行安全准入审查、处置后，进出口货物收发货人可自主选择"一次申报、分步处置"或"两步申报"向海关申报报关数据。

2. 两步申报

在"两步申报"通关模式下，企业不需要一次性填报报关单上所有申报项目及单证，而可分"概要申报"和"完整申报"两步进行申报。第一步是指企业进行概要申报后经海关同意即可提离货物，第二步是指企业在规定时间内完成完整申报，如图6.5所示。

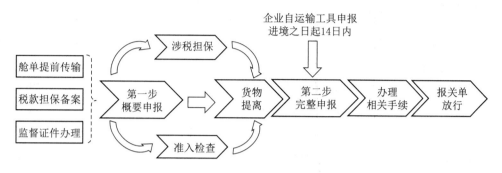

图 6.5　两步申报流程

第一步概要申报：企业通过国际贸易"单一窗口"或"互联网＋海关"一体化办事平台进行概要申报。对于不涉及进口禁限管制、检验或检疫的货物，企业只需申报9个项目，确认2个物流项目；对于涉及进口禁限管制或检验检疫的，企业分别增加申报2个或5个项目；对于应税货物，企业须选择符合要求的担保备案编号。如果货物无需查验，企业即可提离；涉税货物已经提交税款担保的，或需查验货物海关已完成查验的，企业也可以提离。图6.6显示了在不同情况下概要申报所要求的填报项目。

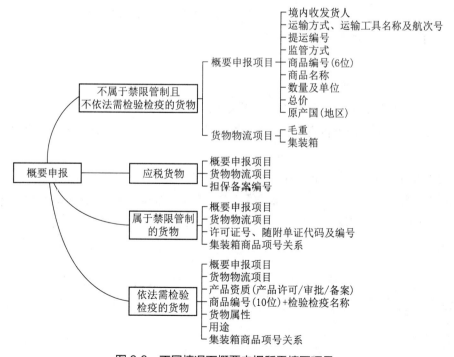

图 6.6　不同情况下概要申报所需填写项目

第二步完整申报：完整申报是针对概要申报报关单的补充申报。企业在提离货物后，自运输工具申报进境之日起 14 日内，向接受概要申报的海关补充申报报关单完整信息及随附单证电子数据，办理缴纳税款等通关手续。

概要申报与完整申报是同一份报关单，只有一个报关单号。

3. 两步申报的要求

（1）概要申报与完整申报均需在自运输工具申报进境之日起 14 日内完成。概要申报可以实施"提前申报"。

（2）境内收货人信用等级为一般信用及以上的，其货物实际进境的可采用"两步申报"。

（3）目前"两步申报"只限进口货物的申报。

（4）所涉及的监管证件已实现联网核查的货物才能使用"两步申报"。企业应在申报前根据相关规定办理进口所需的监管证件。检疫准入、境外预检、境外装运前检验等须在进口申报前实施的，企业应在申报前根据规定办理相关手续，取得相应的进口批准文件及证明文件。

（5）对于应税货物，企业须提前向注册地直属海关关税职能部门提交税收担保备案申请；担保额度可根据企业税款缴纳情况循环使用。有减免税进口货物要求的，申请人应在概要申报前向主管海关办理减免税审核确认手续。在完整申报后需要通过办理减免税货物税款担保手续继续进行税款担保的，减免税申请人应在完整申报前向主管海关提出申请。

4. 两步申报的注意事项

（1）申报前企业需要注意的事项。在概要申报阶段，企业必须按照货物的实际情况，如实选择是否需检验检疫、是否涉及监管证件、是否需要缴纳税款，并且承诺在规定时限内进行完整申报。对于一线进境特殊监管区域货物或者加工贸易进口货物，企业在完整申报时，需采用区港联动核注清单。

（2）与其他申报模式互不冲突。"两步申报"是海关为企业提供的一种多元化通关服务，企业可根据实际需求自行选择"两步申报"或"一次申报"中的任意一种模式进行申报。

"两步申报"可以叠加提前申报。企业可以在"两步申报"的"概要申报"阶段，采用提前申报模式：先取得提（运）单或载货清单（舱单）数据，于装载货物的进境运输工具启运后并运抵海关监管场所前进行概要申报即可，其他操作步骤与"两步申报"一般操作要求相同。

6.3.2 自报自缴

1. 报税

企业利用预录入系统的海关计税（费）服务工具计算应缴纳的相关税费，并对系统显示的税费计算结果进行确认，连同报关单及随附单证预录入内容一并提交海关。

2. 缴税

对应税报关单，企业收到海关接受申报回执后，办理税款相关手续。选择缴纳税费的，自行向银行缴纳；预先向海关提供税款担保并备案的，可以选择提供担保，海关按照规定办理担保核扣手续。

3. 缴税方式选择

选择电子支付税费／电子支付担保模式的，报关单位登录电子支付平台查询电子税费信息并确认支付。选择柜台支付模式的，报关单位在收到申报地海关现场打印的纸质税款缴款书后，到银行柜台办理税费缴纳手续。

6.3.3 安全准入风险管理

1. 报关单风险甄别

对海关已接受申报的报关单，海关风险防控中心根据预先加载的风险判别规则和风险参数，运用系统进行风险甄别。

2. 安全准入风险处置

对被安全准入风险参数捕中的报关单，海关根据系统提示的参数要求或者标注的风险情况进行处置，并进行相应操作。

3. 税收风险处置

对被税收风险参数捕中的报关单，海关税收征管中心实施税收征管要素的风险排查处置，并进行相应操作。

6.3.4 现场业务处理

（1）单证处置。
单证处置包括报关单修改、撤销、补证补税、签证，以及办理许可证人工核扣。
（2）查验。
对有布控查验指令的报关单，海关实施准入查验。
（3）货物处置。
货物处置包括退运、销毁、罚没、口岸隔离检疫、技术整改等。

6.3.5　放行及后期管理

（1）放行。

报关单符合所有放行条件后，系统会自动完成放行操作。

（2）放行后税收风险排查处置。

被税收风险参数捕中，经放行前验估查验、单证验核和税收风险分析模型筛选出的报关单数据，以及随机抽取的一定比率的已放行报关单数据，被系统按商品分类分派至税收征管中心接受批量审核，由系统筛选风险目标进行税收征管要素风险排查。

应用案例

速通关、降成本，"两步申报"助力新区企业减负增效

日前，金普新区企业大连汇远经贸有限公司采用"两步申报"方式申报一批进口自韩国的汽车减震器用零件，在原产地证尚未到达的情况下享受了优惠税率，仅31秒便收到了放行回执。

"由于疫情原因，韩方没能及时出具这批货的原产地证，货物到港后如果按常规模式申报，没有原产地证就不能享受优惠税率，普通税率则高达100%，对我们来说成本太高了。我们向海关反映困难后，大连海关指导我们采用'提前申报'叠加'两步申报'模式，完整申报时再提供原产地证，这样我们这批货便可享受6%—8%的优惠税率，真的是省钱省时又省心。"大连汇远经贸有限公司关务部经理肖先生说。

"两步申报"是海关总署落实国家推进"放管服"改革，压缩通关时间，加快提升通关便利化水平的措施之一，也是海关全面深化改革的"五项创新"之一。"两步申报"使得企业不需要在申报前备齐货物全部信息并提供所有单证，仅凭提单相关信息便可完成概要申报并提离货物，企业后续只需在运输工具申报进境起14日内完成完整申报，补充相关信息和单证即可。这种新模式极大地减少了进口货物申报前的准备时间及到港后的堆存时间，极大提高了通关效率。

自2020年以来，大连海关应用"两步申报"报关单2.7万票，让包括英特尔、松下制冷及东芝等新区企业在内的近千家企业顺利实现了口岸快速提离，平均整体通关时间均在关区平均水平的60%以下。

资料来源：海关总署官网，http://www.customs.gov.cn//customs/xwfb34/mtjj35/3555682/index.html。

本章小结

1. 一般进出口货物的报关从海关方面看，其业务程序是：接受申报—查验货物—征收关税—结关放行；从进出口货物收发货人方面来说，其相应的报关程序为：提出申报—配合查验—缴纳税费—凭单取货或装运出口。本章介绍了一般进出口货物报关的四个环节的含义及相关要求。

2. 申报制度是法定制度。海关对进出口货物申报的地点、时间、申报时应提交的单证等都有明确的规定。对进口货物而言，申报期限为自运输工具申报进境之日起 14 日内。从第 15 日开始征收滞报金，超过 3 个月仍无人申报的，海关可以对货物进行变卖处理。在 1 年内，经收货人申请，在扣除有关费用后，所得款项的余款将被发还申请人。逾期无人申请的，将被上缴国库。对出口货物而言，发货人应在装货 24 小时之前向海关申报。

3. 查验是国家赋予海关的一种依法行政的权力。进出口货物，除海关总署特准可以免验的以外，都应接受海关的查验。海关一般在海关监管区和海关正常的工作时间内实施查验，但经进出口货物收发货人或其代理人申请，海关也可派关员在海关监管区以外的地点实施查验。在查验时，进出口货物收发货人或其代理人应到场，配合海关的查验工作。海关认为必要时，也可以径行开验、复验或者提取货样。

4. 海关进出境现场放行是海关接受进出口货物的申报、审核报关单及随附单证、查验货物、征收税费或接受担保后，对进出口货物作出结束海关进出境现场监管决定，允许进出口货物离开海关监管现场的工作环节。

5. 申报是海关放行和结关的前提和基础，进出口货物收发货人或其代理人没有申报行为，货物进出境的报关程序就不能启动，更谈不上海关的放行和结关。海关放行是结关的前提，但海关放行不等同于结关。货物性质不同，其结关方式也不同。一般进出口货物是放行结关，保税货物是核销结关，减免税货物是解除海关监管手续结关，暂时进出口货物是销案结关。

练习题

一、单选题

1. 下列属于报关基本单证的有（   ）。

    A. 原产地证明书   B. 装箱单   C. 进出口贸易合同   D. 汇票

2. 进口货物收货人自运输工具申报进境之日起，超过（   ）未向海关申报的，其进口货物由海关提取依法变卖处理。

    A. 1 个月   B. 3 个月   C. 6 个月   D. 1 年

3. 不属于海关接受担保放行范围的是（　　）。

   A. 暂时进出口货物

   B. 经海关同意，将海关未放行的货物暂时存放于海关监管区之外的场所的进出口货物

   C. 国家限制进出口的货物，未领到进出口货物许可证的

   D. 国家限制进出口的货物，已领取了进出口许可证，但因故不能及时提供的

4. 某公司进口货物于4月2日（周一）由"海鸥"号海轮运抵上海口岸，船舶于同日申报进境。该批货物的完税价格为人民币1 000万元，该公司于4月20日申办货物进口手续。问该公司应缴纳多少滞报金？（　　）

   A. 20 000 元　　　　　B. 2 000 元　　　　　C. 25 000 元　　　　　D. 2 500 元

5. 配额许可证、动植物检验检疫证、特定减免税证明属于报关单证中的（　　）。

   A. 基本单证　　　　　B. 主要单证　　　　　C. 特殊单证　　　　　D. 预备单证

二、多选题

1. 进出口货物收发货人或其代理人配合海关查验的工作主要包括（　　）。

   A. 负责搬移货物，开拆和重封货物的包装

   B. 回答查验关员的询问

   C. 负责提取海关需做进一步检验、化验或鉴定的货样

   D. 签字确认查验记录

2. 下列属于一般进出口货物特征的是（　　）。

   A. 在进出境时，按有关法律法规的规定向海关缴纳应缴纳的税费

   B. 进出口时如需提交许可证的，提交相关的许可证

   C. 海关放行，即办结海关手续

   D. 暂缓纳税

3. 下列关于进出口货物申报期限的表述正确的是（　　）。

   A. 进口货物收货人应当自货物进境之日起14日内向海关申报

   B. 进口货物收货人应当自装载货物的运输工具申报进境之日起14日内向海关申报

   C. 出口货物发货人除海关特准外，应当在货物运抵海关监管区后、装货的24小时前向海关申报

   D. 出口货物发货人除海关特准外，应当在货物运抵海关监管区后、装货的24小时内向海关申报

4. 因海关关员的责任造成被查验货物损坏的，进出口货物收发货人或其代理人可以要求海关赔偿。但下列哪些情况海关将不予赔偿（　　）。

   A. 海关正常查验时所产生的不可避免的磨损

   B. 因不可抗力造成货物的损坏、损失

   C. 因海关关员造成被查验货物损坏的直接经济损失以外的其他经济损失

D. 海关查验时进出口货物收发货人或其代理人对货物是否受损失未提出异议，事后发现货物有损坏的

5. 下列单证属于报关特殊单证的是（　　　）。

A. 贸易合同　　　　　B. 装箱单　　　　　C. 货物原产地证明　　D. 加工贸易手册

三、判断题

1. 申报日期是指进出口货物收发货人向海关提交电子数据报关单的日期。（　　　）

2. 进出口货物的收发货人或其代理人可以以中国人民银行的保函向海关提供担保。（　　　）

3. 对需要在国家税务机关办理出口退税的货物，发货人应当向海关申请签发出口收汇核销单。（　　　）

4. 进口货物滞报金的日征收金额为进口货物关税税额的 0.5‰。（　　　）

5. 进口货物的申报期限为自装载货物的运输工具申报进境之日起 14 个工作日内。（　　　）

6. 按"一般贸易"交易方式进出口的货物即为一般进出口货物。（　　　）

7. 在海关查验时，进出口货物收发货人或其代理人应尽量到场，帮助海关关员开箱和封箱。（　　　）

8. 海关放行即意味着海关监管结束，进口货物可以进入生产和流通领域。（　　　）

四、实训题

华丰集团有限公司以 CIF 上海 USD 9 600/ 公吨从法国进口 HHM 5502BN 薄膜级低压高密度聚乙烯 200 公吨。该商品被列入法检范围，属自动进口许可管理并实行"一批一证"制。进口合同规定了数量装载的机动幅度为 ±5%。载运该批货物的"紫荆"号轮于 8 月 20 日申报进境。收货单位申报前看货取样时，发现实际到货的数量为 195 公吨。

1. 请问该单位向海关办理进境申报的最迟日期是哪一天？

2. 该单位向海关办理货物进境申报时应当提交的单证有（　　　）。

A. 进口货物报关单　　　　　　　　B. 自动进口许可证

C. 入境货物通关单　　　　　　　　D. 进口合同

3. 该单位向海关办理进口申报时，其申报数量应为多少？

第 **7** 章 保税货物的报关

改革开放40多年来，中国加工贸易实现了跨越式发展，已经成为对外贸易和利用外资的主要组成部分和重要推动力量，为促进技术进步、优化产业结构、扩大就业、密切内地与台港澳经贸关系、推动中国经济社会发展作出了重大贡献。加工贸易是中国利用国际国内两个市场、两种资源，增加就业岗位、提高产业发展水平、增强国际竞争力的重要方式。本章还将阐述海关对保税加工货物和保税物流货物的监管，从而促进加工贸易健康发展。

课程学习目标

§ 熟悉保税制度、保税货物的概念、分类及其特征；
§ 掌握海关对海关特殊监管区外和海关特殊监管区内保税加工货物的监管要求；
§ 掌握海关对保税监管场所保税物流货物的监管要求；
§ 了解保税服务外包货物的概念及海关保税监管模式。

学习导航

```
                              保税货物的报关
      ┌───────────────┬──────────────────────────────┬───────────────────┐
  保税制度            保税加工                        保税物流
   概述              货物的报关                      货物的报关
  ┌────┬────┐   ┌────┬────┬────┬────┐        ┌────┬────┬────┬────┐
 保税制 保税货  保税加 电子化手 电子账册 海关特殊  海关保税 保税仓库 出口监管 保税物流
 度和保 物报关  工货物 册管理下 管理下的 监管区内  监管场所 货物的  仓库货物 中心货物
 税货物 基本    概述   的保税加 保税加工 保税加工  概述    报关    的报关  的报关
       程序           工货物报 货物报关 货物报关
                      关程序   程序    程序
```

开篇案例

首票保税加工业务落地，东莞虎门港综合保税区助力中小微企业发展

2022 年 8 月，在黄埔海关所属沙田海关的监管下，首批保税加工模式进口生产料件"射频激光器"进入东莞市雷宇光电科技有限公司厂区，经过紧张有序的安装调试，迅速投入生产运营。

雷宇光电研发生产的 CO_2 激光切割机、激光雕刻机和高分辨率打印机，已广泛应用于布料、亚克力、木材等大多数非金属材料的制作加工和 3D 雕刻，受到海外市场青睐。

雷宇光电加工项目是东莞虎门港综合保税区的首个加工项目，也是东莞市海关特殊监管区内的首个保税加工项目。东莞虎门港综合保税区管委会保税综合服务中心主任表示："对企业而言，开展保税加工业务，享受自用进口设备免税、境内采购原料退税、进口原料保税和成品内销按实际状态征税等综合保税区税收优惠政策，能大幅降低运营成本，提升企业竞争力和经济效益。"据东莞市雷宇光电科技有限公司财务总监介绍，预计仅投产初期，该新模式就可为公司节省进口关税、进口增值税等超过 100 万元。这笔费用对制造业中小微企业来说非常可观。

资料来源：海关总署官方网站，http://www.customs.gov.cn//customs/xwfb34/302425/4493425/index.html。

进一步思考：

1. 什么是综合保税区？区内能开展哪些业务？

2. 为什么企业申请保税加工业务可以降低运营成本，提升企业竞争力和经济效益？

7.1 保税制度概述

7.1.1 保税制度和保税货物

1. 保税制度的概念及其形式

保税是一种国际上为促进贸易便利化而实施的国际通行的海关制度。保税是指暂时缓缴进口税收的一种海关税收制度，是海关对保税货物的进境、储存、加工、装配、结转、复出境全过程实施监督和管理的作业制度。《经修正的京都公约》规定了保税制度的三种具体形式，即海关仓库、自由区和进境加工。相比较而言，中国的保税形式更为丰富，分类标准更为多元，制度也更为复杂。参照国际通行的做法，保税物流和保税加工成为中国保税制度的两大基本形式。随着服务贸易的蓬勃发展，近年来保税服务正在成为一种新兴的保税形式，促进了国际服务贸易的发展。

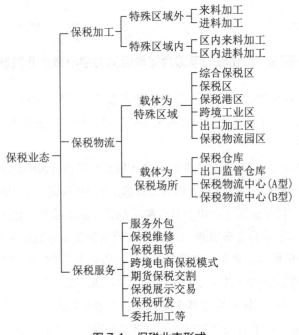

图 7.1　保税业态形式

按照保税载体形式、功能作用及贸易方式、业务特点，可以将目前保税业态划分为保税加工、保税物流、保税服务三大类（见图 7.1）。

（1）保税加工。保税加工是指经营者经海关批准，对未办理纳税手续进境的货物进行实质性加工、装配、制造及相关配套业务的生产性经营行为。在产业链上主要体现为来料加工、进料加工，以及研发试制和检测维修等前后端配套服务工序的特殊生产经营方式。根据保税加工活动是否发生在海关特殊监管区域内，保税加工可以分为海关特殊监管区域外的加工贸易和海关特殊监管区域内的加工贸易。海关特殊监管区域包括保税区、出口加工区、保税港区、跨境工业园区、综合保税区等。

（2）保税物流。保税物流是指经营者经海关批准，对未办理纳税手续进境的货物从供应地到需求地实施空间位移的服务性经营行为。在供应链上体现为采购、运输、存储、分销、分拨、中转、转运、包装、刷唛、改装、组拼、集拼、配送、调拨等流通性简单的加工业务及其增值服务，包括保税货物在口岸与海关特殊监管区域、保税监管场所之间或在海关特殊监管区域与保税监管场所内部，以及在这些区域、场所之间的流转。保税物流目前主要依托海关特殊监管区域以及保税监管场所［包含保税仓库、出口监管仓库、保税物流中心（A 型）和保税物流中心（B 型）］两大类载体形式实现。

（3）保税服务。保税服务是一种新兴的保税形式，目前在中国保税监管实践中主要体现为对从事国际服务外包业务的企业所进口的货物实施保税监管。国际服务外包是指中国关境内设立的服务外包企业，在国家法律、法规、规章允许范围内，承接由关境外客户外包的服务业务，主要包括信息技术外包服务（ITO）、业务流程外包服务（BPO）和知识流程外包服务（KPO）三大类。目前，在中国的服务贸易创新发展试点地区和服务外包示范城市内、经商务部门认定的技术先进型服务企业，或者特殊区域内企业可以享受进口设备有关优惠政策。

2. 保税货物的含义、分类及海关监管特点

中国《海关法》以法律形式明确了保税货物的含义，即"经海关批准，未办理纳税手续进境，在境内储存、加工、装配后复运出境的货物"。根据保税货物进入关境的目的不同，保税货物可分为保税加工货物和保税物流货物。需要注意的是，《海关法》仅对"保税货物"进行了定义，并根据该定义简单地将保税货物分为两类，即"在境内加工、装配后复运出境"的保税加工货物，和"在境内储存后复运出境"（含对所存货物开展流通性简单的加工和增值服务）的保税物流货物。但是从目前保税制度在中国的发展来看，这一定义过于简单，未能全面涵盖保税货物的所有形式。

保税货物是海关监管货物的一种，与一般进出口货物有着较大的区别，其海关监管特点如下：

（1）前置备案。保税货物的进口必须经海关依法核准备案。

（2）（手）账册管理。将保税货物的进、出、转、存、加工活动及数量变化通过（手）账册及申报信息体现；其中存在对设立、单耗、核销等过程的管理。

（3）暂缓纳税。经核准的保税货物，进口时均无须缴纳进口关税和进口环节税。若经核准转内销，则必须缴纳进口关税和进口环节代征税，保税加工货物还须加收缓税利息。

（4）免于管制。经核准允许保税进口的货物，除法律、行政法规另有规定外，无须提交相关进口许可证件。

（5）过程监管。海关对保税货物的监管是动态的过程管理，不同于对一般进出口货物的监管（见表 7.1）。从监管时间来看，一般进口货物监管时限是自货物进境起到办结海关手续、海关放行止，保税货物监管时限是自货物进口申报起到货物的储存、加工、装配，直至货物复运出境、办结海关核销手续，或转为一般贸易进口申报、补征税款、补交许可证件止，在这段期间，一直都处于海关监管之下。从监管空间来看，一般进口货物主要在货物进境口岸的海关监管场所，而保税货物则延伸至货物储存、加工、装配的场所。由此可见，保税货物监管链条更长、时间更久，海关要求更严，因此对经营保税业务的企业来

表 7.1　保税货物和一般进出口货物海关监管的时间和地点的不同

货物的种类	海关监管的时间	海关监管的空间
一般进出口货物	进口货物：自进境起到办结海关手续、海关放行止 出口货物：向海关申报起到装运出境止	货物进出境口岸的海关监管场所
保税货物	自进境提货起，直到储存、加工、装配后复运出境、办结海关核销手续，或转为一般进口货物，完成进口申报、补征税款、补交许可证件止等进口海关手续止	在海关监管期间，货物储存、加工、装配的任何地点

说，管理的难度更大，而对从事保税关务的人员来说，需要关注和掌控的细节也就更多。

（6）复运出境。保税货物最终的流向应当是以原状或加工后产品复运出境，这是构成保税货物的主要前提。经海关批准保税进境的货物，一旦决定不再复运出境，保税货物的特性就改变了，它们不再是保税货物，而应当按照留在境内的实际性质办理相应的进口手续。

（7）核销结关。保税货物经过海关核销后才能结关。

3. 保税货物的期限

（1）保税加工货物的保税期限。

保税加工货物的期限包括两部分：准予保税期限和申请核销期限（见表7.2）。

表7.2　保税加工货物的准予保税期限和申请核销期限

	准予保税期限	申请核销期限
纸质手册管理	原则上为1年，经批准可以延长1年	手册到期之日或最后一批成品出运后30天内核销
电子账册管理	企业电子账册记录第一批料件进口之日起到该电子账册被核销止	以180天为1个报核周期：首次报核从海关批准电子账册建立之日起算，满180天后的30天内报核，以后则从上一次报核日期起算，满180天后的30天内报核
出口加工区	加工贸易料件进区到成品出区结关止	每180天向海关申报一次保税加工货物的进出境和进出区实际情况
珠海园区	加工贸易料件进区到成品出区结关止	自企业开展业务之日起，每年向海关办理报核手续1次

准予保税期限是指经海关批准保税后在境内储存、加工、装配的时间限制，即海关准予缓办进口纳税手续的期限。其起点是进境申报之日，终点是复运出境或办理正式进口手续的日子。

申请核销期限是指保税货物经营人向海关申请核销的最后日期。

（2）保税物流货物的保税期限（见表7.3）。

表7.3　保税物流货物的保税期限

	保税期限
保税仓库	1年，经批准可以申请延长1年
出口监管仓库	6个月，经批准可以申请延长6个月
保税物流中心（A型）保税物流中心（B型）	存放时间为2年经批准可以申请延长1年
保税区、保税物流园区、保税港区	没有时间限制

7.1.2 保税货物报关基本程序

保税货物的报关与一般进出口货物不同，对于前者，不是在某一时间点办理了进口或出口手续即完成了报关，而是办结从进境、储存或加工到复运出境全过程的各种海关手续，才真正完成了保税货物的报关。

保税货物的报关基本程序是：备案申请保税—进出境报关—报核申请结案。

1. 备案申请保税（前期阶段）

保税货物进口前，经营保税货物的单位向海关提出将要进口货物的保税申请，海关给予批准后，进口货物才能保税。这有利于海关对企业申请进口的保税货物进行审核、备案，便于海关今后的监管和统计。

2. 进出境报关（中期阶段）

所有经海关核准保税的货物，在进出境时都必须和其他货物一样进入进出境报关阶段。一般进出口货物的进出境报关阶段包括四个环节：申报—配合查验—缴纳关税—海关放行。保税货物也要进入进出境报关阶段，但不同的是，保税货物可暂缓纳税，不进入第三个环节，即不进入纳税环节。

保税货物进出境报关阶段的具体环节包括：申报—配合查验—缴纳或免纳海关监管手续费—提取或装运货物。

提示 | 保税货物海关放行并不意味着结关，而是要进入海关监管阶段。

3. 报核申请结案（后期阶段）

报核申请结案是指根据企业在海关的备案，当加工合同完成后或储存货物复运出境后，企业向海关申请对进口保税货物进行核销结关。

保税货物进出口报关，海关也加盖"放行"章，但这种放行不代表结关，只是整个监管过程的一个环节。保税货物是核销结关，核销才是保税货物结关的标志，其具体的环节是：企业报核—海关受理—实施核销—结关销案。

所有经海关批准的保税货物，都必须按规定由保税货物的经营人向主管海关报核，海关受理报核后进行核销，核销后视不同情况，分别予以结关销案。

7.2 保税加工货物的报关

7.2.1 保税加工货物概述

随着国际产业分工细化，一件最终产品的各个生产环节在空间上日益分离，导致各个国家和地区根据自身的优势参与到国际分工中，加工贸易成为国际贸易的主要方式。加工贸易在中国现代化建设中大致经历了四个阶段，即探索起步阶段（1978—1987年）、快速增长阶段（1988—1998年）、规范发展阶段（1999—2003年）和转型升级阶段（2003年至今）。2003年，党的十六届三中全会通过的《中共中央关于完善社会主义市场经济体制若干问题的决定》明确，"继续发展加工贸易，着力吸引跨国公司把更高技术水平、更大增值含量的加工制造环节和研发机构转移到中国，引导加工贸易转型升级"。

1. 相关概念及特征

（1）保税加工货物。保税加工货物是指经海关批准未办理纳税手续进境，在境内加工、装配后复运出境的货物，通常被称为加工贸易保税货物。

保税加工货物包括：① 专为加工、装配出口产品而从国外进口且海关准予保税的原材料、零部件、元器件、包装物料、辅助材料等（简称料件）；② 用进口保税料件生产的成品、半成品；③ 在保税加工生产过程中产生的副产品、残次品、边角料和剩余料件。

提示 | 边角料是指加工贸易企业从事加工复出口业务，在海关核定的单位耗料量内（以下简称单耗）、加工过程中产生的无法再用于加工该合同项下出口制成品的数量合理的废、碎料及下脚料。

剩余料件是指加工贸易企业在从事加工复出口业务过程中剩余的、可以继续用于加工制成品的加工贸易进口料件。

残次品是指加工贸易企业从事加工复出口业务，在生产过程中产生的有严重缺陷或者达不到出口合同标准，无法复出口的制品（包括完成品和未完成品）。

副产品是指加工贸易企业从事加工复出口业务，在加工生产出口合同规定的制成品（即主产品）过程中同时产生的，并且出口合同未规定应当复出口的一个或者一个以上的其他产品。

受灾保税货物是指加工贸易企业从事加工出口业务时，由于不可抗力原因或者其他经海关审核认可的正当理由造成灭失、短少、损毁等以致无法复出口的保税进口料件和制品。

（2）加工贸易。加工贸易是指经营企业进口全部或者部分原辅材料、零部件、元器件、包装物料（以下统称料件），经过加工或者装配后，将制成品复出口的经营活动，包括来料加工和进料加工。

来料加工，是指进口料件由境外企业提供，经营企业不需要付汇进口，按照境外企业的要求进行加工或者装配，只收取加工费，制成品由境外企业销售的经营活动。

进料加工，是指进口料件由经营企业付汇进口，制成品由经营企业外销出口的经营活动。

二者的共同点是"两头在外"，即原料来自境外，成品又销往境外。二者的区别如表7.4所示。

表7.4　来料加工和进料加工的区别

	来料加工	进料加工
所有权	境外企业	境内经营企业
原料采购	境外企业	境内经营企业
兑付外汇	否	是
利润来源	加工费	销售利润
营销风险	境外企业	境内经营企业

加工贸易企业，包括经海关注册登记的经营企业和加工企业。

经营企业是指负责对外签订加工贸易进出口合同的各类进出口企业和外商投资企业，以及经批准获得来料加工经营许可的对外加工装配服务公司。

加工企业是指接受经营企业委托，负责对进口料件进行加工或者装配，并且具有法人资格的生产企业，以及由经营企业设立的虽不具有法人资格，但是实行相对独立的核算并已经办理工商营业证（执照）的工厂。

承揽者是指与经营企业签订加工合同，承接经营企业委托的外发加工业务的企业或者个人。

（3）保税加工货物的特征。

料件进口时暂缓缴纳进口关税及进口环节海关代征税，成品出口时除另有规定外无须缴纳关税；料件进口时除国家另有规定外免予交验进口许可证件，成品出口时凡属许可证件管理的，必须交验出口许可证件；进出境海关现场放行并不意味着结关。

2. 海关对保税加工货物的监管模式

目前，海关对保税加工货物的监管分为在海关特殊监管区域外的监管和在海关特殊监管区域内的监管两大类。在海关特殊监管区域外的监管是非物理围网的监管模式，采用加工贸易手册管理或计算机联网监管管理（加工贸易账册）；在海关特殊监管区域内的监管是物理围网的监管模式，是指经国家批准设立了海关特殊监管区域，企业在物理围网的封闭区域内从事保税加工业务，采用电子账册管理。

（1）物理围网监管。物理围网监管是指经国家批准，在境内或边境线上划出一块地方，实现物理围网，让企业在围网内专门从事保税加工业务，由海关进行封闭式的监管，采用电子账册管理。

（2）非物理围网监管。在海关特殊监管区外的监管模式包括加工贸易手册、加工贸易账册和以企业为单元。

一是加工贸易手册。加工贸易手册以合同管理为基础，实行电子身份认证，在加工贸易手册的设立、通关、核销、结案等环节，采用"电子手册＋自动核算"的模式取代纸质手册，并通过与其他相关管理部门的联网，逐步取消其他纸质单证作业，最终实行电子申报、网上备案、无纸通关。

二是加工贸易账册。加工贸易账册是指以海关为联网监管企业所建立的电子账册。海关对加工贸易企业实施联网监管，即加工贸易企业通过数据交换平台或其他计算机网络方式，向海关报送能满足海关监管要求的物流、生产经营等数据，海关对数据进行核对、核算，并结合实物进行核查的一种加工贸易监管方式。加工贸易账册以企业为单元进行管理，每家联网监管企业只设立一本加工贸易账册，海关根据联网监管企业的生产情况和海关监管的需要确定核销周期，并按照核销周期对联网监管企业的加工贸易账册进行核销。

提示 | 加工贸易账册与加工贸易手册的区别主要体现在以下方面：

（1）加工贸易账册适用于规模较大、信息化程度较高的企业；加工贸易手册适用于规模较小、信息化管理水平不高的企业。

（2）加工贸易账册体现以企业为单元的管理思路，一个企业只需办理一本加工贸易账册；加工贸易手册体现以合同为单元的管理思路，有多个合同就需要办理多本加工贸易手册。

（3）加工贸易账册的进出口数量是根据企业的最大生产周转金额核定的；加工贸易手册的进出口数量与合同一致。

（4）加工贸易账册不区分来料加工和进料加工，不同的监管方式，只需办理一个加工贸易账册；加工贸易手册则区分来料加工和进料加工手册，不同的监管方式，需要分别办理加工贸易手册。

三是以企业为单元。2018 年 6 月 21 日，海关总署发布了《关于全面推广以企业为单元加工贸易监管改革》的公告，决定在全国范围内全面推广以企业为单元的加工贸易监管改革。该模式的特点是以企业为单元，以账册为主线，以与企业物料编码对应的商品编码（料号）或经企业自主归并后形成的商品编码（项号）为基础，企业自主选择确定核销周期、单耗申报时间，以自主核报方式定期办理核销手续。以企业为单元的加工贸易监管是介于加工贸易手册和加工贸易账册之间的一种监管模式，通过由企业自主确定核销周期、单耗自核、简化深加工结转、外发加工、集中内销等作业手续，为原先使用加工贸易手册的企业减负松绑。

表 7.5　以企业为单元的加工贸易监管模式与加工贸易手册监管模式的区别

	以企业为单元	加工贸易手册
设立	以企业为单元设立账册	以合同为单元设立手册
	企业自主选择料号级或者项号级	项号级
	根据生产周期自主选择合理的核销周期	以合同期限确定有效期。最长不超过 1 年，延期不超过 1 年

	以企业为单元	加工贸易手册
进出口	最大进口量与生产能力一致	最大进口量与合同数量一致
	据实以来料加工或进料加工监管方式	以合同贸易方式据实申报一种监管方式
自主核报	企业自主核定保税进口料件的耗用量，并向海关如实申报	—
	企业可采用单耗、耗料清单和工单等保税进口料件耗用的核算方式，向海关申报当期核算结果，办理核销手续	适用单耗管理办法
年度申报	对核销周期超过1年的企业，每年至少向海关申报一次保税料件耗用量等账册数据，将年度申报的累加作为本核销周期保税料件耗用总量	—
补充申报	在账册核销周期结束前，企业对本核销周期内因突发情况和内部自查自控中发现的问题，主动向海关补充申报，并提供及时控制或整改措施，海关对企业的申报进行集中处理	—

7.2.2 电子化手册管理下的保税加工货物报关程序

加工贸易手册是海关对保税加工的基本形式，电子化手册管理模式的主要特征是以合同为单元进行监管，报关基本程序可分为前期手册设立、中期保税加工货物进出境管理、后期核销。

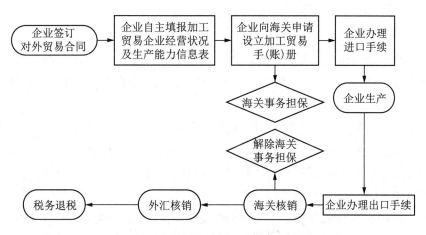

图 7.2　海关特殊监管区外的加工贸易海关监管业务流程

1. 前期——手册设立

（1）加工贸易企业基本要求。

企业申请开展加工贸易应该满足以下基本管理要求：

① 加工贸易企业应当将加工贸易货物与非加工贸易货物分开管理。

② 加工贸易货物应当存放在经海关备案的场所，实现专料专放。企业变更加工贸易货物存放场所的，应当事先通知海关，并办理备案变更手续。

③ 加工贸易企业应当根据《中华人民共和国会计法》以及海关有关规定，设置符合海关监管要求的账簿、报表以及其他有关单证，记录与本企业加工贸易货物有关的进口、存储、转让、转移、销售、加工、使用、损耗和出口等情况，凭合法、有效凭证记账并且进行核算。

④ 企业开展加工贸易业务须具备相应生产经营能力。经营企业应具备进出口经营权，加工企业应具备与业务范围相适应的工厂、加工设备和工人。企业应自觉履行安全生产、节能低碳、环境保护等社会责任。

知识链接

关于取消加工贸易企业经营状况及生产能力证明的公告

根据关于取消《加工贸易企业经营状况及生产能力证明》的公告要求，自 2019 年 1 月 1 日起，企业从事加工贸易业务不再申领"加工贸易企业经营状况及生产能力证明"，商务主管部门也不再为加工贸易企业出具"加工贸易企业经营状况及生产能力证明"。

企业开展加工贸易业务须登录加工贸易企业经营状况及生产能力信息系统，自主填报加工贸易企业经营管理状况及生产能力信息表（简称为信息表），并对信息真实性做出承诺。信息表有效期为自填报（变更）之日起 1 年，到期后或相关信息发生变化时，企业应及时更新信息表。

（2）手册设立。

经营企业应当向加工企业所在地主管海关办理加工贸易货物的手册设立手续。经营企业可以通过中国电子口岸或"互联网＋海关一体化"网上平台，提交相关单证材料，申请办理手册设立手续。

经营企业办理加工贸易货物的手册设立，应当向海关如实申报贸易方式、单耗、进出口口岸，以及进口料件和出口成品的商品名称、商品编号、规格型号、价格和原产地等情况，并且提交经营企业对外签订的合同。经营企业委托加工的，还应当提交与加工企业签订的委托加工合同。

需要办理担保手续的，经营企业按照规定提供担保后，由海关办理手册设立手续。

有下列情形之一的，海关应当在经营企业提供相当于应缴税款金额的保证金或者银行、非银行金融机构保函后办理手册设立手续：① 涉嫌走私，已经被海关立案侦查，案件尚未审结的；② 由于管理混乱被海关要求整改，且在整改期内有下列情形之一的，海关可以要求经营企业在办理手册设立手续时提供相当于应缴税款金额的保证金或者银行、非银行金融机构保函：第一，租赁厂房或者设备的；第二，首次开展加工贸易业务的；第三，加工贸易手册延期两次（含两次）以上的；第四，办理异地加工贸易手续的；第五，涉嫌违规，已经被海关立案调查，且案件尚未审结的。

加工贸易企业有下列情形之一的，不得办理手册设立手续：① 进口料件或者出口成品属于国家禁止进出口的；② 加工产品属于国家禁止在中国境内加工生产的；③ 进口料件不宜实行保税监管的；④ 经营企业或者加工企业属于国家规定不允许开展加工贸易的；⑤ 经营企业未在规定期限内向海关报核已到期的加工贸易手册，又重新申报设立手册的。

海关应当自接受企业手册设立申报之日起 5 个工作日内完成加工贸易手册设立手续。

（3）单耗备案。

单耗是加工贸易监管的重心，单耗管理的目的是确保加工贸易企业将保税进口的料件真实合理地用于出口成品。单耗是指加工贸易企业在正常加工条件下加工单位成品所耗用的进口料件数量，包括净耗和工艺损耗。单耗标准是指供通用或者重复使用的加工贸易单位成品耗料量的准则。单耗标准设定最高上限值，其中出口应税成品单耗标准增设最低下限值。净耗是指在加工后，料件通过物理变化或者化学反应存在或者转化到单位成品中的量。工艺损耗是指因加工工艺原因，料件在正常加工过程中除净耗外所必需耗用、但不能存在或者转化到成品中的量，包括有形损耗和无形损耗。工艺损耗率是指工艺损耗占所耗用料件的百分比。

单耗的计算公式为：单耗 = 净耗 /（1– 工艺损耗率）

加工贸易单耗管理的法律依据是《中华人民共和国海关加工贸易单耗管理办法》（以下简称《单耗管理办法》）。加工贸易企业应当在加工贸易手册设立环节向海关进行单耗备案。海关特殊监管区域、保税监管场所外的加工贸易企业应当在单耗标准内向海关进行单耗备案或者单耗申报。加工贸易企业应当在成品出口、深加工结转或者内销前如实向海关申报单耗。申报单耗应当包括以下内容：① 加工贸易项下料件和成品的商品名称、商品编号、计量单位、规格型号和品质；② 加工贸易项下成品的单耗；③ 加工贸易同一料件有保税和非保税料件的，应当申报非保税料件的比例、商品名称、计量单位、规格型号和品质。

2. 中期—保税加工货物进出境

经营企业可以通过以下方式进口或出口保税加工货物：境外直接进口或出口；海关特殊监管区域、保税监管场所进口或出口；通过深加工结转方式转入或转出。

（1）进出境货物报关。保税加工货物进出境由加工贸易经营单位或其代理人凭电子化手册编号或其他准予合同备案的凭证向海关申报。保税加工货物进出口报关与其他货物进出口一样，也要经过申报、配合查验、缴纳税费（没有批准保税的缴纳进口税，批准保税的缴纳监管手续费）、提取货物或装运货物的阶段。

但保税加工货物进出口报关与一般进出口货物报关的最大不同点是：保税加工货物报关时，在联网系统中已经有备案底账，因此是在备案底账基础上直接输入电子数据报关。保税核注清单是保税底账核注的专用单证，属于办理加工贸易及保税监管业务的相关单证。企业进出口申报时必须录入并申报相应的保税核注清单。

保税加工货物进出口报关要求如下：①报关时所提供的有关单证内容必须与备案时的数据一致；②报关时的数据必须与备案时的数据完全一致，且商品的名称、数量、规格、计量单位、币种等应与备案时的完全一样，且字面相同；③报关人可以是加工经营企业，也可以是其代理；④报关时须提供加工贸易登记手册或其他准予合同备案的凭证；⑤属于国家管制的进出口商品，必须提供有关部门的许可证件。

报关时应注意两个问题。①许可证件管理。第一，进口料件，除易制毒化学品、监控化学品、消耗臭氧层物质、原油、成品油等个别规定商品外，均可免予交验进口许可证件；第二，出口成品，属于国家规定应交验出口许可证的，在出口报关时必须交验出口许可证。②税收管理。第一，准予保税加工贸易进口料件，进口时暂缓纳税；第二，生产成品出口时，若全部使用进口料件生产，不征收出口关税；第三，生产成品出口时，若部分使用进口料件生产，按使用国产料件的比例征收关税。计算公式如下：

出口关税 = 出口货物完税价格 × 出口关税税率 × 出口产品中使用的国产料件比例

例如，一套设备的80%用进口料件生产，20%用国内的料件生产，那么，这个产品出口的时候，按20%的国内的料件来征收关税。

（2）深加工结转货物报关。深加工结转是指加工贸易企业将保税进口料件加工的产品转至另一加工贸易企业进一步加工后复出口的经营活动。

有下列情形之一的，加工贸易企业不得办理深加工结转手续：①不符合海关监管要求，被海关责令限期整改，且在整改期内的；②有逾期未报核手册的；③由于涉嫌走私已经被海关立案调查，且尚未结案的。

加工贸易企业未按照海关规定进行收发货的，不得再次办理深加工结转手续。

根据海关总署2019年第218号公告，海关大幅简化了加工贸易企业对深加工结转业务的申报手续，即海关对加工贸易深加工结转业务不再进行事前审核，企业实现深加工结转一次申报、收发货记录自行留存备查。具体来说就是企业通过海关"金关二期"加工贸易管理系统办理深加工结转业务时，不再向海关申报深加工结转申报表和收发货记录，只需在规定的时间内直接向海关申报保税核注清单及报关单，办理结转手续。

（3）外发加工。外发加工是指经营企业委托承揽者对保税加工货物进行加工，在规定期限内将加工后的产品最终复出口的行为。承揽者可以是企业，也可以是个人。

根据海关总署2019年第218号公告，海关大幅简化了加工贸易企业外发加工业务的申报手续，企业通过海关"金关二期"加工贸易管理系统办理外发加工业务时，不再向海关申报外发加工发货登记，从而实现企业外发加工一次申报、收发货记录自行留存备案。

企业应如实填写并向海关申报外发加工申报表。对于需要全工序外发的，企业应在申报表中勾选"全工序外发"标志，并按规定提供担保后，才可以开展外发加工业务。经营企业开展外发加工业务的，应当按照外发加工的相关管理规定自外发之日起 3 个工作日内向海关办理备案手续。经营企业开展外发加工业务，不得将加工贸易货物转卖给承揽者；承揽者不得将加工贸易货物再次外发。对于外发加工的成品、剩余料件以及生产过程中产生的边角料、残次品、副产品等加工贸易货物，经营企业向所在地主管海关办理相关手续后，可以不运回本企业。

提示｜ 外发加工与深加工结转的区别如下：

（1）外发加工主体是一家加工贸易经营企业，所外发的加工贸易货物物权属于加工贸易经营企业；深加工结转的主体则是处于产业链上下游的两家加工贸易企业，所结转的加工贸易货物物权发生了变化。

（2）外发加工不需要向海关申报保税核注清单及报关单，而深加工结转需要。

（4）加工贸易其他保税货物的报关。加工贸易其他保税货物是指生产过程中产生的剩余料件、边角料、残次品、副产品、受灾保税货物和经批准不再出口的成品、半成品、料件等。

加工贸易企业应在手册有效期内对上述产品处理完毕，其处理方式可有内销、结转、退运、放弃、销毁等。

第一，内销报关。

企业申请内销加工贸易货物的，除了根据内销货物种类分别按照原进口料件或者报验状态依法征税外，还需缴纳缓税利息；属于国家对进口有限制性规定的，还应当向海关提交进口许可证件；同时需要根据《中华人民共和国海关审定进出口货物完税价格办法》（简称《审价办法》）接受海关对内销货物价格的审查确定。对由于改进工艺和改善经营管理环节而结余的进口料件和用结余料件生产的制成品以及再生产过程中产生的副产品、残次品，经营单位申请内销，海关按表 7.6 中的办法处理后予以核销。

表 7.6　海关对申请内销保税货物的处理

	申报价格	税款的缴纳	适用税率	缓税利息的缴纳
边角料	按照海关审定价格申报		海关接受申报，办理纳税手续之日的税率	不缴纳
剩余料件	按进口时的价格申报	按申报数量缴税		缴纳
残次品	根据其所用料件进口价格申报	根据单耗折算数量计征税款		
副产品	按照海关审定价格申报	按报验状态计征税款		

海关总署 2019 年第 218 号公告优化了加工贸易货物内销征税手续，企业通过海关"金关二期"加工贸易管理系统办理加工贸易货物内销业务时，直接通过保税核注清单生成内销征税报关单，并办理内销征税手续，不再向海关申报内销征税联系单。

提示| 申请内销的剩余料件，如果金额占该加工贸易合同项下实际进口料件总额的 3% 及以下且总值在人民币 1 万元以下（含 1 万元）的，免于审批、免交许可证，但仍需缴纳进口税。

第二，结转报关。

剩余料件可以结转到另一个加工贸易合同生产出口，但必须在经营单位相同、加工企业相同、进口料件相同和加工贸易方式相同的情况下结转。

海关对加工贸易余料结转业务不再进行事前审核。企业应在规定时间内向海关申报保税核注清单，办理余料结转手续，实现企业余料结转一次申报。

对同一经营企业申报将余料结转到另一加工企业的、剩余料件转出金额达到该加工贸易合同项下实际进口料件总额的 50% 及以上的、剩余料件所属加工贸易合同办理两次及以上延期手续等情形的，企业不再需要提供担保。

第三，退运报关。

加工贸易企业因故申请将边角料、剩余料件、残次品、副产品或者受灾保税货物退运出境的，海关按照退运的有关规定办理退运报关，凭有关退运证明材料办理核销手续。

第四，销毁。

加工贸易企业因故无法内销或者退运的边角料、剩余料件、残次品、副产品或者受灾保税货物，由加工贸易企业委托具有法定资质的单位进行销毁处置，海关凭相关单证、处置单位出具的接收单据和处置证明等资料办理核销手续。

海关可以派员监督处置，加工贸易企业及有关处置单位应当予以配合。加工贸易企业因处置获得的收入，应当向海关如实申报，海关比照边角料内销征税的管理规定办理征税手续。

第五，受灾货物的报关。

加工贸易企业在受灾后 7 日内向主管海关书面报告，并提供有关材料的，海关可派员核查取证。具体情况如下：① 货物灭失或失去使用价值的，可由海关审定、免税；② 受灾货物需销毁的，同其他保税货物的销毁处理一样；③ 可再利用的，按照海关审定的保税货物价格，按照对应的税率缴纳进口税和缓税利息；④ 因不可抗力造成的受灾保税货物处理时，属于许可证管理的，免交许可证；反之，应当交验进口许可证。

3. 后期核销

核销是指加工贸易经营企业加工复出口或者办理内销等海关手续后，凭规定单证向海关报核，海关按照规定进行核查后办理解除监管手续的行为。也就是说，经营企业根据加工贸易货物进、销、存、转等情况，将加工贸易手册有效期内的料件进口、成品出口、生产加工、货物库存、深加工结转、内销征税及边角料、残次品、副产品、剩余料件等的处理情况向海关申报，海关予以审核、核销、结案的过程。

经营企业应自加工贸易手册项下最后一批成品出口或者加工贸易手册到期之日起30日内向海关报核。经营企业对外签订的合同提前终止的，应当自合同终止之日起30日内向海关报核。

经营企业向海关报核时应如实申报进口料件、出口成品、边角料、剩余料件、残次品、副产品以及单耗（单位耗料量）等情况。企业单证齐全、正确有效，且数据规范完整的，海关自受理报核之日起30日内予以核销，完成核销结案手续。特殊情况需要延长的，经直属海关关长或者其授权的隶属海关关长批准，可以延长30日。

7.2.3 电子账册管理下的保税加工货物报关程序

1. 电子账册的建立

电子账册的建立要经过保税加工联网企业的申请和审批、加工贸易业务的申请和审批、建立电子账册和商品归并关系三个步骤。

（1）保税加工联网企业的申请和审批。具备下列条件的加工贸易企业可以向所在地直属海关申请加工贸易联网监管：①在中国关境内具备加工贸易经营资格的独立法人，在海关注册、以出口为主的生产型企业；②守法经营，资信可靠，内部管理规范，对采购、生产、库存、销售等实行全程计算机管理；③能按照海关监管要求提供真实、准确、完整并具有被核查功能的数据；④有足够的资产或资金为本企业实行联网监管应承担的经济责任提供总担保。

申请联网监管的企业应向海关提供规定的单证，经经营企业所在地直属海关审核，对于符合条件、单证齐备的加工贸易企业，主管海关制发"海关实施加工贸易联网监管通知书"。

（2）加工贸易业务的申请和审批。联网企业的加工贸易业务由商务主管部门审批。商务主管部门收到联网企业申请后，审定联网企业的加工贸易资格、业务范围和加工生产能力。对非国家禁止开展的加工贸易业务予以批准，并签发《联网监管企业加工贸易业务批准证》。

知识链接

联网企业如何申请开展加工贸易业务

联网企业申请开展加工贸易业务应提交的单证如下：（1）工商营业执照复印件；（2）海关对企业实施联网监管的验收合格证书；（3）企业进出口经营权批准文件；（4）由加工企业注册地县级以上商务主管部门出具的《加工贸易企业经营状况和生产能力证明》正本；（5）联网企业上年度加工贸易出口情况的证明材料；（6）经营范围清单，含进口料件和出口制成品的品名及4位数的HS编码；（7）其他审批机关认为需要出具的证明文件或材料。

（3）建立电子账册和商品归并关系。

首先，建立电子账册。联网企业凭商务主管部门签发的《联网监管企业加工贸易业务批准证》向所在地主管海关申请建立电子账册。海关以商务主管部门批准的加工贸易经营范围、年生产能力等为依据，建立电子账册。

电子账册包括加工贸易"经营范围电子账册"和"便捷报关电子账册"。"经营范围电子账册"用于检查控制"便捷报关电子账册"进出口商品的范围，不能直接报关。"便捷报关电子账册"则用于加工贸易货物的备案、报关和核销。

电子账册编码为12位，"经营范围电子账册"第一位、第二位为标记代码"IT"，"便捷报关电子账册"第一位为标记代码"E"，因此"便捷报关电子账册"也叫"E"账册。

其次，建立商品归并关系。商品归并关系是指海关与联网企业根据监管的需要按照中文品名、HS编码、价格、贸易管制等条件，将联网企业内部管理的"料号级"商品与电子账册备案的"项号级"商品归并或拆分，建立一对多或多对一的对应关系。

联网企业应将开展加工贸易所需进口料件、出口成品清单及商品归类报送主管海关，由主管海关完成商品的归类审核工作，根据情况建立商品归并关系。

2．备案

备案即企业凭商务主管部门的批准证分别向海关办理"经营范围电子账册"备案手续和"便捷报关电子账册"备案手续。

（1）"经营范围电子账册"备案内容为经营单位名称及代码、加工单位名称及代码、批准证件编号、加工生产能力、加工贸易进口料件和成品范围（商品编码前4位）。企业的经营范围、加工能力等发生变更时，经商务主管部门批准后，企业可向海关申请变更。

（2）"便捷报关电子账册"备案内容包括：①企业基本情况表，包括经营单位及代码、加工企业及代码、批准证编号、经营范围账册号、加工生产能力等；②料件、成品部分，包括归并后的料件、成品名称、规格、商品编码、备案计量单位、币制、征免方式等；③单耗关系，包括成品版本号、对应料件的净耗、损耗率等。

海关可根据企业的加工能力设定电子账册最大周转金额，并可对部分高风险或需要重点监管的料件设定最大周转数量。电子账册进口料件的金额、数量加上电子账册剩余料件的金额、数量不得超过最大周转金额和最大周转数量。

3．进出口货物报关

电子账册模式下联网企业的保税加工货物报关与电子化手册模式一样，也包含进出境货物报关、深加工结转货物报关和其他保税加工货物报关。

（1）进出境货物报关。

第一，报关清单的生成。使用"便捷报关电子账册"办理报关手续，企业应先根据实际进出口情况，从企业系统导出料号级数据，生成归并前的报关清单，通过网络发送到电子口岸。报关单应按照加工贸易合同填报监管方式，进口报关清单上填制的总金额不得超过电子账册最大周转金额的剩余额。

第二，报关单的生成。联网企业进出口保税加工货物应使用企业内部的计算机，采用计算机原始数据形成报关清单，报送中国电子口岸。电子口岸将企业报送的报关清单根据归并原则进行归并，并分拆成报关单后发送回企业；企业填报完整的报关单内容后，通过网络向海关正式申报，如图7.3所示。

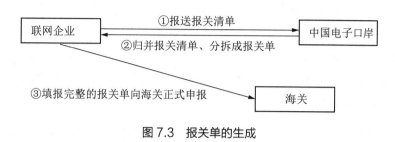

图7.3　报关单的生成

第三，报关单的修改与删除。具体分为以下两种：

报关单修改：不涉及报关清单的报关单内容可直接进行修改，涉及报关清单的报关单内容修改必须先修改报关清单，再重新进行归并。

报关单删除：报关单申报后，一律不得修改，只能删除。

提示| 联网企业备案的进口料件和出口成品等内容，是货物进出口时与企业实际申报货物进行核对的电子底账，因此申报数据与备案数据应当一致。

进口报关单的总金额不得超过电子账册最大周转金额的剩余值，如果电子账册对某项下料件的数量进行限制，则报关单上该项商品的申报数量不得超过其最大周转量的剩余值。

（2）深加工结转货物报关。与电子化手册管理下的保税货物深加工结转报关一样。故不再赘述。

（3）其他保税加工货物报关。与电子手册管理下的其他保税货物报关一样，故不再赘述。

4. 报核和核销

电子账册采用的是"以企业为单元"的管理方式，即一个企业只有一个电子账册。电子账册实行滚动核销形式，即对电子账册按照时间段进行核销，将某个确定的时间段内企业的加工贸易进出口情况进行平衡核算。

联网企业在向海关正式申请核销前应以电子报文形式向海关申请报核。

（1）企业报核。

第一，预报核。在向海关正式申请核销前，在电子账册本次核销周期到期之日起30天内，企业要对本次核销期内进出口涉及的报关单号、进出口岸、扣减方式、进出标志等信息以电子报文形式向海关申请报核。

第二，正式报核。预报核经海关审核通过后，企业应以预报核海关核准的报关数据为基础，准确、详细地填报本期保税进口料件的应有数量、实有数量和消耗数量等内容，以电子数据向海关正式申请报核。

经海关认定企业实际库存多于应存数，且有合理正当理由的，可以计入电子账册下期核销，对由其他原因造成的，依法处理。

联网企业不再使用电子账册的应当向海关申请核销。电子账册核销完毕后，海关予以注销。

（2）海关核销。

海关核销的目的是掌握企业在某个时段进口的各项保税加工料件的使用、流转、损耗的情况，确认是否符合以下的平衡关系：

进口保税料件（含深加工结转进口）＝出口成品折料（含深加工结转出口）＋
内销料件＋内销成品折料＋剩余料件＋损耗－退运成品折料

提示 | 对联网企业实行定期或周期性的核销制度。一般规定 180 天为一个报核周期。首次
报核期限为电子账册建立之日起 180 天后的 30 天内；之后的报核期限为上次报核之
日起 180 天后的 30 天内。

核销的同时企业可正常进出口通关，电子账册核销不是清零式的核销，它允许企业料件有余量，核销后剩余料件可自动转入下期继续使用或出口。

7.2.4 海关特殊监管区内保税加工货物报关程序

海关特殊监管区域是指经国务院批准设立，并由海关实行封闭监管的特定区域。海关特殊监管区域包括保税区、出口加工区、保税港区、综合保税区、跨境工业园区五类。综合保税区是海关特殊监管区域整合的方向和发展的重点。2015 年出台的《国务院办公厅关于加快海关特殊监管区域整合优化方案》明确了逐步将现有的出口加工区、保税物流园区、跨境工业区、保税港区及符合条件的保税区整合为综合保税区，新设立的海关特殊监管区域统一命名为综合保税区，因此，海关特殊监管区域从多类型并存向统一模式转型。截至2022 年 12 月，中国已有五种类型的海关特殊监管区域共计 168 个，其中，保税区 8 个、出口加工区 1 个、保税港区 2 个、综合保税区 156 个、跨境工业园区 1 个。综合保税区在全部海关特殊监管区域中的占比达 92.9%。海关总署于 2022 年 1 月 1 日发布并于 4 月 1 日起正式实施《中华人民共和国海关综合保税区管理办法》。

海关特殊监管区内既能开展保税加工和其他许可的业务，又能经营保税物流，采用电子账册管理。本小节以电子账册＋综合保税区的模式，介绍在海关特殊监管区内保税加工

货物的报关要点。

1. 对综合保税区内企业的要求

（1）综合保税区内企业（以下简称"区内企业"）及其分支机构应当取得市场主体资格，并依法向海关办理注册或者备案手续。区内从事食品生产的企业应当依法取得国内生产许可。企业按照《中华人民共和国市场主体登记管理条例》办理市场主体登记。

（2）区内企业应当依照法律法规的规定规范财务管理，并按照海关规定设立海关电子账册，电子账册的备案、变更、核销应当按照海关相关规定执行。海关对区内企业实行计算机联网管理。电子账册管理系统中既有保税加工账册管理模块，也有保税物流账册管理模块。

提示 | 海关对综合保税区内加工贸易货物不实行单耗标准管理。

（3）区内企业的生产经营活动应当符合国家产业发展要求，不得开展高耗能、高污染和资源性产品以及列入《加工贸易禁止类商品目录》商品的加工贸易业务。

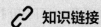 **知识链接**

综合保税区的业务范围

1. 综合保税区实行封闭式管理。
2. 区内企业可以依法开展以下业务：（1）研发、加工、制造、再制造；（2）检测、维修；（3）货物存储；（4）物流分拨；（5）融资租赁；（6）跨境电商；（7）商品展示；（8）国际转口贸易；（9）国际中转；（10）港口作业；（11）期货保税交割；（12）国家规定可以在区内开展的其他业务。

2. 海关对综合保税区货物的监管要点

海关对综合保税区货物的监管可分为以下三类：综合保税区与境外之间进出货物的管理、综合保税区与境内区外之间进出货物的管理、综合保税区内货物的管理。

（1）综合保税区与境外之间进出货物的管理（即"一线"进出）。

除法律法规另有规定外，国家禁止进出口的货物、物品不得在综合保税区与境外之间进出。综合保税区与境外之间进出的货物不实行关税配额、许可证件管理，但法律法规、中国缔结或者参加的国际条约、协定另有规定的除外。

海关对综合保税区与境外之间进出的货物实行备案制管理。其收发人或者代理人应当如实向海关申报，按照海关规定填写进出境货物备案清单并办理相关手续。

境外进入综合保税区的货物及其外包装、集装箱，由海关依法在进境口岸实施检疫。

因口岸条件限制等原因，海关可以在区内符合条件的场所（场地）实施检疫。综合保税区运往境外的货物及其外包装、集装箱，由海关依法实施检疫。

境外进入综合保税区的货物，海关对其予以保税，但减免税货物、征税货物除外。如：区内生产性的基础设施建设项目所需的机器、设备和建设生产厂房、仓储设施所需的基建物资；区内企业开展区内业务所需的机器、设备、模具及其维修用零配件；综合保税区行政管理机构和区内企业自用合理数量的办公用品，除法律法规另有规定外。以上货物从境外进入综合保税区，海关免征进口关税和进口环节税。从境外进入综合保税区，供区内企业和行政管理机构自用的交通运输工具、生活消费用品，海关依法征收进口关税和进口环节税。

海关对综合保税区运往境外的货物免征出口关税，法律法规另有规定的除外。

（2）综合保税区与境内区外之间进出货物的管理（即"二线"进出）。

在综合保税区与国境内的其他地区（以下简称区外）之间进出的货物，区内企业或者区外收发货人应当按照规定向海关办理相关手续。货物属于关税配额、许可证件管理的，应当取得关税配额、许可证件；海关应当对关税配额进行验核，对许可证件电子数据进行系统自动比对验核。

在综合保税区与境内区外之间进出的货物，区内企业或者区外收发货人应当按照货物进出区时的实际状态依法缴纳关税和进口环节税。区内企业加工生产的货物出区内销时，区内企业或者区外收发货人可以选择按照产品或其对应进口料件缴纳关税，并补缴关税税款缓税利息；进口环节税应当按照出区时货物的实际状态照章缴纳。

区内企业在加工生产过程中使用保税料件产生的边角料、残次品、副产品以及加工生产、储存、运输等过程中产生的包装物料，在运往区外销售时，区内企业应当按照货物出区时的实际状态缴纳税款；残次品、副产品属于关税配额、许可证件管理的，区内企业或者区外收发货人应当取得关税配额、许可证件；海关应当对关税配额进行验核、对许可证件电子数据进行系统自动比对验核。

海关对以出口报关方式进入综合保税区的货物予以保税；其中，区内企业从区外采购的机器、设备，企业参照进口减免税货物的监管年限管理，监管年限届满的自动解除监管，免于提交许可证件；监管年限未满企业申请提前解除监管的，参照进口减免税货物补缴税款的有关规定办理相关手续，免于提交许可证件。

区内企业可以按照海关规定办理集中申报手续。

海关对综合保税区与其他综合保税区等海关特殊监管区域、保税监管场所之间往来的货物予以保税。海关对综合保税区与其他综合保税区等海关特殊监管区域或者保税监管场所之间流转的货物，不征收关税和进口环节税。

（3）综合保税区内货物的管理。

综合保税区内货物可以自由流转，但是区内企业转让、转移货物时，双方企业应当及时向海关报送转让、转移货物的品名、数量、金额等电子数据信息。区内货物不设存储期限。

区内企业可以利用监管期限内的免税设备接受区外企业委托开展加工业务，开展委托加工业务的企业应设立专用的委托加工电子账册。委托加工用料件需使用保税料件的，区内企业应当向海关报备。

区内企业可以按照海关规定将模具、原材料、半成品等运往区外进行外发加工，外发加工期限不得超过合同有效期，加工完毕的货物应当按期运回综合保税区。外发加工产生的边角料、残次品、副产品不运回综合保税区的，海关应当按照货物实际状态征税；残次品、副产品属于关税配额、许可证件管理的，区内企业或者区外收发货人应取得关税配额、许可证件；海关应对有关关税配额进行验核、对许可证件电子数据进行系统自动比对验核。

因不可抗力造成综合保税区内货物损毁、灭失的，区内企业应当及时报告海关。经海关核实后，区内企业可以按照下列规定办理：① 货物灭失，或者虽未灭失但完全失去使用价值的，办理核销和免税手续；② 境外进入综合保税区或者区外进入综合保税区且已办理出口退税手续的货物损毁，失去部分使用价值的，办理出区内销或者退运手续；③ 区外进入综合保税区且未办理出口退税手续的货物损毁，失去部分使用价值的，需要向出口企业进行退换的，办理退运手续。

因保管不善等非不可抗力因素造成区内货物损毁、灭失的，区内企业应当及时报告海关并说明情况。经海关核实后，区内企业可以按照下列规定办理：① 境外进入综合保税区的货物，按照一般贸易进口货物的规定办理相关手续，并按照海关审定的货物损毁或灭失前的完税价格，以货物损毁或灭失之日适用的税率、汇率缴纳关税、进口环节税；② 区外进入综合保税区的货物，重新缴纳因出口而退还的国内环节有关税收，已缴纳出口关税的，不予退还。

区内企业申请放弃的货物，经海关及有关主管部门核准后，由海关依法提取变卖，变卖收入按照国家有关规定处理，但法律法规规定不得放弃的除外。

表 7.7 综合保税区货物的报关手续

目　　的			报关手续
进出境报关	与境外之间进出境货物，属自用的		报关制
	与境外之间进出境货物，属非自用的		备案制
进出区报关	保税进口料件和用保税进口料件生产的成品、半成品进出区	进区	报出口
		出区	报进口，根据货物不同流向填写不同的进口货物报关单
	进出区外发加工	进区加工	凭外发加工合同向保税区海关备案，加工出区后核销
		出区加工	由区外加工企业向其所在地海关办理加工贸易备案，加工进区后核销
	设备进出区	进出区	向保税区海关备案

7.3 保税物流货物的报关

保税物流货物是指经海关批准未办理纳税手续进境，在境内进行分拨、配送或储存后复运出境的货物，也被称为保税仓储货物，包括在海关保税监管场所和海关特殊监管区域内开展的保税物流业务。本节将围绕海关保税监管场所介绍海关对保税物流货物的监管规定。

7.3.1 海关保税监管场所概述

1. 保税监管场所的含义

保税监管场所是经海关批准设立，由海关实施保税监管的特定场所，主要包括保税仓库、出口监管仓库、保税物流中心（A型）、保税物流中心（B型）等四类，其属于海关事权，即保税监管场所的设立、审批和管理主要由海关负责。

保税监管场所内只能开展保税物流业务，不能开展保税加工业务，但是可以开展流通性简单加工和增值服务，即可以对货物进行分级、分类、分拆、分拣、分装、计量、组合包装、打膜、加刷唛码、刷贴标志、改换包装、拼装等辅助性简单作业。在海关特殊监管区域既能开展保税物流业务，也能开展保税加工业务和其他准许的业务。

2. 保税监管场所的功能

世界海关组织所制定的《京都公约》有关于"海关仓库"的专项条款，根据其对"海关仓库"的定义，货物在进口时尚不知最后会做何处理的，可选择存放一段时间；如准备供境内使用的，可推迟到货物真正为境内使用时才缴纳进口税费；进口商还可选择将货物存放在仓库内，以便货物免受有关限制和禁止规定的管制；如货物准备重新出口，则以一种免纳进口税费的海关制度来存放。

由此可见，保税监管场所的功能主要包括以下三个方面：一是在确定货物供境内使用前，无缴纳进口税费的义务，如重新出口，则免除进口税费；二是为货物存放者提供更多的时间，方便其为货物找到最合适的贸易方式；三是不只限于进口货物，原产于本国的拟出口的应缴或已缴国内税费的货物也可存放。保税仓库具备前两项功能，出口监管仓库具备第三项功能，而保税物流中心（A型）和保税物流中心（B型）则基本具备了上述三项功能。

> **🔗 知识链接**
>
> **关于保税监管场所的海关总署令**
>
> 每一类型的保税监管场所都有一部与之相对应的部门规章（海关总署令），分别为：

（1）《中华人民共和国海关对保税仓库及所存货物的管理规定》（海关总署令第 105 号）

（2）《中华人民共和国海关对出口监管仓库及所存货物的管理办法》（海关总署令第 133 号）

（3）《中华人民共和国海关对保税物流中心（A 型）的暂行管理办法》（海关总署令第 129 号）

（4）《中华人民共和国海关对保税物流中心（B 型）的暂行管理办法》（海关总署令第 130 号）

7.3.2　保税仓库货物的报关

1. 保税仓库概述

（1）保税仓库的含义。保税仓库是经海关批准设立的专门用于存放保税货物和其他未办结海关手续货物的仓库。

经海关批准可以存入保税仓库的货物有：① 加工贸易进口货物；② 转口货物；③ 供应国际航行船舶和航空器的油料、物料和维修用零部件；④ 供应维修外国产品所进口寄售的零配件；⑤ 外商暂存物品；⑥ 未办结海关手续的一般贸易货物；⑦ 经海关批准的其他未办结海关手续的货物。

保税仓库不得存放国家禁止进境货物，不得存放未经批准的影响公共安全、公共卫生或健康、公共道德或秩序的国家限制进境货物以及其他不得存入保税仓库的货物。

（2）保税仓库的分类。按使用对象不同，保税仓库可分为自用型、公用型、专用型保税仓库三类。

① 自用型保税仓库由特定的中国境内独立企业法人经营，仅存储供本企业自用的保税货物。

② 公用型保税仓库由主营仓储业务的中国境内独立企业法人经营，专门向社会提供保税仓储服务。

③ 专用型保税仓库是专门用来存储具有特定用途或特殊种类商品的海关监管仓库，包括液体保税仓库、备料保税仓库、寄售维修保税仓库和其他专用型保税仓库。液体保税仓库是指专门提供石油、成品油或者其他散装液体保税仓储服务的保税仓库。备料保税仓库是指加工贸易企业存储为加工复出口产品所进口的原材料、设备及其零部件的保税仓库，所存保税货物仅限于供应本企业。寄售维修保税仓库是指专门存储为维修外国产品所进口寄售零配件的保税仓库。

（3）保税仓库的设立。保税仓库应当设立在设有海关机构、便于海关监管的区域。

第一，设立保税仓库经应具有的条件。经营保税仓库的企业，应当具备下列条件：① 经工商行政管理部门注册登记，具有企业法人资格；② 具有专门存储保税货物的营业场所。

保税仓库应当具备下列条件：① 符合海关对保税仓库布局的要求；② 具备符合海关监管要求的隔离设施、监管设施和办理业务必需的其他设施；③ 具备符合海关监管要求的保税仓库计算机管理系统并与海关联网；④ 具备符合海关监管要求的保税仓库管理制度；⑤ 公用保税仓库面积最低为 2 000 平方米；⑥ 液体保税仓库容积最低为 5 000 立方米；⑦ 寄售维修保税仓库面积最低为 2 000 平方米；⑧ 法律、行政法规、海关规章所规定的其他条件。

第二，保税仓库的设立。

企业申请设立保税仓库的，应当向仓库所在地主管海关申请并提供相关材料。材料齐全有效的，主管海关予以受理。主管海关应当自受理申请之日起 20 个工作日内提出初审意见并将有关材料报送直属海关审批。直属海关应当自接到材料之日起 20 个工作日内审查完毕，对符合条件的，出具批准文件，批准文件的有效期为 1 年。申请设立保税仓库的企业应当自海关出具保税仓库批准文件 1 年内向海关申请保税仓库验收。申请企业无正当理由逾期未申请验收或者保税仓库验收不合格的，该保税仓库的批准文件自动失效。保税仓库验收合格后，经海关注册登记并核发《保税仓库注册登记证书》，方可以开展有关业务。《保税仓库注册登记证书》有效期为 3 年。

提示 | 海关对保税仓库的设立审批属于行政许可事项，应当符合行政许可的程序性要求。

 知识链接

申请设立保税仓库需提交的材料

申请设立保税仓库应向海关提交的材料包括：《保税仓库申请书》；申请设立的保税仓库位置图及平面图；对申请设立寄售维修型保税仓库的，还应当提交经营企业与外商的维修协议。

2. 保税仓库货物的报关手续

（1）进库报关。

货物在保税仓库所在地进境时，除国家另有规定的外，免领进口许可证件，由收货人或其代理人办理进口报关手续，海关现场放行后存入保税仓库，货物在保税仓库所在地以外的其他口岸入境时，经海关批准，收货人或其代理人可以按照转关运输的报关程序办理手续，也可以直接在口岸海关办理异地传输报关手续。

（2）出库报关。

保税货物出库按去向和用途可分为进口报关和出口报关两种情况，报关人应按规定办理相应报关手续。保税仓库货物出库，根据情况可以逐一报关，也可以集中报关。

首先是进口报关。保税仓库货物出库转进口的，应当经海关批准，按照进口货物的有关规定办理以下相关手续：① 保税仓库货物出库用于加工贸易的，由加工贸易企业或其代理人按加工贸易货物的报关程序办理进口报关手续；② 保税仓库货物出库用于可以享受特定减免税的，由享受特定减免税的企业或其代理人按特定减免税货物的报关程序办理进口报关手续；③ 保税仓库货物出库进入国内市场或使用于境内其他方面的，由保税仓库经营企业按一般进口货物的报关程序办理进口报关手续；④ 保税仓库内的寄售维修零配件申请以保税期内免税出仓的，由保税仓库经营企业办理进口报关手续，填制进口货物报关单。

其次是出口报关。保税仓库货物为转口或退运到境外而出库的，保税仓库经营企业或其代理人按一般出口货物的报关程序办理出口报关手续，但可免缴纳出口关税，免交验出口许可证。

最后是集中报关。保税货物出库批量少、批次频繁的，经海关批准可以办理定期集中报关手续。

（3）流转报关。

在保税仓库和海关特殊监管区域或其他海关保税监管场所往来流转的货物，按转关运输的有关规定办理相关手续。保税仓库和海关特殊监管区域或其他海关保税监管场所在同一直属关区内的，经直属海关批准，可不按转关运输方式办理。保税仓库货物转往其他保税仓库的，应当在各自仓库主管海关报关，先进口、后出口。

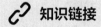 **知识链接**

免征关税和进口环节代征税的保税仓储货物

下列保税仓储货物出库时依法免征关税和进口环节代征税：（1）用于在保修期限内免费维修有关外国产品并符合无代价抵偿货物有关规定的零部件；（2）用于国际航行船舶和航空器的油料、物料；（3）国家规定免税的其他货物。

保税仓库货物的报关手续如表 7.8 所示。

表 7.8　保税仓库货物的报关手续

方　式		去向和用途	报关手续
进库	进口报关	在保税仓库所在地入境	除三种情况外，免证
		在保税仓库所在地以外入境	按照进口货物转关运输办理
			按照进口货物异地传输办理

（续表）

方 式	去向和用途	报关手续
出库	进口报关 出库用于加工贸易	按加工贸易货物报关程序办理
	出库用于特定减免税用途	按减免税货物报关程序办理
	出库用于国内市场或其他	按一般进出口货物报关程序办理
	出口报关 运往境外	按一般出口货物报关程序办理
	退运	

提示 | 保税仓库需"二次报关"才能提取货物。因为保税仓库货物流向不定，或转口，或内销，或做加工贸易使用，起到货物中转站的作用，所以保税仓库进口货物应首先申报进口存入仓库，待货物流向确定以后，再办理有关进口或出口手续，即需"二次报关"后才能提取货物。

3. 保税仓库货物的监管要点

（1）保税仓库存储货物的保税期限为1年，特殊情况下经海关批准可延期，但不得超过1年。

（2）保税仓储货物在保税仓库内存储期满，未及时向海关申请延期或者延长期限届满后既不复运出境也不转为进口的，海关按照《中华人民共和国海关关于超期未报关进口货物、误卸或者溢卸的进境货物和放弃进口货物的处理办法》第五条的规定处理。

（3）保税仓库所有货物受海关监管，未经批准并办理相应手续的，不得擅自出售、转让、抵押、质押、留置、移作他用或者进行其他处置。

（4）保税仓储货物在存储期间发生损毁或者灭失的，除不可抗力外，保税仓库应当依法向海关缴纳损毁、灭失货物的税款，并承担相应的法律责任。

7.3.3 出口监管仓库货物的报关

1. 出口监管仓库概述

（1）出口监管仓库的含义。

出口监管仓库是指经海关批准后，对已办结海关出口手续的货物进行存储、保税货物进行配送，提供流通性增值服务的海关专用监管仓库。流通性增值服务是指经主管海关同意，可以在仓库内进行品质检验、分级分类、分拣分装、加刷唛码、刷贴标志、打膜、改换包装等的活动。

（2）出口监管仓库的分类。

出口监管仓库一般分为出口配送型仓库和国内结转型仓库。出口配送型仓库是指存储

172

以实际离境为目的的出口货物的仓库。国内结转型仓库是指存储用于国内结转的出口货物的仓库。

仓库可存放货物的范围包括：一般贸易出口货物；加工贸易出口货物；从其他海关特殊监管区域、场所转入的出口货物；出口配送型仓库可以存放为拼装出口货物而进口的货物，以及为改换出口监管仓库货物包装而进口的包装物料；其他已办结海关出口手续的货物。

> ## 🔗 知识链接
>
> **出口监管仓库的增值服务功能**
>
> 为支持和鼓励扩大出口，方便企业及时结汇，1988 年中国第一家出口监管仓库在深圳设立。随着第三方物流的发展，出口监管仓库不断拓展增值服务功能，为境外采购商提供品质检测、商品配送、分拨、转口等服务，向以出口货物为导向的国际配送中心发展，有利于降低中国出口产品的物流成本，提高中国出口产品在国际市场上的竞争力。

2. 出口监管仓库的设立

申请设立出口监管仓库的经营企业，应当具备下列条件：（1）已经在工商行政管理部门注册登记，具有企业法人资格；（2）具有进出口经营权和仓储经营权；（3）具有专门存储货物的场所，其中出口配送型仓库的面积不得低于 2 000 平方米，国内结转型仓库的面积不得低于 1 000 平方米。

企业申请设立出口监管仓库，应当向仓库所在地主管海关递交以下加盖企业印章的书面材料：（1）《出口监管仓库申请书》；（2）仓库地理位置示意图及平面图。

对于符合条件的，海关作出准予设立出口监管仓库的行政许可决定，并出具批准文件。申请设立出口监管仓库的企业应当自海关出具批准文件之日起 1 年内向海关申请验收出口监管仓库。

申请验收应当符合以下条件：（1）符合海关对出口监管仓库布局的要求；（2）具有符合海关监管要求的隔离设施、监管设施和办理业务必需的其他设施；（3）具有符合海关监管要求的计算机管理系统，并与海关联网；（4）建立出口监管仓库的章程、机构设置、仓储设施及账册管理等仓库管理制度。

企业出口监管仓库验收合格后，经海关注册登记并核发《出口监管仓库注册登记证书》，方可以开展有关业务。《出口监管仓库注册登记证书》有效期为 3 年。企业无正当理由逾期未申请验收或者验收不合格的，该出口监管仓库的批准文件自动失效。

3. 出口监管仓库货物的报关要求

出口监管仓库货物报关可以分为进仓报关、出仓报关、结转报关和更换报关。

（1）进仓报关。

出口货物存入出口监管仓库时，发货人或其代理人应当向主管海关办理出口报关手续，填制出口货物报关单，按照国家规定应当提交许可证件或者缴纳出口关税的，发货人或者其代理人应当取得许可证件或者缴纳税款。海关对有关许可证件电子数据进行系统自动比对验核。发货人或者其代理人除按照海关规定提交有关单证外，还应当提交仓库经营企业填制的《出口监管仓库货物入仓清单》。

对经批准享受入仓即予以退税政策的出口监管仓库，海关在货物入仓结关后予以办理出口货物退税证明手续。对不享受入仓即予以退税政策的出口监管仓库，海关在货物实际离境后办理出口货物退税证明手续。

（2）出仓报关。

出口监管仓库货物出仓，根据货物的流向，可能出现出口报关和进口报关两种情况：

出口报关。出口监管仓库出仓货物出口的，仓库经营企业或其代理人应当向主管海关申报，提交报关必须的单证，并提交仓库经营企业填制的"出口监管仓库货物出仓清单"。入仓没有签发"出口货物报关单"退税证明联的，出仓离境海关按规定签发"出口货物报关单"退税证明联。

进口报关。出口监管仓库货物转进口的，应当经海关批准，按照实际贸易方式和货物实际状态办理相应手续。① 用于加工贸易的，由加工贸易企业或其代理人按加工贸易货物的报关程序办理进口报关手续；② 用于可以享受特定减免税的，由享受特定减免税的企业或其代理人按特定减免税的报关程序办理进口报关手续；③ 进入国内市场或用于境内其他方面的，由收货人或其代理人按一般进口货物的报关程序办理进口报关手续。

（3）结转报关。

经转入方、转出方所在地主管海关批准，并按照转关运输的规定办理相关手续后，出口监管仓库之间，出口监管仓库与保税区、出口加工区、综合保税区等海关特殊监管区和海关保税监管场所之间可以进行货物流转。货物流转涉及出口退税的，按照国家有关规定办理。

（4）更换报关。

对已存入出口监管仓库但因质量等原因要求更换的货物，经仓库所在地主管海关批准，可以更换货物。被更换货物出仓前，更换货物应当先行入仓，并应当与原货物的商品编号、品名、规格、型号、数量和价值相同。

提示 根据海关总署 2018 年第 85 号公告《关于出口监管仓库货物出入仓清单有关事项》的规定，对已使用"保税核注清单"或"核征核扣表"办理出口监管仓库货物出入仓手续的，无需向海关提交"出口监管仓库货物入仓清单""出口监管仓库货物出仓清单"。

4. 出口监管仓库货物监管和报关要点

（1）出口监管仓库所存货物存储期限为 6 个月。经主管海关同意可以延期，但延期不得超过 6 个月。

（2）出口监管仓库必须专库专用，不得转租、转借给他人经营，也不得下设分库。

（3）海关对出口监管仓库实施计算机联网管理。

（4）对存入出口监管仓库的货物不得进行实质性加工。经主管海关同意，可以在仓库内进行品质检验、分级分类、分拣分装、加刷唛码、刷贴标志、打膜、改换包装等流通性增值服务。

（5）经主管海关批准，对批量少、批次频繁的入仓货物，可以办理集中报关手续。

（6）出口监管仓库所存货物在存储期间发生损毁或者灭失的，除不可抗力外，仓库应当依法向海关缴纳损毁、灭失货物的税款，并承担相应的法律责任。

📚 应用案例

2021年上海口岸保税船舶燃料加注量创历史新高

2022年元旦期间，在上海海关所属虹口海关监管下，上海中燃船舶燃料有限公司供油船为停泊在上海港外高桥六期码头的"通韵轮"加注300吨保税燃油。这是该公司2022年首次保税燃油加注服务。据上海主要保税燃供企业统计，2021年上海口岸保税燃供加注量超过350万吨，创历史新高。

船用燃料油供应是国际航行船舶综合海事服务的重要组成部分。2021年，上海港集装箱吞吐量超4 700万标箱，已连续12年保持世界第一，但在国际航行船舶综合海事服务能级上仍有较大的进步空间。以船用燃料油供应为例，上海港2019年船用燃料油供应量为200多万吨，仅为新加坡的5%。

自2020年起，国际海事组织规定将船舶燃油中的含硫量限制在0.50%以内，全球船燃进入低硫时代。

作为上海关区船舶保税燃料油监管主要部门，虹口海关持续关注低硫保税燃油市场变化，顺应市场和企业需求，推进"两仓合一"改革，使得船供燃料油仓库同时具备出口监管仓和保税仓库的双重功能。"国际航行船舶加注燃料油出口退税"政策落地后，国内原油加工后的燃料油，以一般贸易的方式进入出口监管仓库即予以退税，变成了"保税油"。

"通过国内结转型出口监管仓，实现我司国内炼厂船供燃料油一般贸易出口申报，实现出口退税，打破保税船用燃料油长期依赖进口格局，帮助企业提高货物周转能力，提高物流效率，价格优势突显。"上海中燃船舶燃料有限公司供油部经理表示。2021年，相关企业累计通过出口退税实现抵税增收达2.9亿元。

为推动实施保税燃料油跨港区供应模式，上海海关加强与杭州海关等长三角海关的一体化协同，大力支持保税油跨关区直供业务的开展，打造长三角地区的"流动加油站"。

跨关区直供模式下，供油企业只需向启运地海关申报一次油料出库，供油船即可直接到受油地为国际航行船舶供油，避免了转库等二次物流环节及由此产生的分销、仓储等费用，显著降低运营成本，同时也减少了油料二次入库造成的损失。目前，中国船舶燃料有限责任公司、中石化浙江舟山石油有限公司等具备经营保税油资质的企业已全面开展跨关区直供业务。2021年，海关共监管保税油跨关区直供共计69.24万吨、货值约22.98亿元人民币。

中石化浙江舟山石油有限公司上海分公司全球船供油业务部经理介绍道："新模式下，保税油进入仓库后直接供船，节省了过去的管道传输及申报环节，整个作业流程缩短至2天左右，每月可减少油料在管道运输中的损耗近50吨。2021年，公司全年节省的物流及损耗费用近500万元。"

资料来源：海关总署官网，http://www.customs.gov.cn//customs/xwfb34/302425/4116433/index.html。

7.3.4 保税物流中心货物的报关

1. 保税物流中心概述

为适应现代国际物流业的发展，保税物流中心在功能上实现了对保税仓库和出口监管仓库的整合和提升，在区位上是保税物流园区向内地的延伸和补充，在数量上则是对海关特殊监管区域的有益补充，因此具有更大的灵活性和更强的生命力。

（1）保税物流中心的分类。

保税物流中心分为A型和B型两种。保税物流中心（A型）是指经海关批准，由中国境内企业法人经营，专门从事保税仓储物流业务的保税监管场所，可理解为自用型物流保税中心。保税物流中心（B型）是指经海关批准，由中国境内一家企业法人经营，多家企业进入并从事保税仓储物流业务的保税监管场所，可理解为公用型物流保税中心。

保税物流中心（B型）功能较为完善，运作情况良好，已成为当前发展的主要趋势。尤其是近年来跨境电商业务发展迅速，不少跨境电商企业选择将企业设于保税物流中心（B型），正是看中了保税物流中心的复合型功能。因此，本节主要介绍保税物流中心（B型）的相关管理规定和要求。

（2）业务范围。

保税物流中心（B型）内的企业可以开展以下业务：①保税存储进出口货物及其他未办结海关手续货物；②对所存货物开展流通性简单加工和增值服务；③全球采购和国际分拨、配送；④转口贸易和国际中转；⑤经海关批准的其他国际物流业务。

保税物流中心（B型）内的企业不得在物流中心内开展下列业务：①商业零售；②生产和加工制造；③维修、翻新和拆解；④存储国家禁止进出口货物，以及危害公共安全、公共卫生或者健康、公共道德或者秩序的国家限制进出口货物；⑤法律、行政法规明确规定不能享受保税政策的货物；⑥ 其他与物流中心无关的业务。

 应用案例

保税加工新模式助力企业打造更高效供应链

日前，一批大包装北美洲冻干蓝莓从国外空运进口，经海关检疫后运至杭州保税物流中心（B 型）。在保税物流中心内严格按食品安全要求设计的流水线上，这批冻干蓝莓被分装成小份，后续将通过线上线下同步开展销售。这是"保税进口＋流通性简单加工"功能在杭州保税物流中心的实际运用场景。

沃富特（杭州）食品科技有限公司总经理说："以前，公司都是将国内定制好的小包装运到国外的工厂，在国外分装加工后再通过海运运输进口。由于海运船期不稳定，运费也高，我们希望能找到更稳定、更便捷的供应链解决方案。"

保税物流中心"保税进口＋流通性简单加工"这一功能，可以对成熟的跨境商品进口供应链进行流程改造，将海外的成品分装终端加工转移到国内的保税物流中心，充分应用保税物流中心保税进口、简单分装加工、园区配套物流的叠加优势。

在杭州海关的指导下，沃富特将分装线搬进了保税物流中心，大包装产品经分装后，可以直接面向国内市场零售，助力企业快速、平稳出货，为消费者提供更新鲜安全的产品。现在，沃富特（杭州）食品科技有限公司从国外空运冻干蓝莓，再到保税物流中心进行分装，综合成本比之前明显降低，产品供应链的效率和稳定性也提高了。

资料来源：中国海关总署官网，http://www.customs.gov.cn//customs/xwfb34/mtjj35/4046284/index.html。

（3）存放货物范围。

经海关批准可以存入物流中心的货物如下：国内出口货物；转口货物和国际中转货物；外商暂存货物；加工贸易进出口货物；供应国际航行船舶和航空器的物料、维修用零部件；供维修外国产品所进口寄售的零配件；未办结海关手续的一般贸易进口货物；经海关批准的其他未办结海关手续的货物。

2. 保税物流中心（B 型）及中心内企业的设立

（1）物流中心的设立。

物流中心经营企业应当具备下列资格条件：① 经工商行政管理部门注册登记，具有独立企业法人资格；② 具备对中心内企业进行日常管理的能力；③ 具备协助海关对进出物流中心的货物和中心内企业的经营行为实施监管的能力。

设立物流中心应当具备下列条件：① 物流中心仓储面积，东部地区不低于 5 万平方米，中西部地区和东北地区不低于 2 万平方米；② 符合海关对物流中心的监管规划建设要求；③ 选址在靠近海港、空港、陆路交通枢纽及内陆国际物流需求量较大，交通便利，设有海关机构且便于海关集中监管的地方；④经省级人民政府确认，符合地方经济发展总体布局，满足加工贸易发展对保税物流的需求；⑤建立符合海关监管要求的计算机管理系统，提供供海关查阅数据的终端设备，并按照海关规定的认证方式和数据标准，通过"电子口岸"平台与海关联网，以便海关在统一平台上与国税、外汇管理等部门实现数据交换及信息共享；⑥设置符合海关监管要求的隔离设施、监管设施和办理业务所必需的其他设施。

提示｜物流中心经营企业不得在本物流中心内直接从事保税仓储物流的经营活动。

申请设立物流中心的企业应当向直属海关提出书面申请，并递交以下加盖企业印章的材料：①申请书；②省级人民政府意见书；③物流中心所用土地使用权的合法证明及地理位置图、平面规划图。

设立物流中心的申请由直属海关受理，报海关总署会同有关财务部、税务总局审批。企业自海关总署等部门出具批准其筹建物流中心文件之日起1年内向海关总署申请验收。验收合格后，由海关总署向物流中心经营企业核发《保税物流中心（B型）注册登记证书》。物流中心在验收合格后方可以开展有关业务。《保税物流中心（B型）注册登记证书》有效期为3年。

提示｜物流中心内只能设立仓库、堆场和海关监管工作区。不得建立商业性消费设施。

（2）中心内企业的设立。

"中心内企业"是指经海关批准进入物流中心开展保税仓储物流业务的企业。

中心内企业应当具备下列条件：①具有独立的法人资格或者特殊情况下的中心外企业的分支机构；②建立符合海关监管要求的计算机管理系统并与海关联网；③物流中心内有专门存储海关监管货物的场所。

企业申请进入物流中心应当向所在地主管海关提出书面申请，并递交加盖企业印章的申请书、物流中心内所承租仓库位置图、仓库布局图。主管海关受理后对符合条件的企业制发《保税物流中心（B型）企业注册登记证书》。

3. 保税物流中心（B型）货物的报关程序

海关对进出物流中心货物的通关监管可分为两个环节：一是物流中心与境外之间进出货物的通关，即俗称的"一线"进出；二是物流中心与境内之间进出货物的通关，即"二线"进出。

（1）"一线"进出报关。

物流中心与境外之间进出的货物，除实行出口被动配额管理以及中国参加或者缔结的国际条约及国家另有明确规定的以外，不实行进出口配额、许可证件管理。

从境外进入物流中心内货物，凡属于规定存放范围内的货物予以保税。中心内企业进口自用的办公用品、交通、运输工具、生活消费用品等，以及企业在物流中心内开展综合物流服务所需的进口机器、装卸设备、管理设备等，按照进口货物的有关规定和税收政策办理相关手续。

（2）"二线"进出报关。

物流中心货物入境视同进口，按照货物实际贸易方式和实际状态办理进口报关手续；货物属许可证件管理商品的，企业还应当取得有效的许可证件，海关对有关许可证件电子数据进行系统自动比对验核；实行集中申报的进出口货物，应当适用每次货物进出口时海关接受申报之日实施的税率、汇率。

除另有规定外，货物从境内进入物流中心视同出口，办理出口报关手续，享受出口退税。如需缴纳出口关税的，应当按照规定纳税；属许可证件管理商品的，还应当取得有效的出口许可证件。海关对有关出口许可证件电子数据进行系统自动比对验核。

从境内运入物流中心的原进口货物，境内发货人应当向海关办理出口报关手续，经主管海关验放；已经缴纳的关税和进口环节海关代征税，海关不予退还。

提示 | 下列货物从物流中心入境时依法免征关税和进口环节海关代征税：
①用于在保修期限内免费维修有关外国产品并符合无代价抵偿货物有关规定的零部件；②用于国际航行船舶和航空器的物料；③国家规定免税的其他货物。

4. 保税物流中心（B型）海关监管和报关要点

（1）物流中心与海关特殊监管区域、其他保税监管场所之间可以进行货物流转并按照规定办理相关海关手续。

（2）物流中心内货物可以在中心内企业之间转让、转移并办理相关海关手续。未经海关批准，中心内企业不得擅自将所存货物抵押、质押、留置、移作他用或者进行其他处置。

（3）保税仓储货物在存储期间发生损毁或者灭失的，除不可抗力外，中心内企业应当依法向海关缴纳损毁、灭失货物的税款，并承担相应的法律责任。

（4）物流中心货物跨关区提取，可以在物流中心主管海关办理手续，也可以按照海关其他规定办理相关手续。

（5）物流中心内货物保税存储期限为2年。确有正当理由的，经主管海关同意可以予以延期，除特殊情况外，延期不得超过1年。

本章小结

1. 保税储存和保税加工是中国保税制度的两大基本形式。本章主要介绍了保税货物的海关监管特征及其报关过程，包括保税加工货物的报关和保税物流货物的报关。保税货物报关的共同特点是：都具有保税性质或享受了一定的税收优惠。保税货物的报关程序与一般进出口货物的报关程序的不同之处在于，前者具体分为备案申请保税、进出境报关及报核申请结案三个阶段。

2. 保税加工货物的海关监管和报关程序分为特殊监管区域外和特殊监管区域内的加工贸易海关监管程序两大类。海关特殊监管区域外的加工贸易货物报关程序根据《中华人民共和国海关加工贸易货物监管办法》实施，其具体的监管模式分为加工贸易手册、加工贸易账册和以企业为单元的监管 3 种。海关特殊监管区域内的加工贸易货物的海关监管和报关要求则散见于各海关特殊监管区域的规范性文件中。在五类海关特殊监管区域中，综合保税区占了所有种类的 90% 以上，而且各海关特殊监管区域今后将逐步整合为综合保税区，因此本章主要介绍综合保税区的保税加工货物的报关程序和海关监管。在实践中，读者需要特别关注国家在此领域的政策变化。

3. 保税物流货物报关程序根据海关保税监管场所的不同分别进行了介绍，包括保税仓库、出口监管仓库和保税物流中心。读者要特别注意保税物流货物在"一线"和"二线"进出的海关报关程序。

4. 保税货物属于海关监管货物，未经海关许可不得挪作他用。核销是保税货物结关的标志，是保税货物解除海关监管的必要手续。海关特殊监管区域内可以开展保税加工和保税物流业务，但是海关保税监管场所只能开展保税物流服务。

练习题

一、单选题

1. 保税业务中，进料加工和来料加工的相同之处是（   ）。

　A. 料件都需要进口，加工成品都需要出口

　B. 加工企业对料件有所有权

　C. 我方加工企业不承担销售风险

　D. 加工期限都是在进口之日起 1 年内加工成品复出口

2. 以下（   ）可以开展保税加工业务。

　A. 保税仓库　　　　　　　　　　　　　B. 保税物流中心（A 型）

　C. 出口监管仓库　　　　　　　　　　　D. 保税区

3. 保税仓库所存货物的存储期限为（   ），特殊情况下经批准延长期限最长不超过（   ）。

　A. 1 年，1 年　　　　B. 半年，半年　　　　C. 1 年，半年　　　　D. 半年，1 年

4. 以下（   ）不属于保税物流中心（B 型）不得开展的业务。

　A. 商业零售　　　　　　　　　　　　　B. 生产和加工制造

C. 维修、翻新和拆解　　　　　　　　　D. 转口贸易和国际中转

5. 境外进入综合保税区，（　　　），海关依法征收进口关税和进口环节税。

  A. 供区内企业和行政管理机构自用的交通运输工具、生活消费用品

  B. 区内生产性的基础设施建设项目所需的机器、设备和建设生产厂房、仓储设施所需的基建物资

  C. 区内企业开展海关准许的业务所需的机器、设备、模具及其维修用零配件

  D. 综合保税区行政管理机构和区内企业自用合理数量的办公用品

二、多选题

1. 下列选项中属于保税加工货物的有（　　　）。

  A. 专为加工、装配出口产品而从国外进口且海关准予保税的原材料、零部件、元器件、包装物料、辅助材料等（简称料件）

  B. 用进口保税料件生产的成品、半成品

  C. 在保税加工生产过程中产生的残次品、边角料和剩余料件

  D. 在保税加工生产过程中产生的副产品

2. 综合保税区内企业可以开展的业务有（　　　）。

  A. 研发、加工、制造、再制造　　　　　B. 国际转口贸易

  C. 检测、维修　　　　　　　　　　　　D. 保税仓储国家禁止进出口的货物、物品

3. 对于履行加工贸易合同中产生的剩余料件、边角料、残次品、副产品等，海关规定的处理方式可以有（　　　）。

  A. 销毁　　　　　　　B. 结转　　　　　　　C. 退运　　　　　　　D. 放弃

4. 根据《中华人民共和国海关加工贸易货物监管办法》，属于加工贸易的是（　　　）

  A. 来料加工　　　　　B. 进料加工　　　　　C. 来料养殖　　　　　D. 出料加工

5. 下列关于综合保税区的表述正确的有（　　　）。

  A. 综合保税区实行封闭式管理

  B. 在综合保税区与境外之间进出的货物不实行关税配额、许可证件管理，但中国的法律法规、中国缔结或者参加的国际条约、协定另有规定的除外

  C. 在综合保税区与其他综合保税区等海关特殊监管区域、保税监管场所之间往来的货物予以保税

  D. 区内企业可以依法开展融资租赁业务

三、判断题

1. 因为来料加工进口的料件和加工的成品所有权属外商，外商有权在我境内直接提取加工的成品。（　　　）

2. 在综合保税区与其他综合保税区等海关特殊监管区域或者保税监管场所之间流转的货

物，不征收关税和进口环节税。（　　）

3. 因不可抗力造成综合保税区内货物损毁、灭失的，区内企业及时报告海关，经海关核实后，区内企业可以不用办理核销手续。（　　）

4. 保税物流中心（B型）经营企业和区内企业可以在本物流中心内从事保税仓储物流的经营活动。（　　）

5. 保税物流中心内企业可以开展流通性简单加工和增值服务，但不得对货物进行实质性加工。（　　）

四、实训题

新兴公司租赁生产厂房从事加工贸易业务。近日，新兴公司经海关认证为 AEO 高级认证企业。请回答下列问题：

（1）新兴公司申请设立新的电子化手册，海关加工贸易部门要求其继续提供保证金或保函，请问新兴公司应如何应对？

（2）新兴公司某电子化手册项下进口料件 6 000 千克，净耗 1.8，损耗率 20%，目前已出口成品 1 600 个。成品出口后，因质量不达标退货复进口 300 个，经返修后复出口 120 个。若根据电子化手册现在进行核销，请问剩余料件的数量是多少？请说明核算方法。

（3）新兴公司首次委托 B 公司完成某一道加工程序，应在何时向海关办理何种手续？请简述处理 B 公司加工时产生的边角料的关务作业流程。

第**8**章 其他进出口货物的报关

外贸新业态新模式是中国外贸发展的新生力量。《国务院办公厅关于加快发展外贸新业态新模式的意见》中指出：加快发展外贸新业态新模式，有利于推动贸易高质量发展，培育国际经济合作和竞争新优势，对于服务构建新发展格局具有重要作用。本章将介绍跨境电商、市场采购、外贸综合服务企业、保税维修、离岸贸易、海外仓等多种新业态新模式，熟悉政府为支持更多市场主体开展外贸、推动传统外贸转型升级、推进外贸新业态发展制定的最新政策。

课程知识目标

§ 理解特定减免税货物的含义，并熟悉其海关监管特征及报关程序；

§ 了解暂时进出境货物的特征和类别、ATA 单证册的使用、集装箱箱体的报关；

§ 了解转关运输货物、过境货物、转运货物、通运货物的含义及报关程序；

§ 熟悉跨境电商进出口商品的海关监管类别及报关程序；

§ 理解并掌握无代价抵偿货物、市场采购货物的含义及其报关程序；

§ 了解溢卸或误卸进口货物、放弃进口货物、超期未报关进口货物的含义及海关处理。

学习导图

```
                              ┌ 特定减免税      ┌ 特定减免税货物概述
                              │ 货物的报关      └ 特定减免税货物报关程序
                              │
                              │                ┌ 暂时进出境货物概述
                              │ 暂时进出境      │ 使用 ATA 单证册的报关程序
                              │ 货物的报关      ┤ 未使用 ATA 单证册展览品的报关
                              │                │ 集装箱箱体的报关
                              │                └ 其他暂时进出境货物的报关
                              │
                              │ 转关货物的      ┌ 转关货物概述
                              │ 报关           └ 转关货物的报关
                              │
                              │ 跨境电商进出    ┌ 跨境电商进出口概述
              其他进出口       ┤ 口商品报关     ┤ 跨境电商零售进出口报关
              货物的报关       │                └ 跨境电商企业对企业出口报关
                              │
                              │ 过境、转运、    ┌ 过境货物的报关
                              │ 通运货物的      │
                              │ 报关           └ 转运、通运货物的报关
                              │
                              │ 无代价抵偿货    ┌ 无代价抵偿货物的含义及特征
                              │ 物的报关       ┤ 海关对无代价抵偿货物的管理
                              │                └ 无代价抵偿货物的报关要求
                              │
                              │ 市场采购货物    ┌ 市场采购的含义、适用范围
                              │ 的报关         └ 市场采购货物的报关
                              │
                              │ 溢卸、误卸进口  ┌ 溢卸、误卸进口货物的海关处理
                              │ 货物、放弃进口  │ 放弃进口货物的海关处理
                              └ 货物、超期未报  └ 超期未报关进口货物的海关处理
                                进口货物的报关
```

开篇案例

市场采购贸易新兴业态助推行业加速"出海"

近年来，受多重因素影响，外贸需求出现了小批量、多批次等特点，传统的一般贸易已经不能完全满足需求。黄埔海关积极为企业排忧解难，在东莞大朗推动市场采购贸易试点，通过组建专家宣讲团、开展"走遍莞邑"宣讲会、成立"党员先锋队"、设立专线专窗等方式，向辖区 800 余家企业介绍市场采购贸易业务规范申报、合并归类等相关规定，协调解决中小企业通关过程中的堵点、难点，并通过传统媒体和新媒体宣传相结合等方式，引导企业熟悉政策、用好红利，为企业搭建一个成本低、效率高的出口通道。

东莞市场采购贸易自 2020 年 11 月试点以来，不断提升贸易便利化程度，持续优化营商环境，为粤港澳大湾区外贸发展注入了强劲动能。截至 2021 年 10 月，黄埔海关共监管东莞市场采购贸易方式出口货物 10.6 万票，货值 513 亿元人民币，平台备案企业 4 300 余家，货物种类涉及家具、日用百货、金属制品及纺织服装等，出口辐射至 188 个国家和地区。

市场采购贸易具有准入门槛低、申报手续简单、运输方式多、通关出口快等政策优势。之前对于一些零、散、杂的货物订单，企业很难办理出口业务，现在有了市场采购，经营企业可以合规便捷地进行出口申报。只要在东莞市场采购贸易联网信息平台备案，无论企业大小都能参与外贸出口，海关的这项政策大幅降低了中小企业参与国际贸易的门槛，让广大供货商、外贸公司，尤其是中小企业和个体工商户纷纷有了信心和干劲儿。

黄埔海关推出市场采购贸易组货拼箱、报关申报和查验放行等"一站式"服务模式，同步推进市场采购贸易对接东莞港、中欧班列、国际空港等，提高市场采购贸易"海、陆、空"运输方式多样性和转关"一体化"通关模式便利性。

资料来源：海关总署官网，http://www.customs.gov.cn//customs/xwfb34/302425/3996375/index.html。

进一步思考：

1. 什么是市场采购贸易方式？讨论该方式的适用范围。

2. 对"小批量、多品种、多批次"的外贸订单，市场采购贸易方式有哪些优势？

根据海关监管方式的不同，除了一般进出口货物、保税货物外，还有其他进出口货物，包括特定减免税货物、暂时进出境货物、过境、转运、通运货物、转关运输货物和其他特殊货物，如出境加工货物、无代价抵偿货物、进出境修理货物、租赁货物、进口溢卸、误卸货物、退运货物、超期未报货物、跨境电商货物、市场采购货物等，本章将对其中主要类别货物的报关程序进行介绍。

8.1 特定减免税货物的报关

8.1.1 特定减免税货物概述

1. 特定减免税货物的含义

在海关管理中，把符合国家政策规定，享受减免税进境并用于特定地区、特定企业、特定用途（简称为"三个特定"）的进口货物称为特定减免税货物，由此形成了对应的海关报关管理制度。（见图 8.1）。特定地区是指中国关境内由行政法规规定的某些特别限定区域，如保税区、出口加工区、综合保税区、保税物流中心等。特定企业是指由国务院制定的行政法规专门规定的企业，如外商投资企业、高新技术企业、加工贸易企业等。特定用途是指国家规定可以享受减免税优惠的进出口货物只能用于行政法规专门规定的用途，如国家鼓励发展的内外资项目、科教文卫专用、残疾人专用品等。特定地区、特定企业和特定用途三个条件不必同时满足，只需满足其中一个条件即可。

由于特定减免税货物有地区、企业和用途的限制，海关需要对其进行后续管理。

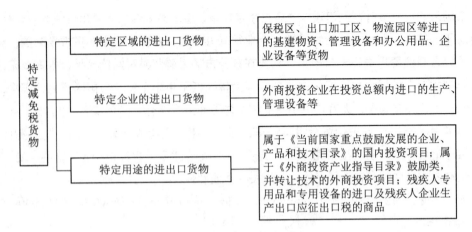

图 8.1　特定减免税货物类别

提示 | 保税货物与减免税货物的区别如下：

中国为扩大对外开放，吸引外资，引进先进技术，对特定地区、特定企业、特定用途的进口货物，曾制定了一系列进口优惠政策，如对外商投资企业进口机器设备予以免税，对企业技术改造项目所引进的先进技术设备予以减税等。

减免税货物与保税货物均属海关监管货物。企业进口货物前须到海关办理相关手续，在进口时均不缴纳税款，即海关给予税收优惠待遇。在海关监管期间，经营者承担不得擅自转让、出售的法律义务。但海关对这两类货物在管理方法及办理程序上有很大区别（具体见表 8.1）。

表 8.1　保税货物与减免税货物的区别

	性　　质	货物范围	海关手续	海关监管方式
保税货物	以复运出境为前提，为支持、鼓励出口	流动资产部分：商品、原材料、零部件、元器件	向海关备案，由海关核发《加工贸易登记手册》	根据去向不同分别办理相应的手续
减免税货物	针对"三个特定"，为支持鼓励其在国内使用或消费	固定资产部分：机器设备、仪器、仪表等	办理减免税申请，海关签发《征免税证明》	监管期满解除监管（时效管理）

2. 特定减免税货物的特征

（1）有条件减免进口关税及进口环节增值税。

特定减免税是中国海关关税优惠政策的重要组成部分，这种关税优惠具有鲜明的特定性，进口货物必须按照规定的使用条件，在规定地区由规定企业按照规定用途使用，才能享受国家规定的税收优惠政策。

提示 | 减免税货物不能免除进口环节消费税。

（2）不豁免进口许可证。

特定减免税货物享受的仅仅是税费方面的减免待遇，而不是许可证件管理方面的减免。按国家有关进出境管理的法律、法规，进口货物需要提交许可证的，一般不能免除提供许可证件的义务，但法律、规章规定可以豁免许可证件的除外。

（3）货物进口后仍受海关监管。

《海关法》规定，减免税货物"未经海关核准并补缴关税，不得移作他用"。这意味着享受特定减免税优惠进口的货物，其用途须受限制。

减免税货物在使用期间，应按照海关的要求，定期或不定期呈报反映减免税货物使用情况的报表，配合海关抽查收货人或使用单位的账册或实存数，接受海关的监督。在监管期限内，未经海关许可并补缴税款，不得出售、转让、放弃或移作他用。

（4）有确定的海关监管期限。

进口货物在使用过程中其商业价值将逐步下降，有的可能报废或损耗，因此海关对进口货物的使用限制界定在一定的年限内。即在规定的年限内，货物进口验放后仍受海关监控，特定期限到期后，减免税货物的收货人应当向海关提出申请，解除海关监管。

除海关总署另有规定外，特定减免税货物监管期限如表8.2所示。

表8.2　特定减免税货物监管期限

减免税货物的种类	海关监管年限
船舶、飞机	8 年
机动车辆	6 年
其他货物	3 年

（5）监管期限到期后海关解除监管。

经海关核查监督，特定减免税货物能按照规定合法使用的，在监管期限届满时，海关自动解除监管手续。监管年限自货物进口放行之日起计算。

8.1.2　特定减免税货物报关程序

特定减免税货物的报关程序包括三个阶段：前期阶段（货物进口前的减免税申请）、进口报关、后续阶段（申请解除海关监管）。

1. 货物进口前的减免税申请和办理

减免税申请人按照有关进出口税收优惠政策的规定申请减免税进口相关货物时，应当在货物申报前，取得相关政策规定的享受进口税收优惠政策资格的证明材料，并凭以下材料向主管海关申请办理减免税审核确认手续：①《进出口货物征免税申请表》；② 事业单位法人证书或者国家机关设立文件、社会团体法人登记证书、民办非企业单位法人登记证书、基金会法人登记证书等证明材料；③ 进出口合同、发票以及相关货物的产品情况资料。

提示 | 进口货物减免税申请人，是指根据有关进口税收优惠政策和相关法律、行政法规的规定，可以享受进口税收优惠，并依照本办法向海关申请办理减免税相关业务的具有独立法人资格的企事业单位、社会团体、民办非企业单位、基金会、国家机关；具体实施投资项目，获得投资项目单位授权并经按照规定确定为主管海关的投资项目所在地海关同意，可以申请办理减免税相关业务的投资项目单位所属非法人分支机构；经海关总署确认的其他组织。

主管海关应当自受理减免税审核确认申请之日起 10 个工作日内，对减免税申请人主体资格、投资项目和进口货物相关情况是否符合有关进口税收优惠政策规定等情况进行审核，并出具进口货物征税、减税或者免税的确认意见，制发《中华人民共和国海关进出口货物征免税确认通知书》(以下简称《征免税确认通知书》)。

提示 | 海关办理进口货物减免税手续，并不是对减免税申请人资质以及进口行为的审批核准，而是对其申请人主体资格以及进口货物是否符合国家有关税收优惠政策的审核确认。属于国务院规定的"具有政策扶持和资金扶持性质的其他权力事项"，并不具有审批性质。

《征免税确认通知书》是货物进口申报时按减免税方式报关的基本凭证。

 知识链接

《征免税确认通知书》的使用

《征免税确认通知书》有效期不超过 6 个月，减免税申请人应当在有效期内向申报地海关办理有关进口货物的申报手续；不能在有效期内办理，需要延期的，应当在有效期内向主管海关申请办理延期手续。《征免税确认通知书》可以延期一次，延长期限不得超过 6 个月。

《征免税确认通知书》有效期限届满仍未使用的，其效力终止。减免税申请人需要减免税进口该《征免税确认通知书》所列货物的，应当重新向主管海关申请办理减免税审核确认手续。

2. 进口报关

在减免税货物运抵口岸后，收货人或其代理人应向海关办理进口报关手续。

减免税货物的报关与一般进口货物的报关程序基本一致，由进口申报、协同查验、缴纳税费和提取货物四个作业环节构成。但是，政策性减免税货物进口报关的具体手续与一般出口货物的报关有所不同。

首先是凭《征免税确认通知书》通关。

减免税货物进口报关时，进口收货人或其代理人除向海关提交报关单及随附单证外，还应向海关提交《征免税确认通知书》。如货物涉及进出境国家管制的，应呈验事先申领的进口许可证件，国家另有规定可以豁免进口许可证件的除外。

其次是凭税收担保证明通关。

减免税申请人需要办理有关货物凭税款担保先予放行手续的，应当在货物申报进口前向主管海关提出申请，并随附相关材料。主管海关应当自受理申请之日起5个工作日内出具是否准予办理担保的意见。有下列情形之一的，减免税申请人可以向海关申请办理有关货物凭税款担保先予放行手续：①有关进口税收优惠政策或者其实施措施明确规定的；②主管海关已经受理减免税审核确认申请，尚未办理完毕的；③有关进口税收优惠政策已经国务院批准，具体实施措施尚未明确，主管海关能够确认减免税申请人属于该政策范围的；④其他经海关总署核准的情形。

符合上述情形的，主管海关应当制发《中华人民共和国海关准予办理减免税货物税款担保通知书》(以下简称《准予办理担保通知书》)，并通知申报地海关；申报地海关凭主管海关制发的《准予办理担保通知书》，以及减免税申请人提供的海关依法认可的财产、权利，办理减免税货物的税款担保手续放行货物。

提示 | (1)《准予办理担保通知书》确定的减免税货物税款担保期限不超过6个月，主管海关可以延期1次，延长期限不得超过6个月。特殊情况仍需要延期的，应当经直属海关审核同意。(2)减免税申请人在减免税货物税款担保期限届满前取得《征免税确认通知书》，并已向海关办理征税、减税或者免税相关手续的，申报地海关应当解除税款担保。

3. 申请解除海关监管

(1)监管期限届满申请解除海关监管的情形。减免税货物海关监管年限届满的，自动解除监管。

(2)监管期限未届满申请解除海关监管的情形。对海关监管年限内的减免税货物，减免税申请人要求提前解除监管的，应当向主管海关提出申请，并办理税款补缴手续。进口时免予提交许可证件的减免税货物，按照国家有关规定需要补办许可证件的，减免税申请人在办理补缴税款手续时还应当补交有关许可证件。有关减免税货物自办结上述手续之日起，解除海关监管。

① 变更使用地点。

在海关监管年限内，减免税货物应当在主管海关审核同意的地点使用。除有关进口税收优惠政策实施措施另有规定的外，减免税货物需要变更使用地点的，减免税申请人应当向主管海关提出申请，并说明理由；经主管海关审核同意的，可以变更使用地点。

减免税货物需要移出主管海关管辖地使用的，减免税申请人应当向主管海关申请办理异地监管手续，并随附相关材料。经主管海关审核同意并通知转入地海关后，减免税申请人可以将减免税货物运至转入地海关管辖地，并接受转入地海关监管。

减免税货物在异地使用结束后，减免税申请人应当及时向转入地海关申请办结异地监管手续。经转入地海关审核同意并通知主管海关后，减免税申请人应当将减免税货物运回主管海关管辖地。

② 减免税申请人变更。

在海关监管年限内，减免税申请人出现分立、合并、股东变更、改制等主体变更情形的，权利义务承受人应当自变更登记之日起 30 日内，向原减免税申请人的主管海关报告主体变更情况以及有关减免税货物的情况。

经原减免税申请人主管海关审核，需要补征税款的，权利义务承受人应当向原减免税申请人主管海关办理补税手续；可以继续享受减免税待遇的，权利义务承受人应当按照规定申请办理减免税货物结转等相关手续。

③ 减免税申请人终止。

在海关监管年限内，因破产、撤销、解散、改制或者其他情形导致减免税申请人终止，有权利义务承受人的，参照减免税申请人变更的规定办理有关手续；没有权利义务承受人的，原减免税申请人或者其他依法应当承担关税及进口环节税缴纳义务的当事人，应当自资产清算之日起 30 日内，向原减免税申请人主管海关申请办理减免税货物的补缴税款手续。进口时免予提交许可证件的减免税货物，按照国家有关规定需要补办许可证件。有关减免税货物自办结上述手续之日起，解除海关监管。

④ 退运、出口。

在海关监管年限内，减免税申请人要求将减免税货物退运出境或者出口的，应当经主管海关审核同意，并办理相关手续。减免税货物自退运出境或者出口之日起，解除海关监管，海关不再对退运出境或者出口的减免税货物补征相关税款。

⑤ 转让。

在海关监管年限内，减免税申请人需要将减免税货物转让给进口同一货物享受同等减免税优惠待遇的其他单位的，应当办理如下减免税货物结转手续：首先，减免税货物的转出申请人向转出地主管海关提出申请，并随附相关材料。转出地主管海关审核同意后，通知转入地主管海关。然后减免税货物的转入申请人向转入地主管海关申请办理减免税审核确认手续。转入地主管海关审核同意后，制发《征免税确认通知书》。

减免税申请人需要将减免税货物转让给不享受进口税收优惠政策或者进口同一货物但不享受同等减免税优惠待遇的其他单位的，应当事先向主管海关申请办理减免税货物补缴税款手续。进口时免予提交许可证件的减免税货物，按照国家有关规定需要补办许可证件，有关减免税货物自办结上述手续之日起，解除海关监管。

提示 | 结转减免税货物的监管年限应当连续计算，转入地主管海关在剩余监管年限内对结转减免税货物继续实施后续监管。

⑥ 抵押。

在海关监管年限内，减免税申请人要求以减免税货物向银行或者非银行金融机构办理贷款抵押的，应当向主管海关提出申请，随附相关材料，并以海关依法认可的财产、权利提供税款担保。提交的材料经审核符合规定的，主管海关制发《中华人民共和国海关准予办理减免税货物贷款抵押通知书》。

提示 | 减免税申请人不得以减免税货物向银行或者非银行金融机构以外的自然人、法人或者非法人组织办理贷款抵押。

⑦ 移作他用。

在海关监管年限内，减免税申请人需要将减免税货物移作他用的，应当事先向主管海关提出申请。经主管海关审核同意，减免税申请人可以按照海关批准的使用单位、用途、地区将减免税货物移作他用。

提示 | 移作他用包括以下情形：
（1）将减免税货物交给减免税申请人以外的其他单位使用；
（2）未按照原定用途使用减免税货物；
（3）未按照原定地区使用减免税货物。

除海关总署另有规定的外，将减免税货物移作他用的，减免税申请人应当事先按照移作他用的时间补缴相应税款；移作他用的时间不能确定的，应当提供税款担保，税款担保金额不得超过减免税货物剩余监管年限可能需要补缴的最高税款总额。

提示 | 减免税申请人可以自减免税货物解除监管之日起 1 年内，向主管海关申领《中华人民共和国海关进口减免税货物解除监管证明》。

8.2 暂时进出境货物的报关

8.2.1 暂时进出境货物概述

1. 暂时进出境货物的含义、范围

暂时进出境货物是指为了特定的目的，经海关批准暂时进境或者暂时出境，并在规定的期限内复运出境或复运进境的货物。

暂时进出境货物包括：① 在展览会、交易会、会议以及类似活动中展示或者使用的货物；② 文化、体育交流活动中使用的表演、比赛用品；③ 进行新闻报道或者摄制电影、电视节目使用的仪器、设备以及用品；④ 开展科研、教学、医疗活动使用的仪器、设备和用品；⑤ 上述 ①—④ 项所列活动中使用的交通工具以及特种车辆；⑥ 货样；⑦ 慈善活动中使用的仪器、设备以及用品；⑧ 供安装、调试、检测、修理设备使用的仪器以及工具；⑨ 盛装货物的包装材料；⑩ 旅游用自驾交通工具及其用品；⑪ 工程施工中使用的设备、仪器以及用品；⑫ 测试用产品、设备、车辆；⑬ 海关总署规定的其他暂时进出境货物。

按照海关监管的方式，暂时进出境货物又分为四类：① 使用 ATA 单证册报关的暂时进出口货物；② 不使用 ATA 单证册报关的展览品；③ 盛装货物的容器（集装箱箱体）；④ 其他暂时进出境货物（除上述三种方式报关外的其他暂时进出境货物）。

2. 暂时进出境货物的特征

（1）有条件的暂免进出口税费。对于经海关核准的暂时进口货物，申报人应向海关缴纳保证金，或提供海关认可的书面担保后，准予免纳进口税费。

（2）免于提交进出口许可证件。暂时进出境货物不是实际进出口货物，只要按照暂时进出境货物的有关法律、行政法规办理进出境手续，即可免于提交进出口许可证件。但涉及公共道德、公共安全、公共卫生所实施的进出境管理制度的货物，应当凭许可证件进出境。

（3）货物在规定的期限内应原状复运进出境。一般应于进境或出境之日起 6 个月内复运出境或复运进境。因特殊情况需要延长期限的，持证人、收发货人应当向主管地海关办理延期手续，延期最多不超过 3 次，每次延长期限不超过 6 个月。延长期届满应当复运出境、复运进境或者办理进出口手续。

（4）按货物实际流向办结海关手续。暂时进出境货物必须在规定期限内，由货物的收发货人根据货物的实际流向办理核销结关手续。

🔗 知识链接

《伊斯坦布尔公约》

世界海关组织（原海关合作理事会）为了简化和协调各国的海关手续，针对以前制定的有关暂时进口公约存在的分散性问题，于 1990 年 6 月 26 日在伊斯坦布尔组织谈判并签署了《货物暂准进口公约》，又称《伊斯坦布尔公约》，其宗旨在于采用一种国际统一的管理暂时进口的国际规则，保证海关手续的高度简化和协调，为国际交流提供便利和实际利益。

表8.3 暂时进出境货物的海关监管期限

货物类别		期　　限	延期管理规则
使用 ATA 单证册报关的暂时进出口货物		进境或出境之日起6个月内	超过6个月的，须直属海关的批准，如有特殊情况超过1年的，须经海关总署批准
进出境展览品	进境展览品	进境之日起6个月内	可延期，但最长不超过6个月
	出境展览品	出境之日起6个月内	如延期须向主管海关申请
进境的境外集装箱箱体		进境之日起6个月内	可延期，但最长不超过3个月
其他暂时进出境货物		进境或出境之日起6个月内	可延期，但最长不超过6个月

8.2.2　使用 ATA 单证册的报关程序

1. ATA 单证册简介及其特点

（1）ATA 单证册的含义。

ATA 单证册是《暂准进口单证册》的简称。ATA 是由法文 "Admission Temporaire" 与英文 "Temporary Admission" 的首字母复合而成，意为 "暂时允许进入"，是世界海关组织通过的《关于货物暂准进口的 ATA 单证册海关公约》（简称《ATA 公约》）和《货物暂准进口公约》中规定的用于替代各缔约方海关暂准进出境货物报关单和税费担保的国际性通关文件，为国际贸易中暂时进出境货物的通关提供便利。

ATA 单证册是国际性报关文件，专用于暂时进口货物报关。它既代替了货物在国内外报关时所需要的所有报关文件，又使货物免纳进口关税，且无须担保金，确保持证人可以快捷方便地办理海关手续。因此，ATA 单证册又被国际经贸界称为 "货物护照"（或 "货物免税报关证"）。

（2）ATA 单证册的格式。

ATA 单证册必须使用英语或法语，如有需要，可以同时使用第三种语言印刷。中国接受中文或英文的 ATA 单证册的申报。一份 ATA 单证册由若干页 ATA 单证组成，单证的具体数目依据其经过的国家数目而定，一般由以下八页组成：一页绿色封面单证（包括单证册的编号、签发机构、有效期等）、一页黄色出口单证、一页白色进口单证、一页黄色复进口单证、一页白色复出口单证、两页蓝色过境单证（进境地和出境地海关分别签注和保存）、一页绿色封底。

（3）管理。

ATA 单证册的核心内容是国际联保，该联保的运作是通过国际商会国际局组织管理的国际担保连环系统进行的。该系统由各国海关当局核准的国家商会组织作为国家担保机构共同组成，各国担保机构负责签发本国申请的 ATA 单证册，并对 ATA 单证册下货物应付的关税及其他税费向国际商会履行全面担保义务。ATA 单证册持证人在货物出境前向本国的担保机构（国家商会组织）申请签发 ATA 单证册后，当有关货物在外国入境时，凭此向该国海关申报，并根据规定期限复运出境，最终将经各海关签注的 ATA 单证册交还给原出证机构。ATA 单证册的整个使用过程到此结束。

中国国际商会是中国 ATA 单证册的出证和担保机构，负责签发出境 ATA 单证册，向海关报送所签发单证册的中文电子文稿，协助海关确认 ATA 单证册的真伪，并且向海关承担 ATA 单证册持证人因违反暂时进出境规定而产生的相关税费、罚款。海关总署在北京设立 ATA 核销中心，对 ATA 单证册的进出境凭证进行核销、统计及追溯。应成员方担保人的要求，依据有关原始凭证，提供 ATA 单证册下暂时进出境货物已经进境或者从中国复运出境的证明，并对全国海关 ATA 单证册的核销业务进行协调和管理。

（4）ATA 单证册的特点。

① 简化报关手续。持证人使用 ATA 单证册后，无需填写各国国内报关文件，免交货物进口关税的担保，从而极大地简化了货物报关手续。

② 节约报关费用和时间。ATA 单证册由持证人在本国申请，持证人可以在出国前就预先安排好去一个或多个国家的海关手续，无需在外国海关办理其他手续或缴纳费用，并可确保快捷报关。

③ 降低持证人风险。使用 ATA 单证册，持证人无需为向外国海关缴纳进口关税的担保而携带高额外汇出国。

④ ATA 单证册可重复使用。ATA 单证册的有效期为 1 年，其项下的货物可以在有效期内凭同一单证册在本国多次进出，去多个国家办理暂时进境货物的进出口，并在多个国家过境。

⑤ 报关应用人员范围广泛，商务活动人员、各行业专业人士均可受益于 ATA 单证册。例如，会议代表、工作人员、参展厂家、广播电视台、演艺团体、记者、医生、科研人员、旅游者等各界人士及相关机构均可为其所使用的货物或物品申办 ATA 单证册。

⑥ 减少海关人员的工作量，增加了海关税款征收的安全性。海关人员不必在货物进口时计算每票货物的税款担保金额，复出口时不必退还押金或撤销担保函，从而减少了工作量。海关税收由国际商会世界商会联合会创设的 ATA 国际海关担保连环系统保障，进口税由进口国的担保协会担保。这种担保是自动的，如果发生进口税的支付问题，海关将向本国的担保协会追索。

 思考 向海关办理 ATA 单证册项下货物的报关时，相比非使用 ATA 单证册报关有哪些便利？

提示 | ATA 单证册由 4 种颜色的彩单组成，一式八联，分别用于货物在暂准进口国的进出口报关、在所在国出口和复进口的报关和过境国的过境报关。每经过一国海关使用一页，无须再填制进出口报关单。

2. 进出境报关程序

ATA 单证册正常使用包括以下几个环节：

（1）申领 ATA 单证册。ATA 单证册申请人向出证协会提出申请，缴纳一定的手续费，并按出证协会的规定提供担保，出证协会审核后签发 ATA 单证册。

（2）进境申报。暂时进境货物收货人或其代理人持 ATA 单证册向海关申报进境货物时，先将 ATA 单证册上的内容预录入海关与中国国际商会联网的 ATA 单证册电子核销系统，然后向展览会主管海关提交纸质 ATA 单证册、提货单等单证，办理进口报关程序。

海关在白色进口单证上签注，并留存白色进口单证正联，存根联随 ATA 单证册其他各联退还进境货物收货人或其代理人。

（3）出境申报。暂时出境货物发货人或其代理人持 ATA 单证册向海关申报出境货物时，向出境地海关提交国家主管部门批准文件、纸质 ATA 单证册、装货单等单证。海关在黄色出口单证上签注，并留存黄色出口单证正联，存根联随 ATA 单证册其他各联退还出境货物发货人或其代理人。

（4）过境申报。过境货物承运人或其代理人持 ATA 单证册向海关申报，将货物通过中国转运至第三国（地区）参加展览时，不必另外填写过境货物报关单。海关在两份蓝色过境单证上分别签注后，留存蓝色过境单证正联，存根联随 ATA 单证册其他各联退还过境货物承运人或其代理人。

（5）核销结关。持证人在规定期限内将暂时进境展览品复运出境或将暂时出境展览品复运进境时，海关在 ATA 单证册的白色复出口单证或黄色复进口单证上分别签注，留存单证正联，存根联随 ATA 单证册其他各联退持证人，正式核销结关。

（6）交还 ATA 单证册。持证人凭 ATA 单证册将货物暂时出境后复运进境，或暂时进境后复运出境，持证人将使用过的经海关签注的 ATA 单证册交还原出证协会。

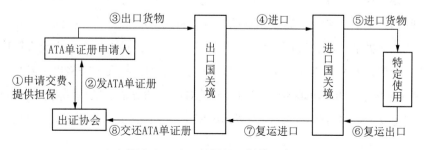

图 8.2　ATA 单证册正常使用流程

3. ATA 单证册未正常使用

ATA 单证册未正常使用的情况，包括货物未在规定的期限内复运出境，产生了暂时进境国（地区）海关对货物征税的问题，或 ATA 单证册持证人未遵守暂时进境国（地区）海关的有关规定，产生了对持证人罚款的问题。

上述情况下暂时进境国（地区）海关可以向本国担保协会提出索赔，暂时进境国（地区）的担保协会代持证人垫付税款、罚款等款项后，可以向暂时出境国（地区）担保协会进行追偿。暂时出境国（地区）担保协会垫付款项后，可以向持证人追偿，持证人偿还付款后，ATA 单证册的整个使用过程到此结束。

图8.3　ATA 单证册未正常使用流程

提示 | （1）如果一个国家（地区）的出证协会和担保协会是两个不同的单位，那么暂时进境国（地区）担保协会先向暂时出境国（地区）的担保协会追偿，暂时出境国（地区）担保协会再向该国出证协会追偿。
（2）如果持证人拒绝偿付税款，担保协会或出证协会可要求持证人的担保银行或保险公司偿付款项，如果后者也拒付，则协会需要采取法律行动维护权益。

8.2.3　未使用 ATA 单证册展览品的报关

1. 进出境展览品的范围

进出境展览品包含：① 在展览会中展示的货物；② 为示范展出的机器或器具所需用的货物；③ 展览者设置临时展台的建筑材料及装饰材料；④ 宣传展示货物的电影片、幻灯片、录像带、说明书、广告、光盘、显示器材等。

上述展览品属于暂时进出境货物，需要复运出境或复运进境。

在境内展览会期间供消耗、散发的用品，由海关根据展览会的性质、参展商的规模、观众人数等情况，对其数量和总值进行核定，在合理范围内的，按照有关规定免征进口关税和进口环节税。这些用品包括：① 在展览活动中的小件样品，包括原装进口的或者在展览期间用进口的散装原料制成的食品或者饮料的样品；② 为展出的机器或者器件进行操作示范从而被消耗或者损坏的物料；③ 布置、装饰临时展台消耗的低值货物；④ 展览期间免费向观众散发的有关宣传品；⑤ 供展览会使用的档案、表格以及其他文件。其中第 ① 项所列展览用品超出限量进口的，海关对超出部分依法征税，其余 3 项所列展览用品，未使用或者未被消耗完的，应当复运出境，不复运出境的，应当按照规定办理进口手续。

提示 以下货物虽然在展览活动中使用，但不按进口展览品对待：①展览会期间出售的小卖品、展卖品，属于一般进出口货物范围；②展览会期间使用的含酒精饮料、烟草制品、燃料，虽然不按一般进出口货物管理，但是海关对这些商品一律征收关税；③其中属于参展商随身携带进境的含酒精饮料、烟草制品，按进境旅客携带物品的有关规定管理。

2. 进出境报关

（1）备案和担保。

境内展览会的办展人以及出境举办或者参加展览会的办展人、参展人可以在展览品进境或者出境前向主管地海关报告，并且提交展览品清单和展览会证明材料，也可以在展览品进境或者出境时，向主管地海关提交上述材料，办理备案和担保手续。

对于申请海关派员监管的境内展览会，办展人、参展人应当在展览品进境前向主管地海关提交有关材料，办理备案手续。海关派员进驻展览场所的，经主管地海关同意，展览会办展人可以就参展的展览品免予向海关提交担保。未向海关提供担保的进境展览品在非展出期间应当存放在海关监管作业场所。因特殊原因需要移出的，应当经主管地海关同意，并且提供相应担保。

（2）进出境报关。

① 进境报关。进境展览品由主办单位或其代理人在展出地海关申报进口，从非展出地进口的，可以申请在进境地海关办理转关运输手续，将展览品在海关监管下从进境口岸转运至展览会举办地主管海关办理申报手续。

展览品涉及检验检疫、知识产权管制的，应提供相关许可证件。海关一般在展览会举办地对展品开箱检查，海关查验时，展览品所有人或其代理人应当到场。展览品在开箱进展馆前应通知海关，未经海关许可，不得开箱。

提示 展览会展出或使用的印刷品、音像制品及其他需要审查的物品，需要经过海关的审查后才能展出或使用。对中国政治、经济、道德有害的以及侵犯知识产权的印刷品、音像制品，不得展出，由海关没收、退运出境或责令更改后使用。

② 出境报关。展览品出境在境外展览，由参展单位向出境地海关提交国家主管部门的批准文件、报关单、展览品清单，各一式两份进行报关。属于应征出口税的，向海关缴纳相当于税款的保证金。属于核用品、核两用品及相关技术的出口管制商品，提交出口许可证。小卖品、展卖品，按一般出口申报，属于许可证管理的，提交出口许可证。

海关对出境展览品开箱查验核对后，将一份清单封入关封交由申报人，凭以办理展览品复运进境申报手续。展览品的暂准进出境期限为6个月，即自展览品进（出）境之日起6个月内复运出（进）境。延长期限不超过6个月。

提示 进境展览品的报关流程是：备案、担保、申报、查验、布展、展览、复出境、核销。

3. 展览品的核销结关

（1）复运进出境。展览品的暂准进出境期限届满，展品所有人或其代理人应将展览品复运进出境，凭海关签发的报关单证明联到海关办理核销结关手续。

（2）转为正式进出口。进境展览品在展览期间被购买的，由展览会主办单位或其代理人向海关办理进口申报及纳税手续，属许可证管理的还应提交许可证件。出境展览品在境外参加展览会后被销售的，由海关核对展览品清单后要求有关主体补办正式出口手续。

（3）展览品放弃或赠送。进境展览品的办展人、参展人决定将展览品放弃，移交海关的，海关把展览品变卖后将所得上缴国库；有单位接收放弃展览品的，应当向海关办理进口申报及纳税手续。出境展览品的办展人、参展人决定将展览品放弃的，应当按一般出口货物办理报关手续。

进境展览品的办展人、参展人决定将展览品捐赠的，受赠人应当向海关办理进口手续。出境展览品的办展人、参展人决定将展览品捐赠的，应当按一般出口货物办理报关手续。

（4）其他情况。因不可抗力以外的其他原因导致展览品受损或者灭失的，持证人、收发货人应当按照货物进出口的有关规定办理海关手续。因不可抗力原因受损，无法原状复运出境、复运进境的，持证人、收发货人应当及时向主管地海关报告，凭有关部门出具的证明材料办理复运出境、复运进境手续；因不可抗力灭失的，经主管地海关核实后该展览品可以被视为已经复运出境、复运进境。

8.2.4　集装箱箱体的报关

1. 集装箱的含义

集装箱的原意是容器，是指用钢、铝或玻璃钢等材料制成的一种大型装货容器。集装箱箱体既是一种运输设备，又是一种可以买卖的货物。当集装箱装载货物进出口时，集装箱箱体就作为一种运输设备。作为运输设备时，集装箱箱体属于暂时进出境货物，此时，进口则需征税。当进口或出口集装箱时，集装箱箱体作为进出口货物。海关对集装箱箱体监管的目的是防止企业以运输设备为名，逃税进口留在国内。

提示 | 集装箱和集装箱式货车车厢作为货物进出口时，无论其是否装载货物，有关收发货人或者其代理人应当按照进出口货物向海关办理报关手续。

2. 暂准进出境集装箱的报关

（1）境内生产的集装箱及中国营运人购买进口集装箱并投入国际运输前，营运人应当向其所在地海关办理登记手续。无论其是否装载货物，海关准予暂时进境和异地出境，营运人或者其代理人无须对箱体单独向海关办理报关手续，进出境时，也不受规定的期限限制。

（2）对从事国际贸易运输而暂时进境的外国集装箱（包括租界使用的外国集装箱），海关视同暂时进口货物管理。境外集装箱箱体暂准进境的，无论是否装载货物，承运人或者其代理人应当对箱体单独报关，并应于入境之日起 6 个月内复运出境。如因特殊情况不能按期复运出境的，营运人应当向暂时进境地海关提出延期申请，经海关核准后延期，但延长期最长不得超过 3 个月，逾期应按规定向海关办理进口申报及纳税手续。

暂准进境的集装箱复运出境时，不论装货与否，承运人或者其代理人应当对箱体单独进行出口报关。

提示 | 未经海关许可，任何人不得擅自开启或者损毁集装箱和集装箱式货车车厢上的海关封志，更改、涂抹箱（厢）号，取出或者装入货物，将集装箱或者集装箱式货车车厢及其所载货物移离海关监管场所。

8.2.5 其他暂时进出境货物的报关

1. 范围

其他暂时进出境货物指除使用 ATA 单证册报关的暂时进出境货物、不使用 ATA 单证册报关的进出境展览品、集装箱箱体外的其他暂时进出境的货物。主要包括国际组织、外国政府、外国 / 地区的企业、群众团体或个人为开展经济、技术、科学和文化合作交流而暂时运进中国境内的货物和物品。如进行新闻报道或拍摄电影、电视节目、照片、幻灯片所需的摄像器材、胶片、录像带、车辆、服装、动物等，文化、体育交流活动中使用的表演、比赛用品等；来华进行工程设施、学术技术交流、讲学所需运进的设备、仪器、工具、车辆、教学用具等；暂时进出的货样；供安装、测试、检测设备时使用的仪器工具等。

2. 报关管理规定

其报关管理适用《中华人民共和国海关暂时进出境货物管理办法》。报关程序包括前期备案、进出境报关阶段、后续核销阶段，其具体要求包括进出境时的税收政策和进出口许可证的要求，这些要求和前三种一致，故在此不再赘述。

8.3 转关货物的报关

8.3.1 转关货物概述

1. 转关的含义

依照《海关法》规定，转关是指进出口货物在海关的监管下，从一个海关运至另一个海关办理进出口海关手续的行为。

提示 | 为什么会有"转关"？《海关法》规定：进出口货物除应当在进出境地办理海关手续外，经收发货人申请，海关同意，也可在远离进出境地且设有海关的进口货物的指运地或出口货物的启运地办理海关手续。因此海关对进出口货物的监管也将从进境地延伸至指运地，或者从启运地延伸至出境地，即两地海关共同完成海关应承担的全部管理责任。另外，对于保税和暂时进境等货物，无论在何地办理进口手续，海关放行后仍属海关监管货物，因而在其加工、存储、使用期间需转运至另一设关地的，海关的监管责任也应当随之结转，并伴随着相应的转关措施。

2. 转关货物的类型

转关货物属海关监管货物，有以下两种基本类型。

（1）进口转关货物。它是指由进境地入境后，向海关申请转关，运往另一设关地点办理进口海关手续的货物。例如，北京某公司从韩国进口一批货物，货运船舶驶抵天津港口后，北京某公司可以在天津新港办结海关手续，也可以经天津、北京两地海关的同意，在海关监管下将货物运到北京，在北京办结海关手续。

（2）出口转关货物。它是指在启运地办理出口海关手续后，运往出境地，由出境地海关监管放行的货物。

提示 | 转关涉及的相关概念如下：

　　进境地指货物进入关境的口岸。

　　出境地是指货物离开关境的口岸。

　　启运地是指出口转关货物报关发运的地点。

　　指运地是指进口转关货物运抵报关的地点。

　　承运人是指经海关核准，承运转关货物的企业。

3. 申请转关的要求

（1）转关货物应当由已经在海关注册登记的承运人承运。海关对转关限定路线范围和途中运输时间的，承运人应当按海关要求将货物运抵指定场所。

（2）转关货物的指运地或启运地应当设有经海关批准的海关监管作业场所。转关货物的存放、装卸、查验应当在海关监管作业场所内进行。特殊情况需要在海关监管作业场所以外存放、装卸、查验货物的，应当向海关事先提出申请，海关按照规定监管。

（3）海关对转关货物的查验，由指运地或者启运地海关实施。进出境地海关认为必要时也可以查验或者复验。

4. 转关货物的范围

（1）正常办理转关业务的货物。

目前，正常办理转关业务的货物仅有邮件、快件、暂时进出口货物（含 ATA 单证册项下货物）、过境货物、中欧班列载运货物、市场采购方式出口货物、跨境电子商务零售进出

200

口商品、免税品，以及外交常驻机构和人员的公、自用物品，其收发货人可按照海关要求正常申办转关手续，并开展转关运输。

提示 | 从 2018 年 1 月 1 日起，除以上情况外，海关不再接受其他货物办理转关运输的申请，其相关业务全部转为全国通关一体化报关。

（2）限制转关的货物。

属于《限制转关物品清单》范围之列的进出口货物，不能办理转关手续，其中包括：① 废物类（废纸除外）。如动物废料、冶炼渣、木制品废料、纺织品废物、贱金属及其制品的废料、各类废旧五金、电机电器产品、废旧运输设备、特殊需进口的废物、废塑料和碎料及下脚料。② 化工类。包括监控化学品、可作为化学武器的化学品、化学武器关键前体、化学武器原料、易制毒化学品、消耗臭氧层物质、氰化钠等。③ 汽车类部分进出口货物。包括成套的散件和二类底盘。

（3）按条件办理转关的货物。

① 多式联运及具有全程提（运）单货物。

多式联运货物，以及具有全程提（运）单需要在境内换装运输工具的进出口货物，其收发货人可以向海关申请办理多式联运手续，有关手续按照联程转关模式办理。

② 不宜在口岸海关查验的货物。

易受温度、静电、尘土等自然因素影响，或者因其他特殊原因不宜在口岸海关监管区域实施查验的进出口货物，满足以下条件的，经主管地海关（进口为指运地海关，出口为启运地海关）批准后，其收发货人可以按照提前报关方式办理转关手续：第一，收发货人为高级认证企业的；第二，转关运输企业最近一年内没有因走私行为被海关处罚的；第三，转关启运地或指运地与货物实际进出境地不在同一直属关区内的；第四，货物实际进出境地已安排非侵入式查验设备的。

进口转关货物应当直接运输至收货人所在地，出口转关货物应当直接在发货人所在地启运。按照规定办妥转关手续后，进出口货物收发货人再按照报关单填制规范及申报管理，向海关申报进出口。

③ 符合条件要求的进口固体废物。

进口固体废物满足以下条件的，经海关批准后，其收发货人方可申请办理转关手续，开展转关运输：第一，按照水—水联运模式进境的废纸、废金属；第二，货物进境地为指定进口固体废物口岸的；第三，转关运输指运地已安装大型集装箱检查设备的；第四，进口废金属的联运指运地为经国家环保部门批准设立、国家环保等部门验收合格、已实现海关驻点监管的进口固体废物"圈区管理"园区的；第五，联运至进口固体废物"圈区管理"园区的进口废金属仅限园区内企业加工利用的。

5. 转关方式

转关货物的收发货人或其代理人可以采取以下三种方式办理转关手续：

（1）提前报关。它是指进口货物在指运地先申报，再到进境地办理进口转关手续；出口货物在货物未运抵启运地监管场所前先申报，货物运抵启运地监管场所后再办理出口转关手续的方式。通常在指运地或启运地海关提前以电子数据录入的方式申报进出口，待计算机自动生成《进口转关货物申报单》并传输至进境地海关，或生成《出口转关货物申报单》且货物运抵启运地海关监管现场后，办理进口或出口转关手续。

提示 | 提前报关转关是在指运地或启运地海关以提前报关方式办理。

（2）直转转关。它是指进口货物在进境地海关先办理转关手续，货物运抵指运地后再在指运地海关办理报关手续；出口货物在货物运抵启运地监管场所报关后，在启运地海关办理出口转关手续，再到出境地海关办理出境手续。

提示 | 直转转关是在进境地或启运地海关以直接填报转关货物申报单的直转方式办理。

（3）中转转关。它是指货物的收发货人或其代理人向指运地或启运地海关办理进出口报关手续后，由境内承运人或其代理人统一向进境地或启运地海关办理进口或出口转关的方式。具有全程提运单，须换装境内运输工具的进出口中转货物适用中转转关方式运输。

8.3.2　转关货物的报关程序

1. 进口转关

（1）提前报关转关。

① 进口货物收货人或其代理人（货主）在进境地海关办理进口货物转关手续前，在指运地海关填报录入《进口货物报关单》电子数据。指运地海关提前受理电子申报后，计算机自动生成《进口转关货物申报单》，传输至进境地海关。

② 货主在电子数据申报之日起 5 日内持必要单据和《进口转关货物申报单》编号，向进境地海关申请办理转关手续，逾期未办理的，指运地海关撤销已经录入的电子数据。需提交的单据有：《中华人民共和国海关境内汽车载海关监管货物载货登记簿》(以下简称《汽车载货登记簿》)或《船舶监管簿》；提货单；广东省内公路运输的，还应当交验《进境汽车载货清单》。

（2）直接转关。

直转的转关货物，货物收货人或其代理人自运输工具申报进境之日起 14 日内，向进境地海关办理转关手续，在海关限定期限内运抵指运地海关之日起 14 天内，向指运地海关办理报关手续。逾期按照规定征收滞报金。货物收货人或者代理人向进境地海关办理转关手续时提交的单证有：《进口转关货物申报单》；广东省内公路运输的，还应交验《进境汽车载货清单》；《汽车载货登记簿》或者《船舶监管簿》。

（3）中转转关。

① 中转转关是指进口货物提前在指运地报关后，由承运人办理转关。具有全程提运单、需换装境内运输工具的进口中转转关货物，其收货人或代理人向指运地海关办理进口报关手续。

② 由境内承运人或其代理人在5日内向进境地海关提交单据，批量办理转关手续。需提交的单据有：《进口转关货物申报单》、按指运地目的港分列的舱单。以空运方式进境的中转货物，还应提交联程运单。

提示 | 舱单是指进出境船舶、航空器、铁路列车负责人或其代理人向海关递交的真实、准确反映运输工具所载货物情况的载货清单。

2. 出口转关

（1）提前报关转关。

① 发货人或其代理人在货物运抵启运地海关监管场所前，先向启运地海关申报录入《出口货物报关单》电子数据，由启运地海关提前受理电子申报，生成《出口转关货物申报单》数据，传送到出境地海关。

② 货物在电子数据申报之日起5日内，运抵启运地海关的监管场所并办理转关和验放等手续。需提交的单证有：《出口货物报关单》；《汽车载货登记簿》或《船舶监管簿》；广东省内公路运输的，还应提交的《出境汽车载货清单》。

③ 货物在海关监管下运至出境地，发货人或其代理人持启运地海关签发的《出口货物报关单》等单证向出境地海关办理监管出境手续。需提交的单证有：启运地海关签发的《出口货物报关单》；《出口转关货物申报单》；《汽车载货登记簿》或《船舶监管簿》；在广东省内公路运输的，还应提交《出境汽车载货清单》。

提示 | 进口转关货物应在电子数据申报之日起5日内，向进境地海关办理转关手续。出口转关货物应在电子数据申报之日起5日内，运抵启运地海关监管场所，办理转关和验放手续。电子数据超过5日未办理手续的，将被启运地海关撤销提前报关的电子数据。

（2）直转转关。

① 发货人或其代理人在货物运抵启运地海关监管场所后，向启运地海关申报录入《出口货物报关单》电子数据，由启运地海关提前受理电子申报，办理转关和验放等手续。需提交的单证与提前报关转关的相同。

② 货物在海关监管下转关运输到达出境地时，办理出境手续。需提交的单证与提前报关转关的相同。

提示 | 直转转关是在货物运抵启运地海关监管场所之后才进入报关程序；而提前报关转关是在货物运抵启运地海关监管场所之前就进入报关程序。此后，两者的报关手续相同。

（3）中转转关。

① 具有全程提运单、需换装境内运输工具的出口中转货物，发货人或其代理人向启运地海关办理出口报关手续后，由承运人或者其代理人按照出境运输工具分列舱单，批量办理货物转关手续。

② 出口中转货物，发货人或其代理人向启运地海关办理出口通关手续后，运输工具代理人向启运地海关办理转关手续时需要提交的单证有：《出口转关货物申报单》、按出境运输工具分列的舱单、《汽车载货登记簿》或者《船舶监管簿》。

③ 启运地海关核准后，签发《出口货物中转通知书》。出境地海关验核上述单证，办理中转货物的出境手续。

3. 核销

进口转关货物在运抵指运地海关监管作业场所后，指运地海关方可办理转关核销。对于进口大宗散装转关货物分批运输的，在第一批货物运抵指运地海关监管作业场所后，指运地海关办理整批货物的转关核销手续，发货人或其代理人同时办理整批货物的进口报关手续。指运地海关按规定办理余下货物的验放。最后一批货物到齐后，指运地海关完成整批货物的核销。

出口转关货物在运抵出境地海关监管作业场所后，出境地海关方可办理转关核销。货物实际离境后，出境地海关核销清洁舱单并反馈启运地海关，启运地海关凭此签发有关报关单证明联。

提示 | （1）转关货物属海关监管货物的，未经海关许可，不得开拆、提取、交付、发运、调换、改装、抵押、质押、留置、转让、更换标记、移作他用或者进行其他处置。
（2）转关货物在国内储运中发生损坏、短少、灭失情况的，除不可抗力外，承运人、货物所有人、存放场所负责人应承担税负责任。

应用案例

进口货物灭失的责任划分

长春市某进出口公司 A 购买韩国产新闻纸一批。货物进口时由大连口岸转关至长春海关办理该批货物的报关纳税手续。承担该批货物境内转关运输的是大连某运输公司 B。在运输途中，因汽车驾驶员王某吸烟，不慎引发火灾，致使该批新闻纸全部灭失。在这种情况下，由谁承担该批货物的纳税义务？

A 公司是该批货物的收货人，但因货物的转关运输是由 B 公司负责的，且该批货物的灭失发生在运输途中，故应由 B 公司承担纳税义务。

8.4 跨境电商进出口商品报关

8.4.1 跨境电商进出口概述

1. 跨境电商的含义及业务模式

跨境电子商务简称跨境电商,是指分属不同关境的交易主体,通过电子商务平台达成交易,进行支付结算,并通过跨境物流送达商品,完成交易的一种国际商业活动。

跨境电子商务主要分为企业对企业(B2B)和企业对消费者(B2C)两种贸易模式。

2. 跨境电商海关监管方式

在 B2B 模式下,如果企业运用的电子信息手段以广告和信息发布为主,成交和通关流程基本上在线下完成,其本质仍属传统贸易,属于海关一般贸易的统计范畴。在 B2C 模式下,企业直接面对国外的消费者,以销售个人消费品为主,主要采用航空小包、邮寄、快递等方式进行,其报关主体是邮政或快递公司,大多未纳入海关登记。

为了有效促进电子商务的发展,国家发改委办公厅于 2012 年 5 月 8 日下发了《关于组织开展国家电子商务示范城市电子商务试点专项的通知》,正式启动了电子商务的发展试点工作。同年 8 月 11 日,国家发改委将杭州、郑州、宁波、上海、重庆列为首批跨境电子商务服务试点城市。2016 年 1 月 12 日,国务院发布《国务院关于同意在天津 12 个城市设立跨境电子商务综合试验区的批复》,同意天津市等 12 个城市设立跨境电子商务综合试验区,"以更加便捷高效的新模式释放市场活力,吸引大中小企业聚集,促进新业态成长,推动大众创业、万众创新,增加就业,支撑外贸优进优出,升级发展"。2018 年 7 月 24 日,国务院同意在北京市等 22 个城市设立跨境电子商务综合试验区。2021 年 7 月 1 日起,在现有试点海关基础上,全国海关开始复制推广跨境电商 B2B 出口监管试点。

目前,跨境电商进出口货物的海关监管方式主要有以下类型:

(1)B2C 模式下的海关监管方式。

① 跨境贸易电子商务(9610)。

为促进跨境贸易电子商务零售进出口业务发展,方便企业通关,规范海关管理,实现贸易统计,海关总署公告 2014 年第 12 号增列了海关监管方式代码"9610",全称"跨境贸易电子商务",简称"电子商务"。这适用于境内个人或电子商务企业通过电子商务交易平台实现交易,并采用"清单核放、汇总申报"模式办理电子商务零售进出口商品的通关手续。

提示 | 通过海关特殊监管区域或保税监管场所一线的电子商务零售进出口商品不属于跨境电子商务监管方式。

② 保税跨境贸易电子商务(1210)。

海关总署公告 2014 年第 57 号增列海关监管方式代码"1210",全称"保税跨境贸易电子商务",简称"保税电商"。这适用于在经海关认可的电子商务平台实现跨境交易的境内个人或电子商务企业，并通过海关特殊监管区域或保税监管场所进出的电子商务零售进出境商品。

提示|（1）在海关特殊监管区域、保税监管场所与境内区外（场所外）之间通过电子商务平台交易的零售进出口商品不适用该监管方式。

（2）"1210"监管方式用于进口时仅限经批准开展跨境贸易电子商务进口试点的海关特殊监管区域和保税物流中心（B型）。

③ 保税跨境贸易电子商务 A（1239）。

海关总署公告 2016 年第 75 号增列海关监管方式代码 "1239"，全称 "保税跨境贸易电子商务 A"，简称 "保税电商 A"。适用于境内电子商务企业通过海关特殊监管区域或保税物流中心（B型）一线进境的跨境电子商务零售进口商品。

（2）B2B 模式下的海关监管方式。

境内企业通过跨境电商平台与境外企业达成交易后，通过跨境物流将货物直接出口送达境外企业，被称为 "跨境电商 B2B 直接出口"；如境内企业将出口货物通过跨境物流送达海外仓，通过跨境电商平台实现交易后从海外仓送达购买者，被称为 "跨境电商出口海外仓"。

① 跨境电子商务企业对企业直接出口（9710）。

海关总署公告 2020 年第 75 号增列海关监管方式代码 "9710"，全称 "跨境电子商务企业对企业直接出口"，简称 "跨境电商 B2B 直接出口"，适用于跨境电商 B2B 直接出口的货物。

② 跨境电子商务出口海外仓（9810）。

海关总署公告 2020 年第 75 号增列海关监管方式代码 "9810"，全称 "跨境电子商务出口海外仓"，简称 "跨境电商出口海外仓"，适用于跨境电商出口海外仓的货物。

8.4.2 跨境电商零售进出口报关

1. 跨境电商零售适用范围

跨境电子商务企业、消费者（订购人）通过跨境电子商务交易平台实现零售进出口商品交易，并根据海关要求传输相关交易的电子数据，接受海关监管。

 知识链接

适用网购保税进口政策的城市

适用 "网购保税进口"（监管方式代码 1210）进口政策的城市（截至 2020 年 7 月 1 日）有天津、上海、重庆、大连、杭州、宁波、青岛、广州、深圳、成都、苏州、合肥、福州、郑州、平潭、北京、呼和浩特、沈阳、长春、哈尔滨、南京、南昌、武汉、长沙、南宁、海口、贵阳、昆明、西安、兰州、厦门、唐山、无锡、威海、珠海、东莞、义乌等 37 个城市（地区）。

2. 跨境电商零售业务参与人

（1）跨境电子商务企业。跨境电子商务企业是指自境外向境内消费者销售跨境电子商务零售进口商品的境外注册企业（不包括在海关特殊监管区域或保税物流中心内注册的企业），或者自境内向境外消费者销售跨境电子商务零售出口商品的企业，它们为商品的货权所有人。

（2）跨境电子商务企业境内代理人。 跨境电子商务企业境内代理人是指开展跨境电子商务零售进口业务的境外注册企业所委托的境内代理企业，由后者在海关办理注册登记，承担如实申报责任，依法接受相关部门监管，并承担民事责任。

（3）跨境电子商务平台企业。跨境电子商务平台企业是指在境内办理工商登记，为交易双方（消费者和跨境电子商务企业）提供网页空间、虚拟经营场所、交易规则、信息发布等服务，设立供交易双方独立开展交易活动的信息网络系统的经营者。

（4）支付企业。支付企业是指在境内办理工商登记，接受跨境电子商务平台企业或跨境电子商务企业境内代理人委托，为后两者提供跨境电子商务零售进口支付服务的银行、非银行支付机构以及银联等。

（5）物流企业。物流企业是指在境内办理工商登记，接受跨境电子商务平台企业、跨境电子商务企业或其代理人委托，为后两者提供跨境电子商务零售进出口物流服务的企业。

（6）消费者（订购人）。消费者（订购人）是指跨境电子商务零售进口商品的境内购买人。

（7）国际贸易"单一窗口"。国际贸易"单一窗口"是指由国务院口岸工作部际联席会议统筹推进，依托电子口岸公共平台建设的一站式贸易服务平台。申报人（包括参与跨境电子商务的企业）通过"单一窗口"向海关等口岸管理相关部门一次性申报，口岸管理相关部门通过电子口岸平台共享信息数据、实施职能管理，将执法结果通过"单一窗口"反馈申报人。

（8）跨境电子商务通关服务平台。跨境电子商务通关服务平台是指由电子口岸搭建，实现企业、海关以及相关管理部门之间数据交换与信息共享的平台。

3. 跨境电商零售进出口商品报关程序

（1）注册登记。

跨境电子商务平台企业、物流企业、支付企业等参与跨境电子商务零售进口业务的企业，应当依据海关报关单位注册登记管理相关规定，向所在地海关办理注册登记；境外跨境电子商务企业应委托境内代理人（以下称作跨境电子商务企业境内代理人）向该代理人所在地海关办理注册登记。

跨境电子商务企业、物流企业等参与跨境电子商务零售出口业务的企业，应当向所在地海关办理信息登记；如需办理报关业务，应向所在地海关办理注册登记。

参与跨境电子商务零售进出口业务并在海关注册登记的企业，纳入海关信用管理，海关根据信用等级实施差异化的通关管理措施。

（2）海关监管。

对跨境电子商务直购进口商品及适用"网购保税进口"（监管方式代码"1210"）进口政策的商品，按照个人自用进境物品监管，不执行有关商品首次进口许可批件、注册或备案要求。但对相关部门明令暂停进口的疫区商品和对出现重大质量安全风险的商品启动风险应急处置时除外。

适用"网购保税进口A"（监管方式代码"1239"）进口政策的商品，按《跨境电子商务零售进口商品清单（2019年版）》尾注中的监管要求执行。

海关对跨境电子商务零售进出口商品及其装载容器、包装物按照相关法律法规实施检疫，并根据相关规定实施必要的监管措施。

（3）申报。

首先是进口申报。

跨境电子商务零售进口商品申报前，跨境电子商务平台企业或跨境电子商务企业境内代理人、支付企业、物流企业应当分别通过国际贸易"单一窗口"或跨境电子商务通关服务平台向海关传输交易、支付、物流等电子信息，即商流、资金流、物流信息，并对数据真实性承担相应责任。

直购进口模式下，邮政企业、进出境快件运营人可以接受跨境电子商务平台企业或跨境电子商务企业境内代理人和支付企业的委托，在承诺承担相应法律责任的前提下，向海关传输交易、支付等电子信息。

跨境电子商务零售商品进口时，跨境电子商务企业境内代理人或其委托的报关企业应提交《中华人民共和国海关跨境电子商务零售进出口商品申报清单》（以下简称《申报清单》），采取"清单核放"方式办理报关手续。

提示｜《申报清单》与《中华人民共和国海关进出口货物报关单》具有同等法律效力。

其次是出口申报。

跨境电子商务零售出口商品申报前，跨境电子商务企业或其代理人、物流企业应当分别通过国际贸易"单一窗口"或跨境电子商务通关服务平台向海关传输交易、收款、物流等电子信息，并对数据真实性承担相应法律责任。

跨境电子商务零售商品出口时，跨境电子商务企业或其代理人应提交《申报清单》，采取"清单核放、汇总申报"方式办理报关手续；跨境电子商务综合试验区内符合条件的跨境电子商务零售商品出口，可采取"清单核放、汇总统计"方式办理报关手续。

跨境电子商务零售商品出口后，跨境电子商务企业或其代理人应当于每月15日前（当月15日是法定节假日或者法定休息日的，顺延至其后的第一个工作日），将上月结关的《申报清单》依据清单表头上的同一收发货人、同一运输方式、同一生产销售单位、同一运抵国、同一出境关别，以及清单表体上的同一最终目的国、同一十位海关商品编码、同一币制的规则进行归并，汇总形成《中华人民共和国海关出口货物报关单》向海关申报。

允许以"清单核放、汇总统计"方式办理报关手续的，不再汇总形成《中华人民共和国海关出口货物报关单》。

（4）检疫、查验和物流管理。

对需在进境口岸实施的检疫及检疫处理工作的货物，企业应在海关完成此项检疫后运至跨境电子商务监管作业场所。

海关实施查验时，跨境电子商务企业或其代理人、跨境电子商务监管作业场所经营人、仓储企业应当按照有关规定提供便利，配合海关查验。

网购保税进口商品可在海关特殊监管区域或保税物流中心（B型）间流转，按有关规定办理流转手续。以"网购保税进口"（监管方式代码"1210"）海关监管方式进境的商品，不得转入适用"网购保税进口A"（监管方式代码"1239"）的城市继续开展跨境电子商务零售进口业务。网购保税进口商品可在同一区域（中心）内的企业间进行流转。

提示 | 跨境电子商务网购保税进口业务应当在海关特殊监管区域或保税物流中心（B型）内开展，另有规定除外。

（5）税收征管。

对跨境电子商务零售进口商品，海关按照国家关于跨境电子商务零售进口税收政策征收关税和进口环节增值税、消费税，完税价格为实际交易价格，包括商品零售价格、运费和保险费。

跨境电子商务零售进口商品消费者（订购人）为纳税义务人。在海关注册登记的跨境电子商务平台企业、物流企业或申报企业作为税款的代收代缴义务人，代为履行纳税义务，并承担相应的补税义务及相关法律责任。

代收代缴义务人应当如实、准确向海关申报跨境电子商务零售进口商品的商品名称、规格型号、税则号列、实际交易价格及相关费用等税收征管要素。

跨境电子商务零售进口商品的申报币制为人民币。

消费者（订购人）对于已购买的跨境电子商务零售进口商品不得再次销售。

 思考 为何消费者（订购人）对于已购买的跨境电子商务零售进口商品不得再次销售？

跨境电商零售进出口税收政策

财政部、海关总署、税务总局于 2018 年 11 月 29 日联合发布了《关于完善跨境电子商务零售进口税收政策的通知》。该通知明确，自 2019 年 1 月 1 日起，实行如下政策：

1. 将跨境电子商务零售进口商品的单次交易限值由人民币 2 000 元提高至 5 000 元，年度交易限值由人民币 20 000 元提高至 26 000 元。

2. 完税价格超过 5 000 元单次交易限值但低于 26 000 元年度交易限值，且订单下仅一件商品时，可以自跨境电商零售渠道进口，按照货物税率全额征收关税和进口环节增值税、消费税，交易额计入年度交易总额，但年度交易总额超过年度交易限值的，应按一般贸易管理。

跨境电子商务零售进口商品的单次交易限值为人民币 5 000 元，个人年度交易限值为人民币 26 000 元。在限值以内进口的跨境电子商务零售进口商品，关税税率暂设为零；进口环节增值税、消费税取消免征税额，暂按法定应纳税额的 70% 征收。

3. 已经购买的电商进口商品属于消费者个人使用的最终商品的，不得进入国内市场再次销售；原则上不允许网购保税进口商品在海关特殊监管区域外开展"网购保税＋线下自提"模式。

财政部、海关总署、税务总局于 2018 年 9 月 29 日联合发布了《关于跨境电子商务综合试验区零售出口货物税收政策的通知》。该通知明确，自 2018 年 10 月 1 日起，对综试区电子商务出口企业出口未取得有效进货凭证的货物，同时符合下列条件的，试行增值税、消费税免税政策，具体如下：

（1）电子商务出口企业在综试区注册，并在注册地跨境电子商务线上综合服务平台登记出口日期、货物名称、计量单位、数量、单价、金额。

（2）出口货物通过综试区所在地海关办理电子商务出口申报手续。

（3）出口货物不属于财政部和税务总局根据国务院决定明确取消出口退（免）税的货物。

8.4.3　跨境电商企业对企业出口报关

跨境电商企业对企业出口简称跨境电商 B2B 出口，是指境内企业通过跨境物流将货物运送至境外企业或海外仓，通过跨境电商平台完成交易，并根据海关要求传输相关电子数据的贸易形式。目前纳入跨境电商 B2B 出口监管的业务模式有两种：一是跨境电商 B2B 直接出口，监管方式代码为"9710"，二是跨境电商出口海外仓，监管方式代码为"9810"。

1. 备案

跨境电商企业、跨境电商平台企业、物流企业等参与跨境电商 B2B 出口业务的境内企业，应当依据海关报关单位备案管理有关规定，向所在地海关办理备案。

开展跨境电商出口海外仓业务的企业，还应当在海关办理出口海外仓业务模式备案。

提示 | （1）开展跨境电商出口海外仓业务的境内企业应已在海关办理备案，且企业信用等级为一般信用及以上。

（2）备案需提交的资料：《跨境电商出口海外仓企业备案登记表》《海外仓信息登记表》、海外仓证明材料（企业按照自营海外仓、公共海外仓、电商平台海外仓和其他类型海外仓提供相应的证明材料）。

2. 通关管理

（1）跨境电商企业或其委托的代理报关企业、境内跨境电商平台企业、物流企业应通过国际贸易"单一窗口"或"互联网＋海关"向海关提交申报数据、传输电子信息，并对数据真实性承担相应法律责任。对于单票金额超过人民币 5 000 元，或涉证、涉检、涉税的跨境电商 B2B 出口货物，企业应通过 H2018 通关管理系统办理通关手续。对于单票金额在人民币 5 000 元（含）以内，且不涉证、不涉检、不涉税的，企业可以通过 H2018 系统或跨境电商出口统一版系统办理通关手续。

（2）跨境电商 B2B 出口货物应符合检验检疫相关规定。海关实施查验时，跨境电商企业或其代理人、监管作业场所经营人应按照有关规定配合海关查验。海关按规定实施查验，对跨境电商 B2B 出口货物可优先安排查验。

（3）跨境电商 B2B 出口货物适用全国通关一体化，也可采用"跨境电商"模式进行转关。

🔗 **知识链接**

跨境电商相关政策

为贯彻落实党中央国务院关于加快跨境电子商务（以下简称"跨境电商"）新业态发展的部署要求，充分发挥跨境电商稳外贸保就业等积极作用，进一步促进跨境电商健康快速发展，2020 年 6 月，海关总署发布 2020 年第 75 号公告《关于开展跨境电子商务企业对企业出口监管试点的公告》，自 2020 年 7 月 1 日起在北京等 10 个直属海关开展跨境电商企业对企业（B2B）出口监管试点。同年 8 月，海关总署发布 2020 年第 92 号公告《关于扩大跨境电子商务企业对企业出口监管试点范围的公告》，在 10 个试点海关基础上，增加上海等 12 个直属海关开展试点。在总结前期试点工作的基础上，2021 年 6 月，海关总署发布 2021 年第 47 号公告（关于在全国海关复制推广跨境电子商务企业对企业出口监管试点的公告），决定在全国海关范围内全面复制推广跨境电商 B2B 出口监管试点。

8.5 过境、转运、通运货物的报关

过境、转运、通运货物都是由境外启运，通过中国境内继续运往境外的货物。这类货物仅在境内运输及短暂停留，不做销售、加工、使用以及贸易性存储。过境货物是指从境外启运，在中国境内无论是否换装运输工具，都通过陆路运输继续运往境外的货物。转运货物是指由境外启运，通过中国境内设立海关的地点换装运输工具，而不通过境内陆路运输继续运往境外的货物。通运货物是指由境外启运，由船舶、航空器载运进境，并由原运输工具载运出境的货物。三者的区别见表8.4

表8.4 过境货物、转运货物、通运货物的比较

	境内是否经过陆路运输	是否在境内换装运输工具	启运地	目的地
过境货物	是	均可		
转运货物	否	是	境外	境外
通运货物	否	否		

《海关法》第36条规定："过境、转运和通运货物，运输工具负责人应当向进境地海关如实申报，并应当在规定期限内运输出境。"从这个意义上说，这类货物也具有暂时进境的性质。但中国海关规定这三类货物不属暂时进出境报关制度的适用范围，而适用特别报关制度。

8.5.1 过境货物的报关

国际贸易中，由于各国地理条件的差异，采用过境运输可以缩短运输距离，节省运输费用，如东亚、东欧之间的贸易往来就经常取道中国境内过境运输。横贯中国东西的亚欧大陆桥也成为亚欧各国之间货物运输的重要通道。

1. 过境货物的范围

（1）同中国缔结或者中国共同参加含有货物过境条款的国际条约、协定的国家或者地区的过境货物，按照有关条约、协定规定准予过境。

（2）其他过境货物，应当经国家商务、交通运输等主管部门批准并向进境地海关备案后准予过境。

思考 从境外启运，经中国有关部门同意，载于航空器上越过中国境内领空，或者载于船舶上借道通过中国境内领海，继续运往境外的货物，是否属于过境货物？

（3）下列货物禁止过境：①来自或者运往中国停止或者禁止贸易的国家或者地区的货物；②武器、弹药、爆炸物品以及军需品，但是通过军事途径运输的除外；③烈性毒药、麻醉品和鸦片、吗啡、海洛因、可卡因等毒品；④危险废物、放射性废物；⑤微生物、人体组织、生物制品、血液及其制品等特殊物品；⑥外来入侵物种；⑦象牙等濒危动植物及其制品，但法律另有规定的除外；⑧《中华人民共和国进出境动植物检疫法》规定的禁止进境物，但法律另有规定的除外；⑨对中国政治、经济、文化、道德造成危害的；⑩国家规定禁止过境的其他货物。

2. 过境货物的报关程序

海关对过境货物实行监管的目的是防止过境货物在运输过程中滞留在国内，防止国内货物混入过境货物随运出境，也防止中国禁止过境货物从中国过境。因此，过境货物的经营人应按海关有关规定办理过境货物的报关手续，见图8.4。

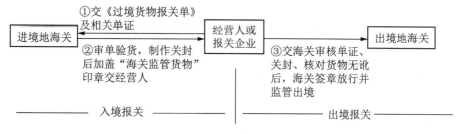

图8.4 过境货物报关程序

过境货物进境时经营人应向海关如实申报，向海关递交《过境货物报关单》及相关单证（运单、装箱单等），办理过境手续。海关核对货物无误后，在提运单上加盖"海关监管货物"印章，并将《过境货物报关单》和过境货物清单制作关封后加盖"海关监管货物"专用章，连同上述提运单一并交经营人。出境地海关审核有关单证、关封并核对货物无讹后，加盖海关放行章，监管出境。

3. 过境货物的海关管理要求

过境货物自进境起到出境止，属于海关监管货物的，应接受海关监管，未经海关批准，任何单位和个人不得开拆、提取、交付、发运、调换、改装、抵押、质押、留置、转让、更换标记、移作他用或者进行其他处置。动植物、动植物产品和其他检疫物过境期间未经海关批准不得卸离运输工具。

（1）境内暂存和运输的要求。

① 过境货物自进境起到出境止，应按照交通运输主管部门规定的路线运输，交通运输主管部门没有规定的，由海关规定。运输动物过境时，应按照海关规定的路线运输。

② 过境货物运抵进境地，经进境地海关审核同意，方可过境运输。依法需要检疫的，应在检疫合格后过境运输。过境动物的尸体、排泄物、铺垫材料及其他废弃物，企业须依法处理，不得擅自抛弃。过境货物运抵出境地，经出境地海关核销后，方可运输出境。

③ 过境货物不得与其他进出境货物一同运输，也不得用物品混拼厢式货车或者集装箱进行运输。

④ 海关可以对载运过境货物的境内运输工具或者集装箱加施封志，任何人不得擅自开启或者损毁。

⑤ 过境货物运离进境地后、运抵出境地前需要换装运输工具、集装箱的，运输工具负责人应向换装地海关申请办理过境运输换装手续。过境货物应在经海关指定或者同意的仓库或者场所内进行换装作业，危险化学品、危险货物应当在有关部门批准的具备安全作业条件的地点进行换装作业。

⑥ 海关根据实际需要，可以派员押运过境货物，运输工具负责人应当提供方便。

（2）过境货物逾期未报或未出境的处理。

① 过境货物自运输工具申报进境之日起超过3个月未向海关申报的，被视为进口货物，海关按照《海关法》等法律法规的有关规定提取变卖处理。

② 过境货物应自运输工具申报进境之日起6个月内运输出境；特殊情况下，经进境地海关同意可以延期，但是延长期限不得超过3个月。过境货物超过3个月未运输出境的，由海关提取依法变卖处理。法律法规另有规定的，从其规定。

（3）查验、检疫管理要求及其他。

① 过境动物以及其他经评估为生物安全高风险的过境货物，应从指定的口岸进境。

② 过境货物为动植物、动植物产品和其他检疫物的，应提交输出国家或者地区政府动植物检疫机关出具的检疫证书；过境货物为动物的，还应同时提交海关签发的动物过境许可证；过境货物为两用物项等国家限制过境货物的，应提交有关许可证件。

③ 海关认为必要时，可以查验过境货物，运输工具负责人应当到场配合。

④ 除不可抗力原因外，过境货物在境内发生灭失或者短少的，运输工具负责人应向进境地海关办理相关海关手续。

8.5.2 转运、通运货物的报关

1. 转运货物的报关

转运货物是指由境外启运，通过中国境内设立海关的地点换装运输工具，而不通过境内陆路运输，继续运往境外的货物。其主要是在中国境内转机、转船的国际运输。

提示 转运货物与过境货物的区别如下：

（1）是否需要通过陆路运输。过境货物需要通过陆路运输运往境外，而转运货物则不需通过陆路运输运往境外。

（2）换装运输工具上。转运货物的收发货人均不在中国境内，收货人需在境内设立海关的地点换装运输工具后继续运往国外，而过境货物则可换可不换。

（1）转运货物的条件。进境运输工具载运的货物具备下列条件之一的，海关准予办理转运：① 持有转运或联运提货单的；② 进口载货清单内已经注明是转运货物的；③ 持有普通提货单，但起卸前向海关声明转运的；④ 误卸的进口货物，经运输工具经理人提供确实证件的；⑤ 因特殊原因申请转运，经海关批准的。

（2）转运货物的报关程序及监管要求。海关对转运货物实施监管的主要目的是防止货物在口岸换装过程中混卸进口或混装出口。承运人的责任就是要确保其保持原状、如数继续运往境外。

第一，进境。承载有转运货物的运输工具进境后，承运人应在"进口载货清单"上列明转运货物的名称、数量、起运地和到达地，并向海关申报转运货物进境。换装运输工具时，应接受并配合海关的监装、监卸至货物装运出境为止。海关有权关对转运的货物检查，但如果没有发现违法或可疑情况，将只做外形查验。

第二，出境。转运货物应在 3 个月内办理海关手续，并转运出境。超过 3 个月未出境或未办理其他海关手续的，海关将按规定提取变卖处理。转运货物在中国口岸存放期间，不得开拆、改换包装或进行加工。

2. 通运货物的报关

通运货物是指以船舶或航空器装载，由境外启运，经该国设立的海关地点，不换装运输工具继续运往其他国家的货物。由于国际货物运输的原因，运输工具需中途靠港或降落的，其装载的未到达目的国的货物并不卸下，而是在运输工具完成靠、降作业后出境继续运输，海关对此类货物进行管理主要是防止通运货物与其他货物的混卸、误卸，并监管其继续运往境外。

运输工具进境时，运输工具负责人应凭注明通运货物名称和数量的《国际航行船舶进口报告书》或《国际民航飞机进口载货舱单》向进境地海关申报。海关在运输工具抵、离时对申报的货物予以核查，并监管货物实际离境。

8.6 无代价抵偿货物的报关

8.6.1 无代价抵偿货物的含义及特征

1. 含义

无代价抵偿货物是指进出口货物在海关放行后，因残损、短少、品质不良或者规格不符原因，由进出口货物的发货人、承运人或者保险公司免费补偿或者更换的与原货物相同或者与合同规定相符的货物。

2. 特征

（1）无代价抵偿货物是合同执行过程中因残损、短少、品质不良或者规格不符原因引起的损害赔偿。

（2）海关已对原进出口货物放行，被抵偿的原货物已经办理了进口或出口手续，并已按照规定缴纳了关税或者享受减免税的优惠，经海关放行之后发现损害而要求索赔。

（3）仅能抵偿直接损失部分。

3. 无代价抵偿货物认定的资料依据

无代价抵偿货物的确认必须具备一个前提条件，即涉及货物性质的有关鉴别材料、凭证必须齐全，主要有以下几种：

（1）原进口或出口货物报关单，即被抵偿货物进口或出口时向海关填报的进口货物报关单或出口货物报关单。它是鉴别是否为抵偿货物的主要依据，是反映被抵偿货物进出口情况的原始资料。

（2）商检证明或买卖双方会签的记录。商检证明书是由商检机构应收货或用货单位检验申请，在复验后出具的证明材料。双方会签记录是货物放行后，买卖双方共同开箱检验或在指导安装设备调试时发现问题而由双方现场代表汇签的记录。这两种凭证是鉴别抵偿进出口货物原因的必备条件。

（3）买卖双方签订的抵偿协议。抵偿协议是买方向卖方提出偿还请求，卖方接受以相当价值货物赔偿或补偿的书面协议。

以上三种资料凭证是相互联系、相互依存的。海关在认定无代价抵偿货物的性质时，原则上必须同时收取三种资料进行审查。

8.6.2　海关对无代价抵偿货物的管理

首先，无代价抵偿进口货物应与原进口货物在品名、数量、价值及贸易性质等方面一致。

提示｜收发货人申报进出口的无代价抵偿货物，与退运出境或者退运进境的原货物不完全相同或与合同规定不完全相符的，经收发货人说明理由，海关审核认为理由正当且税则号列未发生改变的，仍属于无代价抵偿进口货物范围。
税则号列不一致的，不属于无代价抵偿进口货物范围，属于一般进出口货物范围。

> **思考** 大连某航运公司完税进口一批驳船，使用不久后发现大部分驳船油漆剥落，便向境外供应商提出索赔，供应商同意减价60万美元，并应进口方的要求以等值的驳船用润滑油补偿。请问：该批润滑油进口时是否属于无代价抵偿货物？

其次，无代价抵偿进口货物免交进出口许可证。无代价抵偿货物属于国家实行许可证等管理的商品，如原进出口货物已退运境外，可不申领许可证或其他证明文件。如原货物未退运出境或无法提供相应单证说明原货物已运出境的，则应按规定申领许可证或有关证明文件。

再次，进口无代价抵偿货物，海关不征收进口关税和进口环节海关代征税；出口无代价抵偿货物，海关不征收出口关税。

最后，无代价抵偿货物应在原进口合同规定的索赔期限内进口（最长不超过原货物进出口之日起3年），超出索赔期限的，海关不予按无代价抵偿进口货物办理。

8.6.3 无代价抵偿货物的报关要求

无代价抵偿货物大致上可以分为两类：一类是短少抵偿，另一类是残损、品质不良或规格不符抵偿。

1. 短少抵偿

因短少抵偿货物，企业可以直接要求进出口货物收发货人、承运人或者保险公司免费补偿与原货物相同的货物，向海关提供买卖双方签订的索赔协议以及相关证明文件，直接将短少部分货物再运出境或进境。由于之前已经向海关申报过，所以不用交验许可证件，也无需缴税。

2. 残损、品质不良或规格不符抵偿

企业进出口前应当先办理被更换的原进出口货物中残损、品质不良或规格不符货物的有关海关手续。

（1）退运进出境。

原进出口货物的收发货人或其代理人应当办理被更换的原进出口货物中残损、品质不良或规格不符货物的退运出境或退运进境的报关手续。被更换的原进口货物退运出境时，不征收出口关税；被更换的原出口货物退运进境时，不征收进口关税和进口环节海关代征税。

（2）放弃交由海关处理。

被更换的原进口货物中残损、品质不良或规格不符货物不退运出境，但原进口货物的

217

收货人愿意放弃，交由海关处理的，海关应当依法处理，并向收货人提供依据，作为申报进口无代价抵偿货物的凭证。

（3）原进口货物既不退运出境也不放弃或原出口货物不退运进境。

被更换的原进口货物中残损、品质不良或规格不符货物既不退运出境也不放弃交由海关处理的，或者被更换的原出口货物不退运进境的，原进出口货物的收发货人或其代理人应当按照海关接受无代价抵偿货物申报之日适用的有关规定办理申报手续，海关按照接受无代价抵偿货物申报进出口之日适用的税率、计征汇率和有关规定对原进出口货物重新估价征税。

3. 无代价抵偿货物报关应当提供的单证

收发货人向海关申报无代价抵偿货物进出口时，除应当填制报关单和提供基本单证外，还应当提供其他特殊单证。

（1）进口申报需要提交的特殊单证如下：① 原进口货物报关单；② 原进口货物退运出境的出口货物报关单，或者原进口货物交由海关处理的货物放弃证明，或者已经办理纳税手续的单证（短少抵偿的除外）；③ 原进口货物税款缴纳书或者进出口货物"征免税证明"；④ 买卖双方签署的索赔协议，

海关认为需要时，纳税义务人还应当提交具有资质的商品检验机构出具的原进口货物残损、短少、品质不良或规格不符的检验证明书或者其他有关证明文件。

（2）出口申报需要提交的特殊单证如下：① 原出口货物报关单；② 原出口货物退运进境的进口货物报关单，或者已经办理纳税手续的单证（短少抵偿的除外）；③ 原出口货物税款缴税证书；④ 买卖双方签署的索赔协议。

海关认为需要时，纳税义务人还应当提交具有资质的商品检验机构出具的原出口货物残损、短少、品质不良或规格不符的检验证明书或者其他有关证明文件。

8.7 市场采购货物的报关

随着贸易的发展和信息技术的应用，越来越多的中小微企业参与到对外贸易中，"多品种、多批次、小批量"的贸易方式深受海外卖家的青睐。2014 年，为了服务义乌市小商品更好地走向国际市场，提供便捷的通关手续，海关对在义乌市市场集聚区（范围为义乌国际小商品城、义乌市区各专业市场和专业街）内采购的出口商品增列"市场采购"海关监管方式，代码为"1039"，为广大的小微企业从事对外贸易经营活动助力。

8.7.1 市场采购的含义、适用范围

1. 含义

市场采购是指在经认定的市场集聚区采购商品，由符合条件的经营者办理出口通关手续的贸易方式。认定的市场集聚区由商务部、发展改革委、财政部、海关总署、税务总局、市场监管总局和外汇局经过联合评审后确定。

2. 适用范围

适用范围为在认定的市场集聚区，经市场采购商品体系认定的出口商品。

不适用市场采购贸易方式的出口商品包括：（1）国家禁止或限制出口的商品；（2）未经市场采购商品认定体系确认的商品；（3）贸易管制主管部门确定的其他不适用市场采购贸易方式的商品。

🔗 知识链接

关于市场采购贸易方式试点范围的扩大

海关总署公告 2022 年第 101 号决定：为加快培育贸易新业态新模式，支持外贸稳定发展，商务部、发展改革委、财政部、海关总署、税务总局、市场监管总局和外汇局经过联合评审，将市场采购贸易方式试点范围扩大至天津王兰庄国际商贸城、河北唐山国际商贸交易中心、吉林珲春东北亚国际商品城、黑龙江绥芬河市青云市场、江西景德镇陶瓷交易市场、重庆市大足龙水五金市场、新疆阿拉山口亚欧商品城、新疆乌鲁木齐边疆宾馆商贸市场等八家市场。

8.7.2 市场采购货物的报关

1. 备案

从事市场采购贸易的对外贸易经营者应向市场集聚区所在地商务主管部门办理市场采购贸易经营者备案登记，并按照海关相关规定在海关办理进出口货物收发货人备案。对外贸易经营者对其代理出口商品的真实性、合法性承担责任。经市场采购商品认定体系确认的商品信息应通过市场综合管理系统与海关实现数据联网共享。对经市场综合管理系统确认的商品，海关按照市场采购贸易方式实施监管。

2. 报关要求

（1）简化申报。

市场采购贸易方式单票报关单的货值最高限额为 15 万美元。每票报关单所对应的商

品清单所列品种在 5 种以上的可以实行简化申报。简化申报的要求为：① 货值最大的前五种商品，按货值从高到低在出口报关单上逐项申报；② 其余商品以《中华人民共和国进出口税则》中的"章"为单位进行归并，每"章"将价值最大商品的税号作为归并后的税号，货值、数量等也相应归并。

有下列情形之一的商品不适用简化申报：① 需征收出口关税的；② 需实施检验检疫的；③ 海关另有规定不适用简化申报的。

（2）申报地点及检验检疫要求。

市场采购贸易出口商品应当在采购地海关申报，转关运输的市场采购贸易出口商品，由出境地海关负责转关运输的途中监管。

需在采购地实施检验检疫的市场采购贸易出口商品，其对外贸易经营者应建立合格供方、商品质量检查验收、商品溯源等管理制度，提供经营场所、仓储场所等相关信息，并在出口申报前向采购地海关提出检验检疫申请。

对外贸易经营者应履行产品质量主体责任，出口市场在生产、加工、存放过程等方面有监管或官方证书要求的农产品、食品、化妆品，应符合相关法律法规规定或双边协议要求。

提示 | 采购地海关是指市场集聚区所在地的主管海关。市场集聚区是指经国家商务主管等部门认定的各类从事专业经营的商品城、专业市场和专业街。

8.8 溢卸、误卸进口货物、放弃进口货物、超期未报进口货物的报关

8.8.1 溢卸、误卸进口货物的海关处理

1. 溢卸、误卸进口货物的含义

溢卸进口货物是指未列入进口载货清单、提单或运单的货物，或者多于进口载货清单、提单或货运单所列数量的货物。在国际贸易中，合同里如有溢短装条款的，只有超出合同规定的溢短装条款的比例而多装的货物才属于溢卸进口货物。

误卸进口货物是指将指运境外港口、车站或境内其他场所的货物，误卸在本港（车站）。

2. 溢卸、误卸进口货物的管理规定

经海关审定确实的溢卸、误卸货物，由载运该货物的原运输工具负责人，自该运输工具卸货之日起 3 个月内，向海关办理直接退运出境手续；或者由该货物的收发货人，自该运输工具卸货之日起 3 个月内，向海关办理退运或者申报进口手续。

经载运该货物的原运输工具负责人，或者该货物的收发货人申请，海关批准，可以延期3个月办理退运出境或者申报进口手续。超过上述规定的期限未向海关办理退运出境或者申报进口手续的，由海关提取依法变卖处理。

3. 报关程序

溢卸、误卸货物报关程序的适用程序根据对该货物的处置来决定，大致有以下四种情况：

第一种是退运境外。属于溢卸或误卸的，当事人可以向海关办理直接退运手续，或者对于应该发往境外港口、车站的误卸货物，运输工具负责人或其代理人要求运往境外的，经海关核实后，也可以按照转运货物的报关程序办理海关手续，转运至境外。

第二种是溢短相抵。运输工具负责人或其代理人要求以溢卸进口货物抵补短卸进口货物的，应与短卸进口货物原收货人协商同意，并限于同一运输工具、同一品种的货物。如非同一运输工具，或同一运输工具非同一航次之间以溢卸进口货物抵补短卸进口货物的，只限于同一运输公司、同一发货人、同一品种的进口货物。上述两种情况都应由短卸货物原收货人或其代理人按照无代价抵偿货物的报关程序办理进口手续。

第三种是进口。溢卸进口货物由原收货人接受的，原收货人或其代理人应填写《进口货物报关单》向进境地海关申报，并提供相关的溢卸进口货物证明。

对于运往境内其他港口、车站的误卸货物，可由原收货人或其代理人就地向进境地海关办理进口申报手续，也可以经进境地海关同意办理转关运输手续。

以上进口货物如属于国家限制进口的商品，收货人或其代理人应提供有关的许可证件，海关验核后按规定征税放行货物。

第四种是境内转售。对溢卸、误卸进口货物，原收货人不接受或不办理退运手续的，运输工具负责人或其代理人可以要求在国内进行销售，由购货单位向海关办理相应的进口手续。

8.8.2 放弃进口货物的海关处理

1. 放弃进口货物的含义

放弃进口货物是指进口货物的收货人或其所有人声明放弃，由海关提取依法变卖处理的货物。国家禁止或限制进口的废物、对环境造成污染的货物，收货人或其所有人不得声明放弃。

2. 放弃进口货物的范围

放弃进口货物的范围包括：（1）没有办结海关手续的一般进口货物；（2）保税货物；（3）在监管期内的减免税货物；（4）暂时进境货物；（5）其他没有办结海关手续的进境货物。

3. 放弃进口货物的处理

对海关规定不得放弃的进口货物，海关责令货物的收货人、其所有人或载运该货物进境的运输工具负责人退运出境；无法退运的，海关责令其在海关和有关主管部门监督下予以销毁或者进行其他妥善处理，销毁和处理的费用由收货人承担。收货人无法确认的，由相关运输工具负责人及承运人承担；违反国家有关法律法规的，海关依法予以处罚，构成犯罪的，依法追究刑事责任。

对海关准予放弃的进口货物，海关依法提取变卖，所得价款优先拨付变卖处理实际支付的费用后，再扣除运输、装卸、储存等费用。如果不足以支付运输、装卸、储存等费用的，按比例分摊。变卖价款扣除相关费用后尚有余款的，上缴国库。

8.8.3 超期未报关进口货物的海关处理

1. 超期未报关进口货物的含义

超期未报关进口货物是指在规定的期限内未办结海关手续的海关监管货物。

根据《海关法》的规定：进口货物的收货人应当自运输工具申报进境之日起 14 日内向海关申报。进口货物的收货人超过上述规定期限向海关申报的，由海关按照《中华人民共和国海关征收进口货物滞报金办法》的规定，征收滞报金；超过 3 个月未向海关申报的，其进口货物由海关提取依法变卖处理。

2. 超期未报关进口货物的范围

超期未报关进口货物的范围包括：（1）自运输工具申报进境之日起，超过 3 个月未向海关申报的进口货物；（2）在海关批准的延长期满仍未办结海关手续的溢卸、误卸进口货物；（3）超过规定期限 3 个月未向海关办理复运出境或者其他海关手续的保税货物、暂时进境货物；（4）超过规定期限 3 个月未运输出境的过境、转运和通运货物。

提示 | 属于危险品或者鲜活、易腐、易烂、易失效、易变质、易贬值等不宜长期保存的货物，海关可以根据实际情况，提前提取依法变卖处理。

3. 超期未报关进口货物的处理

超期未报关进口货物由海关提取依法变卖处理。

（1）被变卖处理的货物如属于海关实施检验检疫的进出境商品目录范围的，海关应当在变卖前进行检验、检疫，检验、检疫的费用从变卖款中支付。

（2）变卖所得的价款，按顺序扣除相关费用和税款。扣除的顺序为：拨付变卖处理实际支出的费用—运费、装卸、储存费用—进口关税—进口环节海关代征税—滞报金。所得价款不足支付上述费用的，按比例支付。

（3）按照规定扣除相关费用和税款后尚有余款的，自货物变卖之日起1年内，经进口货物收货人申请，予以返还。其中属于国家限制进口的，应当提交许可证件而不能提供的，不予发还。不符合进口货物收货人资格、不能证明对进口货物享有权利的，申请不予受理。逾期无进口货物收货人申请、申请不予受理或者不予发还的，余款上缴国库。

提示 | 对于溢卸或误卸进口货物、放弃进口货物及超期未报关进口货物，海关均可依法变卖处理，但前提条件各不一样（见图8.5）。

溢卸或误卸进口货物经海关审定确定，当事人又未在规定的期限内向海关申报办理进口或退运手续的，由海关变卖处理。

进口货物的收发货人或其所有人声明放弃的，可由海关提取依法变卖处理。

进口货物自运输工具申报进境之日起超过3个月未向海关申报的，即为超期未报关进口货物，由海关变卖处理。

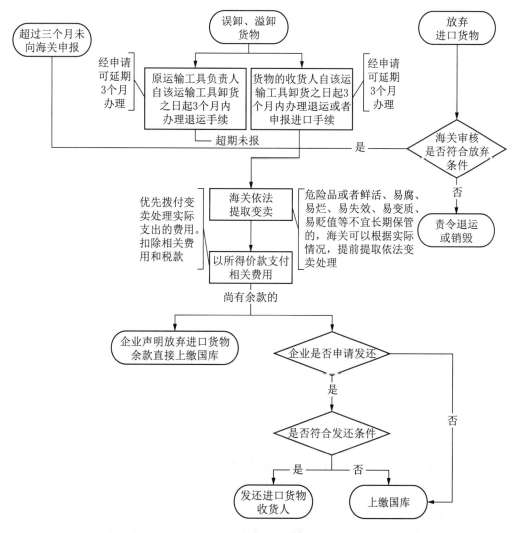

图8.5　对超期未报关进口货物、误卸或溢卸进口货物、放弃进口货物的海关处置

本章小结

1. 本章在一般进出口货物报关的基础上，概述了几种特殊进出口货物的报关过程，包括特定减免税货物、展览品、集装箱箱体、暂时进出境货物、转关运输货物、跨境电商进出口商品、过境货物、转运货物、通运货物、无代价抵偿货物、市场采购货物、溢卸或误卸进口货物、放弃进口货物、超期未报关进口货物的报关手续。

2. 上述各类进出口货物，由于海关特定的监管目的，或由于货物进出口有其特殊用途，或进出口货物采用特殊贸易方式，海关在其货物的进出口证明文件和税款的缴纳等方面都有特殊的要求，海关对此类货物的进出口均有专门的监管措施。有关货物的报关，需要按照相关要求办理。

3. 本章节还介绍了一些新的贸易业态及其报关程序和监管要求，如跨境电子商务进出口商品的报关程序、市场采购货物的报关程序、海外仓等，这些新贸易业态的发展值得后续持续关注。

练习题

一、单选题

1. 中国政府已经部分加入了《ATA 公约》和《货物暂时进口公约》，目前 ATA 单证册在中国仅适用于部分货物，按照现行的规定下列不属于 ATA 单证册适用范围的货物是（　　）。

   A. 昆明世界园艺博览会上的进口展览品

   B. 州商品交易会上的暂时进口货物

   C. 财富论坛年会暂时进口的陈列品

   D. 美国政府代表团访华人员随身携带的物品

2. 特定减免税进口货物的海关监管期限按照货物的种类各有不同，以下特定减免税货物的海关监管期限是（　　）。

   A. 船舶、飞机、建材 8 年；机动车辆 6 年；其他货物 5 年

   B. 船舶、飞机 8 年；机动车辆 6 年；其他货物 5 年

   C. 船舶、飞机、建材 8 年；机动车辆、家用电器 6 年；其他货物 5 年

   D. 船舶、飞机 8 年；机动车辆 6 年；其他货物 3 年

3. 中国的 ATA 单证册的签发机构是（　　）。

   A. 海关总署　　　　　B. 中国国际商会　　　C. 国务院　　　　　　D. 外经贸部

4. 从境外启运，在中国境内无论是否换装运输工具，通过中国陆路运输继续运往境外的货物称为（　　）。

A. 转运货物　　　　　B. 通运货物　　　　　C. 过境货物　　　　　D. 以上答案都不对

5. 关于市场采购贸易方式，下列说法正确的是（　　　）。

　　A. 市场采购贸易方式单票报关单的货值最高限额为 15 万美元

　　B. 需要征收出口关税的商品可以采用简化申报模式

　　C. 从事市场采购的对外贸易经营者，无需向市场聚集区所在地商务主管部门办理备案
　　　登记

　　D. 市场采购贸易方式适用于任何市场聚集区

二、多选题

1. 跨境电商零售业务参与人有（　　　）。

　　A. 跨境电子商务企业　B. 跨境电子商务平台企业

　　C. 支付企业　　　　　　D. 物流企业　　　　　E. 消费者（订购人）

2. 以下属于法定减免税的有（　　　）。

　　A. 无商业价值的广告品和货样

　　B. 在海关放行前遭受损坏或者损失的货物

　　C. 外国政府、国际组织无偿赠送的物资

　　D. 外商在经济活动中赠送的进口货物

3. 超期未报关进口货物的范围包括（　　　）。

　　A. 自运输工具申报进境之日起，超过 3 个月未向海关申报的进口货物

　　B. 在海关批准的延长期满仍未办结海关手续的溢卸、误卸进口货物

　　C. 超过规定期限 3 个月未向海关办理复运出境或者其他海关手续的保税货物、暂时进
　　　境货物

　　D. 超过规定期限 3 个月未运输出境的过境、转运和通运货物

　　E. 易腐烂变质的食品

4. 特定减免税报关制度具有显著的管理特征，主要体现在以下哪几个方面？（　　　）

　　A. 脱离特定使用范围，应按实际去向办理相应的报关和纳税手续

　　B. 在特定条件和规定范围内使用可减免进口税费

　　C. 原则上免了交验进出口许可证件

　　D. 货物进口验放后仍需受海关监管

5. 下列哪几项货物或物品适用暂时进出口报关制度？（　　　）

　　A. 进口待转口输出的转口贸易货物

　　B. 在展览会中展示或示范用的进口货物、物品

　　C. 承接一般进口货物进境的外国集装箱

　　D. 来华进行文艺演出而暂时运进的器材、道具、服装等

三、判断题

1. ATA 单证册下进境的展览品自货物进境之日起 6 个月内应当复运出境，特殊情况要延长，延长期不超过 6 个月的可以向直属海关申请延期，延长期超过 6 个月的需经海关总署批准。（　　）

2. 以船舶或航空器装载从一国境外起运，经该国设立海关的地点，不换装运输工具，继续运往其他国家的货物，称为转运货物。（　　）

3. 暂准进境或出境的集装箱箱体无论是否装载货物，承运人或其代理人应当就箱体单独向海关申报。（　　）

4. 超出合同规定的溢短装条款的比例而多卸的货物属于溢卸进口货物。（　　）

5. 通过海关特殊监管区域或保税监管场所一线的电子商务零售进出口商品不属于跨境电子商务监管方式。（　　）

四、实训题

华东某进出口公司与香港某公司以 FOB 高雄 18 美元／台的价格条款签订了进口 10 000 台原产于台湾的简易型电动可调气泵（属自动许可管理，法定商检商品）的合同。该批货物由"和平"号货轮载运进境。该公司向海关申报货物进口。海关验放后，收货人发现其中有 500 台损坏。经该公司与香港公司交涉，香港公司同意另外免费补偿同数量、同品牌、同规格的货物。补偿货物在 1 个月后运到。

1. 该批货物向海关申报进口时应提供哪些单证？

2. 该批免费补偿货物进口时，报关单"贸易方式"栏应如何填报？

第 **9** 章 进出境运输工具及物品的报关

　　随着国际交往的日益频繁、国际运输业及信息技术的发展，越来越多的人走出国门，到世界各地旅游、学习、工作等。本章将详细介绍在进出境活动中，海关对进出口境行李物品的监管要求，帮助进口境人员自觉遵守国家法规，对超过自用、合理数量的行李物品、邮寄物品自觉纳税。

课程知识目标

　　§ 了解中国海关对进出境运输工具的监管要求、报关程序及作业单证；
　　§ 熟悉进出境旅客行李物品、进出境邮递物品的海关管理要求及报关程序；
　　§ 掌握进出境快件的海关管理规定及报关程序。

学习导图

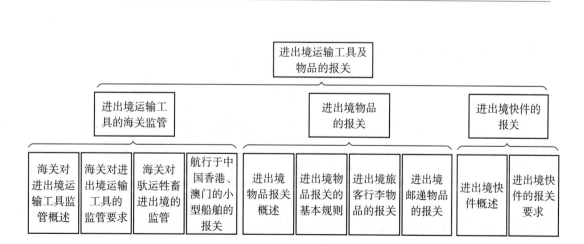

个人携带自用物品是否要交税

2009 年 9 月，音乐发烧友李默旅游归国，随身携带在境外购买的 120 张价值 42 000 元人民币的 CD 从首都机场进境，并如实填写了《中华人民共和国进出境旅客行李申报单》。海关关员核对了 CD 数量及购买凭据显示的价格后，告知其应向新闻出版署申领《新闻出版署音像制品（成品）进口批准单》，凭批准单向海关照章纳税后方可带进。李默反复解释这些 CD 并非用于商业目的，纯属个人爱好收藏，所以无须申领批准单，也不应缴纳进口关税，但未得到海关允许。李默只好费尽周折地拿到了批准单，办理了进口手续，缴纳了 9 960 元关税及海关代收的增值税。事后，李默总觉有点冤：自己的朋友也曾带回过 CD，却从未听说过要交税的。而自己明明是自用，而非出租、销售，且作为音乐发烧友，一次购买 120 张 CD 也属合理数量范围。于是，2009 年 10 月，李默向北京海关提交了行政复议申请，要求复议机关撤销首都机场海关的征税决定，退还已征税款。

复议机关经审查认定，根据《中华人民共和国海关进出境印刷品及音像制品监管办法》第九条的规定，个人携带单碟（盘）发行的音像制品进境，每人每次超过 100 盘的，海关对全部进境音像制品按照进口货物依法办理相关手续。因此，首都机场海关要求李默按照进口货物办理所携带光盘征税进口手续于法有据，其征税决定认定事实清楚，程序合法。据此复议机关做出复议决定，维持原征税决定。

资料来源：根据《中国海关》编写。

进一步思考：
1. 海关对个人携带进境行李物品的监管要求有哪些？
2. 如何理解"自用、数量合理"这一基本要求？

9.1 进出境运输工具的海关监管

国际贸易是国家或地区之间的商品交换活动。交易双方需要依靠运输工具将货物从一国运至另一国，即国际贸易的开展离不开运输工具。海关则需要对运输工具的进出境实施监管。进出境运输工具的报关也是进出境货物、物品报关作业中的重要一环。

9.1.1 海关对进出境运输工具监管的概述

1. 海关对进出境运输工具的监管范围

《海关法》规定的进出境运输工具，是指用以载运人员、货物、物品进出境的各种船舶、车辆、航空器和驮畜。根据该规定，海关对进出境运输工具的监管范围包括以下几个方面：

（1）船舶。此类包括机动及非机动的进出关境的海上、国界江河上的来往船舶，转运、驳运进出境客货的船舶，兼营境内外客货运输的船舶，装载普通客货的军船。按用途可分为客轮、货轮、客货轮。其中，货轮又可分为杂货船、散装货船、冷藏船、木材船、油轮、集装箱船和滚装船等。

（2）车辆。此类主要包括铁路车辆和公路车辆。铁路车辆包括进出关境的客车、货车、行李车、邮车、机动车、发电车、轨道车和其他用途的车辆。公路车辆主要包括货柜车、罐装车及其他非机动车辆。

（3）航空器。此类主要包括所有载运进出境旅客或进出口货物的进出关境的民用航空器。进出关境的军用航空器装载普通客货时，也受海关监管。

（4）驮畜。此类包括载运进出境客货的马、驴、牛、骆驼等用于驮运的牲畜。

2. 海关对进出境运输工具监管的目的

在国际贸易中，买卖双方货物的交付通常需要通过国家间的长途运输来实现。承运人和运输工具作为这种运输行为的主体，需要根据货主的要求将相关的货物载运到指定地点，起到完成国际货物买卖行为的枢纽作用。因此，离开了运输工具，国家间的商品流通就无法实现，买卖双方的货物就不能进入对方关境，也就无法实现国际贸易。

海关对进出境运输工具监管的根本目的在于，维护国家主权和民族利益、贯彻国家对外贸易政策、方便进出口、促进国际交流。海关可通过审核单证、实地实物查验，确保运输工具及其所载货物合法进出境。

3. 海关对进出境运输工具的监管规定

（1）如实申报的规定。《海关法》第十四条规定："进出境运输工具到达或者驶离设立海关的地点时，运输工具负责人应当向海关如实申报，交验证件，并接受海关监管和检查。"

运输工具在进境前所载和进境后所添装的物料、燃料应当向海关申报并接受海关监管，具体包括燃料用油、淡水、蔬菜、食品、船舶小卖部商品，以及船舶修理用品、零配件等。

进出境运输工具的申报与货物、物品的申报具有相同的法律效力，进出境运输工具的负责人必须对其交验单证的真实性负责。

（2）接受监管和检查的规定。海关在接受申报并对交验单证进行审核后，将根据申报事项和具体情况决定如何对运输工具进行实地、实物的监管和检查。海关在检查进出境运输工具时，按照《海关法》第十八条的规定："运输工具负责人应当到场，并根据海关的要求开启舱室、房间、车门；有走私嫌疑的，应当开拆可能藏匿走私货物、物品的部位，搬移货物、物料。"

运输工具在装卸进出境货物、物品或者上下进出境旅客时，应当接受海关的监管。货物、物品装卸完毕，运输工具负责人应当向海关递交反映实际装卸情况的交换单据和记录。上下进出境运输工具的人员携带物品的，应当向海关如实申报，并接受海关检查。海关据此进行征税和统计。

提示 | 进境的境外运输工具和出境的境内运输工具，未向海关办理手续并缴纳关税的，不得转让或者移作他用。

运输工具作为货物以租赁或其他贸易方式进出口的，除办理进出境运输工具进境或者出境手续外，还应当按照有关规定办理进出境运输工具进出口报关手续。

（3）预报信息的规定。《海关法》第十六条规定："进出境船舶、火车、航空器到达和驶离时间、停留地点、停留期间更换地点以及装卸货物、物品时间，运输工具负责人或者有关交通运输部门应当事先通知海关。"这使海关能到位监管，及时办理运输工具进出手续，保证货物、物品顺利装卸。

（4）指定路线行进的规定。由于海关并不都设立在关境线上，因此，进境运输工具在进境后还需继续驶往设关地点办理进境手续；出境运输工具在设关地办结海关手续后还需驶经关境线前往境外目的地。对这一行进过程，《海关法》第十五条明确规定："进境运输工具在进境以后向海关申报以前，出境运输工具在办结海关手续以后出境以前，应当按照交通主管机关规定的路线行进；交通主管机关没有规定的，由海关指定。"运输工具在指定路线行进途中不得转道绕行、上下人员或装卸货物、物品。

9.1.2 海关对进出境运输工具的监管要求

1. 备案管理

备案管理是指进出境运输工具、进出境运输工具负责人和进出境运输工具服务企业应当在经营业务所在地的直属海关或者经直属海关授权的隶属海关备案，海关对备案实行全国海关联网管理。

在向海关办理备案时，企业或负责人应当按不同运输方式分别提交《进出境国际航行船舶备案表》《进出境航空器备案表》《进出境铁路列车备案表》《进出境公路车辆备案表》《运输工具负责人备案表》《运输工具服务企业备案表》，并同时提交上述备案表随附单证栏中列明的材料。

海关对在海关备案的进出境运输工具服务企业和进出境运输工具所有企业、经营企业实施分类管理。

提示 | （1）运输工具负责人是指进出境运输工具的所有企业、经营企业或船长、机长、汽车驾驶员、列车长，以及上述企业或者人员授权的代理人。

（2）运输工具服务企业是指为进出境运输工具提供符合海关规定的物料或者接受运输工具（包括工作人员及所载旅客）消耗产生的废、旧物品的企业。

2. 进境监管

进境运输工具负责人应当在规定时限将运输工具预计抵达境内目的港和预计抵达时间以电子数据形式通知海关。如因客观条件的限制，经海关批准，公路车辆负责人可以采用电话、传真等方式通知海关。在运输工具抵达设立海关的地点以前，运输工具负责人应当将进境时间、抵达目的港的时间和停靠位置通知海关。

进境运输工具负责人在运输工具抵达设立海关的地点或在进境前向海关办理申报手续，根据运输方式的不同，向海关分别提交《中华人民共和国海关船舶进境（港）申报单》（见图 9.1）、《中华人民共和国海关航空器进境（港）申报单》、《中华人民共和国海关铁路列车进境申报单》、《中华人民共和国海关公路车辆进境（港）申报单》，以及上述申报单中列明应当交验的其他单证。海关接受进境运输工具申报后审核电子数据和纸质申报单证。进境运输工具在向海关申报以前，未经海关同意，不得装卸货物、物品，除引航员、口岸检查机关工作人员外不得上下人员。

船名及船舶种类		IMO 编号	
呼号		抵达港口	
抵达日期及时间		船籍国	
船长姓名		上一港	
国籍证书（船籍港，签发日期，编号）			
总吨		净吨	船舶代理名称和联系方式
船舶在港位置（锚位或泊位）			
航次摘要（先后挂靠港口，并在即将卸下留存货物的港口名下划线标注）			
货物简述			
船员人数（包括船长）		旅客人数	备注
所附单证（标明份数）			
货物申报单		船用物品申报单	
船员名单		旅客名单	船舶对废弃物和残余物接受设施的需求
船员物品申报单			
注：进境船舶为租赁或其他贸易方式进口的，根据《中华人民共和国进出口关税条例》（国务院令第392 号）的有关规定，应当向海关进行报关单申报。			
船长或其授权代理人签名_____　　　　　　　　　　　　　　　　日期___年__月__日			
海关签注：_____　　　　　　　　　　　　　　　　　　　　　日期___年__月__日			

图 9.1　中华人民共和国海关船舶进境（港）申报单

3. 停留监管

进出境运输工具到达设立海关的地点时，应当接受海关监管和检查。

海关检查进出境运输工具时，运输工具负责人应当到场，并根据海关的要求开启舱室、房间、车门；有走私嫌疑的，并应当开拆可能藏匿走私货物、物品的部位，搬移货物、物料。海关认为必要时，可以要求进出境运输工具工作人员进行集中，配合海关实施检查。海关检查完毕后，应当按规定制作《检查记录》。

海关认为必要的，可以派员对进出境运输工具值守，进出境运输工具负责人应当为海关人员提供方便。在海关值守时，进出境运输工具装卸货物、物品以及上下人员应当征得值守海关人员同意。

进出境运输工具负责人应当在进出境运输工具装卸货物的 1 小时以前通知海关；航程或者路程不足 1 小时的，可以在装卸货物以前通知海关。海关可以对进出境运输工具装卸货物实施监装监卸。进出境运输工具装卸货物、物品完毕后，进出境运输工具负责人应当向海关递交反映实际装卸情况的交接单据和记录。如进出境运输工具在海关监管场所停靠期间更换停靠地点的，其负责人应当事先通知海关。

4. 境内续驶监管

进出境运输工具在境内从一个设立海关的地点驶往另一个设立海关的地点的，进出境运输工具负责人应当按照有关规定办理驶离手续。驶离地海关应当制发关封。进出境运输工具负责人应当妥善保管关封，抵达另一设立海关的地点时提交给目的地海关。未经驶离地海关同意，进出境运输工具不得改驶其他目的地；未办结海关手续的，不得改驶境外。

进出境运输工具在境内从一个设立海关的地点驶往另一个设立海关的地点时，海关可以派员随运输工具实施监管，进出境运输工具负责人应当为海关人员提供方便。在抵达目的地以后，按照有关规定办理运输工具抵达手续。

5. 出境监管

出境运输工具离开设立海关的地点驶往境外的 2 小时以前，其负责人应当将驶离时间以电子数据形式通知海关。对临时出境的运输工具，其负责人可以在其驶离设立海关的地点以前将驶离时间通知海关。因客观条件限制，经海关批准，公路车辆负责人可以在车辆出境前采用电话、传真等方式通知海关。

运输工具出境时，其负责人应当按不同运输方式向海关申报，分别提交《中华人民共和国海关船舶出境（港）申报单》(见图 9.2)、《中华人民共和国海关航空器出境（港）申报单》、《中华人民共和国海关铁路列车出境申报单》、《中华人民共和国海关公路车辆出境（港）申报单》，以及上述申报单中列明应当交验的其他单证。

船名及船舶种类			IMO 编号	
呼号			驶离港口	
驶离日期及时间			船籍国	
船长姓名			下一港	
国籍证书（船籍港，签发日期，编号）				
总吨		净吨	船舶代理名称和联系方式	
船舶在港位置（锚位或泊位）				
航次摘要（先后挂靠港口，并在即将卸下留存货物的港口名下划线标注）				
货物简述				
船员人数（包括船长）		旅客人数	备注	
所附单证（标明份数）				
货物申报单		船用物品申报单	船舶对废弃物和残余物接受设施的需求	
船员名单		旅客名单		
船长或其授权代理人签名_____			日期____年__月__日	
海关签注：_____			日期____年__月__日	

图9.2 中华人民共和国海关船舶出境（港）申报单

出境运输工具负责人应当在货物、物品装载完毕或者旅客全部登机（船、车）以后，向海关提交结关申请。海关审核无误的，制发《结关通知书》。海关制发《结关通知书》以后，非经海关同意，出境运输工具不得装卸货物、上下旅客。

出境运输工具驶离海关监管场所时，监管场所经营人应当通知海关。

进出境运输工具在办结海关出境或者续驶手续后的24小时内未能驶离的，运输工具负责人应当重新办理有关手续。

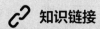 **知识链接**

有关船舶的证明文书

国际航行船舶在进出各国关境时，除应按规定提交报关单证外，还应按国际通行惯例同时附带下列证明船舶本身在运营过程中的有关船舶文书。

船舶国际证书，也称船舶登记证书，是指经船舶所有国以法律程序证明认可的船舶国籍、船籍港和船舶所有权的证书文件。根据海上国际公约的规定，船舶必须具备国籍并悬挂国旗，才能在公海上航行，否则被视为海盗船。

吨位证书是指船舶所属国家的航务主管机关对船舶总吨位及净吨位经丈量计算后，

由国际公认的检验单位所签发的一种证明船舶设计运载能力和实际运载能力的书面证明。这也是各国海关征收船舶吨税的主要依据。

航海日记是船舶记载航行停泊、装卸货物、海事等有关情况的具有法律效力的船舶必备资料。其主要内容包括船舶动态、船位记录、气象情况、装卸货物情况和驶经港口有关当局上船办理有关手续的情况。

6. 舱单管理

（1）舱单的概念。

进出境运输工具舱单（简称舱单）是指反映进出境运输工具所载货物、物品及旅客信息的载体，包括原始舱单、预配舱单、装（乘）载舱单。

提示 | "原始舱单"是指舱单传输人向海关传输的反映进境运输工具装载货物、物品或者乘载旅客信息的舱单。

"预配舱单"是指反映出境运输工具预计装载货物、物品或者乘载旅客信息的舱单。

"装（乘）载舱单"是指反映出境运输工具实际配载货物、物品或者载有旅客信息的舱单。

进出境运输工具负责人、无船承运业务经营人、货运代理企业、船舶代理企业、邮政企业以及快件经营人等舱单电子数据传输义务人，应当按照海关备案的范围在规定时限向海关传输舱单电子数据。海关监管场所经营人、理货部门、出口货物发货人等舱单相关电子数据传输义务人应当在规定时限向海关传输舱单相关电子数据。对未按照规定传输舱单及相关电子数据的，海关可以暂不予办理运输工具进出境申报手续。

海关接受原始舱单主要数据传输的时间为进口舱单电子数据传输时间；海关接受预配舱单主要数据传输的时间为出口舱单电子数据传输的时间。

（2）舱单的递交和电子舱单的传输。

① 运输工具负责人或其代理人在运输工具进出境时（进境运输工具在卸货前，出境运输工具在离境前），应向海关递交进出境运输工具负责人签章的舱单。海关应将此舱单与运输工具负责人或其代理人传输的舱单电子数据进行核对、审核。审核无误后，方可接受进口货物的申报。

② 已经传输的舱单电子数据需要变更的，舱单传输人可以在原始舱单和预配舱单规定的传输时限以前直接予以变更，但是货物、物品所有人已经向海关办理货物、物品申报手续的除外。

舱单电子数据传输时间以海关接受舱单电子数据变更的时间为准。

③ 海关在出境运输工具实际离境后，应及时收取清洁舱单及其电子数据，核销出口报关单及清洁舱单后，方予办理出口退税证明联的签发手续。

④ 海关应按规定办理所在地运输工具负责人或其代理人注册手续，海关应将其有关业务印模、签字文本和舱单录入、传输、保送、缮制人员名单等文件材料存档备案。

7. 物料管理

（1）进出境运输工具可以添加、起卸、调拨的物料。

经运输工具负责人申请，海关核准后，进出境运输工具可以添加、起卸、调拨下列物料：① 保障进出境运输工具行驶、航行的轻油、重油等燃料；② 供应进出境运输工具工作人员和旅客的日常生活用品、食品；③ 保障进出境运输工具及所载货物运输安全的备件、垫舱物料和加固、苫盖用的绳索、篷布、苫网等；④ 海关核准的其他物品。同时物料添加单位或者接受物料起卸单位应当向海关申报，并提交《中华人民共和国海关运输工具起卸／添加物料申报单》和添加、起卸物料明细单以及合同、发票等相关单证。

在进出境运输工具之间调拨物料的，接受物料的进出境运输工具负责人应当在物料调拨完毕后向海关提交运输工具物料调拨清单。

进出境运输工具添加、起卸、调拨的物料，运输工具负责人免予提交许可证件，海关予以免税放行；添加、起卸国家限制进出境或者涉及国计民生的物料超出自用合理数量范围的，负责人应当按照进出口货物的有关规定办理海关手续。

（2）运输工具工作人员携带物品管理。

进出境运输工具工作人员携带物品进出境的，应当向海关申报并接受海关监管。进出境运输工具工作人员携带的物品，应当以服务期间必需和自用合理数量为限。运输工具工作人员不得为其他人员托带物品进境或者出境。进出境运输工具工作人员需携带物品进入境内使用的，应当向海关办理手续，海关按照有关规定验放。

 应用案例

新疆首批直达内陆 TIR 运输货物从阿拉山口口岸入境

日前，一辆悬挂"TIR"标识的厢式货车经新疆阿拉山口口岸入境中国，最终到达乌鲁木齐国际陆港区。这是自 2019 年 4 月 1 日阿拉山口成为全国 TIR 运输试点口岸后，该口岸首批入境的 TIR 运输货物。

此次 TIR 运输的主要货物为汽车润滑油，重量为 15.6 吨。2019 年 9 月 9 日从法国启运，经德国、波兰、白俄罗斯、俄罗斯、哈萨克斯坦等多国，从阿拉山口口岸入境，于同年 9 月 21 日到达乌鲁木齐国际陆港多式联运中心清关并交付客户，全程 8 100 公里。本次测试"门到门运输"用时 13 天。

TIR 即《国际公路运输公约》，旨在提高运输效率、节约运输成本，是迄今为止国际唯一普遍性的海关过境制度。在全球，目前已有 70 余个缔约国，其中多数位于丝绸之路经济带沿线，中国于 2016 年加入。2019 年海关总署决定在前期试点的基础上，于 6 月

9.1.3　海关对驮运牲畜进出境的监管

　　中国国境的某些偏僻地区，因与邻国之间的交通孔道无公路，双方均以牲畜，如牛、马、象、驴等驮运货物进行贸易，海关在监管货物的同时，也对驮货的牲畜进行监管。

　　《中华人民共和国西藏地区海关对进出国境驮运牲畜监管暂行办法》是海关对进出境驮运牲畜的监管依据，其规定："进境驮畜抵达后，或出境驮畜离境前，驮畜所有人或其代理人应向海关进行申报登记，注明驮畜的种类、数目。进境的外国牲畜要出具海关认可的保证书或缴纳保证金，保证复运出境；出境的中国牲畜要保证复运进境。登记后，海关即进行必要的检查。海关核对无误后，发给登记证，牲畜凭此证进出境。返回或出境时，交还登记证，由海关核销（或发还保证金）。"

　　海关已经放行的牲畜，在返回时如有短少应予追查。如因病死亡或被野兽所害，海关可核销放行。如转让出卖，海关则按违反海关监管规定行为处理。

9.1.4　航行于中国香港、澳门的小型船舶的报关

　　1. 航行于中国香港、澳门的小型船舶的含义

　　航行于中国香港、澳门的小型船舶，是指经交通部或者其授权部门批准，专门来往于内地和香港、澳门地区之间，在境内注册经营客货运的小型机动船舶和非机动船舶。

　　这些船舶（载重吨位一般在 1 000 吨以下）具有体积小、吃水浅、回转快、装卸容易、航行内海方便、装货点分散的特点，特别适于装运粤、桂、闽三省（区），尤其是从珠江三角洲进出港澳的货物，如装运时间要求紧、保鲜度要求高的鲜活商品和复杂的零星土特产品等。它是边境沿海地区与港澳贸易时广泛采用的运输方式，对加强内地与港澳经贸联系，稳定港澳生活物资有积极的作用。

　　2. 航行于中国香港、澳门的小型船舶的报关要求

　　（1）小型船舶的备案登记。小型船舶应当向船舶所在地海关办理登记手续。小型船舶办理登记备案，应当由船舶经营企业提出书面申请，并向海关递交有关文件。同时，小型船舶设施需符合规定，包括船体内不得设置暗格、夹层等藏匿物品的场所。经海关审查合

格的小型船舶，由海关核发《来往港澳小型船舶登记备案证书》和《来往港澳小型船舶进出境（港）海关监管簿》（以下简称《海关监管簿》）。

小型船舶需要异地作业的，还应当到有关海关办理异地备案手续。海关每年需要对登记备案的小型船舶进行年审。对于违反登记办法的小型船舶，海关有权对其实施行政处罚。对参与走私活动的小型船舶，海关还可以收回其登记证明文件，取消其经营资格。

（2）进出境小型船舶的报关程序。为了对中小型船舶及所载货物实施严密的监管，海关在邻近港澳地区的水路咽喉地设有海关监管站。海关监管站负责为需要通过该航道的所有来往港澳的小型运输船舶办理进境手续，并制作关封。现有的海关监管站有属于拱北海关管辖的桂山岛和湾仔监管站及属于深圳海关管辖的惠州三门岛监管站等。

小型船舶进境时，应当在海关监管站附近的指定锚地停泊，由小型船舶负责人向海关监管站办理舱单确认手续，经海关监管站在《海关监管簿》上签批并制作关封后，方可继续驶往境内目的港。同时船舶负责人应将海关制作的关封带给指运地海关，海关监管站则应在船舶预定抵达指运地时间前将舱单有关数据录入传送至指运地海关。

指运地海关依据关封内的文件，对进境船舶进行监管。进境船舶载有进口货物的，其载运的进口货物应向口岸海关办理申报、查验、放行手续。

小型船舶出境时，应当在海关监管站附近的指定锚地停泊，由小型船舶负责人将出境地口岸海关制作的关封交海关监管站确认，经海关监管站在《海关监管簿》上签批后，方可继续驶往境外目的港。除发现可疑情况外，海关监管站一般不进行开箱查验。根据需要，海关可以派员随船监管至目的港。

非经设有海关监管站的航道航行的来往港澳地区的小型船舶，可以向口岸海关和港务监督部门直接办理进出境运输工具和货物申报手续。

9.2 进出境物品的报关

9.2.1 进出境物品报关概述

1. 进出境物品的含义

《海关法》明确规定了海关依法对进出境运输工具、货物、行李物品、邮递物品和其他物品进行监管，并将行李物品、邮递物品和其他物品统称为"物品"。

提示 | 进出境物品与进出口货物的区别如下：
进出境物品属非贸易性质，进出口货物属贸易性质。一般情况下，物品进出境没有合同、协议，不需要许可证件，适用行邮税则。

2. 进出境物品的分类

进出境旅客行李物品和邮递物品是按进出境方式分类的"物品"类别中最为主要的两类。

（1）进出境旅客行李物品。它是指进出境旅客随身携带或以分离运输方式进出的本人自用（含旅行自用）和家用生活消费品、个人馈赠品和收藏品。

（2）进出境邮递物品。它是指境内外用户以国际邮递和国际快递方式寄递的非贸易性印刷品和邮包（含包裹、小包）。

9.2.2　进出境物品报关的基本规则

1. 自用、合理数量的规则

《海关法》第四十六条规定："个人携带的行李物品、邮寄进出境的物品，应当以自用、合理数量为限，并接受海关监管。"

由于"物品"的本质特征是"非贸易性"，因此行邮物品报关以"自用、合理数量"为基本规则。

提示| 自用、合理数量的含义如下：

"自用"对于旅客行李物品是指本人自用或家用及馈赠亲友而不为出售牟利；个人邮递物品则指亲友之间的相互馈赠。

"合理数量"是指海关根据进出境旅客的旅行目的和居留状况，或邮件收件人的合理需要而确定的物品验放限值或限量。超出"自用、合理"范围携带、分运或邮递进出境的，不适用行邮物品报关制度。

2. 如实申报、接受海关查验的规则

《海关法》规定进出境行邮物品须由其所有人承担申报义务（包括进出境旅客行李物品的携运人，进出境邮递物品的收、寄件人）。海关对进出境行邮物品的申报与对进出口货物的申报的实质性要求是一致的，即必须如实申报，但申报的主体不同，申报的内容及手续相对简单。进出境物品所有人在申报时，主要应对进出境行邮物品的品名、价值、数量、规格、质量等向海关做出客观、真实的申明。行邮物品进出境时，其所有人应按照海关"红色"通道（即"申报"通道）和"绿色"通道（即"无申报"通道）制度或《万国邮政公约》实施细则规定的方式向海关申报。

3. 暂时免税进出境的规则

由于进出境人员身份各异、进出境物品品种繁杂，根据国际惯例和进出境报关的实际情况，《海关法》规定："经海关登记准予暂时免税进境或者暂时免税出境的物品，应当由本人复带出境或者复带进境""过境人员未经海关批准，不得将其所带物品留在境内"。这是一项有别于正常进出境行邮物品规则的特殊规则，是海关在确保进出境行邮物品报关法

律规范得以有效实施的前提下，为暂时进出境人员提供的报关便利。

所谓"经海关登记准予暂时免税进境或暂时免税出境的物品"，是指那些在正常情况下应当征税方能进出境的行李物品能否作为暂时免税物品验放进出境则须由海关确认，并在《海关进出境旅客行李物品申报单》或海关规定的其他申报单上注明验放物品的情况（登记），供复带出（进）境时海关核对。暂时免税进出境物品的携带者应当就暂时免税进出境物品按照规定向海关提供担保，并由旅客在行李物品的监管时限内，办结进出境手续或将原物复带出（进）境。

对过境人员携带的物品，如其不离开海关监管区或海关监管下的运输工具，海关一般不予查验；而对于过境人员（旅客）获准离开海关监管区，转换运输工具出境的，其携运的行李物品也应按照暂时免税进出境物品的报关规定办理。

禁止进出境物品不得携带、暂时进出境或过境。

4. 逾期未报行邮物品的处置规则

进出境行邮物品逾期未向海关申报主要有以下三类情况：（1）进出境行邮物品所有人申明放弃；（2）在规定的进境后 3 个月限期内未向海关申报且无人认领；（3）经邮政企业确认无法投递又无法退回。

在上述情况下，三类进出境行邮物品已不可能按照正常报关法律制度来确定权利与义务的关系，并办理报关手续。《海关法》规定，这时可比照逾期未报货物的处理办法，依法由海关变卖处理。

其中，第（1）类情况涉及的物品被变卖后所得价款在扣除运输、装卸、储存等费用后上缴国库；第（2）类和第（3）类情况涉及的物品被变卖后所得价款在扣除运输、装卸、储存等费用和税款后，尚有余款的，自物品依法变卖之日起 1 年内，经进出境行邮物品所有人申请，予以发还。

5. 外交特权和豁免的规则

《海关法》第五十二条规定："享有外交特权和豁免的外国机构或者人员的公务用品或者自用物品进出境，依照有关法律、行政法规的规定办理。"据此，享有外交特权和豁免的人员本人及与其共同生活的配偶、子女在华期间自用的生活用品（包括安家用品）随身携带进出境的，可以口头方式申报予以免验、免税放行；以邮寄方式进出境的，如属小包邮件可免填申报单，凭外交官证免税放行。

9.2.3 进出境旅客行李物品的报关

1. 进出境旅客的基本类型

根据中国对中国公民和外国人出入境的法律规定以及有关国际公约和国际惯例，进出境行李物品的报关制度将进出境旅客分为"居民"和"非居民"两大类，并按照旅客进出境居留时间的长短，将两类旅客再分为"长期旅客"和"短期旅客"两种。此外，另单列

"定居旅客"和"过境旅客"两种。这样进出境旅客有五种基本类型：即中国籍旅客（含长期、短期）、非居民长期旅客、非居民短期旅客、定居旅客、过境旅客。

提示｜ 相关概念含义如下：

"非居民"是指进境居留后仍回到境外其通常定居地者。

"居民"是指出境居留后仍回到境内其通常定居地者。

"旅客"是指进出境的居民或非居民。

"短期旅客"是指获准进境或出境暂时居留不超过一年的旅客。

"长期旅客"是指获准进境或出境连续居留时间在一年以上（含一年）的旅客。

"定居旅客"是指取得中华人民共和国主管部门签发的进境或出境定居证明或批准文件，移居境内或境外的旅客。

"过境旅客"是指凭有效过境签证，从境外某地，通过境内，前往境外另一地的旅客。

2. 进出境旅客行李物品的分类及验放限量

海关将进出境旅客行李物品划分为三类，并对每一类物品的进出境规定了具体的限量管理标准（见表9.1）。

表9.1 中国籍旅客带进物品限量

类　别	品　　种	限　　量
第一类物品	衣料、衣着、鞋、帽、工艺美术品和价值人民币1 000元以下（含1 000元）的其他生活用品	按"自用、合理数量"的规则免税验放。其中价值人民币800元以上、1 000元以下的物品每种限1件
第二类物品	1.烟草制品、酒精饮料（国家高税专卖品）	香港、澳门地区居民及因私往来香港、澳门地区的内地居民，免税香烟200支，或雪茄50支，或烟丝250克；免税12度以上酒精饮料限1瓶（0.75升以下）；对当天往返或短期内多次来往于港澳地区的旅客，可免税携带香烟40支（限一天一次），或雪茄5支，或烟丝40克，不准免税带进酒 其他旅客，免税香烟400支，或雪茄100支，或烟丝500克；免税12度以上酒精饮料限2瓶（1.5升以下）
	2.电子烟	旅客进境可免税携带烟具2个；电子烟烟弹（液态雾化物）或烟弹与烟具组合销售的产品（包括一次性电子烟等）6个，但合计烟液容量不超过12毫升 往返港澳地区的旅客可免税携带烟具1个；电子烟烟弹（液态雾化物）或烟弹与烟具组合销售的产品（包括一次性电子烟等）3个，但合计烟液容量不超过6毫升 短期内多次来往旅客可免税携带烟具1个；电子烟烟弹（液态雾化物）或烟弹与烟具组合销售的产品（包括一次性电子烟等）1个，但合计烟液容量不超过2毫升 注：卷烟和电子烟可同时携带进境，分别计算限额限量

类　别	品　　种	限　　量
第三类物品	价值人民币1 000元以上，5 000元以下（含5 000元）的生活用品	（1）驻境外的外交机构人员、我出国留学人员和访问学者、赴外劳务人员和援外人员，连续在外每满180天（其中留学人员和访问学者物品验放时间从注册入学之日起至毕业结业之日止），远洋船员在外每满120天任选其中1件免税 （2）其他旅客每公历年度内进境可任选其中1件免税

注：（1）本表所称进境物品价值以海关审定的完税价格为准，出境物品价值以国内法定商业发票所列价格为准；（2）准许各类旅客携运本表所列物品进出境的具体征、免税限量由中华人民共和国海关总署另行规定；（3）本表第一类、第二类列明的物品不再按值归类，除另有规定者外，超出本表所列最高限值的物品不视为旅客行李物品。

3. 进出境旅客行李物品的报关程序

进出境旅客行李物品的基本报关程序为：选择红绿双通道→向海关申报→接受海关查验→缴纳关税。

（1）选择红绿双通道。进出境旅客行李物品按红绿"双通道制"报关。海关设置"申报"通道（又称"红色通道"）和"无申报"通道（又称"绿色通道"）供进出境旅客依《海关关于进出境旅客报关的规定》选择。"申报"或"无申报"通道的划分以是否须办进出境验放手续为标准。凡旅客携带有规定应税或须登记复带出（进）境的物品，或者所携带的行李物品超出规定免税限量的，或者列入国家进出境禁、限范围的，以及其他不适于选择"无申报"通道的旅客，均必须选择走"申报"通道。凡旅客携带进出境的物品没有超出海关规定免税限量的，且无违反国家进出境禁限规定的，可以选择走"无申报"通道。不明海关规定或不知如何选择通道的旅客，应选择"申报"通道报关。

（2）向海关申报。

第一，有下列情形的进境旅客应向海关申报：① 携带须经海关征税或限量免税的《旅客进出境行李物品分类表》第二类、第三类物品（不含免税限量内的烟酒）者；② 非居民旅客及持有前往国家（地区）再入境签证的居民旅客携带途中必需的旅行自用物品超出照相机、便携式收录音机、小型摄影机、手提式摄录机、手提式文字处理机每种1件范围者；③ 携带人民币现钞6 000元以上，或金银及其制品50克以上者；④ 非居民旅客携带外币现钞折合5 000美元以上者；⑤ 居民旅客携带外币现钞折合2 000美元以上者；⑥ 携带货物、货样，以及携带物品超出旅客个人自用行李物品范围者；⑦ 携带中国检疫法规规定管制的动、植物及其产品和其他须办理验放手续的物品者。

第二，有下列情形的出境旅客应向海关申报。① 携带须复带进境的照相机、便携式收录音机、小型摄影机、手提式摄录机、手提式文字处理机等旅行自用物品者；② 未将应复带出境物品原物带出或携带进境的暂时免税物品未办结海关手续者；③ 携带外币、金银及其制品未取得有关出境许可证或超出本次进境申报数额者；④ 携带人民币现金6 000元以上者；⑤ 携带文物者；⑥ 携带货物、货样者；⑦ 携带中国检疫法规规定管制的动植物及其产品和其他须办理验放手续的物品者。

第三，申报的主要单证。进出境旅客行李物品的所有人或其代理人申报时向海关呈验的主要单证有：① 申报单（证），包括进出境旅客行李物品申报单、港澳同胞回乡证（磁卡）、台湾居民来往大陆通行证、免税物品登记证、运输工具服务人员出入境携带物品登记本、集体申报单等；② 身份证件，包括护照、港澳同胞回乡证（同时又是申报单证）、国际海员证、中华人民共和国旅行证等。

（3）接受海关查验。

除享受免验待遇的人员外，进出境人员的行李物品都需进行查验，主要包括：① 行李简单、申报清楚的，可采用抽查方法或不开箱查验，口头询问放行；② 存在可疑迹象或有走私嫌疑的，则进行重点查验，必要时还可搜身。

（4）缴纳关税。

海关总署根据《中华人民共和国进境物品进口税率表》制定《中华人民共和国进境物品归类表》（见表9.1），并根据实际情况制定《中华人民共和国进境物品完税价格表》，将常见的行李、邮递物品的完税价格列于表中供征税时使用。

应税个人自用物品由海关按照填发税款缴纳证当日有效的税率和完税价格计征进口税。

目前，进口行邮税率有13%、20%和50%三档。行邮税税额以人民币从价计征，起征点为人民币50元，税额不足50元的不予征税。计算公式为：

$$行邮税税额 = 完税价格 \times 税率$$

表9.2　中华人民共和国进境物品进口税率表（2019年修订）

税号	税率（%）	物品名称
1	13	书报、刊物、教育用影视资料；计算机、视频摄录一体机、数字照相机等信息技术产品；食品、饮料；金银；家具；玩具；游戏品、节日或其他娱乐用品；药品
2	20	运动用品（不含高尔夫球及球具）、钓鱼用品；纺织品及其制成品；电视摄像机及其他电器用具；自行车；税目1、税目3中未包含的其他商品
3	50	烟、酒；贵重首饰及珠宝玉石；高尔夫球及球具；高档手表；高档化妆品

注：（1）对国家规定减按3%征收进口环节增值税的进口药品，按照货物税率征税。（2）税目3所列商品的具体范围与消费税征收范围一致。

9.2.4　进出境邮递物品的报关

1. 进出境邮递物品的分类

进出境邮递物品是由邮袋盛装，目前的国际邮袋为帆布袋或尼龙袋。按照邮袋的流向及目的，可分为进境邮袋、出境邮袋、过境邮袋和转运邮袋；按照邮袋盛装物品的性质，可分为信件邮袋（白色封口）、印刷品邮袋（蓝色封口）、包裹邮袋（黄色封口）、特种邮件邮袋（红色封口）和空袋（绿色封口）五种。

2. 进出境邮袋的报关程序

《海关法》第四十八条规定："进出境邮袋装卸、转运和过境，应当接受海关监管。邮政企业应当向海关递交邮件路单。"同时又规定："邮政企业应当将开拆及国际邮袋的时间事先通知海关，海关应当按时派员到场监管查验。"

根据上述规定，邮袋进出境时，邮政企业作为邮袋运转责任的承担者，必须负责向海关办理邮袋的申报并提供相关的信息。申报的方式是邮政企业向海关递交由邮政企业制发的载明邮袋情况的"路单"。海关则根据"路单"对各类邮袋进行监管。

（1）进境邮袋报关手续。邮袋自进境的运输工具卸下，邮政企业将邮件总包路单呈递给海关申报进境。经海关核签后按不同寄达地制作关封交邮政企业，关封随同邮袋一起至寄达地互换局。邮袋运至互换局后，邮政企业应当通知海关驻邮政企业办事处，由海关派员对路单、邮袋、封志进行核查。核查无误后，在海关监管下开袋。对装有包裹或小包的邮袋，海关根据邮政企业编制的包裹和小包清单进行核对。

（2）出境邮袋报关手续。出境邮袋在封发前，邮政企业应当通知海关，由海关派员监管封袋。对即将入袋的包裹、小包邮件等逐包核查是否已加盖"海关放行"戳记。无放行标记的，暂不得入袋，而须办理有关邮递物品的验放手续。出境邮袋封袋后，邮政企业应将其编制的邮件路单交海关核查并制作关封，邮政企业携关封随邮袋交出境地海关，出境地海关验凭关封监管邮袋出境。

（3）转运邮袋报关手续。转运邮袋是指由进境地海关根据邮政企业提供的路单核查签印后，制作关封交邮政企业运至寄达地海关开封验放的进境邮袋；或者由内地互换局海关查验封袋，将路单签印后制作关封，转运至出境地交换站或互换局，经出境地海关核查后出境的邮袋。转运邮袋实际上是邮袋的转关运输，不同于转运货物的"转运"概念。

（4）过境邮袋的报关手续。过境邮袋是指由一个国家邮政部门经中国境内，继续运往另一国家的邮政部门的邮袋。入境地海关核验邮件路单后，制作关封随同邮袋交出境地海关复核放行。装有禁止进境物品的邮袋不准过境，海关应责令入境地邮局退运境外。海关对过境和转运邮袋的监管与对过境货物和转关运输货物的监管类似。

3. 进出境个人邮包的报关制度

《海关法》第四十九条规定："邮件进出境的物品，经海关查验放行后，有关经营单位可投递或者交付。"

由邮袋承装经邮递进出境的个人邮包是进出境物品中的主要部分，也是海关管理的重点，是否准许进出境、应否征税或可免税都需在办理报关手续时由海关审核确定。经海关检查放行，邮政企业方可封发投递。

（1）进出境个人邮包的申报。进出境个人邮包的申报方式是由特殊的邮递运输方式决定的。中国是《万国邮政公约》的签约国，自然应遵守公约的有关规定。根据《万国邮政公约》实施细则的规定，进出境个人邮包必须由寄件人填写"报税单"（小包邮件填写绿色验机标签），列明所寄物品的名称、价值、数量，向邮包寄达国家的海关申报。与进出境旅客行李物品的书面申请直接由所有人呈递给海关不同，进出境邮递物品（包括个人邮包）的"报税单"和"绿色标签"（除出境个人邮包），如在设立海关的地方寄出，除寄件人应直接向当地驻邮政企业的海关申报并呈验的外，其他情况通常是随物品通过邮政企业呈递给海关。申报人对申报是否属实负有法律责任。

（2）进出境个人邮包接受查验。进出境个人邮包中除按规定享受免税待遇者外，都必须通过海关查验。海关查验的目的是核对邮包内装物品与申报是否一致，有无禁限物品，有无超出自用合理数量，并以此确定邮包内装物品的征免验放措施。

查验在设有海关办事机构的邮政企业进行。除设有海关驻邮政企业办事处的市区内的出境个人邮包由寄件人向海关申报交验外，其余的出境个人邮包和所有进境个人邮包均由邮政企业代理向海关申报查验手续，负责邮包的开拆和重封。海关查验采用"机验"和"开验"的方式进行。

（3）进出境个人邮包的纳税。进境个人邮包的物品（享受免税除外），均应由收件人或其代理人按照《入境行邮物品进口税税率表》向海关缴纳进口税。海关对应税物品按《行邮物品税则归类表》进行归类，确定应用税率。由于进境个人邮包收件人分散，为便利纳税人就地纳税并使纳税款及时入库，海关委托邮政企业代收进口税。进出境个人邮包查验完毕，应税物品缴纳进口税，并经复核放行后，有关邮政企业方可投递。在海关放行前，邮政企业应承担有关物品的保管责任。

（4）退寄等各种特殊情况的处置。

① 退寄邮包的处置。超出限值规定或不准进境的邮包，除经海关特准以外，应由收件人或其代理人在接到海关通知之日起3个月内退寄境外（港澳邮包由邮政企业直接退寄）。过期不退的，由邮政企业送交海关变卖处理。收件人拒收的邮包或要求退寄的邮包，也按上述办法处置。

② 改寄邮包的处置。进口个人邮包若因收件人搬迁别处，或者收件人要求改寄其他地方的，其处置规定是改寄其他国家（地区），须经海关查验后放行；若改寄国内，属邮政企业业务范围的，海关一般不予过问；若改寄涉及应税物品的，应办妥注销进口税手续。

③ 放弃邮包的处置。凡收件人拒收又要求不退寄并声明放弃的，或寄件人在报税单上声明如无法投递则放弃的，由邮政企业定期送海关变卖处理。

提示 | 邮寄进境和旅客携带进境相同物品在征税方面的差异如下：

由于历史和现实的原因，中国对邮寄进境和旅客携带进境的个人自用物品，管理政策有所差异，主要表现为：

个人邮递物品受到价值限制，即个人寄自或寄往港澳台地区的物品，每次限值为800元人民币；寄自或寄往其他国家和地区的物品，每次限值为1 000元人民币。个人邮寄进出境物品超出规定限值的，应办理退运手续或者按照货物规定办理通关手续。但邮包内仅有一件物品且不可分割的，虽超出规定限值，但经海关审核确属个人自用的，可以按照个人物品规定办理通关手续。

9.3 进出境快件的报关

9.3.1 进出境快件概述

1. 进出境快件的定义及进出境快件营运人

快件也称快递，是指进出境快件运营人以向客户承诺的快速商业运作方式承揽、承运的进出境货物、物品。快件的特点是大宗、批量承运和派送（"门到门"，甚至"桌到桌"）。

进出境快件运营人是指在中国境内依法注册，在海关登记备案的从事进出境快件运营业务的国际货物运输代理企业。运营人申请办理进出境快件代理报关业务的，应当按照海关对国际货物运输代理企业的注册管理规定在所在地海关办理登记手续。

快件运营人到海关办理登记时应具备下列条件：

（1）已经获得国务院对外贸易主管部门或者其委托的备案机构办理的《国际货运代理企业备案表》，但法律法规另有规定的除外。

（2）已经领取工商行政管理部门颁发的《企业法人营业执照》，被准予或者核定其经营进出境快件业务。

（3）已经在海关办理报关企业备案手续。

（4）具有境内、外进出境快件运输网络和两个以上境外分支机构或代理人。

（5）具有本企业专用进出境快件标识、运单，运输车辆符合海关监管要求并经海关核准备案。

（6）具备实行电子数据交换方式报关的条件。

（7）快件的外包装上应标有符合海关自动化检查要求的条形码。

（8）与境外合作者（包括境内企业法人在境外设立的分支机构）的合作运输合同或协议。

（9）已取得邮政管理部门颁发的国际快递业务经营许可。

进出境快件运营人不再具备上述所列条件之一或者在一年内没有从事进出境快件运营业务的，海关注销该运营人登记。

提示 | 运营人从事进出境专差快件经营业务，除应当按规定办理登记手续外，还应当将进出境专差快件的进出境口岸、时间、路线、运输工具航班、专差本人的详细情况、标志等向所在地海关登记。对符合条件的，所在地海关核发《中华人民共和国海关进出境专差快件登记证书》，运营人凭以办理进出境专差快件报关业务。

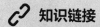 知识链接

快件业的发展

为适应全球市场需求，许多国际知名的专业快件公司纷纷在世界各地广泛设立分支

机构，以形成一个比较完善的、基本覆盖全球的商业运输网络，快件公司也发展成为跨国专业快件公司。如美国联邦快递公司（FedEx）、美国敦豪国际快件公司（DHL）、美国联合包裹速递服务公司（UPS）、荷兰天地国际快件公司（TNT）及日本海外新闻普及株式会社（OCS）。中国的邮政快件专递（EMS）除继续与各国邮政开办全球特快邮政专递外，还与TNT集团合办快件业务。

大型国际快件公司已向物流业发展，为客户提供的是"门到门"甚至"桌到桌"的一站式服务，即包括揽货、跨境运输、代理清关、分拣、派送等一系列服务。例如，TNT与上海大众汽车工业公司合资成立了专业物流公司，UPS为国际知名的计算机企业提供第四方物流服务。

许多快件公司以本国的总公司为基地，在一些国家或地区设立洲际或区域的快件集散中心，同时根据区域经济的发展需要，在一些国家的机场设立分拣作业中心。公司通过建立计算机网络系统，实现公司总部与全球各子公司和代理机构的全面联网，作业信息完全通过计算机进行管理。

一些快件公司还开发了供海关作业的计算机应用系统，使海关可以在快件集散中心作业现场利用快件公司的计算机系统直接验放快件。

2. 进出境快件的分类

为适应快件的快速商业运作方式，海关对进出境快件实行集中管理、分类报关的监管方式。进出境快件可分为以下三类。

（1）文件类进出境快件，即根据法律、法规规定予以免税的无商业价值的文件、单证、单据和资料。

（2）个人物品类进出境快件，即海关法规规定自用、合理数量范围内的进出境旅客分离运输行李物品、亲友间相互馈赠物品和其他个人物品。

（3）货物类进出境快件，即除前两类以外的进出境快件。

提示 | 进出境专差快件是指运营人以专差押运方式承运进出境的空运快件。进出境专差快件应按行李物品方式托运，使用专用包装，并在总包装的显著位置标注运营人名称和"进出境专差快件"字样。

9.3.2 进出境快件的报关要求

1. 申报

进出境快件通关应当在经海关批准的专门监管场所内进行，如因特殊情况需要在专门监管场所外进行的，需事先征得所在地海关同意。

进境快件应当自运输工具申报进境之日起 14 日内、出境快件在运输工具离境 3 小时之前，向海关申报。

运营人应向海关传输或递交进出境快件舱单或清单，海关确认无误后接受申报；运营人需提前报关的，应当提前将进出境快件运输和抵达情况书面通知海关，并向海关传输或递交舱单或清单，海关确认无误后接受预申报。

2. 提交单证

（1）文件类进出境快件的运营人填写并提交《中华人民共和国进出境快件 KJ1 报关单》、总运单（副本）和海关需要的其他单证。

（2）个人物品类进出境快件的运营人填写和提交《中华人民共和国进出境快件个人物品申报单》、每一进出境快件的分运单、进境快件收件人和出境快件发件人身份证影印件和海关需要的其他单证。

（3）货物类进境快件报关时，运营人应当按下列情形分别向海关提交报关单证：① 对关税税额在《中华人民共和国进出口关税条例》规定的关税起征数额以下的货物和海关规定准予免税的货样、广告品，应提交《中华人民共和国海关进出境快件 KJ2 报关单》、每一进境快件的分运单、发票和海关需要的其他单证。② 对应予征税的货样、广告品（法律、法规规定实行许可证件管理的、需进口付汇的除外），应提交《中华人民共和国海关进出境快件 KJ3 报关单》、每一进境快件的分运单、发票和海关需要的其他单证。

货物类出境快件报关时，运营人应按下列情形分别向海关提交报关单证：① 对货样、广告品（法律、法规规定实行许可证件管理的、应征出口关税的、需出口收汇的、需出口退税的除外），应提交《中华人民共和国海关进出境快件 KJ2 报关单》、每一出境快件的分运单、发票和海关需要的其他单证。② 对上述以外的其他货物，按照海关对出口货物通关的规定办理。

提示｜（1）运营人不得承揽、承运《中华人民共和国禁止进出境物品表》中所列物品，如有发现，运营人不得擅作处理，而应当立即通知海关并协助海关进行处理。
（2）未经中华人民共和国邮政部门批准，运营人不得承揽、承运私人信件。
（3）运营人不得以任何形式出租、出借、转让本企业的进出境快件报关权，不得代理非本企业承揽、承运的货物、物品的报关。

3. 海关查验、检疫

（1）海关查验。

海关查验进出境快件时，运营人应派员到场，并负责进出境快件的搬移、开拆和重封包装。海关对进出境快件中的个人物品实施开拆查验时，运营人应通知进境快件的收件人或出境快件的发件人到场，收件人或发件人不能到场的，运营人应向海关提交其委托书，代理收/发件人的义务，并承担相应法律责任。

海关认为必要时，可对进出境快件予以径行开验、复验或者提取货样。

（2）海关检验检疫。

海关总署统一管理全国出入境快件的检验检疫工作。主管海关负责所辖地区出入境快件的检验检疫和监督管理工作。

依法规定应当实施检验检疫的出入境快件包括：① 根据《中华人民共和国进出境动植物检疫法》及其实施条例和《中华人民共和国国境卫生检疫法》及其实施细则，以及有关国际条约、双边协议规定应当实施动植物检疫和卫生检疫的；② 列入海关实施检验检疫的进出境商品目录内的；③ 属于实施进口安全质量许可制度、出口质量许可制度以及卫生注册登记制度管理的；④ 其他有关法律法规规定应当实施检验检疫的。

提示 | 快件报关与货物报关的对比如下：

（1）监管要求和报关程序不同：快件报关手续相对简便，使用简化的总清单式的报单。

（2）申报的单证格式不同：快件使用专门格式的快件申报单，即 KJ1 报关单、KJ2 报关单、KJ3 报关单和快件个人物品申报单四种。

（3）申报人不同：快件运营人向海关办理进出境快件报关手续，按海关分类规定分别向海关提交有关单证并办理征免验放手续。而货物是由货物收发货人或其代理人向海关办理报关纳税手续。

本章小结

1. 本章主要介绍海关对进出境运输工具、进出境旅客行李物品、进出境邮递物品、进出境快件的报关管理规定。进出境运输工具不同于货物，具有反复出入境的特点，因此，进出境运输工具的报关有专门的报关制度。载运进出境货物、旅客的运输工具包括船舶、火车、汽车、飞机、驮畜等。进出境运输工具到达或者驶离设立海关的地点时，运输工具负责人应当向海关如实申报、交验证件，并接受海关监管和检查。

2. 进出境物品与进出境货物的不同之处在于进出境物品是以非贸易方式进出境的，如由旅客携带或邮递进出境的商品。进出境物品报关由进出境旅客行李物品的报关和进出境邮递物品的报关两部分组成。进出境旅客行李物品的报关，需要在确定出入境人员的类别和携带物品分类的基础上，按照有关人员携带某类物品的限值、限量要求，办理具体的报关手续。

进出境旅客行李物品的申报不同于进出境货物，它实行国际上通行的"申报"和"无申报"制度，即红绿通道验放制度。旅客行李物品，应以自用、合理数量为限，超出自用、合理数量范围的，不准进境或出境。旅客行李物品，经海关审核，按《旅客进出境行李物品分类表》规定的范围验放。

邮袋进出境时，邮政企业作为邮袋运转责任的承担者，必须负责向海关办理邮袋的申报并提供相关的信息。申报的方式是邮政企业向海关递交由邮政企业制发的载明邮袋情况的"路单"，海关则根据"路单"对各类邮袋进行监管。

3. 为适应快件的快速商业运作方式，海关对进出境快件实行集中管理、分类报关的监管方式。进出境快件可分为以下三类：文件类、个人物品类和货物类，海关对不同类别的快件实施不同的监管要求和报关程序。

练习题

一、单选题

1. 下列进出境人员在进出境时，（　　）可选择绿色通道报关。

　　A. 携带需复带进境物品的人员　　　　B. 选择通道有困难的人员

　　C. 外交签证人员及享受免验礼遇的人员　　D. 持《进口免税物品登记证》的旅客

2. 受海关监管的国际民航机的范围，不包括的类型是（　　）。

　　A. 进出中国关境的外国籍民用航空运输飞机

　　B. 经中国政府批准进出中国关境执行商业性飞行的外国籍军用运输机

　　C. 中国飞行于国际航线的民用航空机

　　D. 国家元首和政府首脑乘坐的专机

3. 国际联运列车载运的货物、物品进出境时，进出境车站持有关单证向海关申报。其中，申报的单证不包括（　　）。

　　A. 货物运单及随附文件　　　　　　　B. 行李、包裹运行报单及随附文件

　　C. 货物交接单或行李、包裹交接单　　D. 原产地证书

二、多选题

1. 根据进出境旅客行李物品"双通道制"的报关规定，下列关于通道选择表述正确的是（　　）。

　　A. 携带按规定应征税物品进境的旅客应选择"申报"通道

　　B. 不明海关规定或不知如何选择通道的旅客可选择"无申报"通道

　　C. 携带须登记复带出（进）境物品的旅客可选择"无申报"通道

　　D. 携带物品超出规定免税限量的旅客应选择"申报"通道

2. 对于进出境旅客申报所带的行李物品，海关按不同对象采取不同方式。下列表述正确的是（　　）。

　　A. 长期出国人员凭《进口免税物品登记证》，向海关办理申报手续

B. 船员携带物品进口，可凭《船员携带物品进出口申报表》申报

C. 所有进出境人员均需填写《旅客行李物品申报单》

D. 外交信使及因公经常进出境人员，可实行口头申报办法

3. 下列有关海关对国际航行船舶在港停留期间实行监管的说法，哪些是正确的？（　　　）

A. 船舶停港期间移泊、变更国籍或拍（变）卖，应及时办理相应的手续。更换停泊的地点和时间，由港务主管部门事先通知海关

B. 船舶抵达口岸前未办妥进境手续，或没有递交舱单，或未递交舱单保函的，不得装卸货物、物品

C. 船舶停港期间装卸货物需经海关准许，货物必须卸存在经海关同意的仓库、场所。海关根据需要，可以监督取货装卸作业，并对货物实施查验

D. 船舶服务人员携带物品上下船，可以不向海关申报

4. 进出境快件可分为（　　　）。

A. 文件类进出境快件　　　　　　　　　B. 个人物品类快件

C. 货物类快件　　　　　　　　　　　　D. 专差快件

三、判断题

1. 进境运输工具在进境以后、向海关申报以前，出境运输工具在办结海关手续以后、出境以前，应当根据交通主管机关规定的路线行进；交通主管机关没有规定的，由海关指定。（　　　）

2. 运输工具在装卸进出境货物、物品或者上下进出境旅客时，应当接受海关的监管。货物、物品装卸完毕，运输工具负责人应当向海关递交反映实际装卸情况的交换单据和记录。（　　　）

3. 运输工具在进境前所载和进境后所添装的物料、燃料应当向海关申报并接受海关监管，其中淡水、蔬菜、食品不包括在内。（　　　）

4. 进出境专差快件应按行李物品方式托运，使用专用包装，并在总包装的显著位置标注运营人名称和"进出境专差快件"字样。（　　　）

四、实训题

一名美籍华裔在北京首都机场入境时，填报了绿色通道，后被海关截获携带了 200 克的金银制品。他以 200 克金银制品为礼品，不知道需申报为由，提起抗辩。请问这种说法能否成立？为什么？

第**10**章 进出口税费

征收关税是海关的基本职责之一。进出口经营者的诚信、守法、合规是保证税收安全的主要环节。本章将详细介绍进出口税费的相关内容，培养学生树立"诚信、守法、合规"的思想品质，提高学生的业务水平和职业素养。

课程知识目标

§ 熟悉关税的概念、种类、征收范围、征收标准、计算方法；

§ 了解消费税、增值税的概念、征收范围、征收标准、计算方法；

§ 掌握进出口货物完税价格的审定原则、估价方法及汇率适用的规定；

§ 掌握进出口货物原产地的确定原则、方法及税率适用的规定；

§ 了解进出口环节减免税的种类、适用范围。

学习导图

```
                            进出口税费
        ┌──────────────┬──────────────┬──────────────┐
     进出口          进出口货物完      货物原产地的      进出口税收征管
     税费概述         税价格的审定      确定与税率适用    及税费的计算
  ┌────┬────┬────┐  ┌──────┬──────┐ ┌──────┬────┐ ┌──────┬──────┬──────┐
  关税  海关  海关   进口货物  出口货物  货物原产  税率   进出口   关税的   进出口税
       代征  代征   完税价格  完税价格  地的确定  适用   税收征管  减免与   费的计算
       进口  的其他  的审定    审定及                          退补
       环节  税、费            计算
       税
```

　　某市一进口商 B 有限公司于 2009 年 12 月 24 日首次向该市北仑海关申报产地为韩国的氯乙烯 27 000 公吨,申报单价为 CIF 680 美元 / 公吨,进口商提供了合同、发票、提单等单证。合同为 2009 年 9 月 1 日到 2010 年 12 月 31 日的长期合约,供货方为韩国 A 股份有限公司。根据合约的规定,进口商每月将进口 2 万—3 万公吨氯乙烯。

　　合同中买卖双方约定采用公式作价:每公吨氯乙烯的 CIF 价 =0.23× 乙烯价 +0.83× 二氯乙烷价 + 固定加工费及运费 115 美元 / 公吨。乙烯采用的是某石油股份有限公司出售给 A 股份有限公司的价格减去 8 美元。二氯乙烷由 "HARRIMAN" 报道杂志中 CIF 亚洲的平均价格计算。加工费与运费之和为固定值 115 美元 / 公吨。对于计价期,合同中的规定为 "以前 1 个月的价格计之"。从作价公式分析,其价格为典型的跨国公司内部转移定价。

　　海关审价人员对比申报同期氯乙烯国际行情东南亚均价为 CIF 720 美元 / 公吨,以及其他口岸进口韩国氯乙烯的价格为 CIF 710 ~ 775 美元 / 公吨,认为其申报价格偏低。于是海关制发 "价格质疑通知书",质疑理由如下:买卖双方存在特殊关系,且可能对成交价格有影响。企业填写的《价格申报单》中证明买卖双方之间为子母公司。企业说明,该氯乙烯作价公式仅适用于 B 公司,而其他公司与母公司订货时,价格另议。

　　海关根据《海关审定进出口货物完税价格办法》第十六条规定,确定买卖双方存在特殊关系,于是进行特殊关系影响成交价格的审核认定、价格磋商,收集相关材料,认为其申报价格将使该进口商以较低的生产成本获取较高的利润。海关遂不接受进口商的申报价格,并启动海关估价程序,与进口商磋商。由于 A 股份公司未向除 B 有限公司之外的中国境内无特殊关系的买方出售氯乙烯,也未见其他厂商生产的氯乙烯的销售记录,企业方面也未能举证,鉴于以上几点,海关排除采用相同和类似货物成交价格方法。而倒扣价格方法是以被估货物、相同类似进口货物在境内销售的价格为基础估定的,B 有限公司进口氯乙烯用于生产聚氯乙烯(PVC),未进行销售,所以倒扣方法也无法使用。计算方法所需要的生产使用的原材料价值和加工费用的标准,限于条件也无法收集,而 B 有限公司也拒绝进一步提供相关资料。最后海关根据估价方法的顺序确定采用合理方法估价,按照 CIF 价 720 美元 / 公吨作出初步的估价决定,并对随后进口的 10 票报关单按照该价格估价征税,B 公司共计补税额 142 万元。由于该企业长期进口氯乙烯,用于生产下游的 PVC,为了正确评估进口商的利润水平,海关将继续对原料进口后生产销售的 PVC 的相关成本及合理利润等开展后续价格核查及监控。

　　资料来源:作者根据相关资料整理得到。

　　进一步思考:

　　1. 海关对公式定价确定进口货物完税价格有何要求?

　　2. A 公司和 B 公司是否存在特殊关系? 该特殊关系对进口完税价格的确定是否产生必然的影响?

10.1 进出口税费概述

进出口税费是指在进出口环节由海关依法征收的关税、消费税、增值税、船舶吨税、行邮税等税费。征收关税和其他税、费是海关的基本职责之一。

10.1.1 关税

1. 关税的概念

关税是由政府所设置的海关根据国家制定的关税政策和有关法律、行政法规的规定，对准许进出关境的货物和物品向纳税义务人征收的一种流转税。关税属于国税，由海关代表国家向纳税义务人征收。其课税的对象是进出口货物及进境的行李物品、邮递物品及其他物品，关税的纳税义务人是进出口货物的收发货人、进境物品的所有人或其代理人。

2. 关税的种类

按照不同的标准，关税有多种分类方法。按征收对象的流向分类，关税可分为进口关税、出口关税和过境关税三类；按进口征税的主次程度可分为进口正税、进口附加税；按征收目的分类，可分为财政关税和保护关税；按货物国别来源而区别对待的原则，即按征税待遇分类，可分为普通关税、最惠国关税、特惠关税和协定关税等。

（1）按征收对象的流向分类。

① 进口关税。它是海关对应税进口货物和物品所征收的关税。进口关税是关税中最重要的一种，在许多废除了出口关税和过境关税的国家，进口关税是唯一的关税。

② 出口关税。它是海关对应税出口货物和物品所征收的关税。因为征收出口关税不利于扩大出口，所以目前世界上大多数国家都不征收出口关税。但一些国家为保证本国市场供应，防止本国一些重要的自然资源和原材料的无序出口，或者为了增加其财政收入，仍然对某些商品征收出口关税。

③ 过境关税。它是对经过本国国境或关境运往另一国的外国货物所征收的关税。第二次世界大战后，大多数国家都不征收过境关税，因为过境商品对本国市场和生产没有产生影响，而且外国商品过境时，会给本国的铁路、港口、仓储等方面带来益处。因此目前世界上大多数国家在外国商品通过其领土时只征收少量的准许费、印花费、登记费和统计费等。中国不征收过境关税。

（2）按进口征税的主次程度分类。

① 进口正税。它是按海关税则中的法定税率征收的进口关税。

② 进口附加税。它是对进口商品除征收正税外，再额外征收的关税。它一般是临时性的措施，其目的是解决国际收支逆差，抵制不公平贸易行为，如倾销和补贴，或者对某国实行

贸易歧视与报复等。常见的进口附加税有反倾销税、反补贴税、报复关税、保障措施关税等。

第一，反倾销税。它是指某一进口国针对某一或某些出口商的倾销行为而征收的一种附加关税。按照世界贸易组织《反倾销协议》的有关规定，实施反倾销税必须具备3个基本条件，即倾销、损害、倾销和损害之间存在因果关系。根据《中华人民共和国反倾销条例》，凡进口产品以低于其正常价值出口到中国且对中国相关产业造成实质性损害的即为倾销。

对倾销的确立和反倾销税的征收，有严格的立案、调查和处理程序。只有倾销和损害之间存在因果关系才能征收反倾销税。按照《反倾销协议》的规定，反倾销税的征收额不应超过其倾销幅度。

第二，反补贴税。它是指进口国为抵消进口商品在制造、生产或输出时直接或间接接受的任何奖金或补贴而征收的一种进口附加税，又称抵消关税。进口国对凡接受他国政府或垄断财团补贴、津贴或奖金的进口产品，征收与补贴、津贴或奖金相等的反补贴税。征收反补贴税的目的是使他国补贴产品不能在进口国市场上进行低价竞争或倾销，以保护进口国同类商品的生产。

第三，报复关税。它是指某国针对另一国对其本国出口产品的不利或不公正歧视性待遇而对该国的进口商品加重征收的关税。

第四，保障措施关税。保障措施关税是指因进口产品数量增加，并对生产同类产品或直接竞争产品的国内产业造成严重损害或严重威胁而征收的关税。保障措施关税分为临时保障措施关税和最终保障措施关税。保障措施关税对来自所有国家和地区的同一产品适用同一税率。

（3）按征收目的分类。

① 财政关税。它是指以增加国家的财政收入为主要目的而征收的关税。对进口商品征收财政关税时，必须具备三个条件：征税的进口货物必须为国内不能生产或无代用品而必须从国外输入的商品；征税的进口货物，在国内必须有大量的消费；关税税率要适中，如税率过高，将阻碍进口，达不到增加财政收入的目的。

② 保护关税。它是指以保护本国工业或农业为主要目的而征收的关税。保护关税的税率越高越能达到保护的目的。

（4）按征税待遇分类。

① 普通关税。普通关税又称一般关税，是指对原产于与本国没有签署贸易或经济互惠等友好协定的国家的货物征收的非优惠性关税。这种关税税率一般由进口国自主制定，只要国内外的条件不发生变化，则长期使用。这种关税税率较高。

② 最惠国关税。它是指对原产于与本国签订有最惠国待遇条款的进口货物的一种非歧视性的关税待遇。最惠国关税不是最优惠的关税，但它比普通关税低。

提示 | 最惠国税又称正常关税。

③ 特惠关税。它是指对原产于与本国签订有特殊优惠关税协定的国家或地区的进口货物的优惠关税。

④ 协定关税。它是指对原产于本国参加的含有关税优惠条款的区域性贸易协定的有关缔约方的进口货物的优惠关税待遇。

 小任务 查阅中国的海关税则，分别列举出属于上述关税种类的例子。

3. 关税的征收标准

对进出口商品征收关税的依据被称为关税的征收标准。因征收标准不同，计征税款的方法也就不同，所以又被称为关税的征收方法。

一般来说，常见的关税征收标准包括从量税、从价税、复合税和滑准税。

（1）从量税。从量税是以货物的数量、重量、体积、容量等计量单位为计税标准来计征关税的方法。从量税的特点是：每种货物的单位应税额固定，不受该货物价格的影响。计税时以进出口货物的数量乘以单位税额即可得出该货物的关税税额。中国目前对冻鸡、原油、啤酒和胶卷等进口商品征收从量税。

$$从量计征的关税税额 = 进口 / 出口货物数量 \times 单位税额$$

应用案例

进口整只冻鸡的关税

中国 2023 年版税则的规定如下：整只冻鸡（税号 02071200），与韩国的协定税率为 0.5 元 / 千克，普通税率为 5.6 元 / 千克。啤酒（税号 22030000），最惠国税率为 0 元 / 升，普通税率为 7.5 元 / 升。

（2）从价税。从价税是一种最常用的关税计税标准。它是以货物的完税价格为征税标准，以应征税额占货物完税价格的百分比为税率，价格越高、税额越高。中国海关计征关税标准主要是从价税。

$$从价计征的关税税额 = 进口 / 出口货物的完税价格 \times 关税税率$$

应用案例

进口小麦的关税

中国 2023 年版税则的规定如下：小麦（税号 10011100），最惠国税率为 65%，普通税率为 180%，关税配额税率为 1%。

（3）复合税。复合税又称混合税，即在海关税则中，对一个税目中的商品同时订立从价税、从量税两种标准以计征关税。

混合使用从价税和从量税的方法有多种。例如，对某种货物同时征收一定数额的从价税和从量税；或者对低于某一价格进口的货物只按从价税计征关税，高于这一价格，则混合使用从价税和从量税等。

中国目前对录像机、放像机、摄像机、部分数字照相机和非家用型摄录一体机等进口商品征收复合税。

复合关税税额 ＝ 关税的完税价格 × 关税税率 ＋ 货物数量 × 单位税额

 应用案例

进口放像机的关税

中国 2023 年版税则的规定如下。放像机（税号 85211020），普通税率：每台完税价格低于或等于 2 000 美元，执行单一从价税，税率为 130%；每台完税价格高于 2 000 美元，每台征收从量税税额 20 600 元，加上 6% 的从价税。

（4）滑准税。滑准税是根据货物的不同价格适用不同税率的一类特殊的从价关税。它是一种关税税率随进口货物价格由高至低而由低至高设置计征关税的方法。通俗地讲，就是进口货物的价格越高，其进口关税税率越低，进口商品的价格越低，其进口关税税率越高。滑准税的特点是可保持实行滑准税商品的国内市场价格的相对稳定，而不受国际市场价格波动的影响。

应用案例

进口棉花的关税

根据中国 2023 年版税则的规定，2023 年中国对关税配额外进口的棉花（税号 52010000）的计征标准如下：当进口棉花的完税价格高于或等于 14 元 / 千克时，按 0.280 元 / 千克计征从量税；当进口棉花的完税价格低于 14 元 / 千克时，进口暂定从价税率按下列公式计算：

$$R_i = 9.0/P_i + 2.69\% \times P_i - 1$$

对上式计算结果四舍五入保留 3 位小数。其中，R_i 为暂定从价关税税率，当 R_i 按上式计算高于 40% 时，取值 40%；P_i 为关税完税价格，单位为元 / 千克。

10.1.2 海关代征进口环节税

进口货物、物品在办理海关手续放行后，进入国内流通领域，与国内货物被同等对待，应缴纳应征的国内税。进口货物、物品的一些国内税依法由海关在进口环节征收。目前由海关征收的进口环节税主要有增值税和消费税。

1. 增值税

（1）增值税的含义。增值税是以商品的生产、流通和劳务服务各个环节所创造的新增价值为课税对象的一种流转税。中国从 1994 年 1 月 1 日起全面推行并采用国际通行的增值税制。增值税制是对增值部分进行征税，可排除重复计税。它既体现了税负的公平合理，又能稳定国家财政收入，同时也有利于出口退税的规范操作。

（2）增值税的征纳。在中华人民共和国境内销售货物或者加工、修理修配劳务（简称劳务）、服务、无形资产、不动产以及进口货物的单位和个人，为增值税的纳税人，应当依照《中华人民共和国增值税暂行条例》缴纳增值税。进口货物由其纳税义务人（收货人或其代理人）向报关地海关申报纳税。

进口环节增值税是由海关依法向进口货物的单位或个人征收的增值税。进口环节增值税由海关征收，其他环节增值税由税务机关征收。进口环节增值税的免税、减税项目由国务院规定，任何地区、部门都无权擅自决定增值税的减免。进口环节增值税的起征额为人民币 50 元，低于人民币 50 元的免征。

提示｜进口环节增值税的征收管理适用关税征收管理的规定。

（3）增值税的征收范围。在中国境内销售货物（销售不动产或免征的除外）、服务、无形资产、进口货物和提供加工、修理、修配劳务的单位或个人，都要依法缴纳增值税。我国增值税的基本税率有 13%、9%、6% 三档。

销售或进口下列货物适用 9% 的增值税率：① 农产品、食用植物油、食用盐；② 自来水、暖气、冷气、热水、煤气、石油液化气、天然气、沼气、二甲醛、居民用煤炭制品；③ 图书、报纸、杂志、音像制品、电子出版物；④ 饲料、化肥、农药、农机、农膜；⑤ 国务院规定的其他货物；⑥ 交通运输、邮政、基础电信、建筑、不动产租赁服务，销售不动产，转让土地使用权。

适用 6% 税率的范围包括增值税一般纳税人销售增值电信服务、金融服务、现代服务（租赁服务除外）、生活服务、无形资产（不含土地使用权）。

适用 13% 税率的范围包括纳税人销售或进口除适用 9% 税率的货物以外的货物，以及纳税人提供加工、修理、修配劳务。

提示｜在中国境内销售货物是指所销售的货物的起运地或所在地都在中国境内。

（4）增值税的计算方法。进口环节增值税以组成价格作为计税价格，征税时不得抵扣任何税额。其计税价格由关税的完税价格和关税组成；对于应征消费税的货物，其计税价格还要加上消费税。

进口环节增值税的计税价格和应纳增值税税额计算公式：

$$进口环节增值税的计税价格 = 进口关税完税价格 + 进口关税税额 + 消费税税额$$
$$应纳增值税税额 = 进口环节增值税计税价格 × 增值税税率$$

2. 消费税

（1）消费税的含义。消费税是以消费品或消费行为的流转额作为课税对象而征收的一种流转税。中国从 1994 年税制改革以后开始实施《中华人民共和国消费税暂行条例》。中国消费税的立法宗旨和原则是调节中国的消费结构，引导消费方向，确保国家财政收入。中国的消费税是在对货物普遍征收增值税的基础上，选择少数消费品再予征收的税。中国消费税采用价内税的计税方法，即计税价格的组成中包括了消费税税额。

（2）消费税的征纳。在中华人民共和国境内生产、委托加工和进口《中华人民共和国消费税暂行条例》规定的消费品（以下简称"应税消费品"）的单位和个人，为消费税的纳税义务人。进口的应税消费品，由纳税义务人（进口人或其代理人）向报关地海关申报纳税。

消费税由税务机关征收，进口环节的消费税由海关代征。进口环节消费税除国务院另有规定者外，一律不得给予免税或减税。进口环节消费税的起征额为人民币 50 元，低于人民币 50 元的免征。

提示 | 进口环节消费税的征收管理适用关税征收管理的规定。

（3）消费税的征收范围。消费税的征收范围，主要是根据中国社会经济发展现状和现行消费政策、人民群众的消费结构及财政需要，同时借鉴国外的通行做法确定的。

应税消费品大体可分为以下四种类型：

第一类：过度消费会对身体健康、社会秩序、生态环境等方面造成危害的特殊消费品，如烟、酒、酒精、鞭炮、烟花等。

第二类：奢侈品等非生活必需品，如贵重首饰、珠宝玉石、高档化妆品等。

第三类：高能耗的高档消费品，如小轿车、摩托车、汽车轮胎等。

第四类：不可再生和替代的资源类消费品，如汽油、柴油等。

 知识链接

钻石及钻石饰品消费税的征收规定

从 2002 年 1 月 1 日起，进口钻石及钻石饰品的消费税改由税务部门在零售环节征收，进口环节不再征收。从 2002 年 6 月 1 日起，除加工贸易外，进出口钻石统一集中到上海钻石交易所办理报关手续，其他口岸均不得进出口钻石。

（4）消费税的计算方法。中国消费税实行从价税、从量税、复合税的方法计征。

① 从价计征的消费税计算公式：

进口环节消费税计税价格 =（进口关税完税价格 + 关税税额）÷（1− 消费税税率）

应纳消费税税额 = 进口环节消费税计税价格 × 消费税税率

② 从量计征的消费税计算公式：

应纳消费税税额 = 进口数量 × 单位税额

③ 复合消费税计算公式：

应纳消费税税额 = 进口环节消费税计税价格 × 消费税税率 + 进口数量 × 单位税额

10.1.3 海关代征的其他税、费

海关代征的其他税、费还包括船舶吨税、税款滞纳金、滞报金等。

1. 船舶吨税

（1）船舶吨税的含义。船舶吨税（简称"吨税"）是由海关在设关口岸对进出、停靠中国港口的国际航行船舶征收的一种使用税。征收船舶吨税的目的是用于航道设施的建设。

（2）船舶吨税的征收依据。根据《中华人民共和国船舶吨税法》的规定，国际航行船舶在中国港口行驶，使用中国的港口和助航设备，应缴纳一定的税费。凡征收了船舶吨税的船舶不再征收车船税；对已征收车船使用税的船舶，不再征收船舶吨税。

船舶吨税分为优惠税率和普通税率两种。中华人民共和国籍的应税船舶，船籍国（地区）与中国签订含有相互给予船舶税费最惠国待遇条款的条约或者协定的应税船舶，适用优惠税率。其他应税船舶适用普通税率。

（3）免征船舶吨税的情形。下列船舶免征吨税：① 应纳税额在人民币 50 元以下的船舶；② 自境外以购买、受赠、继承等方式取得船舶所有权的初次进口到港的空载船舶；③ 吨税执照期满后 24 小时内不上下客货的船舶；④ 非机动船舶（不包括非机动驳船）；⑤ 捕捞、养殖渔船；⑥ 避难、防疫隔离、修理、终止运营或拆解，并不上下客货的船舶；⑦ 军队、武装警察部队专用或征用的船舶；⑧ 警用船舶；⑨ 依照法律规定应当予以免税的外国驻华使馆、国际组织驻华代表机构及其有关人员的船舶；⑩ 国务院规定的其他船舶。

其中，第 ⑩ 项免税规定由国务院报全国人民代表大会常务委员会备案。

（4）船舶吨税的计算。船舶吨税按照船舶净吨位和吨税执照期限征收。

船舶净吨位是指由船籍国或地区政府签发或者授权签发的船舶吨位证明书上标明的净

吨位，吨税执照期限是指按照公历年、日计算的期间，分为1年、90日与30日缴纳。应税船舶负责人在每次申报纳税时，可以按照《吨税税目税率表》（见表10.1）自行选择申领一种吨税执照期限。应税船舶在吨税执照有效期间进入境内其他港口的，免于缴纳吨税。

表10.1 船舶吨税税目税率表

税　目 （按船舶净吨位划分）	税率（元/净吨）						备　　注
	普通税率 （按执照期限划分）			优惠税率 （按执照期限划分）			
	1年	90日	30日	1年	90日	30日	
不超过2 000净吨	12.6	4.2	2.1	9.0	3.0	1.5	1. 拖船按照发动机功率每千瓦折合净吨位0.67吨 2. 无法提供净吨位证明文件的游艇，按照发动机功率每千瓦折合净吨位0.05吨 3. 拖船和非机动驳船分别按相同净吨位船舶税率的50%计征税款
超过2 000净吨，但不超过10 000净吨	24.0	8.0	4.0	17.4	5.8	2.9	
超过10 000净吨，但不超过50 000净吨	27.6	9.2	4.6	19.8	6.6	3.3	
超过50 000净吨	31.8	10.6	5.3	22.8	7.6	3.8	

船舶吨税的计算公式：

$$船舶吨税税额 = 船舶净吨位 \times 船舶吨税税率（元/净吨）$$

小结：进出口税的征收依据、征收范围和征收机关如表10.2所示。

表10.2 进出口税费的征收依据、征收范围和征收机关

	征收依据	征收范围	征收机关
关税	《海关法》《进出口关税条例》《中华人民共和国进出口税则》	准许进出中国关境的应税货物和物品	海关
增值税	《中华人民共和国增值税暂行条例》	在中国境内销售货物或者加工、修理修配劳务，销售服务、无形资产、不动产以及进口货物	进口货物增值税由海关征收；其他环节增值税由国内税务机关征收
消费税	《中华人民共和国消费税暂行条例》	在中国境内生产、委托加工和进口应税消费品	进口应税消费品消费税由海关征收；其他环节消费税由国内税务机关征收

征收依据	征收范围	征收机关
船舶吨税 《中华人民共和国船舶吨税法》	① 在中国港口行驶的外国籍船舶； ② 外商租用（程租船除外）的中国籍船舶； ③ 中外合营海运企业自有或租用的中国、外国籍船舶； ④ 中国租用的外国籍国际航行船舶	海关

2. 税款滞纳金

（1）征收范围。滞纳金是税收管理中的一种行政强制措施。在海关监督管理中，滞纳金是指应纳税的单位或个人因逾期向海关缴纳税款而依法应缴纳的款项。按照规定，关税、进口环节增值税、进口环节消费税、船舶吨税等的纳税义务人或其代理人，应当自海关填发税款缴款书之日起 15 日内向指定银行缴纳税款，逾期缴纳的，海关依法在原应纳税款的基础上，按日加收滞纳税款 0.5‰ 的滞纳金。

根据规定，对逾期缴纳税款应征收滞纳金的，还有以下几种情况：

① 进出口货物放行后，海关发现因纳税义务人违反规定造成少征或漏征税款的，可以自缴纳税款或货物放行之日起 3 年内追征税款，并从缴纳税款或货物放行之日起至海关发现之日止，按日加收少征或者漏征税款 0.5‰ 的滞纳金。

② 因纳税义务人违反规定造成海关监管货物少征或漏征税款的，海关应当自纳税义务人应缴纳税款之日起 3 年内追征税款，并自应缴纳税款之日起至海关发现违规行为之日止，按日加收少征或者漏征税款 0.5‰ 的滞纳金。

提示 | 这里所述应缴纳税款之日是指纳税义务人违反规定的行为发生之日；该行为发生之日不能确定的，应当以海关发现该行为之日作为应缴纳税款之日。

③ 租赁进口货物，分期支付租金的，纳税义务人应当在每次支付租金后的 15 日内向海关申报办理纳税手续，逾期办理申报手续的，海关除了征收税款外，还应当自申报办理纳税手续期限届满之日起至纳税义务人申报纳税之日止，按日加收应缴纳税款 0.5‰ 的滞纳金。

租赁进口货物自租期届满之日起 30 日内，应向海关申请办结海关手续，逾期办理手续的，海关除按照审定进口货物完税价格的有关规定和租期届满后第 30 日该货适用的计征汇率、税率，审核确定其完税价格、计征应缴纳的税款外，还应当自租赁期限届满后 30 日起至纳税义务人申报纳税之日止，按日加收应缴纳税款 0.5‰ 的滞纳金。

④ 暂时进出口货物未在规定期限内复运出境或者复运进境，且纳税义务人未在规定期

限届满前向海关申报办理进出口及纳税手续的，海关除按照规定征收应缴纳的税款外，还应当自规定期限届满之日起至纳税义务人申报纳税之日止按日加收应缴纳税款 0.5‰ 的滞纳金。

（2）征收标准。滞纳金按每票货物的关税、进口环节增值税、进口环节消费税、船舶吨税等单独计算，起征额为人民币 50 元，不足人民币 50 元的免予征收。滞纳金金额计算公式如下：

$$滞纳金金额 = 应纳税额 \times 0.5‰ \times 滞报天数$$

提示｜ 海关对滞纳天数的计算是自滞纳税款之日起至进出口货物的纳税义务人缴纳税费之日止，其中的法定节假日不予扣除。缴纳期限届满日遇休息日或法定节假日的，应当顺延至休息日或法定节假日之后的第一个工作日。国务院临时调整休息日与工作日的，则按照调整后的情况计算缴款期限。

 **应用案例**

关税缴纳期限

某年 9 月、10 月日历

周日	周一	周二	周三	周四	周五	周六
					9 月 1 日	2
3	4	5	6	7	8	9
10	11	12	13	14	15	16
17	18	19	20	21	22	23
24	25	26	27	28	29	30
10 月 1 日	2	3	4	5	6	7
8	9	10	11	12	13	14
15	16	17	18	19	20	21

（1）如果海关于 9 月 5 日（周二）填发税款缴款书，纳税人应当最迟于 9 月 20 日（周三）到指定的银行缴纳关税。

（2）如果海关于 9 月 8 日（周五）填发税款缴款书，纳税人本应最迟于 9 月 23 日缴纳税款。由于 9 月 23 日是周六，缴纳期限顺延至 9 月 25 日（周一）。如果纳税人 9 月 26 日（周二）缴纳税款，即构成滞纳，滞纳天数为 1 天。

（3）如果海关于 9 月 25 日（周一）填发税款缴款书，缴纳期限中间遇到国庆节，节假日不能从期限中扣除，纳税人应当最迟于 10 月 10 日（周二）缴纳税款。

（4）如果海关于 9 月 18 日（周一）填发税款缴款书，纳税人本应最迟于 10 月 3 日（周二）缴纳税款，但政府通知临时调整休假时间，使国庆节与两个周末相连，从 10 月 1 日至 10 月 7 日连续休息 7 天，则应认为政府通知这个具体行政行为临时改变了休息日与工作日，缴纳期限应顺延至节假日后的第一天，即 10 月 8 日（周日）。

3. 滞报金

滞报金是海关对未在法定申报期限内向海关申报的进口货物的收货人或其代理人依法加收的款项。其目的是加速口岸疏运，加强海关对进口货物的通关管理，促使进口货物收货人按规定时限申报。

（1）征收范围。

① 进口货物滞报金以自运输工具申报进境之日起第 15 日为起征日，以海关接受申报之日为截止日，起征日和截止日均计入滞报期间，另有规定的除外。

② 邮运进口货物应当以自邮政企业向海关驻邮局办事机构申报总包之日起第 15 日为起征日。

③ 转关运输货物在进境地申报的，应当以自载运进口货物的运输工具申报进境之日起第 15 日为起征日；在指运地申报的，应当以自货物运抵指运地之日起第 15 日为起征日；邮运进口转关运输货物在进境地申报的，应当以自运输工具申报进境之日起第 15 日为起征日；在指运地申报的，应当以自邮政企业向海关驻邮局办事机构申报总包之日起第 15 日为起征日。

提示 | 转关运输货物在进境地产生滞报的，由进境地海关征收滞报金；在指运地产生滞报的，由指运地海关征收滞报金。

④ 进口货物收货人在向海关传送报关单电子数据后，未在规定期限或核准期限内递交纸质报关单，海关予以撤销电子数据报关单处理、进口货物收货人重新向海关申报，产生滞报的，按照以自运输工具申报进境之日起第 15 日为计算滞报金起征日。

进口货物收货人申报并经海关依法审核，必须撤销原电子数据报关单重新申报的，经进口货物收货人申请并经海关审核同意，以撤销原报关单之日起第 15 日为起征日。

⑤ 进口货物因收货人在运输工具申报进境之日起超过 3 个月未向海关申报，被海关作变卖处理后，收货人申请发还余款的，滞报金的征收以运输工具申报进境之日起第 15 日为起始日，以该 3 个月的最后一日为截止日。

（2）征收标准。滞报金按日计征，其起征日为规定的申报时限的次日，截止日为收货人向海关申报后，海关接受申报的日期。除另有规定外，起征日和截止日均计入滞报期间。

滞报金的日征收金额为进口货物完税价格的 0.5‰，以人民币元为计征单位，不足人民币 1 元的部分免予计征。

滞报金的起征点为人民币 50 元。

滞报金计算公式如下所示：

$$滞报金金额 = 进口货物完税价格 \times 0.5‰ \times 滞报天数$$

提示 | 滞报金和滞纳金计算的异同为，它们的日征收比例是相同的，均为 0.5‰；但它们的计算基础不同。滞报金是以滞报进口货物的完税价格为基础来计算的，而滞纳金是以滞纳的税款来计算的。

10.2 进出口货物完税价格的审定

进出口货物完税价格是海关对进出口货物征收从价税时审查估定的应税价格，是海关凭以计征进出口货物关税及进出口环节增值税、消费税的基础。审定进出口货物完税价格是贯彻关税政策的重要环节，也是海关依法行政的重要体现。

中国已全面实施世界贸易组织《海关估价协议》。目前，中国海关审价的法律依据可分为三个层次。

第一层是法律层次，即中国《海关法》。《海关法》第五十五条规定："进出口货物的完税价格，由海关以该货物的成交价格为基础审查确定。成交价格不能确定时，完税价格由海关依法估定。"

第二层是行政法规层次，即《关税条例》。

第三层是部门规章，如海关总署颁布实施的《中华人民共和国海关审定进出口货物完税价格办法》(以下简称《审价办法》)、《中华人民共和国海关审定内销保税货物完税价格办法》(以下简称《内销保税货物审价办法》)、《中华人民共和国海关进出口货物征税管理办法》(以下简称《征管办法》)等。

以上这些法律、法规及部门规章完整、准确地体现了世界贸易组织《海关估价协议》的基本原则和主要内容。

提示 | 准许进境的旅客行李物品、个人邮递物品及其他个人自用物品的完税价格和涉嫌走私的进出口货物、物品计税价格的核定，不适用《进口货物审价办法》。上述特殊情况的货物及物品完税价格的审定方法由海关总署另行规定。

10.2.1 进口货物完税价格的审定

进口货物完税价格的审定包括一般进口货物完税价格的审定和特殊进口货物完税价格的审定。

1. 一般进口货物完税价格的审定

进口货物的完税价格，由海关以该货物的成交价格为基础审查确定，应当包括货物运抵中华人民共和国境内输入地点起卸前的运输及相关费用、保险费。如进口货物的成交价格不能确定的，海关经了解有关情况，并与纳税义务人进行价格磋商后，依次以相同货物成交价格估价方法、类似货物成交价格估价方法、倒扣价格估价方法、计算价格估价方法、合理方法审查确定该货物的完税价格。

提示 | 纳税义务人向海关提供有关资料后，可以提出申请，选择倒扣价格估价方法和计算价格估价方法的适用次序。

（1）成交价格估价方法。《审价办法》规定，进口货物的完税价格，由海关以该货物的成交价格为基础审查确定，并应当包括货物运抵中华人民共和国境内输入地点起卸前的运输及相关费用、保险费。"相关费用"主要是指与运输有关的费用，如装卸费、搬运费等属于广义的运输范围内的费用。

进口货物的成交价格方法是《关税条例》和《审价办法》规定的第一种估价方法，进口货物的完税价格应尽可能采用该货物的成交价格。

① 成交价格。进口货物的成交价格，是指卖方向中华人民共和国境内销售该货物时买方为进口该货物向卖方实付、应付的价款，并且是按照有关规定调整后的价款总额，包括直接支付的价款和间接支付的价款。

正确理解成交价格应注意以下几个方面：一是符合境内销售；二是实付或应付价格，直接或间接支付；三是成交价格的调整因素。

境内销售是指将进口货物实际运入中国境内，货物的所有权和风险由卖方转移给买方，买方为此向卖方支付价款的行为。因此，以寄售、捐赠、经营租赁等交易方式进口的货物不适用成交价格方式审定完税价格。

成交价格不仅应包括实付价格，还应包括应付价格，即作为卖方销售进口货物的条件，由买方向卖方或者为履行卖方义务而向第三方已经支付或将要支付的全部货款。因此，现金、信用证或可转让有价证券等，或者在进口申报之时支付行为是否发生，都不影响海关的估价结论。海关应根据买方承担的付款义务确定完税价格。成交价格还应包括直接支付和间接支付。其中直接支付是指买方直接向卖方支付的款项，而间接支付是指买方根据卖方的要求，将货款全部或部分支付给第三方，或者冲抵买卖双方之前的其他资金往来的付款方式。

提示 | （1）成交价格的含义包括购买进口货物实付或应付的并按有关规定调整的价格。

实付或应付价格是指必须由买方支付，支付的目的是获得进口货物，支付的对象既包括卖方，也包括与卖方有联系的第三方，且包括已经支付和将要支付的总额。另外，成交价格不完全等同于贸易中实际发生的发票价格，海关需要按有关规定进行调整。

（2）公式定价的进口货物是指在向中国境内销售货物所签订的合同中，买卖双方未以明确的数值约定货物价格，而是以约定的定价公式来确定货物的结算价格的进口货物，如同时符合下列条件，海关则以双方约定的定价公式所确定的结算价格为基础审定完税价格：

① 在货物运至中国境内前买卖双方已书面约定定价公式。

② 结算价格取决于买卖双方均无法控制的客观条件和因素。

③ 自货物申报进口之日起6个月内能够根据定价公式确定结算价格。

④ 结算价格符合《审价办法》中成交价格的有关规定。

② 成交价格的调整因素。调整因素包括计入项目和扣除项目。

计入项目。以成交价格为基础审查确定进口货物的完税价格时，未包括在该货物实付、应付价格中的下列费用或者价值应当计入完税价格：

其一，由买方负担的费用。

第一类为除购货佣金以外的佣金和经纪费。佣金通常可分为购货佣金和销售佣金。购货佣金是指买方向其采购代理人支付的佣金，按规定购货佣金不应计入货物的完税价格。销售佣金是指卖方向其销售代理支付的佣金。如果该佣金由买方直接支付给卖方的代理人，则应计入完税价格。经纪费是指买方为购进进口货物向代表买卖双方利益的经纪人支付的劳务费用，该费用应计入完税价格中。

第二类为与进口货物视为一体的容器费用。与有关货物归入同一税号的容器应与该货物被视为一个整体。例如，酒瓶与酒构成一个不可分割的整体，二者归入同一税号，如果酒瓶的费用没有被包括在酒的完税价格中，则应计入。

第三类为包装费。包装费包括包装材料费和包装劳务费。

其二，协助价值。与进口货物的生产和向中华人民共和国境内销售有关的，由买方以免费或者以低于成本的方式提供，并且可以按适当比例分摊的下列货物或者服务的价值：

第一类为进口货物包含的材料、部件、零件和类似货物；

第二类为在生产进口货物过程中使用的工具、模具和类似货物；

第三类为在生产进口货物过程中消耗的材料；

第四类为在境外进行的为生产进口货物所需的工程设计、技术研发、工艺及制图等相关服务。

提示 | 协助价值计入完税价格应满足以下条件：

（1）买方以免费或低于成本价的方式向卖方直接或间接提供；

（2）未包括在货物的实付或应付价格之中；

（3）与进口货物的生产和向中国境内销售有关；

（4）可按适当比例分摊。

其三，特许权使用费。特许权使用费是指进口货物的买方为取得知识产权权利人及相关授权人关于专利权、商标权、专有技术、著作权、分销权或销售权等的许可或转让而支付的费用。如成交价格中未包括该货物实付或应付的特许权使用费，应计入完税价格。但如果特许权使用费与该货物无关，或特许权使用费的支付不构成该货物向中华人民共和国境内销售的条件，则不计入完税价格。

符合下列条件之一的特许权使用费，视为与进口货物有关：

特许权使用费是用于支付专利权或者专有技术使用权，且进口货物属于下列情形之一的：

- 含有专利或者专有技术的；
- 用专利方法或者专有技术生产的；
- 为实施专利或者专有技术而专门设计或者制造的。

特许权使用费是用于支付商标权，且进口货物属于下列情形之一的：

- 附有商标的；
- 进口后附上商标直接可以销售的；
- 进口时已含有商标权，经过轻度加工后附上商标即可以销售的。

特许权使用费是用于支付著作权，且进口货物属于下列情形之一的：

- 含有软件、文字、乐曲、图片、图像或者其他类似内容的进口货物，包括磁带、磁盘、光盘或者其他类似载体的形式；
- 含有其他享有著作权内容的进口货物。

特许权使用费是用于支付分销权、销售权或者其他类似权利，且进口货物属于下列情形之一的：

- 进口后可以直接销售的；
- 经过轻度加工即可以销售的。

买方不支付特许权使用费则不能购得进口货物，或者买方不支付特许权使用费则该货物不能以合同议定的条件成交的，应视为特许权使用费的支付构成进口货物向中国境内销售的条件。

- 返回给卖方的转售收益。如果买方在货物进口后把进口货物的销售、处置或使用收益的一部分返还给卖方，则这部分收益应计入完税价格。

提示 | 上述应计入完税价格的项目，必须同时满足三个条件：（1）由买方负担；（2）未包括在进口货物的实付或应付价格中；（3）有客观量化的数据资料。

如果纳税义务人不能提供客观量化的数据资料，则海关与纳税义务人在进行价格磋商后，完税价格由海关依次采用其他方法估价。

扣除项目。进口货物的价款中单独列明的下列税收、费用，不计入该货物的完税价格：

- 厂房、机械或者设备等货物进口后发生的建设、安装、装配、维修或者技术援助费用，但是保修费用除外；

- 进口货物运抵中国境内输入地点起卸后发生的运输及其相关费用、保险费；
- 进口关税、进口环节海关代征税及其他国内税；
- 为在境内复制进口货物而支付的费用；
- 境内外技术培训及境外考察费用。

此外，同时符合下列条件的利息费用不计入完税价格：

- 利息费用是买方为购买进口货物而融资所产生的；
- 有书面的融资协议的；
- 利息费用单独列明的；
- 纳税义务人可以证明有关利率不高于在融资当时当地此类交易通常具有的利率水平，且没有融资安排的相同或者类似进口货物的价格与进口货物的实付、应付价格非常接近的。

提示 | 码头装卸费（terminal handling charge，THC）是指货物从船舷到集装箱堆场间发生的费用，属于货物运抵中国境内输入地点起卸后的运输相关费用，因此不应计入完税价格。

③ 成交价格本身须满足的条件。成交价格本身必须满足下列四个条件才能被海关接受，否则不能适用成交价格方法。

其一，买方对进口货物的处置或者使用不受限制，但是法律、行政法规规定实施的限制、对货物销售地域的限制和对货物价格无实质性影响的限制除外。有下列情形之一的，当视为对买方处置或者对使用进口货物进行了限制：进口货物只能用于展示或者免费赠送的；进口货物只能销售给指定第三方的；进口货物加工为成品后只能销售给卖方或者指定第三方的；其他经海关审查，认定买方对进口货物的处置或者使用受到限制的。

其二，进口货物的价格不得受到使该货物成交价格无法确定的条件或者因素的影响。有下列情形之一的，视为进口货物的价格受到了使该货物成交价格无法确定的条件或者因素的影响：进口货物的价格是以买方向卖方购买一定数量的其他货物为条件而确定的；进口货物的价格是以买方向卖方销售其他货物为条件而确定的；其他经海关审查，认定货物的价格受到使该货物成交价格无法确定的条件或者因素影响的。

其三，卖方不得直接或者间接获得因买方销售、处置或者使用进口货物而产生的任何收益，或者虽然有收益但是能够按照规定做出调整。

其四，买卖双方之间没有特殊关系，或者虽然有特殊关系但是未对成交价格产生影响。有下列情形之一的，应当认为买卖双方存在特殊关系：买卖双方为同一家族成员的；买卖双方互为商业上的高级职员或者董事的；一方直接或者间接地受另一方控制的；买卖双方都直接或者间接地受第三方控制的；买卖双方共同直接或者间接地控制第三方的；一方直接或者间接地拥有、控制或者持有对方 5% 以上（含 5%）公开发行的有表决权的股票或者股份的；一方是另一方的雇员、高级职员或者董事的；买卖双方是同一合伙的成员的。

此外，买卖双方在经营上相互有联系，一方是另一方的独家代理、独家经销或独家受让人，如果符合上述规定，也应当视为存在特殊关系。

买卖双方之间存在特殊关系这个事实本身并不构成海关拒绝使用成交价格的理由，但是纳税义务人能证明其成交价格与同时或者大约同时发生的下列任何一款价格相近的，视为特殊关系未对进口货物的成交价格产生影响：向境内无特殊关系的买方出售相同或者类似进口货物的成交价格；按照倒扣价格估价方法所确定的相同或者类似进口货物的完税价格；按照计算价格估价方法所确定的相同或者类似进口货物的完税价格。

海关在使用上述价格进行比较时，需考虑商业水平和进口数量的不同，以及是否存在因买卖双方有特殊关系造成费用差异的情况。

（2）相同货物成交价格估价方法。相同货物成交价格估价方法是指海关以与进口货物同时或者大约同时向中国境内销售的相同货物的成交价格为基础，审查确定进口货物的完税价格的估价方法。

提示 | "相同货物"是指与进口货物在同一国家或者地区生产的，在物理性质、质量和信誉等所有方面都相同的货物，但是允许表面有微小的差异存在。

（3）类似货物成交价格估价方法。类似货物成交价格估价方法是指海关以与进口货物同时或者大约同时向中国境内销售的类似货物的成交价格为基础，审查确定进口货物的完税价格的估价方法。

提示 | "类似货物"是指与进口货物在同一国家或者地区生产的，虽然并非在所有方面都相同，但是具有相似的特征、相似的组成材料、相同的功能，并且在商业中可以互换的货物。

相同货物成交价格估价方法和类似货物成交价格估价方法在使用时应注意：

① 相同或类似货物的时间要素必须与进口货物同时或大约同时进口。其中的"同时或大约同时"是指在进口货物接受申报之日的前后各45天以内。

② 上述两种方法在运用时，首先应使用与该货物具有相同商业水平且进口数量基本一致的相同或者类似货物的成交价格。只有在该条件不满足时，才可使用不同商业水平或者不同进口数量的相同或者类似货物的成交价格，但不能将该价格直接作为进口货物的价格，还须对该货物与相同或者类似货物之间由于运输距离和运输方式的不同而在成本和其他费用方面产生的差异进行调整。

③ 上述调整必须建立在客观量化的数据资料的基础上。

④ 按照相同或者类似货物成交价格估价方法审查确定进口货物的完税价格时，应当首先使用同一生产商生产的相同或者类似货物的成交价格。只有在没有同一生产商生产的相同或者类似货物的成交价格的，才可以使用同一生产国或者地区其他生产商生产的相同或者类似货物的成交价格。如果有多个相同或者类似货物的成交价格，应当以最低的成交价格为基础审查确定进口货物的完税价格。

（4）倒扣价格估价方法。倒扣价格估价方法是指海关以进口货物、相同或者类似进口货物在境内第一环节的销售价格为基础，扣除境内发生的有关费用后，审查确定进口货物完税价格的估价方法。"第一环节"是指有关货物进口后进行的第一次转售，且转售者与境内买方之间不能有特殊关系。

① 用于倒扣的销售价格应当同时符合下列条件：第一，是在该货物进口的同时或者大约同时，将该货物、相同或者类似进口货物在境内销售的价格；第二，是按照货物进口时的状态销售的价格；第三，是在境内第一销售环节销售的价格；第四，是向境内无特殊关系方销售的价格；第五，是按照该价格销售的货物合计销售总量最大的价格。

② 按照倒扣价格估价方法审查确定进口货物完税价格的，应当扣除下列各项：同等级或者同种类货物在境内第一销售环节销售时，通常的利润和一般费用（包括直接费用和间接费用）及通常支付的佣金；货物运抵境内输入地点起卸后的运输及其相关费用、保险费；进口关税、进口环节海关代征税及其他国内税；加工增值额。如果以货物经过加工后在境内转售的价格作为倒扣价格的基础，则必须扣除上述加工增值部分。

（5）计算价格估价方法。计算价格估价方法是指海关以下列各项的总和为基础，审查确定进口货物完税价格的估价方法：① 生产该货物所使用的料件成本和加工费用；② 向境内销售同等级或者同种类货物通常的利润和一般费用（包括直接费用和间接费用）；③ 该货物运抵境内输入地点起卸前的运输及相关费用、保险费。

提示 | 上述"价值"或"费用"是指生产被估进口货物实际发生的价值或费用。

（6）合理方法。合理方法是指当海关不能根据成交价格估价方法、相同货物成交价格估价方法、类似货物成交价格估价方法、倒扣价格估价方法和计算价格估价方法确定完税价格时，海关根据公平、统一、客观的估价原则，以客观、量化的数据资料为基础审查确定进口货物完税价格的估价方法。

在采用合理方法确定进口货物的完税价格时，不得使用以下价格：① 境内生产的货物在境内的销售价格；② 可供选择的价格中较高的价格；③ 货物在出口地市场的销售价格；

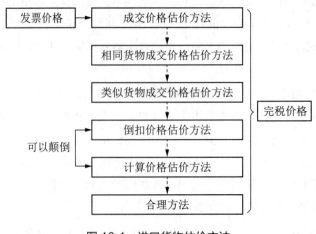

图 10.1 进口货物估价方法

④ 以计算价格估价方法规定之外的价值或者费用计算的相同或者类似货物的价格；⑤ 出口到第三国或者地区的货物的销售价格；⑥ 最低限价或者武断、虚构的价格。

2. 特殊进口货物完税价格的审定

（1）运往境外修理的机械器具、运输工具或者其他货物，出境时已向海关报明，并在海关规定的期限内复运进境的，应当以境外修理费和料件费为基础审查确定完税价格。出境修理货物复运进境超过海关规定期限的，由海关按照一般进口货物完税价格审定的有关规定审查确定完税价格。

（2）运往境外加工的货物，出境时已向海关报明，并在海关规定期限内复运进境的，应当以境外加工费和料件费以及该货物复运进境的运输及其相关费用、保险费为基础审查确定完税价格。出境加工货物复运进境超过海关规定期限的，由海关按照一般进口货物完税价格审定的有关规定审查确定完税价格。

（3）经海关批准的暂时进境货物，应当缴纳税款的，由海关按照一般进口货物完税价格审定的有关规定审查确定完税价格。经海关批准留购的暂时进境货物，以海关审查确定的留购价格作为完税价格。

（4）以租赁方式进口的货物，按照下列方法审查确定完税价格：① 以租金作为完税价格，利息应当予以计入；② 留购的租赁货物以海关审查确定的留购价格作为完税价格；③ 纳税义务人申请一次性缴纳税款的，可以选择申请按照规定估价方法确定完税价格，或者按照海关审查确定的租金总额作为完税价格。

（5）减税或者免税进口的货物要补税时，应以海关审查确定的该货物原进口时的价格，扣除折旧部分价值作为完税价格，其计算公式如下：

$$完税价格 = 海关审查确定的该货物原进口时的价格 \times$$

$$\left(1 - \frac{征、补税时实际已进口的时间}{监管年限 \times 12}\right)$$

上述计算公式中"征、补税时实际已进口的时间"按月计算，不足 1 个月但是超过 15 日的，按照 1 个月计算；不超过 15 日的，不予计算。

（6）易货贸易、寄售、捐赠、赠送等不存在成交价格的进口货物，海关与纳税义务人进行价格磋商后，按照《审价办法》列明的相同货物成交价格估价方法、类似货物成交价格估价方法、倒扣价格估价方法、计算价格估价方法及合理方法审查确定完税价格。

（7）进口载有专供数据处理设备用软件的介质，具有下列情形之一的，应当以介质本身的价值或者成本为基础审查确定完税价格：① 介质本身的价值或者成本与所载软件的价值分列；② 介质本身的价值或者成本与所载软件的价值虽未分列，但是纳税义务人能够提供介质本身的价值或者成本的证明文件，或者能提供所载软件价值的证明文件。

含有美术、摄影、声音、图像、影视、游戏、电子出版物的介质不适用上述规定。

提示 | 软件，是指《计算机软件保护条例》规定的用于数据处理设备的程序和文档。介质，是指磁带、磁盘、光盘。

3.《内销保税货物审价办法》关于完税价格的审定

内销保税货物，包括因故转为内销需要征税的加工贸易货物、海关特殊监管区域内的货物、因其他原因需要按照内销征税办理的保税货物。《内销保税货物审价办法》规定，内销保税货物的完税价格，由海关以该货物的成交价格为基础审查确定。

（1）非海关特殊监管区域、非保税监管场所内加工贸易企业内销货物一般估价方法。

① 进料加工进口料件或者其制成品（包括残次品）内销时，海关以料件原进口成交价格为基础审查确定完税价格。

② 来料加工进口料件或者其制成品（包括残次品）内销时，因来料加工料件在原进口时没有成交价格，所以海关以接受内销申报的同时或者大约同时进口的与料件相同或者类似的保税货物的进口成交价格为基础审查确定完税价格。

③ 加工企业内销的加工过程中产生的边角料或者副产品，以其内销价格为基础审查确定完税价格。边角料、副产品和按照规定需要以残留价值征税的受灾保税货物，经海关允许采用拍卖方式内销时，海关以其拍卖价格为基础审查确定完税价格。

④ 深加工结转货物内销时，海关以该结转货物的结转价格为基础审查确定完税价格。

（2）海关特殊监管区域、保税监管场所内销货物一般估价方法。

① 保税加工货物内销估价方法。保税区内企业内销的保税加工进口料件或者其制成品，海关以其内销价格为基础审查确定完税价格。除保税区以外的海关特殊监管区域内企业内销的保税加工料件或者其制成品，以其内销价格为基础审查确定完税价格。

海关特殊监管区域内企业内销的保税加工过程中产生的边角料、废品、残次品和副产品，以其内销价格为基础审查确定完税价格。经海关允许采用拍卖方式内销的，海关以其拍卖价格为基础审查确定完税价格。

② 保税物流货物内销估价方法。海关特殊监管区域、保税监管场所内企业内销的保税物流货物，海关以该货物运出海关特殊监管区域、保税监管场所时的内销价格为基础审查确定完税价格；该内销价格包含的能够单独列明的海关特殊监管区域、保税监管场所内发生的保险费、仓储费和运输及其相关费用，不计入完税价格。

（3）内销保税货物的其他估价方法。

内销保税货物的完税价格不能依照上述估价方法确定时，海关依次按照下列价格估定该货物的完税价格：

① 与该货物同时或者大约同时向中华人民共和国境内销售的相同货物的成交价格。

② 与该货物同时或者大约同时向中华人民共和国境内销售的类似货物的成交价格。

③ 与该货物进口的同时或者大约同时，将该进口货物、相同或者类似进口货物在第一级销售环节销售给无特殊关系买方的最大销售总量的单位价格，但应当扣除以下项目：

第一，同等级或者同种类货物在中华人民共和国境内第一级销售环节销售时通常的利润和一般费用以及通常支付的佣金；

第二，进口货物运抵境内输入地点起卸后的运输及其相关费用、保险费；

第三，进口关税及国内税收。

④ 按照下列各项总和计算的价格：生产该货物所使用的料件成本和加工费用，向中华人民共和国境内销售同等级或者同种类货物通常的利润和一般费用，该货物运抵境内输入地点起卸前的运输及其相关费用、保险费。

⑤ 以合理方法估定的价格。纳税义务人向海关提供有关资料后，可以提出申请，颠倒前款第三项和第四项的适用次序。

提示 | 从世界各国的海关估价实践看，海关特殊监管区域货物的估价原则与一般进出口货物相比不存在差异，其区别仅是在选取的估价时点和交易对象方面。通常一般进出口货物申报时只存在一次交易行为，而海关特殊区域则存在两次交易，第一次为自境外进入境内海关特殊区域，第二次为自海关特殊区域进入境内区外。

根据各国估价时选择的交易对象不同，针对特殊区域的估价立法主要分两种类型，第一类是以出区（自海关特殊区域进入境内）价格为基础，第二类是以入区（自境外进入海关特殊区域）价格为基础。中国对此的做法是以出区价格为基础确定该类交易的完税价格。

4. 进口货物完税价格中的运输及其相关费用、保险费的计算

（1）运费的计算标准。进口货物的运费应当按照实际支付的费用计算。进口货物的运费无法确定的，海关应当按照该货物的实际运输成本或者该货物进口同期运输行业公布的运费率（额）计算运费。运输工具作为进口货物，利用自身动力进境的，海关在审查确定完税价格时，不再另行计入运费。

（2）保险费的计算标准。进口货物的保险费应当按照实际支付的费用计算。如果进口货物的保险费无法确定或者未实际发生，海关应当按照"货价加运费"两者总额的3‰计算保险费，其计算公式如下：

$$保险费 =（货价 + 运费）\times 3‰$$

（3）邮运货物运费的计算标准。邮运进口的货物，应当以邮费作为运输及其相关费用、保险费，即其邮费为运保费。邮运进口的货物主要是指快件，而超过一定价值的快件应按货物管理，所以同样存在运保费问题。而邮运进口的货物，其邮费即为运保费。

（4）边境口岸运费的计算标准。以境外边境口岸价格条件成交的铁路或者公路运输进口货物，海关应当按照境外边境口岸价格的1%计算运输及其相关费用、保险费。这里所称的"边境口岸"是指境外边境（即出口国或地区边境）及第三国或地区边境。

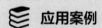

应用案例

进口货物相关费用的计算

（1）海运进口货物，计算至该货物运抵境内的卸货口岸。如该货物的卸货口岸是内河（江）口岸，则应当计算至内河（江）口岸。

例如，某货物由 ×× 轮载运进口，该轮经停上海港装运其他货物后，继续驶往武汉，并在武汉卸下该货。海关估价征税时，其运保费应计算至武汉。

（2）陆运进口货物，计算至该货物运抵境内的第一口岸。如果运输及其相关费用、保险费支付至目的地口岸，则计算至目的地口岸。

例如，以 FCA 汉堡价格成交的某货物，从汉堡经欧亚大陆桥进口到中国，货物经满洲里运至哈尔滨。海关估价征税时，该货物的运保费应计算至满洲里。

（3）空运进口货物，计算至该货物运抵境内的第一口岸。如果该货物的目的地为境内第一口岸外的其他口岸，则计算至目的地口岸。

（4）邮运进口的货物，应当以邮费作为运输及其相关费用、保险费。

10.2.2　出口货物完税价格审定及计算

中国仅对少数涉及资源、原料性物资征收出口关税，虽然范围较少，但准确核定出口货物完税价格也是报关人员必备的知识。

中国海关估价制度的出口货物的价格定义与进口货物的价格定义完全相同，即采用国际通行的成交价格为货物的价格准则。《海关法》第五十五条规定：进出口货物的完税价格，由海关以该货物的成交价格为基础审查确定。但出口货物的价格构成要素与进口货物的价格构成要素完全不同，仅包括出口货物本身的价格。

1. 出口货物的完税价格

出口货物的完税价格由海关以该货物的成交价格为基础审查确定，并应当包括货物运至中国境内输出地点装载前的运输及其相关费用、保险费。

2. 出口货物的成交价格

出口货物的成交价格是指该货物出口销售时，卖方为出口该货物应当向买方直接收取和间接收取的价款总额。

3. 不计入出口货物的完税价格的税收、费用

不计入出口货物的完税价格的税收、费用包括：① 出口关税；② 在货物价款中单独列

明的货物运至中国境内输出地点装载后的运输及其相关费用、保险费；③ 在货物价款中单独列明由卖方承担的佣金。

4. 出口货物其他估价方法

出口货物的成交价格不能确定的，海关经了解有关情况，并与纳税义务人进行价格磋商后，依次以下列价格审查确定该货物的完税价格：（1）同时或者大约同时向同一国家或者地区出口的相同货物的成交价格；（2）同时或者大约同时向同一国家或者地区出口的类似货物的成交价格；（3）根据境内生产相同或者类似货物的成本、利润和一般费用（包括直接费用和间接费用）、境内发生的运输及其相关费用、保险费计算所得的价格；（4）按照合理方法估定的价格。

出口货物完税价格的计算公式：

$$出口货物完税价格 = FOB - 出口关税$$
$$= FOB \div (1 + 出口关税税率)$$

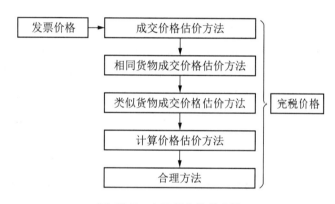

图 10.2　出口货物估价方法

📚 应用案例

出口货物的估价

出口货物的销售价格如果包括离境口岸至境外口岸之间的运费、保险费的，该运费、保险费应当扣除。

例如，以 CIP 西雅图成交的出口货物以联合运输方式从乌鲁木齐起运，通过新欧亚大陆桥运至连云港装上国际航行船，扣除运费是指应扣除从连云港至西雅图的海运运费。所以应注意，货物运至中华人民共和国境内输出地点装载前的运费及其相关费用、保险费应计入完税价格。

10.3 货物原产地的确定与税率适用

10.3.1 货物原产地的确定

1. 原产地规则的含义

在国际贸易中"原产地"是指货物生产、采集、饲养、提取、加工和制造的国家或地区，即货物的经济"国籍"。随着世界经济一体化的发展和国际分工的深化，准确认定进出口货物的"国籍"变得更为重要。因为确定了货物"国籍"，就确定了其依照进口国的贸易政策所适用的关税和非关税待遇。原产地的不同确定了进口商品所享受的待遇不同，世界贸易组织《原产地规则协议》将原产地规则定义为：一国（地区）为确定货物的原产地而实施的普遍适用的法律、法规和行政决定。各国以本国立法形式制定出鉴别货物"国籍"的标准，就是原产地规则。

2. 原产地规则的类别

根据适用目的划分，原产地规则分为优惠原产地规则和非优惠原产地规则。

（1）优惠原产地规则。优惠原产地规则是指一国为了实施国别优惠政策而制定的原产地规则，优惠范围以原产地为受惠国的进口产品为限。它是出于某些优惠措施规定的需要，根据受惠国的情况和限定的优惠范围，制定的一些特殊原产地认定标准，而这些标准是给惠国和受惠国之间通过多边或双边协定形式制定的，所以又称为"协定原产地规则"，如《中国—韩国自由贸易协定》。当然，也可由给惠国通过自主方式制定优惠原产地规则，如欧盟普惠制中的优惠关税制度，中国对最不发达国家的特别优惠关税待遇等。

目前，中国已先后与多个国家和地区签订了双边或多边贸易协定，这些协定进一步改善了中国的贸易环境，推进了市场多元化进程。截至 2022 年 12 月底，中国已签署的自贸协定有 21 个（包括升级协定），涉及东盟、新加坡、巴基斯坦、新西兰、智利、秘鲁、哥斯达黎加、冰岛、瑞士、韩国和澳大利亚等国家和地区。这些协定框架下所达成的优惠贸易协定，均适用相应的优惠原产地规则。

2009 年之前，对于优惠贸易项下进出口货物的原产地管理，海关并无统一的管理办法可依，只是散见于各项优惠贸易协定的实施办法中。由于各优惠贸易协定对象不同，谈判条件不同，谈判结果也各异，相应的原产地管理也各不相同，缺乏统一性。随着中国自贸试验区战略的推进，签署的优惠贸易协定日渐增多，如果继续为各贸易协定分别制定原产地管理办法，优惠原产地法律法规将越发纷繁复杂，海关执行难度增加，影响协定实施。为了正确确定优惠贸易协定项下进出口货物的原产地，规范对优惠贸易协定项下进出口货物原产地管理，海关总署于 2009 年 1 月发布了《中华人民共和国进出口货物优惠原产地管理规定》（以下简称《优惠原产地管理规定》），与各项自由贸易协定和优惠贸易安排项下的原产地管理办法，初步构成中国优惠原产地管理的基本框架。

（2）非优惠原产地规则。非优惠原产地规则是指一国根据实施其海关税则和其他贸易措施的需要，由本国立法自主制定的原产地规则，故也称为"自主原产地规则"。非优惠原产地规则是为实施最惠国待遇、反倾销和反补贴、保障措施、原产地标记管理、国别数量限制、关税配额等非优惠性贸易措施，以及进行政府采购、贸易统计等活动而认定进出口货物原产地的标准。其实施必须遵守最惠国待遇原则，即必须普遍地、无差别适用于所有原产地为最惠国的进口货物。《中华人民共和国进出口货物原产地条例》和《关于非优惠原产地规则中实质性改变标准的规定》初步构成了中国非优惠进出口货物原产地管理的法律框架。世界贸易组织《协调非优惠原产地规则》在协调制定中及完成后，世界贸易组织成员将实施统一的非优惠原产地规则，以替代各国自主制定的非优惠原产地规则。

3. 优惠原产地规则的主要内容

（1）优惠原产地标准。在判断货物原产地时，会出现以下两种情况：一种是货物完全是在一个国家（地区）获得或生产制造，即只有一个国家（地区）介入；另一种是货物的生产或制造有两个或两个以上国家（地区）介入。不管是优惠原产地规则还是非优惠原产地规则，都要确定这两种情况的原产地认定标准。

对于完全在一国或地区获得的产品，如农产品和矿产品，各国的原产地认定标准基本一致，通常以该产品的种植、开采或生产国为原产国，这一标准被称为"完全获得标准"。对"非完全在该成员国或者地区获得或者生产"的货物，即经过几个国家或地区加工、制造的产品，按照相应优惠贸易协定规定的税则归类改变标准、区域价值成分标准、制造加工工序标准或者其他标准确定其原产地。

① 完全获得标准适用于完全在一国（地区）获得或生产的货物。这些货物包括：在该成员国或地区境内收获、采摘或采集的植物产品；在该成员国或地区境内出生并饲养的活动物；在该成员国或地区领土或者领海开采、提取的矿产品；其他符合相应优惠贸易协定项下完全获得标准的货物。

② 非完全获得标准适用于非完全在一国（地区）获得或生产的货物。其原产地的认定标准采用实质性标准，主要包括税则归类改变标准、区域价值成分标准、制造加工工序标准、其他标准等。

税则归类改变标准是指原产于非成员国或者地区的材料在出口成员国或者地区境内进行制造、加工后，所得货物在《商品名称及编码协调制度》中税则归类发生了变化。

区域价值成分标准是指FOB价格扣除该货物生产过程中该成员国或者地区非原产材料价格后，所余价款在FOB价格中所占的百分比。

$$区域价值成分 = （货物的FOB出口价格 - 非原产材料价格）/$$
$$货物的FOB出口价格 \times 100\%$$

不同协定框架下的优惠原产地规则中所包含的区域价值成分标准有差异。

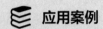 **应用案例**

RCEP 原产地规则应用

RCEP 的原产地规则明确了可被视为原产货物的三类情况：（1）完全在一个缔约方获得或生产的货物；（2）完全从原产材料生产的货物；（3）在生产中使用了非原产材料的货物。其中情形（1）规定了10种情形，情形（2）是指在最终产品的生产过程中使用的所有原材料和零部件都已获得原产资格，情形（3）是指符合附件一"产品特定原产地规则"所列对应税则号列的有关要求。

情形（1）举例：如由悬挂日本国旗的船舶在公海上捕获的金枪鱼，其原产国为日本；由中国境内回收的废钢铁，经淬火、破碎、成板、裁切、刨齿、回火等工序加工制造出口的至越南的锯条，其原产国为中国。

情形（2）举例：中国进口德国产的聚乙烯粒子（HS：3901.10），经过加工生产成塑料垫（HS：3926.90），并用中国的毛竹和胶水制作成一面是竹材料、另一面是塑料材质的砧板（HS：4419.00）出口到日本，其原产国是中国。

情形（3）举例：关于税则归类改变标准，对非原产材料 HS 编码税则归类要求可以是2位数、4位数、6位数级的改变，对不同的商品有不同的具体规定。

中国生产的水族箱（HS：7013.99），FOB 价格58美元/个，所使用的原料如下：

原材料名称	HS 编码	原材料价值（美元）	原产国 / 地区
节能灯	8539.31	6.6	中国
水泵	8413.81	6.8	中国
插头	8536.69	1.8	中国
喷胶棉	5601.22	0.2	中国
聚苯乙烯塑料粒	3901.10	15	马来西亚
电源线	8544.11	5	泰国
玻璃前后板	7009.10	18	奥地利
制造成本及费用总和		4.6	中国

RCEP 关于水族箱的原产地标准为区域价值成分为40%，不使用累积规则，其区域价值成分为：（58-15-5-18）/58=0.34，不满足要求，中国不是该产品的原产国。使用累积规则，其区域价值成分为：（58-18）/58=0.69，满足区域价值成分要求，该产品的原产国为中国。

制造加工工序标准是指赋予加工后所得货物基本特征的主要工序。

其他标准是指除上述标准之外，成员国或者地区一致同意采用的确定货物原产地的其他标准。

（2）累积规则。原产于优惠贸易协定某一成员国或者地区的货物或者材料在同一优惠贸易协定另一成员国或者地区境内用于生产另一货物，并构成另一货物组成部分的，该货物或者材料应当视为原产于另一成员国或者地区境内，即把产品生产中所使用的其他缔约方原产材料视为产品生产所在缔约方的原产材料。

提示 | （1）为便于装载、运输、储存、销售进行的加工、包装、展示等微小加工或者处理，不影响货物原产地确定。

（2）在货物生产过程中使用，本身不构成货物的物质成分，也不成为货物组成部件的材料或者物品，其原产地不影响货物原产地确定。

（3）运输期间用于保护货物的包装材料及容器不影响货物原产地确定。

（3）直接运输规则。"直接运输"是指优惠贸易协定项下进口货物从该协定成员国或者地区直接运输至中国境内，途中未经过该协定成员国或者地区以外的其他国家或者地区（简称其他国家或者地区）。

原产于优惠贸易协定成员国或者地区的货物，经过其他国家或者地区运输至中国境内，不论其在运输途中是否转换运输工具或者做临时储存，同时符合下列条件的，应当视为"直接运输"：

① 该货物在经过其他国家或者地区时，未做除使货物保持良好状态所必须的处理以外的其他处理。

② 该货物在其他国家或者地区停留的时间未超过相应优惠贸易协定规定的期限。

③ 该货物在其他国家或者地区做临时储存时，处于该国家或者地区海关监管之下。

不同协定框架下的优惠原产地规则中的直接运输标准各有不同。

🔗 知识链接

《中华人民共和国政府和大韩民国政府自由贸易协定》关于直接运输的规定

《中华人民共和国政府和大韩民国政府自由贸易协定》（以下简称《中国—韩国自贸协定》）关于直接运输的规定：申明享受优惠关税待遇的缔约方原产货物，应当在缔约双方之间直接运输。货物运经 个或多个非缔约方，不论是否在这些非缔约方转换运输工具或临时储存，只要满足下列条件，仍应视为在成员方之间直接运输：

（1）货物的转运被证明基于地理原因或者仅出于运输需要考虑。

（2）货物在非缔约方未进入贸易或消费领域。

（3）除装卸、因运输原因而分装，或使货物保持良好状态所必须的处理外，货物在非缔约方未经任何其他处理。

货物在非缔约方临时储存的，货物在储存期间必须处于非缔约方海关监管之下。

（4）优惠原产地证书。优惠原产地证书是证明产品原产地的书面文件，是受惠国产品出口到给惠国时享受关税优惠的重要凭证。

① 对出口货物原产地的签发和管理。由法律、行政法规规定的有权签发出口货物原产地证书的机构（简称签证机构）可以签发优惠贸易协定项下出口货物原产地证书。签证机构应依据《优惠原产地管理规定》以及相应优惠贸易协定项下所确定的原产地规则签发出口货物原产地证书。海关总署应当对签证机构是否依照规定签发优惠贸易协定项下出口货物原产地证书进行监督和检查。同时，签证机构应当定期向海关总署报送签发优惠贸易协定项下出口货物原产地证书的有关情况。

应优惠贸易协定成员国或者地区要求，海关可以对出口货物原产地证书或者原产地进行核查，并应当在相应优惠贸易协定规定的期限内反馈核查结果。

② 对进口货物原产地的要求。进口货物收货人或其代理人向海关提交的原产地证书，应当符合相应优惠贸易协定关于证书格式、填制内容、签章、提交期限等规定，并与商业发票、报关单等单证内容相符。图10.3 为《中国—韩国自贸协定》下的原产地证书格式。

海关认为必要时，可以请求出口成员国或者地区主管机构对优惠贸易协定项下进口货物的原产地进行核查。海关也可以依据相应优惠贸易协定的规定就货物原产地开展核查访问。

1. 出口商的名称、地址、国家： 2. 生产商的名称、地址、国家： 3. 收货人的名称、地址、国家：			证书号： 中国—韩国自由贸易协定 原产地证书 签发国 _____ （填制方法详见证书背面说明）		
4. 运输方式及路线（尽其所知）： 离港日期： 船舶 / 飞机 / 火车 / 车辆编号： 装货口岸： 到货口岸：			5. 备注：		
6. 项目号 （最多20项）	7. 唛头及包装号	8. 包装数量及种类；商品描述	9. HS 编码 （6 位数编码）	10. 原产地标准	11. 毛重、数量（数量单位）或其他计量单位（升、立方米等）	12. 发票号和发票日期
13. 出口商申明： 下列签字人证明上述资料及申明正确无误，所有货物产自_____（国家）且符合自由贸易协定原产地规则的相关规定。该货物出口至_____（进口国） _____ 地点、日期及授权人签名			14. 证明： 根据所实施的监管，兹证明上述信息正确无误，且所述货物符合中国—韩国自由贸易协定的原产地要求。 _____ 地点、日期、签字及授权机构印章		

图 10.3 《中国—韩国自贸协定》原产地证书

4. 非优惠原产地规则的主要内容

（1）非优惠原产地标准。非优惠原产地标准包括完全获得标准和实质性改变标准。

① 完全获得标准。完全在一个国家（地区）获得的货物，以该国（地区）为原产地。以下产品视为在一国"完全获得"：在该国（地区）出生并饲养的活的动物；在该国（地区）野外捕捉、捕捞、收集的动物；从该国（地区）的活的动物获得的未经加工的物品；在该国（地区）收获的植物和植物产品；在该国（地区）采掘的矿物；在该国（地区）获得的除本条前五项范围之外的其他天然生成的物品；在该国（地区）生产过程中产生的只能弃置或者回收用作材料的废碎料；在该国（地区）收集的不能修复或者修理的物品，或者从该物品中回收的零件或者材料；由合法悬挂该国旗帜的船舶从其领海以外海域获得的海洋捕捞物和其他物品；在合法悬挂该国旗帜的加工船上加工本条上一项所列物品获得的产品；从该国领海以外享有专有开采权的海床或者海床底土获得的物品；在该国（地区）完全从上述十一项所列物品中生产的产品。

在确定货物是否在一个国家（地区）完全获得时，为运输、储存期间保存货物而做的加工或者处理，为货物便于装卸而做的加工或者处理，为货物销售而做的包装等加工或者处理，不予考虑。

② 实质性改变标准。两个及以上国家（地区）参与生产的货物，以最后完成实质性改变的国家（地区）为原产地。实质性改变的确定标准以税则归类改变为基本标准；税则归类改变不能反映实质性改变的，以从价百分比、制造或者加工工序等为补充标准。

税则归类改变是指在某一国家（地区）对非该国（地区）原产材料进行制造、加工后，所得货物在《中华人民共和国进出口税则》中某一级的税目归类发生了变化。比如4位数级的税号发生了改变，则视为实质性改变。

从价百分比是指在某一国家（地区）对非该国（地区）原产材料进行制造、加工后的增值部分，超过所得货物价值的一定百分比。比如规定30%的从价比例，其计算公式如下：

$$\frac{\text{工厂交货价} - \text{非该国（地区）原产材料价值}}{\text{工厂交货价}} \times 100\% \geqslant 30\%$$

式中"工厂交货价"是指支付给制造厂所生产的成品的价格；"非该国（地区）原产材料价值"是指为直接用于制造或装配最终产品而进口原料、零部件的价值（含原产地不明的原料、零配件），以其进口"成本、保险费加运费"（CIF）计算。如果超过30%，则视为发生了实质性改变。

制造或者加工工序是指在某一国家（地区）进行的赋予制造、加工后所得货物基本特征的主要工序。

以制造或者加工工序和从价百分比作为标准来判定实质性改变的货物在有关的《适用制造或者加工工序及从价百分比标准的货物清单》中具体列明，并按列明的标准判定是否发生实质性改变。未列入上述清单的货物的实质性改变的判定，应当适用税则归类改变标准。《适用制造或者加工工序及从价百分比标准的货物清单》由海关总署会同商务部等有关部门根据实施情况修订并公布。例如：税号为 95.04 的室内游戏用品，其实质性改变标准为：经全部组装工序，并满足从价百分比标准。

（2）包装容器、包装材料及附件等原产地的确定标准。随所装货物进出口的包装、包装材料和容器，在《中华人民共和国进出口税则》中与该货物一并归类的，该包装、包装材料和容器的原产地不影响所装货物原产地的确定；对该包装、包装材料和容器的原产地不再单独确定，所装货物的原产地即为该包装、包装材料和容器的原产地。

随所装货物进出口的包装、包装材料和容器，在《中华人民共和国进出口税则》中与该货物不一并归类的，依照中国原产地条例的规定确定该包装、包装材料和容器的原产地。

按正常配备的种类和数量随货物进出口的附件、备件、工具和介绍说明性资料，在《中华人民共和国进出口税则》中与该货物一并归类的，该附件、备件、工具和介绍说明性资料的原产地不影响该货物原产地的确定；对该附件、备件、工具和介绍说明性资料的原产地不再单独确定，该货物的原产地即为该附件、备件、工具和介绍说明性资料的原产地。

随货物进出口的附件、备件、工具和介绍说明性资料在《中华人民共和国进出口税则》中虽与该货物一并归类，但超出正常配备的种类和数量的，以及在《中华人民共和国进出口税则》中与该货物不一并归类的，依照中国原产地条例的规定确定该附件、备件、工具和介绍说明性资料的原产地。

（3）原产地证书。原产地证书是证明产品原产于某地的书面文件，它是受惠国的产品出口到给惠国时享受关税优惠的凭证，同时也是进口货物是否适用反倾销税率、反补贴税率、保障措施等贸易政策的凭证。中国出口货物发货人可以向海关、中国国际贸易促进委员会及其地方分会，申请领取出口货物原产地证书。

一般情况下，根据世界贸易组织的要求，中国对非优惠贸易协定下进口的货物实施最惠国待遇条款，对进口货物按照最惠国税率征收，不需要进口人提供原产地证书。但在执行反倾销、反补贴等特殊情形下，因涉及对不同国家及厂商的差别待遇，进口人必须提供原产地证书。

10.3.2 税率适用

1. 中国海关制定税率的原则

《中华人民共和国进出口税则》是根据以下原则制定税率的：

（1）对进口国内不能生产或供应不足的动植物良种、粮食、肥料、饲料、药剂、精密仪器、关键机械设备等，制定低税或免税。

（2）原料的进口税率比半成品、成品低。

（3）国内不能生产或质量未过关的零件、部件，其进口税率比整机低。

（4）对国内能生产的物品、奢侈品，制定高税率。

（5）对国内需要保护的产品或内外差价大的产品，制定高税率。

（6）对绝大多数出口产品不征出口税，仅对需要限制出口的极少数原料、材料和半成品征收适当的出口税。

目前，绝大部分商品都免税出口，海关仅对极小部分商品征收出口税，目的是限制这些商品出口，保证国内市场供应或者控制其盲目出口。

2. 税率适用

税率适用是指进出口货物在征税、补税、追税或退税时选择适用的各种税率。中国进口关税设置最惠国税率、协定税率、特惠税率、普通税率、关税配额税率等税率，对进口货物在一定期限内可以实行暂定税率。出口关税设置出口税率，对出口货物在一定期限内可以实行暂定税率。

（1）进口税率适用原则。

① 原产于共同适用最惠国待遇条款的世界贸易组织成员的进口货物，原产于与中华人民共和国签订含有相互给予最惠国待遇条款的双边贸易协定的国家或者地区的进口货物，以及原产于中华人民共和国境内的进口货物，适用最惠国税率。原产于与中华人民共和国签订含有关税优惠条款的区域性贸易协定的国家或者地区的进口货物，适用协定税率。原产于与中华人民共和国签订含有特殊关税优惠条款的贸易协定的国家或者地区的进口货物，适用特惠税率。原产于除上述国家或者地区以外的进口货物，以及原产地不明的进口货物，适用普通税率。

② 适用最惠国税率的进口货物有暂定税率的，应当适用暂定税率；适用协定税率、特惠税率的进口货物有暂定税率的，应当从低选择适用税率；适用普通税率的进口货物，不适用暂定税率。

③ 按照国家规定实行关税配额管理的进口货物，关税配额内的，适用关税配额税率。关税配额外的，其税率的适用按照其所适用的其他相关规定执行。

④ 按照有关法律、行政法规的规定对进口货物采取反倾销、反补贴、保障措施的，其税率的适用按照《中华人民共和国反倾销条例》《中华人民共和国反补贴条例》和《中华人民共和国保障措施条例》的有关规定执行。

⑤ 任何国家或者地区违反与中华人民共和国签订或者共同参加的贸易协定及相关协定，对中华人民共和国在贸易方面采取禁止、限制、加征关税或者其他影响正常贸易的措施的，中国可以对原产于该国家或者地区的进口货物征收报复性关税，后者适用报复性关税税率。征收报复性关税的货物、适用国别、税率、期限和征收办法，由国务院关税税则委员会决定并公布。

提示 | 实施贸易救济措施（包括反倾销、反补贴、保障措施等）的进口商品，会涉及部分原产于优惠贸易协定的国家或地区的进口商品，因此，凡进口原产于与中国达成优惠贸易协定的国家或地区并享受协定税率的商品，同时又属于中国实施反倾销或反补贴措施范围内的，应按照优惠贸易协定税率计征进口关税；凡进口原产于与中国达成优惠贸易协定的国家或地区并享受协定税率的商品，同时该商品又属于中国实施保障措施范围内的，应在该商品全部或部分中止、撤销、修改关税减让义务后所确定的适用税率基础上计征进口关税。

执行国家有关进出口关税减让政策时，首先应该在最惠国税率的基础上计算有关税目的减征税率，然后根据进口货物的原产地及各种税率的适用范围，将这一税率与同一税目的特惠税率、协定税率、进口暂定最惠国税率进行比较，税率从低执行，但不得在暂定最惠国税率的基础上再进行减让。

从 2002 年起中国对部分非全税目信息技术产品的进口按 ITA（information technology agreement，信息技术协议）税率计征。

对于同时适用多种税率的进口货物，在选择适用的税率时，基本的原则是"从低计征"，特殊情况除外。

表 10.3 列出了同时有两种及两种以上税率可选用时的选择汇总表。

表 10.3　进口货物可选用的税率与最终适用的税率

进口货物可选用的税率	最终适用的税率
同时适用最惠国税率、进口暂定税率	应当适用进口暂定税率
同时适用协定税率、特惠税率、进口暂定税率	应当从低选择适用税率
同时适用国家优惠政策、进口暂定税率	按国家优惠政策进口暂定税率商品时，以优惠政策计算确定的税率与暂定税率，两者取低计征进口关税，但不得在暂定税率上再进行减让
适用普通税率的进口货物，存在进口暂定税率	适用普通税率的进口货物，不适用暂定税率
适用关税配额税率、其他税率	关税配额内的，适用关税配额税率；关税配额外的，适用其他税率
同时适用 ITA 税率、其他税率	适用 ITA 税率
反倾销、反补贴、保障措施关税、报复性关税	适用反倾销、反补贴、保障措施关税、报复性关税

（2）出口税率适用原则。对于出口货物，在计算出口关税时，出口暂定税率优先于出口税率执行。

3. 税率适用时间

按照《关税条例》规定，进出口货物应当适用海关接受该货物申报进口或者出口之日实施的税率。因此要确定进出口货物关税税率，应首先确定货物被海关接受申报的时间。税率适用时间在实际运用时需要区分以下不同情况：

（1）进口货物到达前，经海关核准先行申报的，应当适用装载该货物的运输工具申报进境之日实施的税率。

（2）进口转关运输货物，应当适用指运地海关接受该货物申报进口之日实施的税率；货物运抵指运地前，经海关核准先行申报的，应当适用装载该货物的运输工具抵达指运地之日实施的税率。

（3）出口转关运输货物，应当适用起运地海关接受该货物申报出口之日实施的税率。

（4）经海关批准，实行集中申报的进出口货物，应当适用每次货物进出口时海关接受该货物申报之日实施的税率。

（5）因超过规定期限未申报而由海关依法变卖的进口货物，其税款计征应当适用装载该货物的运输工具申报进境之日实施的税率。

（6）因纳税义务人违反规定需要追征税款的进出口货物，应当适用违反规定的行为发生之日实施的税率；行为发生之日不能确定的，适用海关发现该行为之日实施的税率。

（7）已申报进境并放行的保税货物、减免税货物、租赁货物或者已申报进出境并放行的暂时进出口货物，有下列情形之一需缴纳税款的，应当适用海关接受纳税义务人再次填写报关单申报办理纳税及有关手续之日实施的税率：① 保税货物经批准不复运出境的；② 保税仓储货物转入国内市场销售的；③ 减免税货物经批准转让或者移作他用的暂准进境货物经批准不复运出境，以及暂准出境货物经批准不复运进境的；④ 可以暂不缴纳税款的暂时进出境货物，不复运出境或者进境的；⑤ 租赁进口货物，分期缴纳税款的。

（8）补征和退还进出口货物关税，按照上述规定确定适用的税率。

10.4 进出口税收征管及税费的计算

10.4.1 进出口税收征管

海关征税遵循准确归类、正确估价、依率计征、依法减免、严肃退补、及时入库的原则。

税费征缴方式是指海关征收税费和纳税人缴纳税费的方法和形式。税费征缴方式包括税费征收和税费缴纳两个方面。

（1）税费征收方式。税费征收方式是指海关确定关税纳税义务具体内容的方式。

首先是自报自缴方式。"自主申报、自行缴纳"以企业诚信管理为前提，企业自主申报报关单的涉税要素，自行完成税费金额的核算，自行完成税费缴纳后，货物即可放行（放行前如需查验，则查验后放行）。海关在放行后，根据风险分析结果对纳税义务人申报的价格、归类、原产地等税收要素进行抽查审核。

其次是审核纳税方式。审核纳税方式是指海关在货物放行前对纳税义务人申报的价格、归类、原产地等税收要素进行审核，并进行相应的查验（如需），确定货物的完税价格后核定应缴税款，纳税义务人缴纳税款后，货物方予放行。

（2）税费缴纳方式。以支付方式区分，可以分为电子支付方式和柜台支付方式。以缴纳频度区分，可以分为逐票缴纳方式和汇总缴纳方式。

（3）缴纳的期限。进出口货物的纳税义务人，应当自海关填发税款缴款书之日起 15 日内缴纳税款；逾期缴纳的，由海关按日征收欠缴税款总额的 0.5‰ 的滞纳金。

10.4.2　关税的减免与退补

1. 关税的减免

根据《海关法》的规定，关税的减免分为三类：法定减免税、特定减免税和临时减免税。

（1）法定减免税。

法定减免税是指进出口货物按照《海关法》《进出口关税条例》和其他法律法规的规定可以享受的减免关税优惠。海关对法定减免税货物一般不进行后续管理。

下列进出口货物和进出境物品，减征或免征关税：①关税税额在人民币 50 元以下的一票货物；②无商业价值的广告品和货样；③外国政府、国际组织无偿赠送的物资；④在海关放行前遭受损坏的货物，可以根据海关认定的受损程度减征关税；⑤进出境运输工具装载的途中必需的燃料、物料和饮食用品；⑥法律规定的其他免征或者减征关税的货物；⑦规定数额以内的物品；⑧中国缔结或参加的国际条约规定减征、免征关税的货物。

（2）特定减免税。

特定减免税是指海关根据国家规定，对特定地区、特定用途和特定企业给予的减免关税和进口环节海关代征税的优惠，也称政策性减免税。特定减税或者免税的范围和办法由国务院规定，海关根据国务院的规定单独或会同国务院其他主管部门制定具体实施办法并加以贯彻执行。

目前实施特定减免税的主要有：①外商投资项目投资额度内进口自有设备；②外商投资企业自有资金项目；③属于国家重点鼓励发展产业的国内投资项目进口自用设备；④外国政府贷款和国际金融组织贷款项目额度内或投资总额内进口的物资；⑤国家支持的重大技术装备；⑥特定区域物资；⑦科教、科技开发用品；⑧救灾、扶贫慈善捐赠物资；⑨无偿援助项目进口物资；⑩其他实施特定减免税项目的进口物资。

（3）临时减免税。

临时减免税是指法定减免税和特定减免税以外的其他减免税，是由国务院根据某个单位、某类商品、某个时期或某批货物的特殊情况，按规定给予特别的、临时性的减免税优惠。临时性减免税一般是"一案一批"。

2. 税款的退还

纳税义务人按照规定缴纳税款后，因误征、溢征及其他国家政策调整应予退还的税款，可向海关申请依法退还。

（1）退税的范围。以下情况经海关核准可予以办理退税手续：①已征进口关税的货物，因品质或者规格原因，原状退货复运出境的；②已征出口关税的货物，因品质或者规格原因，原状退货复运进境，并已重新缴纳因出口而退还的国内环节有关税收的；③已缴纳出口关税的货物，因故未装运出口申报退关的；④因海关误征，致使纳税义务人多缴税款的。

（2）退税的期限及要求。海关发现多征税款的，应当立即通知纳税义务人办理退还手续。纳税义务人应当自收到海关通知之日起3个月内办理退税手续。纳税义务人发现多缴税款的，自缴纳税款之日起1年内，可以以书面形式要求海关退还多缴的税款并加算银行同期活期存款利息。所退利息按照海关填发收入退还书之日中国人民银行规定的活期储蓄存款利息计算，计算所退利息的期限自纳税义务人缴纳税款之日起至海关填发收入退还书之日止。

进口环节增值税已予抵缴的，除国家另有规定外不予退还。已征收的滞纳金不予退还。

3. 税款的追征和补征

"追征"是由于纳税义务人违反规定造成短征关税，海关对短征的税款予以征税的行为；"补征"是指非因纳税义务人违反海关规定造成短征关税，海关对短征的税款予以征税的行为。

（1）追征和补征税款的范围：①进出口货物放行后，海关发现少征或者漏征税款的；②因纳税义务人违反规定造成少征或者漏征税款的；③海关监管货物在海关监管期内因故改变用途按照规定需要补征税款的。

（2）追征、补征税款的期限和要求：①进出口货物放行后，海关发现少征或者漏征税款的，应当自缴纳税款或者货物放行之日起1年内向纳税义务人补征税款。②因纳税义务人违反规定造成少征或者漏征税款的，海关可以自缴纳税款或者货物放行之日起3年内追征税款，并从缴纳税款或者货物放行之日起至海关发现违规行为之日止按日加收少征或者漏征税款0.5‰的滞纳金。③海关发现海关监管货物因纳税义务人违反规定造成少征或者漏征税款的，应当自纳税义务人应缴纳税款之日起3年内追征，并从应缴纳税款之日起至海关发现违规行为之日止按日加收少征或者漏征税款0.5‰的滞纳金。

因纳税义务人违反规定需在征收税款的同时加收滞纳金的，且如果纳税义务人未在规定的15天缴款期限内缴纳税款，海关另行加收自缴款期限届满之日起至缴清税款之日止滞纳税款的 0.5‰ 滞纳金。

10.4.3　进出口税费的计算

海关每月使用的计征汇率为上一个月的第三个星期三（第三个星期三为法定节假日的，顺延采用第四个星期三）中国人民银行公布的外币对人民币的基准汇率。以基准汇率币种以外的外币计价的，采用同一时间中国银行公布的现汇买入价和现汇卖出价的中间值。人民币元后采用四舍五入法保留 4 位小数。如上述汇率发生重大波动，海关总署认为必要时，可发布公告，另行规定计征汇率。

1. 进出口关税的计算

进出口关税的计算程序如下：

（1）按照归类原则确定税则归类，将应税货物归入恰当的税目税号。

（2）根据原产地规则和税率的使用原则，确定应税货物所适用的税率。

（3）根据完税价格审定办法和规定，确定应税货物的完税价格或确定实际进出口数量。

（4）根据汇率使用原则，将外币折算为人民币。

（5）按照公式计算应征税额。

提示｜（1）海关征收的关税、进口环节增值税、进口环节消费税、船舶吨税、滞纳金等税费一律以人民币计征，完税价格、税额采用四舍五入法计算至分，分以下的四舍五入。

（2）关税、进口环节增值税、进口环节消费税、船舶吨税、滞纳金等税费的起征点为人民币 50 元。

（3）进出口货物的成交价格及有关费用以外币计价的，计算税款前海关按照该货物适用的计征汇率（通常为中国银行的外汇牌价的中间价）将其折合为人民币计算完税价格。

应用案例

进口关税的计算

1. 国内某公司从加拿大进口一批 10 公吨的冻鸡，计算应缴纳的进口关税。

解：① 确定税则归类，冻鸡归入税目税号 0207.1200；

② 冻鸡适用从量关税，原产地加拿大适用最惠国税。单位税额为 1.3 元 / 千克；

③ 实际进口数量为 10 公吨 =10 000 千克；

④ 计算应征关税：

$$应征进口关税税额 = 进口货物数量 \times 单位税额$$
$$= 10\,000\,千克 \times 1.3\,元/千克$$
$$= 13\,000\,元$$

2. 国内某企业从广州出口一批合金生铁，申报出口量为 86 吨，成交价格为 98 美元/吨 FOB 广州。其适用的中国银行外汇牌价中间价为 1 美元 = 人民币 6.68 元，计算出口关税。

解：① 确定税则归类，该合金生铁归入税目税号 7201.5000，出口税率为 20%；

② 审定 FOB 价为 8 428 美元（98×86）；将外币折算为人民币为：56 299.04 元。

③ 计算出口关税：

$$出口关税税额 = \frac{FOB\ 成交价格}{1 + 出口关税税率} \times 出口关税税率$$
$$= \frac{56\,299.04}{1 + 20\%} \times 20\%$$
$$= 46\,915.87 \times 20\%$$
$$= 9\,383.17（元）$$

2. 进口环节税的计算

进口环节税的计算程序如下：

（1）按照归类原则确定税则归类，将应税货物归入恰当的税目税号。

（2）根据有关规定，确定应税货物所适用的消费税税率和/或增值税税率。

（3）根据完税价格审定办法和规定，确定应税货物的完税价格，或确定实际进出口数量。

（4）根据汇率使用原则，将外币折算为人民币。

（5）按照公式计算应征税额。

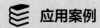 应用案例

进口环节税的计算

1. 某进出口公司进口丹麦产啤酒 3 800 升，经海关审核其成交价格总值为 CIF 境内某口岸 1 672.00 美元。其适用的中国银行外汇牌价中间价为 1 美元 = 人民币 6.68 元，计算应征的消费税税额。

解：确定税则归类，啤酒归入税目税号 2203.0000；

进口完税价格 >360 美元/吨的消费税税率为 250 元/吨，进口完税价格 <360 美元/吨的消费税税率为 220 元/吨；

进口啤酒数量：3 800 升 ÷988 升 / 吨 =3.846 吨；

完税价格单价：1 672.00 美元 ÷3.846 吨 =434.74 美元 / 吨（进口完税价格 >360 美元 / 吨，则消费税税率为 250 元 / 吨）。

$$进口环节消费税税额 = 应征消费税进口数量 × 单位税额$$
$$= 3.846 吨 × 250 元 / 吨$$
$$= 961.50 元$$

2. 某公司进口一批货物，经海关审核其成交价格为 1 200.00 美元，其适用的中国银行的外汇折算价为 1 美元 = 人民币 6.68 元，折合人民币 8 016.00 元。已知该批货物的关税税率为 12%，消费税税率为 10%，增值税税率为 17%。现计算应征增值税税额为多少？

解：首先计算关税税额，然后计算消费税税额，最后计算增值税税额。

$$应征关税税额 = 完税价格 × 关税税率$$
$$= 8 016.00 × 12\%$$
$$= 961.92（元）$$

$$应征消费税税额 = \frac{（关税完税价格 + 关税税额）}{（1- 消费税税率）} × 消费税税率$$
$$= \frac{8 016.00 + 961.92}{1-10\%} × 10\%$$
$$= 9 975.47 × 10\%$$
$$= 997.55（元）$$

$$应征增值税税额 =（关税完税价格 + 关税税额 + 消费税税额）× 增值税税率$$
$$=（8 016.00 + 961.92 + 997.55）× 17\%$$
$$= 9 975.47 × 17\%$$
$$= 1 695.83（元）$$

3. 滞纳金的计算

按照规定，海关征收的关税、进口环节增值税、消费税、船舶吨税，如纳税义务人或其代理人逾期缴纳税款，应缴纳税款滞纳金。其计算公式如下：

$$关税滞纳金金额 = 滞纳的关税税额 × 0.5‰ × 滞纳天数$$
$$进口环节税滞纳金金额 = 滞纳的进口环节税税额 × 0.5‰ × 滞纳天数$$

根据《海关法》的规定，进出口货物的纳税义务人，应当自海关填发税款缴款书之日起 15 日内缴纳税款；逾期缴纳的，由海关征收滞纳金。在实际计算纳税期限时，应从海关填发税款缴款书之日的第 2 天起计算，当天不计入。税款缴纳期限内含有的星期六、星期日或法定节假日不予扣除。滞纳天数按照实际滞纳天数计算，其中的星期六、星期日或法定节假日一并计算。

 应用案例

滞纳金的计算

国内某公司进口轿车 10 辆，成交价格共为 CIF 境内某口岸 125 800 美元。已知该批货物应征关税税额为人民币 352 793.52 元，应征进口环节消费税为人民币 72 860.70 元，进口环节增值税税额为人民币 247 726.38 元。海关于 10 月 14 日（周四）填发海关专用缴款书，该公司于同年 11 月 9 日缴纳税款。请计算应征的滞纳金。

解：首先确定滞纳天数，然后再计算应缴纳的关税、进口环节消费税和增值税的滞纳金。

税款缴款期限为 10 月 29 日（星期五），10 月 30 日—11 月 9 日为滞纳期，共滞纳 11 天。

按照计算公式分别计算进口关税、进口环节消费税和增值税滞纳金。

$$进口关税滞纳金 = 滞纳关税税额 \times 0.5‰ \times 滞纳天数$$
$$= 352\,793.52 \times 0.5‰ \times 11$$
$$= 1\,940.36（元）$$
$$进口环节消费税滞纳金 = 进口环节消费税税额 \times 0.5‰ \times 滞纳天数$$
$$= 72\,860.70 \times 0.5‰ \times 11$$
$$= 400.73（元）$$
$$进口环节增值税滞纳金 = 进口环节增值税税额 \times 0.5‰ \times 滞纳天数$$
$$= 247\,726.38 \times 0.5‰ \times 11$$
$$= 1\,362.50（元）$$

本章小结

1. 本章知识点较多，内容较广，而且本章内容与国际贸易实务也有较紧密的联系，对此学生都需要熟悉和掌握。本章的主要概念有关税、关税纳税义务人、增值税、消费税、进出口货物完税价格、原产地规则、滞纳金等。

2. 关税是一种流转税，其征收的主体是海关，征税的对象是进出口货物和进出境物品。关税的纳税义务人是进出口货物的收发货人、进出境物品的所有人或其代理人。征收关税是海关的主要任务之一。海关除了征收关税外，还代征进口环节消费税、进口环节增值税、船舶吨税等。因此，进口环节增值税和消费税的征收主体是海关，而其他环节的增值税和消费税的征收主体是国内的税务机关。船舶吨税的征收主体也是海关。

3. 关税完税价格的确定是本章的重点，也是难点。进出口货物的完税价格是海关对进出口货物征收从价税时审查估定的应税价格，是海关凭以计征进出口货物关税及进口环节增值税、消费税的基础。中国海关审价的法律依据有法律层次、行政法规层次和部门规章三个层次，比较完整、准确地体现了世界贸易组织《海关估价协议》的基本原则和主要内容。

   进口货物的完税价格，由海关以该货物的成交价格为基础审查确定，应当包括货物运抵中国境内输入地点起卸前的运输及其相关费用、保险费。如进口货物的成交价格不能确定，海关经了解有关情况，并与纳税义务人进行价格磋商后，依次以相同货物成交价格估价方法、类似货物成交价格估价方法、倒扣价格估价方法、计算价格估价方法、合理方法审查确定该货物的完税价格。这六种方法须依次使用。

   出口货物的完税价格由海关以该货物的成交价格为基础审查确定，并应当包括货物运至中国境内输出地点装载前的运输及其相关费用、保险费。出口货物的成交价格是指该货物出口销售时，卖方为出口该货物应当向买方直接收取和间接收取的价款总额。

4. 中国进口关税设置最惠国税率、协定税率、特惠税率、普通税率、关税配额税率等税率。对在一定期限内的进口货物可以实行暂定税率。税率的适用遵循原产地规则。对同时适用多种税率的进口货物的税率进行选择时，基本原则是"从低计征"，特殊情况除外。适用税率的确定与货物的原产地确定关系十分密切。原产地确定是海关业务中的重要工作，与海关估计、商品归类并称海关关税领域的三大核心技术。正确掌握优惠原产地规则和非优惠原产地规则十分重要。

5. 滞纳金是税收管理中的一种行政强制措施。在海关监督管理中，滞纳金是指应纳税的单位或个人因逾期向海关缴纳税款而依法应缴纳的款项。按照规定，关税、进口环节增值税、进口环节消费税、船舶吨税等的纳税义务人或其代理人，应当自海关填发税款缴款书之日起 15 日内向指定银行缴纳税款，逾期缴纳的，海关依法在原应纳税款的基础上，按日加收滞纳税款 0.5‰ 的滞纳金。注意，滞纳金和滞报金的征收基础有区别。滞纳金是在原应纳税款的基础上加收，而滞报金是在进口货物关税完税价格的基础上加收。在计算滞纳金时，要注意滞纳天数的确定。

6. 在计算进出口税费时，要注意基本要求和一些细节。如海关征收的关税、进口环节增值税、进口环节消费税、船舶吨税、滞纳金等税费一律以人民币计征，完税价格、税额采用四舍五入法计算至分，分以下的四舍五入。关税、进口环节增值税、进口环节消费税、船舶吨税、滞纳金等税费的起征点为人民币 50 元。进出口货物的成交价格及有关费用以外币计价的，计算税款前海关按照该货物适用的计征汇率（通常为中国人民银行的外汇牌价的中间价）折合为人民币计算完税价格。

292

练习题

一、单选题

1. 在中国不属于海关征收的税种是（　　　）。
   A. 营业税
   B. 关税
   C. 进口环节增值税、消费税
   D. 船舶吨税

2. 中国关税的客体是（　　　）。
   A. 进出口货物的货主
   B. 办理通关手续的海关
   C. 准许进出境的货物和物品
   D. 各类进出境人员、运输工具、货物和物品

3. 某公司从英国进口一套机械设备，发票列明如下：成交价格为 CIF 上海 USD 200 000，设备进口后的安装调试费为 USD 8 000，上述安装调试费包括在成交价格中，则经海关审定的该设备的完税价格为（　　　）。
   A. USD 200 000　　　B. USD 208 000　　　C. USD 192 000　　　D. USD 196 000

4. 出口货物应当以海关审定的货物售与境外的（　　　），作为完税价格。
   A. FOB　　　　　B. CIF　　　　　C. FOB—出口税　　　D. CIF—出口税

5. 下列表述中不符合非优惠原产地规则的实质性改变标准规定的是（　　　）。
   A. 货物经加工后，在海关进出口税则中的税号（4 位数一级的税则号列）已有了改变
   B. 货物经重新筛选并重新包装
   C. 货物经加工后，增值部分占新产品总值的比例已经达到 30%
   D. 货物经加工后，增值部分占新产品总值的比例已经达到 30% 以上

6. 关税税额在人民币（　　　）元以下的一票进出口货物，免征关税。
   A. 10　　　　　　B. 20　　　　　　C. 40　　　　　　D. 50

7. 因收发货人或其代理人违反规定造成的少征或漏征，海关在（　　　）年内可以追征。
   A. 1　　　　　　B. 2　　　　　　C. 3　　　　　　D. 0.5

8. 海关于 9 月 6 日（周五）填发税款缴款书，纳税人应当最迟于（　　　）到指定银行缴纳关税。
   A. 9 月 20 日　　　B. 9 月 21 日　　　C. 9 月 22 日　　　D. 9 月 23 日

二、多选题

1. 下列进口货物若可享受减免税，则（　　　）属于特定减免税的范围。
   A. 外国政府、国际组织无偿赠送的物资　　　B. 科教用品
   C. 残疾人用品　　　　　　　　　　　　　　D. 保税区物资

2. 根据非优惠原产地规则的"完全获得标准"，完全在一国生产或制造的进口货物包括（　　）。

    A. 从该国领土上开采的矿产品

    B. 在该国收集的不能修复或修理的物品

    C. 从该国领土或领海上开采的石油

    D. 从该国的船只上卸下的海洋捕捞物，以及由该国船只在海上取得的其他产品

3. 一般进口货物的完税价格，除包括货物的货价外，还应包括的费用有（　　）。

    A. 与进口货物视为一体的容器费用

    B. 卖方佣金

    C. 买方佣金

    D. 货物运抵中国关境输入地点起卸前的包装费、运费和其他劳务费、保险费

4. 以下选项中属于进口环节增值税组成计税价格的是（　　）。

    A. 进口货物完税价格　　　　　　　　B. 进口关税额

    C. 进口环节增值税额　　　　　　　　D. 进口环节消费税额

5. 以下关于中国船舶吨税的说法正确的是（　　）。

    A. 中国船舶吨税是按照船舶吨位书中注明的注册总吨位来计征的

    B. 中国船舶吨税分 1 年期缴纳、30 天期缴纳和 90 天期缴纳三种，缴纳期限由纳税义务人自行选择

    C. 中国船舶吨税在税率的适用方面分为优惠吨税和一般（普通）吨税两种

    D. 中国船舶吨税的缴款期限为自填发税款缴款书之日起 15 日内

三、判断题

1. 中国现行《海关法》规定的进出口货物纳税期限是自海关填发税款缴款书之日起 7 日内。（　　）

2. 某货物由 ××× 轮载运进口，进境后停上海港，然后驶往武汉，在武汉卸货，海关计算完税价格时，其运费应计算至上海港为止。（　　）

3. 若海关经调查认定买卖双方有特殊经济关系并影响成交价格，则海关有权不接受进口人的申报价格。（　　）

4. 对运往境外加工货物，应当以海关审定的加工费作为完税价格。（　　）

5. 进出境运输工具装载的燃料、物料和饮食用品可以免税。（　　）

6. 进口货物遭受损坏或损失后可以减免关税。（　　）

7. 滞纳金的缴纳凭证是"海关行政事业收费专用票据"。（　　）

8. 海关退税时，已征收的滞纳金不予退还。（　　）

四、简答题

1. 在中国台湾纺成的纱线，运到日本织成棉织物并进行加工。上述棉织物又被运往越南制成睡衣，后又经中国香港更换包装转销中国内地。问该货物的原产国或地区。

2. 简述中国关税、进口环节增值税、进口环节消费税、船舶吨税的征收机关、征收对象。

3. 成交价格是否一定是发票价格？简述成交价格的含义。

4. 进出口货物的买卖双方的哪些情况构成"特殊关系"？

5. 在确定进出口货物完税价格时，哪些费用若由买方承担应当计入完税价格，哪些费用若单独列出，可以扣除？

6. 何谓"相同货物"？何谓"类似货物"？

7. 使用合理估价方法估价时，哪些估价方法被禁止使用？

8. 进口货物的完税价格不能按成交价格确定时，海关应依次使用何种方法估定其完税价格？

9. 对运往境外加工的货物和运往境外修理的货物，应当分别怎样估定其完税价格？

10. 出口货物的完税价格应如何确定？

五、实训题

1. 某出口货物成交价格为 FOB 上海 10 000.00 美元，另外从上海至出口目的国韩国的运费总价为 500.00 美元，从上海至韩国的保险费率为 3‰。假定其适用的基准汇率为 1 美元 =6.68 元人民币，出口关税税率为 10%。计算出口关税税额。

2. 一辆进口自日本的小轿车 CIF 上海的价格为 20 万元人民币，经海关审定，该进口轿车的完税价格为 20 万元人民币。已知进口关税税率为 34.2%，消费税率为 8%，增值税税率为 17%。计算该轿车应纳的关税税额、消费税税额及增值税税额。

3. 某贸易公司于 7 月 9 日（周五）申报进口一批货物，海关于当日开出税款缴款书。其中关税税款为人民币 24 000 元，增值税税款为人民币 35 100 元，消费税税款为人民币 8 900 元。该公司实际缴纳税款日期为 8 月 5 日（周四）。计算该公司应缴纳的所有滞纳金。

4. 中国境内某公司从日本进口除尘器一批。该批货物应征关税税额为人民币 10 000 元，进口环节增值税税款为人民币 40 000 元。海关于 5 月 23 日（星期五）填发海关专用缴款书，该公司于 6 月 12 日缴纳，计算应征的税款滞纳金（注：6 月 8 日为端午节，公休日顺延至 6 月 9 日）。

第 **11** 章 进出口商品归类

　　商品归类工作不仅是海关开展税收征管、实施贸易管制、编制进出口统计和查缉走私违规行为等的重要基础，也是企业办理各项进出口报关业务的重要基础。因此，商品归类具有重要意义。通过本章的学习，有助于培养学生的职业素质和爱岗敬业的精神，让学生明白具有扎实的专业技能既能维护国家利益，又能降低企业和自身的违规风险。

课程知识目标

　　§ 熟悉中国海关进出口商品归类管理的主要内容；

　　§ 了解《商品名称及编码协调制度》的结构、编码含义、特点；

　　§ 掌握协调制度商品归类的总规则并能熟练运用。

学习导图

```
                          ┌──────────────┐
                          │  进出口商品归类  │
                          └──────────────┘
    ┌──────────────┬──────────────────┬──────────────────────┐
┌──────────┐  ┌──────────────┐  ┌──────────────────────┐
│中国进出口商品归 │  │《商品名称及编码协 │  │《商品名称及编码协调      │
│类的海关行政管理 │  │调制度》概述      │  │制度》归类总规则         │
└──────────┘  └──────────────┘  └──────────────────────┘
┌────┬────┐  ┌────┬────┬────┐  ┌────┬────┬────┬────┬────┬────┐
│商品归类│进出口商│  │《协调│《协 │《协 │  │规则一│规则二│规则三│规则四│规则五│规则六│
│的含义及│品归类的│  │制度》│调  │调  │  │    │    │    │    │    │    │
│作用  │依据  │  │的产生和│制度》│制度》│  │    │    │    │    │    │    │
│    │    │  │发展  │的  │的  │  │    │    │    │    │    │    │
│    │    │  │    │结构 │特点 │  │    │    │    │    │    │    │
└────┴────┘  └────┴────┴────┘  └────┴────┴────┴────┴────┴────┘
```

开篇案例

"无人机"到底是"会飞的照相机"还是"带照相机的飞行器"？

这个问题直接关系到中国"无人机"出口市场能否顺畅。2018年9月，世界海关组织协调制度委员会（HSC）第62次会议认定，中国的"大疆无人机"被归类为"会飞的照相机"，该举措为此类商品进入国际市场，特别是欧洲等市场扫除了部分障碍，"中国智造"的代表产品获得走向世界的国际贸易"通行证"。

大疆无人机归类争议，也是一波三折。无人机属于创新性的高科技新产品，在世界各国缺乏统一认可的归类属性，因此在出口时，各个国家的归类不一致，会导致不同的监管要求及市场准入标准，这些都会给产品的出口通关造成困扰。

深圳海关关税处介绍说："'无人机'如果按照'带照相机的飞行器'归类，就必须按'飞行器'进行监管，各国的贸易管制条件会比较严格，容易形成非关税贸易壁垒；但是如果按照'会飞的照相机'归类，就可以按'照相机'来进行监管，各国对照相机一般没有特殊的贸易管制要求，有利于高科技优势产品进入民用市场。"

在2018年4月的世界海关组织协调制度委员会第61次会议上，"大疆无人机"的归类以一票之差落入对中国优势产业不利的"带相机的飞行器"一类。在会上，肩负国家利益的中国海关代表，充分利用规则，对此做出了"保留意见"的暂时结论，并留至9月再次讨论，为我方争取到了宝贵时间。

深圳海关得知此情况，立即多次深入企业调研，并在海关总署关税司的指导下，与全国海关进出口商品归类中心上海、广州分中心的归类专家通力协作，指导深圳企业有的放矢整理申述材料，制定"会飞的照相机"的无人机商品归类应对方案。

同时，中国海关代表与世界海关组织会议秘书组沟通，为企业争取到派员参加9月会议进行现场陈述的机会。2018年9月，在世界海关组织协调制度委员会第62次会议上，中国海关专家据理力争，主导讨论的正确方向；会议间隙，又分别与主要成员国的代表反复沟通游说，最终通过了"会飞的照相机"这一归类决议，成功按我方意见争取到归入"摄像机"品目8525项下，为此类商品进入欧洲等市场扫除部分障碍。

资料来源：https://www.sohu.com/a/272827694_100116740。

进一步思考：

1. 商品归类在海关监管中的重要性。

2. 具体讨论对飞行器和照相机的贸易管制措施，以及不同的归类对大疆无人机开拓国际市场的影响。

11.1 中国进出口商品归类的海关行政管理

11.1.1 商品归类的含义及作用

1. 商品归类的含义

《中华人民共和国进出口货物商品归类管理规定》（以下简称《商品归类管理规定》）第二条对商品归类的定义为："本规定所称的商品归类是指在《商品名称及编码协调制度公约》商品分类目录体系下，以《中华人民共和国进出口税则》为基础，按照《进出口税则商品及品目注释》《中华人民共和国进出口税则本国子目注释》以及海关总署发布的关于商品归类的行政裁定、商品归类决定的要求，确定进出口货物商品编码的活动。"

2. 商品归类的作用

商品归类工作不仅是海关开展税收征管、实施贸易管制、编制进出口统计和查缉走私违规行为等的重要基础，也是企业办理各项进出口报关业务的重要基础。因为某一进出口商品的编码一旦确定，其适用的关税税率、法定计量单位、监管条件也就确定，因此无论对于海关还是进出口货物的收发货人，商品归类都具有重要的意义。正确的商品归类一方面可以提高通关效率，另一方面可以使企业对进出口贸易的可预见性有清楚的了解，使企业在通关环节有效准备海关监管的各项要求，提高物流效率，降低进出口的贸易风险。

11.1.2 进出口商品归类的依据

中国进出口商品归类的依据包括《商品名称及编码协调制度公约》（以下简称《协调制度国际公约》）商品分类目录、《中华人民共和国进出口税则》（以下简称《进出口税则》）、《进出口税则商品及品目注释》（以下简称《品目注释》）、《中华人民共和国进出口税则本国子目注释》（以下简称《本国子目注释》）、海关总署发布的商品归类行政裁定、商品归类决定等。

《协调制度国际公约》及其附件《商品名称及编码协调制度》（Harmonized System, HS, 以下简称《协调制度》）将在后面章节具体介绍，本节将对其余的归类依据进行介绍。

1.《进出口税则》

《进出口税则》是由国务院批准发布的，规定进出口商品的关税税目、税则号列和税率的法律文本，是《关税条例》的组成部分。中国是《协调制度国际公约》的成员，根据该公约的规定，中国的税则目录前6位全部采用《协调制度》的6位数子目，不做任何增添或删改，并全部采用HS的归类总规则和类、章、子目的注释，不更改其分类范围并遵守《协调制度》的编码顺序。《协调制度国际公约》还规定，在6位数子目不变的情况下，各国可以在《协调制度》的子目项下加列适合本国国情的更加具体的细目，即第7位数、第

8 位数等子目。

1992 年 1 月 1 日起中国海关正式采用《协调制度》并制定了以《协调制度》为基础的《进出口税则》。根据中国关税、统计和贸易管理的需要,《进出口税则》在《协调制度》商品分类目录基础上增加了第 22 类"特殊交易品及未分类商品"(内分第 98 章和第 99 章), 在《协调制度》6 位数编码的基础上, 加列了第 7 位和第 8 位本国子目。为满足中央及国务院各主管部门对海关监管工作的要求, 提高海关监管的计算机管理水平, 在 8 位数分类编码的基础上, 海关可以根据实际工作需要对部分税号又进一步分出了第 9 位数、第 10 位数编码。在设置本国子目时, 海关充分考虑了执行国家产业政策、关税政策和有关贸易管理措施的需要, 具体来说, 中国加列的子目主要有以下几种情况: ① 为贯彻国家产业政策和关税政策, 为保护和促进民族工业顺利发展, 需制定不同的税率的商品加列子目, 如临时税率商品; ② 对国家控制或限制进出口的商品加列子目, 包括许可证、配额管理商品和特定产品; ③ 为适应国家宏观调控、维护外贸出口秩序、加强进出口管理的需要, 对有关主管部门重点监测的商品加列子目, 包括进出口商会为维护出口秩序或组织反倾销应诉要求单独列目的商品, 如电视机分规格、电风扇、自行车分品种等; ④ 出口应税商品; ⑤ 在中国进口或出口商品所占比重较大、需分项进行统计的商品, 包括中国传统大宗出口商品, 如罐头、中药材及中成药、编结材料制品等; ⑥ 国际贸易中发展较快, 且中国有出口潜力的一些新技术产品。

提示 | 中国《进出口税则》将所有编码统称为"税则号列", 4 位编码统称为"税目"。HS 中将所有的编码统称为"商品编码", 4 位编码统称为"品目"。二者分别对应的编码实质上是一致的。5 位及以上编码统称为"子目"。

🔗 知识链接

《协调制度》实施的新平台

为了确保《协调制度》在中国有效实施, 海关总署分别在北京、上海、天津、广州和大连设立了归类办公室和四个商品分类中心, 四个商品分类中心相应建立了四个化验中心, 为商品分类提供技术服务, 四个化验中心均通过了中国实验室国家认可委的认证。

"中国海关归类化验"APP 是由海关总署推出的官方手机软件, 为广大进出口企业提供及时便利的归类化验等信息服务, 促进通关便利化。软件实时同步"中国海关进出口商品归类系统"归类信息与"归类化验决策信息管理系统"化验信息, 实现各类归类法律依据信息和全国海关化验进度的实时查询。目前能提供的查询内容包括: 进出口税则、税则注释、本国子目注释、归类决定、归类裁定、HS 品目结构、重点商品表(含危化品归类数据表、归类先例数据库)、全国各化验中心化验进度等。

资料来源: 金颖,《协调制度实施的新平台》, 中国海关, 2006 年 7 月, http://www.customs.gov.cn/customs/xwfb34/302425/636275/index.html。

2.《商品及品目注释》

为了使各缔约方能够统一理解、准确执行《协调制度》，世界海关组织还同步编写了《商品名称及编码协调制度注释》(以下简称《协调制度注释》)，对《协调制度》进行解释，并与《协调制度》同步修订，是《协调制度》实施的重要组成部分。《商品及品目注释》由海关总署根据《协调制度注释》编译而成，并通过法律程序，在《商品归类管理规定》中将其规定为进出口商品归类的依据。《商品及品目注释》是《协调制度注释》的中文译本，二者的内容结构完全一致，主要由两部分组成：一是引用《协调制度》的原文内容；二是对上述原文内容所进行的总注释、品目注释、子目注释。

3.《本国子目注释》

中国的《进出口税则》在《协调制度》目录的基础上增设了本国的子目，为此海关总署编写了《本国子目注释》对其进行官方解释，并通过法律程序，在《商品归类管理规定》中将其确定为进出口商品归类依据。《本国子目注释》按照《进出口税则》本国子目的商品编码顺序，对某些子目涉及的商品进行解释。注释内容包括：税则号列（商品编码）、商品名称、商品描述三部分（见表 11.1）。这三部分具有法律效力，是商品归类的依据。

表 11.1 《中华人民共和国进出口税则本国子目注释（2014 年新增和调整部分）》(部分)

税则号列	商品名称	商品描述
2710.1923	柴油	子目 2710.1923 柴油，是一种轻质石油产品，通常用作压燃式发动机（柴油机）燃料，是复杂的烃类（碳原子数约 10—22）混合物。主要由原油蒸馏、催化裂化、热裂化、加氢裂化、石油焦化等过程生产的柴油馏分调配而成（必要时还经精制和加入添加剂）；也可以由页岩油加工和煤液化制取。馏程为：50% 回收温度不高于 300 ℃，90% 回收温度不高于 355 ℃，95% 回收温度不高于 365 ℃

4. 商品归类行政裁定

所谓海关行政裁定，是海关总署或者海关总署授权的机构应对外贸易经营者的请求，就海关执法的有关制度在执行中的适用问题公开发布的、具有普遍约束力的解释。这种解释应当予以公开，并在各地海关、在相同条件下、对相同货物普遍适用。它具有与海关规章同等的法律效力。

商品归类行政裁定是海关行政裁定中最重要的一种，具有以下特点：

（1）海关根据对外贸易经营者的申请做出，而非海关主动做出；

（2）在货物实际进出口之前做出；

（3）由海关总署统一对外公布，具有与海关规章同等的法律效力，在中国关境范围内均适用；

（4）进出口相同的货物，适用相同的行政裁定。

5. 商品归类决定

商品归类决定是海关总署或其授权的部门依据有关法律、行政法规规定，对进出口货物的商品归类做出的具有普遍约束力的决定，并由海关总署统一对外公布，具有与海关规章同等的法律效力。

商品归类决定一般来源于以下三种情形：

（1）由海关总署及其授权机构做出；

（2）根据中国海关协调制度商品归类技术委员会的会议决定做出；

（3）由世界海关组织协调制度委员会做出，并由海关总署通过法律程序转化为海关规章。

提示 | 商品归类行政裁定是海关依对外贸易经营者的申请做出的，而商品归类决定是海关主动做出的。

商品归类决定的主要内容包括：归类决定编号、商品税则号列、中英文商品名称、商品描述及归类决定等。有关商品归类决定所依据的法律、行政法规及其他相关规定发生变化的，商品归类决定同时失效，并由海关总署对外公布。商品归类决定存在错误的，由海关总署予以撤销并对外公布。被撤销的商品归类决定自撤销之日起失效。

应用案例

归类决定

相关编号：	D-1-0000-2022-0193
决定税号：	854340
商品名称（中文）：	电子香烟
商品名称（英文）：	Electronic cigarette
商品名称（其他）：	
商品描述：	电子香烟，使用电池工作的一种装置，外形呈圆管状，类似卷烟，长约150毫米，直径约11毫米。当使用者从该装置中吸气，气流传感器探测到气流，启动一个雾化器，加热并使烟弹内的液体蒸发，使用者吸入该装置产生的雾气。成套装配用于零售，配有电源线、充电器和5支备用的烟弹
归类意见：	根据归类总规则一、三（二）及六，归入子目8543.40。生效时间：2022年9月1日。涉及公告（HB文）：2022年第78号公告
发布单位：	海关总署

6. 商品归类对货物报关的要求

为了规范进出口企业申报行为，提高进出口商品申报质量，促进贸易便利化，海关总署制定了《中华人民共和国海关进出口商品规范申报目录》(简称《规范申报目录》)。《规范申报目录》按《中国海关进出口商品分类目录》的品目顺序编写，并根据需要在品目级或子目级列出了申报要素。按设置申报要素的目的又分为归类要素、价格要素、审单及其他要素。例如，根据 2021 年《规范申报目录》子目 3707.1000，"摄影用化学制剂（不包括上光漆、胶水、黏合剂及类似制剂）；摄影用未混合产品，定量包装或零售包装可立即使用的：感光乳液"的申报要素为：① 品名；② 用途；③ 包装规格；④ 成分；⑤ 是否含银；⑥ 是否有感光作用；⑦ 品牌（中文及外文名称）；⑧ 型号，其中 ①—⑥ 项是归类申报要素。

收发货人或者其代理人应当按照法律、行政法规规定以及海关的要求，如实、准确地申报进出口货物的商品名称、规格型号等，并且对其申报的进出口货物进行商品归类，确定相应的商品编码。

商品归类行政裁定、商品归类决定的比较如表 11.2 所示。

表 11.2　商品归类行政裁定、商品归类决定的比较

	启动人	内容性质	决定人	适用对象	适用范围
商品归类行政裁定	管理相对人	无明确规定	海关总署或其授权机构	所有管理相对人	关境内统一适用
商品归类决定	海关	有明确规定 / 无明确规定	海关总署或其授权机构	所有管理相对人	关境内统一适用

7. 归类的修改

收发货人或者其代理人申报的商品编码需要修改的，应当按照《中华人民共和国海关进出口货物报关单修改和撤销管理办法》(以下简称《报关单修改和撤销管理办法》) 等规定向海关提出申请。

海关经审核认为收发货人或者其代理人申报的商品编码不正确的，可以根据《中华人民共和国海关进出口货物征税管理办法》有关规定，按照商品归类的有关规则和规定予以重新确定，并且根据《报关单修改和撤销管理办法》等有关规定通知收发货人或者其代理人，对报关单进行修改。

11.2 《商品名称及编码协调制度》概述

11.2.1 《协调制度》的产生和发展

商品分类目录，是按照一定的商品分类目的和方法，把全部有关商品按统一的标准进行定组分类后列成的商品名称一览表。商品编码是赋予某种商品或某类商品某种代表符号或代码的过程，是商品分类体系和商品目录的一个重要组成部分。商品代码一般与相应的商品分类目录的编排顺序一致。从某种意义上来说，商品代码就是商品分类的代号。

国际贸易领域曾经采用过两套国际通用的商品分类编码体系，一套是海关合作理事会（1995 年更名为世界海关组织）制定的《海关合作理事会税则商品分类目录》（Customs Co-operation Council Nomenclature, CCCN），另一套是联合国统计委员会研究制定的《国际贸易标准分类》（Standard International Trade Classification, SITC）。这两套分类体系对简化国际贸易程序、提高工作效率起到了积极的推动作用。虽然它们涉及的均为国际贸易的商品名称及分类，但用途不一，前者用于海关管理，而后者用于贸易统计。

由于两套编码体系同时存在，所以不可避免地，商品在国际贸易往来中因分类方法不同而需要重新对应分类、命名和编码，从而阻碍信息传递，降低贸易效率，增加贸易成本，不同体系的贸易统计资料难以进行比较分析，同时也给利用计算机等现代化手段来处理外贸单证及信息带来很大的困难。为了使这两种国际贸易商品分类体系进一步协调和统一，以兼顾海关税则、贸易统计、生产、运输、保险等方面的需要，最大限度地提高贸易效率，降低贸易成本，促进世界经济和贸易的发展，1973 年 5 月海关合作理事会成立了协调制度临时委员会，以 CCCN 和 SITC 为基础，在世界各国专家的共同努力下，制定和编制了《协调制度国际公约》及其附件《商品名称及编码协调制度》（《协调制度》）。该公约及其附件于 1983 年 6 月海关合作理事会第 61/62 届会议通过，并于 1988 年 1 月 1 日正式实施。截至目前，已有超过 200 个缔约国、非缔约国及经济联盟在本国的海关税则和贸易统计中使用了《协调制度》分类目录，98% 以上的全球货物贸易商品是根据它来分类的。

《协调制度》是一个新型的、系统的、多用途的国际贸易商品分类体系，它以 HS 编码"协调"涵盖了 CCCN 和 SITC 两大部分编码体系，除了用于海关税则和贸易统计外，还对运输商品的计费与统计、计算机数据传递、贸易单证的简化和统一、贸易咨询和谈判等方面，都提供了一套可使用的国际贸易商品分类体系。

《协调制度国际公约》是世界海关组织管辖下的重要国际公约之一，《协调制度》作为一个国际上政府间公约的附件，世界海关组织为此设立了协调制度委员会，对协调制度进行维护和管理。因此技术上的问题可以利用世界上各国专家的力量共同解决，各国也可以通过修订或制定《协调制度》争取本国的经济利益，施加本国的影响。随着新产品的不断出现和国际贸易商品结构的变化，协调制度委员会每隔 4—6 年就会对 HS 做一次全面的审议和修订。从 1988 年 1 月 1 日实施以来，该委员会分别于 1992 年、1996 年、2002 年、

2007 年、2012 年、2017 年和 2022 年对《协调制度》进行了 7 次修订。

　　海关合作理事会在制定《协调制度》的同时还制定了《商品名称及编码协调制度注释》（简称《协调制度注释》）。《协调制度注释》是对《协调制度》的官方解释，同时与《协调制度》的各个版本同步修订。中国通过法律程序批准将在中国实行的《协调制度注释》称为《商品及品目注释》。

🔗 知识链接

2022 年版《协调制度》修订目录解读

　　《协调制度》是世界海关组织主持制定的一部供国际贸易各方共同使用的商品分类编码体系。为适应贸易及科技的发展，《协调制度》一般五年进行一次全面修订。世界海关组织自 2014 年 9 月启动第六审议循环，其成果 2022 年版《协调制度》于 2022 年 1 月 1 日起在全球实施。

　　一、本次修订的主要特点

　　2022 年版《协调制度》共有 351 组修订，修订后的《协调制度》共有 6 位数子目 5 609 个，比 2017 年版《协调制度》增加了 222 个。新版《协调制度》通过对贸易中形成主要趋势的新产品以及与全球关注的环境和社会问题相关的产品进行列目，调整原有列目结构使《协调制度》适应当前贸易发展。

　　《协调制度》将商品分成二十一大类，本次仅第八类（皮革制品）、第十二类（鞋帽等）、第十九类（武器弹药）没有被修订。修订较多的为：第十六类（机电产品）修订 52 组（占全部修订组数的 14.8%）、第六类（化工品）47 组（占 13.4%）、第一类（动物产品）、第九类（木及木制品）均为 31 组（占 8.8%）。

　　二、本次修订的重点内容

　　1. 应新技术发展及新产品贸易需求作出的修订

　　增列品目，如：新型烟草产品（品目 24.04）、平板显示模组（品目 85.24）、无人机（品目 88.06）等。修订章注释及条文，如半导体换能器（品目 85.41）等。

　　2. 应产业和贸易发展变化需求作出的修订

　　调整品目结构，如：玻璃纤维及其制品（品目 70.19）、加工金属的锻造冲压机床（品目 84.62）等。

　　3. 应国际社会对安全、环保、健康问题的关注作出的修订

　　根据《巴塞尔公约》，为明确某些废物的范围新增品目（品目 85.49）；为《禁止化学武器公约》（CWC）控制的特定化学品、《鹿特丹公约》控制的某些危险化学品、《蒙特利尔议定书》管制的臭氧层消耗物质修订《协调制度》（第二十九章、第三十八章及第三十九章相关品目）；为安慰剂和盲法（或双盲法）临床试验试剂盒（子目 3006.93）、塞及由伊蚊属蚊子传播的其他疾病用诊断或实验用试剂（子目 3822.12）增列子目等。

4. 应简化、优化《协调制度》目录结构需求作出的修订

删除贸易量低的品目和子目，如：镉及其制品（品目81.07）、地球仪和天体仪（子目4905.10）、镍铁蓄电池（子目8507.40）、电话应答机（子目8519.30）、钟表发条（子目9114.10）等。

5. 应《协调制度》规范应用需求作出的修订

修订相关类、章注释及条文以明确商品范围，如：为明确微生物油脂归入品目15.15修订品目条文等、新增第五十九章注释三以明确"用塑料层压的纺织物"的定义等。

三、中国海关深度参与修订工作

本轮修订中，中国海关45组提案及修订意见获采纳，创历史新高。其中"玻璃车窗""通信天线""无人机""不锈钢真空保温容器"等被列入了新版《协调制度》，解决归类争议，助力中国优势产品走出去。同时，为明确"微生物油脂""3D打印机""集成电路检测设备"等产品归类提供的"中国方案"获得通过，北斗导航系统等中国元素及"单板层积材"国家标准被纳入《协调制度注释》。

资料来源：http://www.customs.gov.cn/customs/302249/302270/302272/3962431/index.html。

11.2.2 《协调制度》的结构

《协调制度》是一部科学、系统的国际贸易商品分类体系。它的总体结构包括三大部分：（1）《协调制度》归类总规则；（2）类、章及子目注释；（3）按顺序编排的目与子目编码及条文，即商品编码表。这三大部分是《协调制度》的法律性条文，具有严格的法律效力和严密的逻辑性。

1.《协调制度》归类总规则

《协调制度》列明的六条归类总规则位于协调制度文本的卷首，是使用《协调制度》对商品进行分类时必须遵守的分类原则和方法，适用于品目条文和注释无法解决商品归类的场合。

2. 类、章及子目注释

《协调制度》中的注释有三种：类注、章注和子目注释。注释严格界定了归入该类或该章中的商品范围，从而简化了品目条文，杜绝了商品分类的交叉，保证了商品的正确归类。注释主要采用的方法有：

（1）定义形式，即给某个商品名称下个定义，以划分项/品目范围并对商品含义做出解释。例如，第40章章注1对"橡胶"的定义。

（2）技术指标形式，即用商品成分所含技术指标对品目范围加以限定。例如，第72章

章注 1 对有关金属的技术指标的规定。

（3）列明形式，即将归入某一编码的商品一一列出。例如，第 33 章章注 3 列出了应归入编码 3006 的具体商品范围。

（4）排除形式，即用排他条款列举若干不能归入某一编码或某一章的商品，如第 3 章章注 1 列出了不能归入该章的商品范围。以上几种方法既可单独使用，也可综合运用。例如，第 61 章章注 3 关于"便服套装"的注释。

3. 商品编码表

商品编码表由协调制度编码（商品编码）和商品名称（品目条文）组成，是协调制度商品分类目录的主体。商品编码栏居左，品目条文栏居右，示例如表 11.3 所示。

表 11.3　商品编码表（示例）

商品编码	品目条文
7116	用天然或养殖珍珠、宝石或半宝石（天然、合成或再造）制成的制品
7116.10	天然或养殖珍珠制品
7116.20	宝石或半宝石（天然、合成或再造）制品

（1）商品编码。《协调制度》采用 6 位数结构性商品编码，把全部国际贸易商品分为 21 类、97 章（其中第 77 章空缺，为备用章）。章下再分为目和子目。商品编码的前 2 位数代表"章"；第 3、第 4 位数代表"目"，即表示此项目在该章中的排列次序；第 5、第 6 位数代表"子目"。

《协调制度》中，"类"基本上是按社会生产的分工来分，将属于同一生产部类的产品归在同一类。例如，矿产品在第 5 类，纺织原料及纺织制品在第 11 类，车辆、航空器、船舶及运输设备在第 17 类。

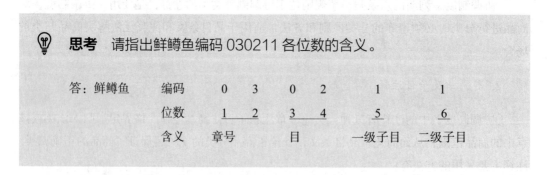

"章"基本上按以下两种方法分类（见表 11.4）。

第一种是按商品原材料的属性分类，即相同原料的产品一般归入同一章。第 1—83 章（其中第 64—66 章除外）基本上按商品的自然属性来分，而章的前后顺序则按照动、植、矿物性质来排列。章内按照产品的加工程度,即从原料到成品的顺序排列。例如第52章,棉花按原棉—已梳棉—棉纱—棉布的顺序排列。

第二种是按商品的用途或功能分类。第64—66章、第84—97章是按此分类的。因为制造业的很多产品很难按照其原料来分类,《协调制度》将这些产品按照其功能或用途分为不同的章,而不考虑其使用何种原料。章内按照加工程度从低到高的顺序列出目或子目。

表 11.4 "章"的分类方法

分类方法	适用章数
按商品原材料的属性分类	第 1—63 章,第 67—83 章
按商品的用途或功能分类	第 64—66 章,第 84—97 章

总之,具体在每一章里,商品的排列顺序是有规律的,即原材料先于成品,加工程度低的先于加工程度高的,列名具体的先于列名一般的。

知识链接

巧记商品编码顺口溜

自然世界动植矿,一二五类在取样;

三类四类口中物,矿产物料翻翻五;

化工原料挺复杂,打开六类仔细查;

塑料制品放第七,橡胶聚合脂烷烯;

八类生皮合成革,箱包容套皮毛造;

九类木秸草制品,框板柳条样样行;

十类木浆纤维素,报刊书籍纸品做;

十一税则是大类,纺织原料服装堆;

鞋帽伞杖属十二,人发羽毛大半归;

水泥石料写十三,玻璃石棉云母粘;

贵金珠宝十四见,硬币珍珠同类现;

十五查找贱金属,金属陶瓷工具物;

电子设备不含表,机器电器十六找;

光学仪器十八类,手表乐器别忘了;

武器弹药特别类,单记十九少劳累;

杂项制品口袋相,家具文具灯具亮;

玩具游戏活动房,体育器械二十讲;

二十一类物品贵，艺术收藏古物类；

余下运输工具栏，放在十七谈一谈；

商品归类实在难，记住大类第一环。

资料来源：中国海关网官网，网址为：http://www.customs.gov.cn/YWStaticPage/419/
1cc532a9.htm。

（2）品目条文。品目条文即货品名称，主要采用商品的名称、规格、成分、外观形态、加工程度或方式、功能及用途等形式限定商品对象，它是协调制度具有法律效力的归类依据。

11.2.3 《协调制度》的特点

《协调制度》是国际上多个商品分类目录协调的产物，是各国专家长期努力的结晶。它的最大特点就是通过协调，适用于与国际贸易有关的各个方面的需要，成为国际贸易商品分类的一种"标准语言"。它具有以下四个特点。

1. 完整性

《协调制度》将目前世界上国际货物贸易中的物品都分类列出，同时，为了适应各国征税、统计等商品目录全方位的要求和将来技术发展的需要，它还在各类、章列有起"兜底"作用的"其他"项目，使任何进出口商品，即使目前无法预计的新产品，都能在这个体系中找到自己的位置。加之归类总规则四"最相类似"原则的综合运用，保证了目录对所有货品无所不包的特点。

2. 系统性

《协调制度》的分类原则既遵循了一定的科学原理和规则，将商品按人们所了解的生产部类、自然属性和用途来分类排列，又照顾了商业习惯和实际操作的可行性，把一些进出口量较大而又难以分类的商品，如灯具、活动房屋等专门列目，因而容易理解、易于归类且方便查找。

3. 通用性

一方面，目前《协调制度》在国际上有相当大的影响，已被200多个国家和地区使用，它既适合做海关税则目录，又适合做对外贸易统计目录，使这些国家的海关税则及贸易统计商品目录的项目可以相互对应转换，具有可比性；另一方面，它还可供国际运输、生产、保险等部门作为商品目录使用。加之作为《协调制度》主体的《协调制度国际公约》规定了缔约国的权利和义务，保证了该目录的有效、统一实施，因此其通用性超过以往任何一个商品分类目录。

4. 准确性

《协调制度》的各个项目范围清楚明了，绝不交叉重复。由于它的项目除了靠目录条文本身说明外，还靠归类总规则、类注、章注和一系列的辅助刊物加以说明限定，所以其项目范围准确无误，使得某一特定商品能够始终如一地归入一个唯一的编码。

此外，《协调制度》目录作为《协调制度国际公约》的一个附件，国际上有专门的机构和专家对其进行维护和管理，各国还可以通过对《协调制度》目录提出修正意见，以维护本国的经济利益，统一疑难商品的归类。以上这些都不是一个国家的力量所能办到的，也是国际上其他的商品分类目录所无法比拟的。

11.3 《商品名称及编码协调制度》归类总规则

《协调制度》将国际贸易中种类繁多的商品，根据其性质、用途、功能，以及在国际贸易中所占的比重和地位，分成若干类、章、分章和商品组。国际贸易商品种类繁多，性质复杂，且商品变化日新月异，要为世界上数以万计的商品在几千条项目中找到最适当的商品编码，是一项专业性和技术性很强的工作，需要相关人员具有较丰富的商品知识，同时也必须熟悉归类总规则。

提示 | 在使用归类总规则时，必须注意以下两点：
（1）要按顺序使用每一条规则。当规则一不适合时才使用规则二，规则二不适合时才使用规则三，以此类推。
（2）在实际使用规则二、规则三、规则四时要注意条件，即类注、章注、子目注释和品目条文是否有特别的规定或说明。如有特别规定，应按品目条文或注释的规定归类，而不能使用规则二、规则三、规则四。

下面详细介绍这六条归类总规则。

1. 规则一

类、章及分章的标题，仅为查找方便而设；具有法律效力的归类，应按品目条文和有关类注或章注确定，如品目、类注或章注无其他规定，则按以下规则确定。

（1）规则一解释。

① 要将数以万计的商品分别归入目录中的几千个子目并非易事，为了便于寻找适当的编码，将一类或一章商品加以概括并起名，作为该类或该章的标题。但在许多情况下，归入某类或某章的货品种类繁多，类、章标题很难准确地概括，因此，类、章或分章的标题仅为查找方便而设，不具有法律效力。

第 15 类的标题为"贱金属及其制品"，铜纽扣似乎应归入该类，但其类注 1 说明纽扣不属于该类，应归入第 96 章的杂项制品，即 96.06。

② 具有法律效力的归类，应按品目条文和有关类注或章注确定。该句话有两层含义：第一，只有按品目条文、类注或章注确定的归类，才是具有法律效力的商品归类；第二，归类时应该按顺序运用归类依据，即先品目条文，其次是注释，最后才是归类总规则。

③ 许多货品可直接按品目条文的规定进行归类，无须运用归类总规则，如活马（品目 01.01）。

④ "如品目、类注或章注无其他规定"这句话旨在明确品目条文及任何相关的类注、章注是最重要的，换言之，它们是在确定归类时应首先考虑的规定。

例如，第 31 章的注释规定该章某些品目仅包括某些货品，因此，这些品目就不能够根据规则二 ② 扩大为包括该章注释规定不包括的货品。只有在品目和类、章注释无其他规定的情况下，方可根据总规则二、规则三、规则四和规则五的规定办理。

📑 **应用案例**

一些货物的归类

（1）"牛尾毛"应如何归类？① 查类、章名称，第 5 章未列名动物产品；② 从编码 0501 至 0511 品目中均未提到牛尾毛，似可按其他未列名动物产品归类；③ 查第 5 章注释 4，"马毛"包括牛尾毛；④ 因此归入编码 05030010。

（2）"未炼制的猪脂肪"应如何归类？① 查类、章标题名称，动物脂肪属第 15 章；② 查阅第 15 章章注 1（1），注明猪脂肪属 0209；③ 查第 2 章章注 3，未炼制的猪脂肪归入编码 02090000。

（3）"冷藏的葡萄"应如何归类？① 查类、章名称，第 8 章品目 08.06 只列出了鲜的或干的，而没有冷藏的；② 查阅类注、章注，第 8 章注释 2 规定了"鲜的"包括"冷藏的"在内；③ 因此归入 0806000。

（2）规则一使用提示。

① 正确的归类应该是依据品目条文和类注、章注及规则一以下各条规则。

② 不可因为某些货品名称符合某一类、章及分章的标题，就确定归入该类、章及分章。

2. 规则二

① 品目所列货品，应视为包括该项货品的不完整品或未制成品，只要在进口或出口时

该项不完整品或未制成品具有完整品或制成品的基本特征；还应视为包括该项货品的完整品或制成品（或按本款可作为完整品或制成品归类的货品）在进口或出口时的未组装件或拆散件。②品目中所列材料或物质，应视为包括该种材料或物质与其他材料或物质混合或组合的物品。品目所列某种材料或物质构成的货品，应视为包括全部或部分由该种材料或物质构成的货品。由一种以上材料或物质构成的货品，应按规则三归类。

（1）规则二解释。

① 规则二①有两层意思：一是扩大了目录上列名商品的范围，不仅包括它的整机、完整品或制成品，而且包括了它的非完整品、非制成品，以及它的拆散件。二是在使用这条规则时，应具备条件，即非完整品、未制成品一定要具有整机特征；拆散件主要是为了运输、包装上的需要。

💡 **思考** （1）一辆车缺个门或轮子应如何归类？

分析：缺个门或轮子的车虽不完整，但已具备了车辆的主要特征，因此可归入整车编号。

（2）已加工成型但未装配的卧室木家具板，另外还缺少五金件，应如何归类？

分析：这是一种不完整品（缺少五金件）的未组装件（未装配）。由于缺少的仅是次要的零部件，因此该不完整品具有完整品的基本持证。根据规则二①，应按完整的卧室木家具归类。

② 规则二②也有两层意思：一是编号中所列某种材料包括了该种材料的混合物或组合物，这也是对编码所列的商品范围的扩大。二是其适用条件是加进去的东西或组合起来的东西不能失去原来商品的特征，也就是说不存在看起来可归入两个以上编码的问题。

例如，加糖的牛奶，还是按牛奶归类，因其虽是一种混合物，但糖并未改变鲜牛奶的基本特征和性质，所以仍按鲜牛奶归类。同理，奶糖还是按糖来归类。

≣ **应用案例**

"做手套用已剪成型的针织棉布"如何归类？

（1）查类、章标题名称，针织棉布属60章，针织手套属61章；
（2）按规则二①，未制成品如已具备制成品的基本特征，应按制成品归类；
（3）归入编码61169200。

（2）规则二使用提示。

① 品目所列货品范围的扩大是有条件的，即不管是"缺少"（规则二①）还是"增多"（规则二②），都必须保持"基本特征"。

② "基本特征"的判断有时是很困难的。对于不完整品而言，核心是看其关键部件是否存在。例如，压缩机、蒸发器、冷凝器、箱体这些关键部件如果存在，则可以被判断为具有冰箱的基本特征。对于未制成品而言，主要看其是否具有制成品的特征。例如，齿轮的毛坯，如果其外形基本上与齿轮制成品一致，则可以被判断为具有齿轮的基本特征。对未组装件或拆散件而言，主要看其零件是否可通过紧固件（螺钉、螺母、螺栓等），或通过铆接、焊接等组装方法装配起来。组装方法的复杂性可不予考虑，但其零件必须是无须进一步加工的制成品。

③ 规则二①一般不适用于第一类至第六类的商品，即第 38 章及以前各章。

④ 只有在规则一无法解决时，方能运用规则二。

3. 规则三

当货品按规则二②或由于其他原因看起来可归入两个或两个以上品目时，应按以下规则归类：① 列名比较具体的品目，优先于列名一般的品目。但是，如果两个或两个以上品目都仅述及混合或组合货品所含的某部分材料或物质，或零售的成套货品中的某些货品，那么即使其中某个品目对该货品描述得更为全面、详细，这些货品在有关品目的列名应视为同样具体。② 由混合物、不同材料构成或不同部件组成的组合物以及零售的成套货品，如果不能按照规则三①归类，在本款可适用的条件下，应按构成货品基本特征的材料或部件归类。③ 货品不能按照规则三①或②归类时，应按号列顺序归入其可归入的最末一个品目。

（1）规则三解释。

① 规则三首先指明，无论是按规则二②或其他任何原因，货品看起来可归入两个或两个以上品目时，应按这三条归类办法归类。这三条办法应按照其在本规则的先后顺序加以运用。即只有在不能按照规则三①归类时，才能运用规则三②；不能按照规则三①和②两款归类时，才能运用规则三③。因此，它们优先权的次序为具体列名、基本特征、从后归类。

② 规则三①包含三层意思。

第一，商品的具体名称比商品的类别名称更具体，因此，按商品具体名称列出的项号优先于按商品类别列出的项号。

💡 **思考** 紧身胸衣如何归类？

分析：紧身胸衣是一种女内衣，有两个项号与其有关，一个是 6208 女内衣，一个是 6212 妇女紧身胸衣。前一个是类别名称，后一个是具体商品名称，故应归入 6212。如果两个项号属同一商品，可比较它的内涵和外延。一般来说，内涵越大，外延越小，就越具体。

第二，如果一个品目所列名称更为明确地包括某一货品，则该品目要比所列名称不完全包括该货品的其他品目更为具体。例如，汽车用电动刮雨器，看起来可归入两个项号，一个是汽车零件（第87章），一个是电动工具（第85章）。查阅这两章注释，并没有说明，便按这一规则选择说明最明确的品目。编码8512品目条文是"用于汽车、摩托车、电动刮雨器"，编码8708品目条文是"用于汽车零件及附件"，因此，应归入前者。

第三，与有关商品最为密切的项号应优先于与其关系间接的项号。例如，与进口汽车柴油机的活塞有关的项号一个是柴油机专用零件8406，另一个是汽车专用零件8706。活塞是柴油机的零件，柴油机是汽车的零件，那么活塞就是汽车零件的零件。但是上述两个零件是不同层次的，活塞与汽车是间接关系。因此，应归入8406。

但是，如果两个或两个以上品目都仅述及混合或组合货品所含的某部分材料或物质，或零售成套货品中的某些货品，那么即使其中某个品目比其他品目对该货品描述得更为全面、详细，这些货品在有关品目的列名应视为同样具体。在这种情况下，货品应按规则三②或规则三③的规定进行归类。

③ 规则三②的解释。

本款归类原则适用于：混合物；不同材料的组合货品；不同部件的组合货品；零售的成套货品。只有在不能按照规则三①归类时，才能运用本款。

本款所指混合物、组合物与规则二的混合物、组合物是有区别的。这里所指的混合物、组合物已改变了原来物品的特征，难以肯定是原来的商品。其中，对于由几个不同部件构成的组合货品，这些部件可以是各自独立的，但它们必须在功能上互相补充，共同形成一个新的功能，从而构成一个整体。例如，由一个特制的架子（通常为木制的）及几个形状、规格相配的空调味料瓶子组成的家用调味架。

无论如何，只有在本款可适用的条件下，货品才可按构成货品基本特征的材料或部件归类。

不同的货品，确定其基本特征的因素会有所不同。一般来说，可根据商品的外观形态、使用方式、主要用途、购买目的、价值比例、贸易习惯、商业习惯、生活习惯等诸因素进行综合考虑分析来确定。

本款规则所称"零售的成套货品"，是指同时符合以下三个条件的货品：第一，由至少两种看起来可归入不同品目的不同物品构成的。例如，6把乳酪叉不能作为本款规则所称的成套货品。第二，为了迎合某项需求或开展某项专门活动而将几件产品或物品包装在一起的。第三，其包装形式适于直接销售给用户，而货物无须重新包装的。

▤ 应用案例

成套货品的归类

放在皮盒内出售含有电动理发推子、剪子、梳子、刷子、毛巾的成套理发用具应如何归类？

分析：查阅类及章注，并未提到这类成套货品应归何项号。而按此规则，其成套货品中具有主要特征的货品是电动理发推子，因此归入其项号85102000。

在应用本款时，往往出现不同人（本国人、外国人）从不同的角度出发，对混合物、组合物、成套货品的主要特征有不同的认定。如发生这样的情况，各国通常的做法是由各国海关最高当局予以统一。

④ 规则三③明确指出，按规则三的上述两款都不能解决的归类问题，则按几个认为同等可归的项号中，归在排列最后的项号。这是一条"从后归类"的原则。

📚 应用案例

规则三的应用

"印花梭织布每平方米重 210 克，按重量计，含棉 50%，含聚酯短纤 50%"，这应如何归类？

分析：（1）查类、章名称，棉属第 52 章，聚酯短纤属第 55 章。

（2）查阅第 11 类和第 52、第 55 章注释，并未提到该混纺制品。

（3）若按棉则归入编码 5211，若按聚酯短纤则归入编码 5514，按规则三③归入最后一个品目。

（4）因此归入编码 55144300。

（2）规则三使用提示。

① 只有规则一与规则二解决不了时，才能使用规则三。例如，"豆油 70%、花生油 20%、橄榄油 10% 的混合食用油"，不能因为是混合物且豆油含量最大，构成基本特征，就运用规则三②按豆油归入 1507，而是应首先运用规则一，由 1517 的品目条文确定归入 1517。

② 在运用规则三时，必须按其中①、②、③款的顺序逐条运用。

（3）规则三②中的零售的成套货品，必须同时符合以下三个条件：① 由至少两种看起来可归入不同品目的不同物品构成的；② 为了某项需求或开展某项专门活动而将几件产品或物品包装在一起的；③ 其包装形式适合直接销售给用户，而货物无须重新包装的。

不符合以上三个条件时，不能被看作规则三②中的零售成套货品。例如，"包装在一起的手表与打火机"，由于不符合以上的第②个条件，所以应该分开分类。

4. 规则四

根据上述规则无法归类的货品，应归入与其最相类似的货品的品目。

（1）规则四解释。

① 本规则适用于不能按照规则一至规则三归类的货品。它规定，这些货品应归入与其最相类似的货品的品目中。在归类时，首先必须将进口或出口货品与类似货品加以比较，以确定其与哪种货品最相类似，然后将所进口或出口的货品归入与其最相类似的货品的同一品目。

② 由于物品的类似性由许多因素决定，如物品的名称、性质、用途等，实际中往往难以统一认识，而且在《协调制度》中，每个品目都设有"其他"子目，不少章也单独列出"未列名货品的品目"来收容未考虑到的商品。因此，这条规则实际中很少使用。

（2）规则四使用提示。

本条规则是为了使整个规则制定得更严密，一般在实际中很少使用。

5. 规则五

除上述规则外，本规则适用于下列货品的归类：① 制成特殊形状仅适用于盛装某个或某套物品并适合长期使用的照相机套、乐器盒、枪套、绘图仪器盒、项链盒及类似容器，如果与所装物品同时进口或出口，并通常与所装物品一同出售，应与所装物品一并归类。但本款不适用于本身构成整个货品基本特征的容器。② 除规则五①规定的以外，与所装货品同时进口或出口的包装材料或包装容器，如果通常是用来包装这类货品的，应与所装货品一并归类。但明显可重复使用的包装材料和包装容器可不受本款限制。

（1）规则五解释。

① 本规则是一条关于包装物归类的专门条款。

② 规则五①仅适用于同时符合以下各条规定的容器：第一，制成特定形状或形式，专门盛装某一物品或某套物品的；第二，适合长期使用的，容器的使用期限与所盛装某一物品的使用期限是相称的；第三，与所装物品一同进口或出口的，不论其是否为了运输方便而与所装物品分开包装（单独进口或出口的容器应归入其应归入的品目）；第四，通常与所装物品一同出售的；第五，包装物本身并不构成整个货品基本特征的，即包装物本身无独立的使用价值。

③ 规则五①不适用于本身构成整个货品基本特征的容器。

📚 应用案例

规则五的应用

装有茶叶的银质茶叶罐如何归类？

分析. 银罐本身价值昂贵，已构成整个货品的基本特征，应按银制品归入项号7114，而不能按茶叶归类。

④ 规则五②实际上是对规则五①的补充，本款规则是关于通常用于包装有关货品的包装材料及包装容器的归类。但本款规则不适用于明显可以重复使用的包装材料或包装容器，例如，某些金属桶及装压缩或液化气体的钢铁容器应单独归类。

（2）规则五使用提示。

本规则解决的是包装材料或包装容器可在何种情况下单独归类，在何种情况下可与所装物品一并归类的问题。重点注意包装材料或包装容器与所装物品一并归类的条件，即与所装物品同时进口或出口。

6. 规则六

货品在某一品目项下各子目的法定归类，应按子目条文或有关的子目注释及以上各条规则来确定，但子目的比较只能在同一数级上进行。除条文另有规定的以外，有关的类注、章注也适用于本规则。

（1）规则六解释。

规则六是专门为商品在《协调制度》子目中的归类而制定的，它有以下含义：

① 以上规则一至规则五在必要的地方加以修改后，可适用于同一品目项下的各级子目。

② 规则六中所称"同一数级"子目，是指 5 位数级子目（一级子目）或 6 位数级子目（二级子目）。据此，当按照规则三 ① 规定考虑某一物品在同一品目项下的两个或两个以上 5 位数级子目的归类时，只能依据有关的 5 位数级子目条文来确定哪个 5 位数级子目所列名称更为具体或更为类似。只有确定了哪个 5 位数级子目列名更为具体，而且该子目项下又再细分了 6 位数级子目后，在这种情况下，才能根据有关的 6 位数级子目条文考虑物品应归入这些 6 位数级子目中的哪个子目。

③ "除条文另有规定的以外"是指类、章注释与子目条文或子目注释不相一致的情况。例如，第 71 章注释 4（2）所规定"铂"的范围就与子目注释 2 所规定"铂"的范围不相同，因此，在解释子目 7110.11 及 7110.19 范围时，应采用子目注释 2 的规定，而不应考虑该章注释 4（2）。

④ 6 位数级子目的范围不得超出其所属的 5 位数级子目的范围；同样，5 位数级子目的范围也不得超出其所属的品目范围。

总之，本规则表明只有先将货品归入适当的 4 位数级品目后，方可考虑将它归入合适的 5 位数级或 6 位数级子目，并且在任何情况下，应优先考虑 5 位数级子目再考虑 6 位数级子目的范围或子目注释。此外，规则六注明，只属同一级别的子目才可比较，以决定哪个子目较为合适。比较方法为同级比较，层层比较。

 应用案例

全棉染色平纹布的归类

每平方米重 180 克的全棉染色平纹布，先确定其 4 位数级的品目号为 5208，然后其 5 位数级子目按未漂白、漂白、染色、色织、印花来分，比较后应归入 5 位数级子目 52083，最后 6 位数级子目按坯布每平方米重量否超过 100 克来分。因此，该商品应归入 52083200。

（2）规则六使用提示。

① 确定子目时，一定要先确定一级子目，再二级子目，然后三级子目，最后四级子目的顺序进行。

② 确定子目时，应遵循"同级比较"的原则，即一级子目与一级子目比较，二级子目与二级子目比较，以此类推。

📚 应用案例

中华绒螯蟹种苗的归类

在将中华绒螯蟹种苗归入品目 0306 项下子目时，应按以下步骤进行：

（1）先确定一级子目，即将两个一级子目"冻的"与"未冻的"进行比较后归入"未冻的"。

（2）再确定二级子目，即将二级子目"龙虾""大螯虾""小虾及对虾""螯""其他"进行比较后归入"螯"。

（3）然后确定三级子目，即将两个三级子目"种苗"与"其他"进行比较后归入"种苗"。

所以正确的归类是 03062410。

注意：不能将三级子目"种苗"与四级子目"中华绒螯蟹"比较而归入 03062491。

本章小结

1. 《协调制度》是在《海关合作理事会商品分类目录》（CCCN）和《国际贸易标准分类目录》（SITC）两种分类目录的基础上编制而成的。1983 年 6 月海关合作理事会在第 61/62 届会议上通过了《协调制度国际公约》及作为附件的《协调制度》目录，从 1988 年 1 月 1 日起正式生效。《协调制度》每隔 4—6 年修订一次。目前已有超过 200 个国家和地区将《协调制度》目录作为本国或本地区的海关税则和贸易统计目录，其涵盖范围已达国际货物贸易总量的 98% 以上。

2. 《协调制度》由三部分组成：HS 归类总规则；类、章及子目注释；商品编码表。这三部分是《协调制度》的法律性条文，具有严格的法律效力和严密的逻辑性。《协调制度》按社会生产的分工和商品的自然属性或用途、功能将商品分成 21 类、97 章，采用 6 位数结构性商品编码。《协调制度》具有完整性、系统性、通用性、准确性的特点。

3. 中国的海关税则从 1992 年 1 月 1 日起采用《协调制度》分类目录，并在《协调制度》6 位数编码的基础上增加了第 7 位数、第 8 位数、第 9 位数、第 10 位数本国子目。同时颁布了《进出口货物商品归类管理规定》，以法律的形式明确规定了中国进出口商品归类的依据。

4. 本章的重点及难点是对 6 条归类总规则的掌握和运用。要按顺序使用每一条规则，当规则一不适合时，才使用规则二，规则二不适合时才使用规则三，以此类推。在实际使用规则二、规则三、规则四时要注意条件，即类注、章注、子目注释和项目条文是否有特别的规定或说明。如有特别规定，应按项目条文或注释的规定归类。

练习题

一、单选题

1. 装有珠宝（珍珠项链）的木制珠宝盒（   ）。

   A. 应按木及木制品归类

   B. 应按珍珠项链归类

   C. 既可按木及木制品归类，又可按珍珠项链归类

   D. 以上都不对

2. 下列说法正确的是（   ）。

   A. "稀土金属矿"应归入第 26 章的金属矿

   B. "稀土金属矿"应归入第 25 章

   C. "猪肉松罐头"应按第 2 章的"肉鸡食用杂碎"归类

   D. "冻牛胃"应按 0206 的税目（品目）条文"鲜、冷、冻牛的食用杂碎"来归类

3. 进口一辆缺少轮子的汽车，在进行该商品的海关税则归类时，应按（   ）归类。

   A. 汽车的零部件   B. 汽车底盘   C. 汽车车身   D. 汽车整车

4. 在进行商品税则归类时，对看起来可归入两个及两个以上税号的商品，在税目条文和注释均无规定时，其归类次序是（   ）。

   A. 基本特征、最相类似、具体列名、从后归类

   B. 具体列名、最相类似、基本特征、从后归类

   C. 最相类似、具体列名、从后归类、基本特征

   D. 具体列名、基本特征、从后归类、最相类似

5. 按照 HS 归类总规则，下列叙述正确的是（   ）。

   A. 在进行商品税则归类时，商品的包装容器应该单独进行税则归类

   B. 在进行商品税则归类时，列明比较具体的税目优先于一般的税目

   C. 在进行商品税则归类时，混合物可以按照其中的一种成分进行税则归类

   D. 从后归类的原则是商品税则归类时普遍使用的原则

6. 商品归类行政裁定的发起人是（   ）。

   A. 海关总署   B. 直属海关

C. 对外贸易经营者　　　　　　　　　　D. 海关总署授权的机构

二、多选题

1. 下列货品属于 HS 归类总规则中所规定的"零售的成套货品"的是（　　　）。

    A. 一个礼盒，内有咖啡一瓶、咖啡伴侣一瓶、塑料杯子两个

    B. 一个礼盒，内有一瓶白兰地酒、一只手表

    C. 一个礼盒，内有一包巧克力、一条贱金属项链

    D. 一碗方便面，内有一块面饼、两包调味品、一把塑料小叉

2. 《协调制度》中的税（品）目所列货品，除完整品或制成品外，还应包括（　　　）。

    A. 在进出口时具有完整品基本特征的不完整品

    B. 在进出口时具有制成品基本特征的未制成品

    C. 完整品或未制成品在进出口时的未组装件或拆散件

    D. 具有完整品或制成品基本特征的不完整品或未制成品在进出口时的未组装件或拆散件

3. 0103 猪

    01031000　　　　　　　—改良种用

    　　　　　　　　　　　—其他

    　　　　　　　　　　　——重量在 50 千克以下

    01039110　　　　　　　———重量在 10 千克以下

    上面的商品编码"01039110"说明（　　　）。

    A. 该商品在第一章

    B. 它表示重量在 10 千克以下的活猪

    C. 商品编码中的第 5 位数"9"代表除改良种以外的其他活猪

    D. 商品编码中的第 8 位数"0"表示在三级子目下未设四级子目

4. 下列表述正确的有（　　　）。

    A. 单独进口某电视机专用箱（瓦楞纸板制），由于它是电视机专用的容器，故应按电视机归类

    B. 单独进口某电视机专用箱（瓦楞纸板制），尽管它是电视机专用的容器，只能按瓦楞纸板箱归类

    C. 装有电视机的专用瓦楞纸板箱，应按电视机归类

    D. 装有电视机的专用瓦楞纸板箱，应按瓦楞纸板箱单独归类

5. HS 归类总规则三所指的"零售的成套货品"是指必须符合下列哪些条件的货品（　　　）。

    A. 至少由两种看起来可归入不同税号的物品构成

    B. 其中一项至少占整机价格的 51% 以上

C. 用途上是互相补足、配合使用的

D. 其包装形式是零售包装

6. 下列哪些是中国进出口商品归类的法律依据（　　　）。

A.《协调制度国际公约》商品分类目录

B.《进出口税则》

C.《商品及品目注释》

D.《本国子目注释》

E. 商品归类行政裁定、商品归类决定

三、判断题

1. 当货品看起来可归入两个或两个以上的税目时，应按从后归类的原则归类。（　　　）

2. 中国海关税则采用的是协调制度的 6 位数编码。（　　　）

3. 在商品归类时，要严格按照税目和类注、章注的规定办理。（　　　）

4. 商品编码的前两位数字为税目，第 3、第 4 位数字为章目，后 4 位数字为子目。（　　　）

5. 进口一辆缺少轮子的汽车，在进行该商品的海关税则归类时，应按汽车车身归类。（　　　）

6. 在进行商品税则归类时，商品的包装容器应该进行单独的税则归类。（　　　）

7. 在进行商品税则归类时，对看起来可归入两个及两个以上税号的商品，在税目条文和注释均无规定时，其归类次序是具体列名、基本特征、从后归类、最相类似。（　　　）

8. 当税目条文、类注和章注没有专门规定，而商品归类不能确定时，应按与该商品最相类似的商品归类。（　　　）

9. 台式计算机的成套散件分批（不同时期）进口时可将各批货物合并起来归类。（　　　）

四、找出下列商品在《进出口商品名称及编码》中的 8 位数编码

- 水煮小虾虾仁
- 炒熟的袋装开心果
- 零售的精制花生油
- 猪肉松罐头
- 破碎的陶器
- 青霉素 V 针剂
- 硝酸钠肥料，5 千克包装
- 加入了硫化剂、促进剂、增塑剂、颜料等的丁腈橡胶
- 木制衣箱
- 竹制一次性筷子（零售包装）
- 成卷卫生纸（零售用，宽度 12 厘米）
- 针织的棉制婴儿手套

- 用尼龙 66 长丝浸渍橡胶制得的高强力纱
- 摩托车用头盔
- 未封口的阴极射线管
- 镀金铜制戒指
- 硅铁合金（硅含量占 70%，铁含量占 28%，其他元素占 2%）
- 可编程控制器
- 汽车用分电器
- 运钞车（汽油型，车辆总重为 3.5 吨）
- 石英手表（表壳镀金、仅指针显示）
- 狩猎用步枪
- 玩具乐器
- 19 世纪英国发行的邮票（已使用过）

第12章 进出口货物报关单填制

本章旨在正确理解报关单的法律文书属性，通过对报关单的正确、规范的填制，培养学生遵纪守法的思想品质和职业素养、爱岗敬业的职业精神，及企业合法合规经营的管理理念。

课程知识目标

§ 掌握报关单的含义、内容和填制的基本要求；

§ 熟练掌握报关单各栏目的含义、填制规范和技巧；

§ 掌握监管方式、征免性质、征免等重要概念以及它们之间的逻辑关系。

学习导图

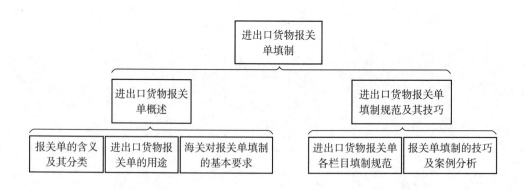

开篇案例

报关单填制不规范引发的漏缴税款行为

某公司于 2020 年 7 月与国外授权方签订"许可和分销协议"，独家代理其授权的某品牌化妆品,约定总进口数量207.1万支。该公司按照"许可和分销协议"约定,于2020年12月以"注册费、经营许可权费"名义向国外授权方支付350万欧元,但未向海关申报该项费用,也未向货代企业、报关企业进行说明上述情况。

2020年10月和11月、2021年3月,该公司以一般贸易方式共计向海关申报进口三票化妆品,申报商品编码均为3304990039。经海关认定,上述三票报关单均存在第一法定数量未按照中华人民共和国海关总署公告(2016年第55号)《关于对化妆品消费税政策进行调整的公告》中的净含量申报要求进行申报,从而导致漏缴税款的行为。经海关计核,合计漏缴税款328.185 61万元人民币,其中因特许权使用费申报不实漏缴税款38.469 131万元人民币,因第一法定数量申报不实漏缴税款289.716 479万元人民币。

海关决定对某公司科处罚款人民币265万元整(其中特许权使用费申报不实罚款31万元人民币、第一法定数量申报不实罚款234万元万人民币)。

案例分析:1. 涉案的事项。本案主要涉及两个方面:一是第一法定数量申报不实,导致漏缴税款。消费税是中国的一个重要税种,主要针对高档消费品及服务。对于高档化妆品,税务部门要求生产及销售者缴纳消费税。2016年,中国对化妆品的消费税政策做出了重大的调整,税率从30%下降到15%,税目名称由"化妆品"修改为"高档化妆品",并将"高档化妆品"定义为生产(进口)环节销售(完税)价格(不含增值税)在10元/毫升(克)或15元/片(张)及以上的美容、修饰类化妆品和护肤类化妆品。为配合该政策的调整,海关总署发布了2016年第55号公告,对部分进口化妆品的规范申报事项进行了明确。按照该公告的规定,部分化妆品申报第 法定数量时,需要申报净含量,即不包括内层包装物和外层包装物的重量/体积,这也是为计算是否符合修订后的"高档化妆品"的定义而做出的明确规定。在本案中,一是法定数量申报有误(申报数量偏大)导致漏缴进口环节消费税及相应的增值税;二是漏报应税的特许权使用费导致漏缴税款。"分销权"是海关审定进出口货物完税价格办法中明确列出的"应税特许权使用费"之一。符合条件的相应"特许权使用费"应该纳入货物的进口完税价格予以征税,这应是合格的关务人员所需掌握的常识性问题。一个报关单填制项目的错误,造成两种不同类型的漏缴税款事项,还是比较罕见的。

2. 处罚依据及幅度。按海关行政处罚决定书所述,其处罚依据主要是《中华人民共和国海关行政处罚实施条例》第十五条(四)项、第十六条。(第十五条:进出口货物的品名、税则号列、数量、规格、价格、贸易方式、原产地、启运地、运抵地、最终目的地或者其他应当申报的项目未申报或者申报不实的,分别依照下列规定予以处罚,有违法所得的,没收违法所得:(四)影响国家税款征收的,处漏缴税款30%以上2倍以下罚款;第十六条:进出口货物收发货人未按照规定向报关企业提供所委托报关事项的真实情况,致使发生本实施条例第十五条规定情形的,对委托人依照本实施条例第十五条的规定予以处罚。)

可处罚款金额约为漏缴税款的80.75%(特许权使用费申报不实罚款占漏缴税款的80.6%,第一法定数量申报不实罚款占漏缴税款的80.77%)。

资料来源:《贸易合规参考》2022年第4期。

根据以上材料，进一步思考：

1. 准确填制报关单所有涉税要素的重要性。

2. 讨论企业如何防范报关单填制不规范带来的风险。

12.1 进出口货物报关单概述

12.1.1 报关单的含义及其分类

1. 报关单的含义及其法律效力

进出口货物报关单是指进出口货物的收发货人或其代理人，按照海关规定的格式就进出口货物的实际情况做出的书面申明，以此要求海关对其货物按适用的海关制度办理通关手续的法律文书。

《海关法》第二十五条规定："办理进出口货物的海关申报手续，应当采用纸质报关单和电子数据报关单的形式。"进口货物的收货人、出口货物的发货人或其代理人都必须在货物进出口的时候填写报关单并提交随附单证，向海关申报。纸质报关单和电子数据报关单具有相同的法律效力。

进出口货物报关单在对外经济贸易活动中具有十分重要的法律效力，它是货物的收发货人向海关报告其进出口货物实际情况及适用的海关业务制度、申请海关审查并放行货物的必备法律文书，既是海关对进出口货物进行监管、征税、统计及开展稽查和调查的主要依据，又是加工贸易进出口货物核销以及出口退税和外汇管理的重要凭证，还是海关处理进出口货物走私、违规案件及税务、外汇管理部门查处骗税和套汇犯罪活动的重要书证。因此申报人对所填报的进出口货物报关单的真实性和准确性应承担法律责任。

2. 报关单分类

按货物的进出口状态、表现形式、使用性质的不同，进出口货物报关单可进行如下分类，见表 12.1。

表 12.1　报关单的类别

	类　　别
按进出口流向分	进口货物报关单 / 进境货物备案清单 出口货物报关单 / 出境货物备案清单
按表现形式分	纸制报关单 电子数据报关单

类　别
按使用性质分　进料加工贸易进出口货物报关单 来料加工及补偿贸易进出口货物报关单 一般贸易及其他贸易进出口货物报关单

12.1.2　进出口货物报关单的用途

目前，进出口货物通过"中国电子口岸"向海关申报，实现了进出口货物报关单在各行政管理部门间的数据联网核查。进出口货物收发货人或其代理人通过电子口岸平台在网上直接向海关、商务、外汇、市场监管、税务、银行等政府管理机关或金融机构申请办理各种进出口手续。因此，进出口货物报关单具有"海关作业、加工贸易核销、进口货物付汇、出口货物收汇、出口退税，海关留存、企业留存"的用途，进出口货物收发货人可凭电子数据进行相关作业。纸质报关单证明联已经随着各级政府的无纸化作业改革而大幅度减少。

1. 海关作业

进出口货物报关单是报关人员配合海关查验、缴纳税费、提取货物或装运货物的重要凭证，也是海关查验货物、征收税费、编制海关统计及处理其他海关事务的重要凭证。

2. 加工贸易核销

对使用加工贸易电子化手册或账册申报的进出口货物，进出口货报关单是海关办理加工贸易合同核销、结案手续的重要凭证。

3. 进口货物付汇、出口货物收汇

进出口货物报关单是银行和国家外汇管理部门办理售汇、付汇和收汇、结汇的重要依据之一。对需办理进口付汇、核销的货物，进口货物收货人在海关放行货物后，凭进口货物报关单向银行、国家外汇部门管理办理付汇、核销手续。对需办理出口收汇、核销的货物，出口货物发货人在出口货物结关后，凭出口货物报关单向银行、国家外汇管理部门办理收汇、核销手续。

4. 出口货物退税

出口货物报关单是国家税务部门办理出口货物退税手续的重要依据之一。对可办理出口退税的货物，出口货物发货人应当在载运货物的运输工具实际离境、海关办理出口货物

报关单结关手续后，凭此向国家税务部门申请出口货物退税手续。

5. 海关留出、企业留存

为海关及相关单位各自存查使用。

12.1.3 海关对报关单填报的基本要求

进出口货物收发货人或其代理人应当按照《中华人民共和国海关进出口货物申报管理规定》《进出口货物申报项目录入指南》、《中华人民共和国海关进出口货物报关单填制规范》（以下简称《报关单填制规范》）、《中华人民共和国海关进出口货物规范申报目录》（以下简称《规范申报目录》）、《中华人民共和国海关统计商品目录》（以下简称《统计商品目录》）等有关规定要求向海关申报，并对申报内容的真实性、准确性、规范性和完整性承担相应的法律责任。

1. 真实性

报关单填制的内容必须真实，不得出现差错，更不能伪报、瞒报及虚报。要求做到三个相符，即单证相符、单货相符、与舱单相符。单证相符，即所填报报关单各栏目的内容必须与合同、发票、装箱单、提单及批文等随附单据相符；单货相符，即所填报报关单各栏目的内容必须与实际进出口货物的情况相符，不得伪报、瞒报、虚报；与舱单相符，即所填报报关单的境内收发货人、运输工具、提单号、件数、毛重等必须与舱单数据相符。

2. 规范性

（1）分单填报。

不同运输工具、不同航次、不同提运单、不同监管方式、不同备案号、不同征免性质或许可证号的货物均应分不同的报关单填制。一份原产地证只能用于同一批次进口货物，含有原产地证书管理商品的，一份报关单只能对应一份原产地证书，同一批次货物中实行原产地证书联网监管的，如涉及多份原产地证书或含非原产地证书商品，也应分单填报。同一份报关单上的商品不能同时享受协定税率和减免税。

（2）分项填报。

一份报关单所申报的货物，需分项填报的情况主要有：商品编码不同、商品名称不同、计量单位不同、原产国（地区）不同、最终目的国（地区）不同、币制不同、征免性质不同等。

出口货物报关单和进口货物报关单样张见图 12.1 和图 12.2。

中华人民共和国海关出口货物报关单

（××海关）

预录入编号：　　　　　海关编号：　　　　　页码/页数：

境内发货人	出境关别	出口日期	申报日期	备案号
境外收货人	运输方式	运输工具名称及航次号		提运单号
生产销售单位	监管方式	征免性质		许可证号
合同协议号	贸易国（地区）	运抵国（地区）	指运港	离境口岸
包装种类	件数	毛重（千克）	净重（千克）	成交方式	运费	保费	杂费

随附单证及编号

标记唛码及备注

项号	商品编号	商品名称及规格型号	数量及单位	单价/总价/币制	原产国（地区）	最终目的国（地区）	境内货源地	征免

报关人员　　报关人员证号　　电话	兹申明对以上内容承担如实申报、依法纳税之法律责任	海关批注及签章
申报单位	申报单位（签章）	

图 12.1　出口货物报关单

327

中华人民共和国海关进口货物报关单

预录入编号：　　　　海关编号：　　　　页码/页数：

境内收货人			进境关别	进口日期	申报日期	备案号
境外发货人			运输方式	运输工具名称及航次号	提运单号	货物存放地点
消费使用单位			监管方式	征免性质	许可证号	启运港
合同协议号			贸易国（地区）	启运国（地区）	经停港	入境口岸
包装种类	件数	毛重（千克）	净重（千克）	成交方式	运费	保费	杂费

（××海关）

随附单证及编号

标记唛码及备注

项号	商品编号	商品名称及规格型号	数量及单位	单价/总价/币制	原产国（地区）	最终目的国（地区）	境内目的地	征免

报关人员	报关人员证号	电话	兹申明对以上内容承担如实申报、依法纳税之法律责任	海关批注及签章
申报单位			申报单位（签章）	

图12.2　进口货物报关单

328

12.2 进出口货物报关单填制规范及技巧

12.2.1 进出口货物报关单各栏目填制规范

1. 预录入编号

预录入编号是指预录入报关单的编号，一份报关单对应一个预录入编号，由系统自动生成。

2. 海关编号

海关编号是指海关接受申报时给予报关单的编号，一份报关单对应一个海关编号，由系统自动生成。

报关单海关编号为18位，其中第1—4位为接受申报的海关的代码（海关规定的《关区代码表》中相应的海关代码），第5—8位为海关接受申报的公历年份，第9位为进出口标志（"1"为进口，"0"为出口；集中申报清单中的"I"为进口，"E"为出口），后9位为顺序编号。

如：	0409	2023	1	215514049
	海关代码	年份	进出口标志	报关单顺序编号

3. 境内收发货人

境内收发货人是指在海关备案的对外签订并执行进出口贸易合同的中国境内法人和其他组织。他们应在申报时填写其名称及编码，编码为18位法人和其他组织统一社会信用代码，没有统一社会信用代码的，填报其在海关的备案编码。

根据国标 GB32100-2015《法人和其他组织统一社会信用代码编码规则》，统一社会信用代码用18位的阿拉伯数字或大写英文字母表示，由登记管理部门代码（第1位）、机构类别代码（第2位）、登记管理机关行政区划码（第3—8位）、主体标识码（即组织机构代码，第9—17位）和校验码（第18位）5个部分组成。

海关备案编码共10位，由阿拉伯数字和24个英文大写字母组成（其中I和O除外）。第1—4位为企业备案地行政区划代码，第5位为企业备案地经济区划代码，第6位为企业经济类型代码，第7位为企业备案用海关经营类别代码，第8—10位为企业备案流水编号。

特殊情况下的填报要求如下：

（1）进出口货物合同的签订者和执行者非同一企业的，填报执行合同的企业。

应用案例

境内发货人

中国煤炭进出口总公司对外签订出口煤炭合同，山西煤炭进出口公司负责执行合同，境内发货人这时应填报与国外客户进行货款结算的法人或社会组织，即山西煤炭进出口公司。

（2）外商投资企业委托进出口企业进口投资设备、物品的，填报外商投资企业，并在标记唛码及备注栏注明"委托某进出口企业进口"，同时注明被委托企业的 18 位法人和其他组织统一社会信用代码。

提示 | 如果外商投资企业委托有进出口经营权的企业进出口的不是投资设备、物品，而是一般贸易货物的生产原料，则填写有进出口经营权的企业。

（3）有代理报关资格的报关企业代理其他进出口企业办理进出口报关手续时，填报委托的进出口企业。

（4）海关特殊监管区域收发货人填报该货物的实际经营单位或海关特殊监管区域内经营企业。

（5）免税品经营单位经营出口退税国产商品的，填报免税品经营单位名称。

提示 | 本栏目填报信息来源：

境内收发货人填写与货物成交相关的信息，需要与委托单位进行确认，同时，报关人员可以通过以下方式辅助查询：① 证照信息获取。如：收发货人营业执照中印有统一社会信用代码，中华人民共和国海关报关单位备案登记证书中印有海关备案登记编码。② 官方网站查询。如：可使用国家企业信用信息公示系统查询收发货人的统一社会信用代码及相关信用信息，可使用中国海关企业进出口信用信息公示平台查询收发货人的海关备案编码及相关信用信息。

4. 进境和出境关别

进境和出境关别指的是根据货物实际进出境的口岸海关，本栏目应填报海关规定的《关区代码表》中相应口岸海关的名称及代码。

关区名称是指直属海关、隶属海关或海关监管场所的中文名称。关区代码由 4 位数字组成，前两位为直属海关关别代码，后两位为隶属海关或海关监管场所的代码。例如，货物由天津新港口岸进口，不应填写为"天津关区 0200"或"天津海关 0201"，而应填报为"新港海关 0202"。

 思考 某出口企业的货物在隶属于广东海关的肇庆海关出境，其报关单出口关别应填广东海关（5100）还是肇庆海关（5170）?

（1）特殊情况填报要求如下：

① 进口转关运输货物填报货物进境地海关名称及代码，出口转关运输货物填报货物出境地海关名称及代码。按转关运输方式监管的跨关区深加工结转货物，出口报关单填报转出地海关名称及代码，进口报关单填报转入地海关名称及代码。

提示 | 进口关别是进入中国关境的第一海关，即装载进口货物的运输工具进境后第一次停靠的地方。出口关别是运离中国关境的最后一海关，即装载出口货物的运输工具出境前停靠的最后一个地方。

应用案例

出口关别

某企业出口一批货物，该批货物从深圳蛇口海关申报，再转关到广州海关隶属的新风海关，后运往新加坡。报关单的"出口关别"栏应填"新风海关"。

---

② 在不同海关特殊监管区域或保税监管场所之间调拨、转让的货物，填报对方海关特殊监管区域或保税监管场所所在的海关名称及代码。

③ 其他无实际进出境的货物，填报接受申报的海关名称及代码。

（2）限定口岸要求。

① 国家对汽车整车、药品等货物限定口岸进口，对稀土、甘草、锑及其锑制品等货物限定口岸出口，及对实行许可证管理的货物，按证件核准口岸限定进出口。相关商品应严格在规定的口岸办理进出口申报手续。

② 加工贸易进出境货物应填报主管海关备案时所限定或指定货物进出的口岸海关名称及其代码。限定或指定口岸与货物实际进出境口岸不符的，应向合同备案主管海关办理变更手续后填报。

提示 | 实际进出境的货物可根据提运单信息或舱单信息填报本栏目。例如，进口提单或运单中的 Port of Destination Xin' gang China，根据《关区代码表》，填报"新港海关0202"，或使用海关总署舱单信息查询系统，查询运输工具的进出境关区代码。

---

5. 进／出口日期

进口日期是指运载进口货物的运输工具申报进境的日期。出口日期是指运载出口货物的运输工具办结出境手续的日期，在申报时免予填报。无实际进出境的货物，填报海关接受申报的日期。集中申报的报关单，进出口日期以海关接受报关单申报的日期为准。

提示 | 出口日期以运载出口货物的运输工具实际离境日期为准。海关与运输企业实行舱单数据联网管理的，出口日期由系统自动生成。

进出口日期为8位数字，顺序为年（4位）、月（2位）、日（2位）。例如：运输工具申报进境日期为2023年3月8日，则"进口日期"栏填报为20230308。

提示 | 报关人员可查询运输工具申报进境日期，也可使用海关总署舱单信息查询系统查询运输工具的进境或出境日期。

6. 申报日期

申报日期指海关接受进出口货物收发货人、受委托的报关企业申报数据的日期。以电子数据报关单方式申报的，申报日期为海关计算机系统接受申报数据时记录的日期。以纸质报关单方式申报的，申报日期为海关接受纸质报关单并对报关单进行登记处理的日期。本栏目在申报时免予填报。

申报日期为8位数字，顺序为年（4位）、月（2位）、日（2位）。

7. 备案号

本栏目填报进出口货物收发货人、消费使用单位、生产销售单位在海关办理加工贸易合同备案或征、减、免税审核确认等手续时，海关核发的《加工贸易手册》、海关特殊监管区域和保税监管场所保税账册、《中华人民共和国海关进出口货物征免税证明》（以下简称《征免税证明》）或其他备案审批文件的编号。

备案号的首位标记代码（见表12.2）应与报关单中的"监管方式""征免性质""征免""用途"及"项号"等栏目内容相对应。

表 12.2　备案号标记代码表

备案手册标记码	标记代码含义	备案手册标记码	标记代码含义
B	加工贸易手册（来料加工）	H	出入出口加工区的电子账册
C	加工贸易手册（进料加工）	J	保税仓库记账式电子账册
D	外商免费提供的加工贸易不作价设备	K	保税仓库备案式电子账册
E	加工贸易电子账册	Q	汽车零部件电子账册
F	加工贸易异地进出口分册	Y	原产地证书
G	加工贸易深加工结转异地报关分册	Z	征免税证明

一份报关单只允许填报一个备案号。具体填报要求如下：

（1）加工贸易项下货物，除少量低值辅料按规定不使用《加工贸易手册》及以后续补税监管方式办理内销征税的外，填报《加工贸易手册》编号。

使用异地直接报关分册和异地深加工结转出口分册在异地口岸报关的，填报分册号；本地直接报关分册和本地深加工结转分册限制在本地报关的，填报总册号。

加工贸易成品凭《征免税证明》转为减免税进口货物的，进口报关单填报《征免税证明》编号，出口报关单填报《加工贸易手册》编号。

对加工贸易设备、使用账册管理的海关特殊监管区域内减免税设备之间的结转，转入和转出企业分别填制进、出口报关单，在报关单"备案号"栏目填报《加工贸易手册》编号。

（2）涉及征、减、免税审核确认的报关单，填报《征免税证明》编号。

（3）减免税货物退运出口，填报《中华人民共和国海关进口减免税货物准予退运证明》的编号；减免税货物补税进口，填报《减免税货物补税通知书》的编号；减免税货物进口或结转进口（转入），填报《征免税证明》的编号；相应的结转出口（转出），填报《中华人民共和国海关进口减免税货物结转联系函》的编号。

（4）免税品经营单位经营出口退税国产商品的，免予填报。

提示丨 本栏目信息来源与填制技巧：

> 备案号的填报属于与海关管理相关的信息，反映了进出口货物适用的通关制度，需要报关人与收发货人确认。同时，备案号与报关单中的"监管方式""征免性质""征免""项号"栏目存在相应的逻辑关系。
>
> 备案号一般可以从给出的单据中找到手册号。一般进出口货物，无需填写备案号。

8. 境外收发货人

境外收发货人通常指签订并执行出口贸易合同的买方或合同指定的收货人，境外发货人通常指签订并执行进口贸易合同的卖方。

本栏目填报境外收发货人的名称及编码。名称一般填报英文名称，检验检疫要求填报其他外文名称的，在英文名称后填报，以半角括号分隔；对于 AEO 互认国家（地区）企业，编码填报 AEO 编码，填报样式为："国别（地区）代码 + 海关企业编码"，例如：新加坡 AEO 企业 SG123456789012（新加坡国别代码 +12 位企业编码）；非互认国家（地区）AEO 企业等其他情形，编码免予填报。

特殊情况下无境外收发货人的，名称及编码填报"NO"。

提示丨 本栏目信息来源：

> 贸易合同、发票、提运单等单证中都可以获得境外收发货人的英文名称，如境外收发货人所在国别（地区）已经与中国海关签订 AEO 互认协议，且境外收发货人为 AEO 认证企业的，可以向境外收发货人沟通其海关企业编码，在通关中享受 AEO 认证企业的通关便利。

9. 运输方式

运输方式包括实际运输方式和海关规定的特殊运输方式。前者指货物实际进出境的运输方式，按进出境所使用的运输工具分类；后者指货物无实际进出境的运输方式，按货物在境内的流向分类。

本栏目根据货物实际进出境的运输方式或货物在境内流向的类别，按照海关规定的《运输方式代码表》（见表12.3）选择填报相应的运输方式。

表 12.3　运输方式代码表

代码	名　称	运输方式说明
0	非保税区	非保税区运入保税区和保税区退区
1	监管仓库	境内存入保税仓库和出口监管仓库退仓
2	水路运输	
3	铁路运输	利用铁路承担进出口货物运输的一种方式
4	公路运输	
5	航空运输	利用航空器承运进出口货物的一种方式
6	邮政运输	通过邮局寄运货物进出口的一种方式
7	保税区	保税区运往非保税区
8	保税仓库	保税仓库转内销
9	其他运输	除上述几种运输方式以外的货物进出口运输方式。如人扛、驮畜、输水管道、输油管道、输电网等方式，以及不复运出（入）境而留在境内（外）销售的进出境展览品、留赠转卖物品等
G	固定设施	
H	边境特殊海关作业区	境内运入深港西部通道港方口岸区的货物
L	旅客携带	
P	洋浦保税港区	
S	特殊综合保税区	
T	综合实验区	
W	物流中心	从中心外运入保税物流中心或从保税物流中心运往中心外
X	物流园区	从境内（指国境内特殊监管区域之外）运入园区内或从保税物流园区运往境内
Y	保税港区	保税港区（不包括直通港区）运送区外和区外运入保税港区的货物
Z	出口加工	出口加工区、珠澳跨境工业区珠海园区运往区外和区外运入出口加工区（区外企业填报）

（1）特殊情况填报要求如下：

① 非邮件方式进出境的快递货物，按实际运输方式填报。

② 进口转关运输货物，按载运货物抵达进境地的运输工具填报；出口转关运输货物，按载运货物驶离出境地的运输工具填报。

③ 不复运出（入）境而留在境内（外）销售的进出境展览品、留赠转卖物品等，填报"其他运输"（代码9）。

④ 进出境旅客随身携带的货物，填报"旅客携带"（代码L）。

⑤ 以固定设施（包括输油、输水管道和输电网等）运输货物的，填报"固定设施运输"（代码G）。

（2）无实际进出境货物在境内流转时填报要求如下：

① 从境内非保税区运入保税区货物和从保税区退区货物，填报"非保税区"（代码0）。

② 从保税区运往境内非保税区货物，填报"保税区"（代码7）。

③ 境内存入出口监管仓库和出口监管仓库退仓货物，填报"监管仓库"（代码1）。

④ 保税仓库转内销货物或转加工贸易货物，填报"保税仓库"（代码8）。

⑤ 从境内保税物流中心外运入中心或从中心运往境内中心外的货物，填报"物流中心"（代码W）。

⑥ 从境内保税物流园区外运入园区内或从园区内运往境内园区外的货物，填报"物流园区"（代码X）。

⑦ 保税港区、综合保税区与境内（区外）（非海关特殊监管区域、保税监管场所）之间进出的货物，填报"保税港区/综合保税区"（代码Y）。

⑧ 出口加工区、珠澳跨境工业区（珠海园区）、中哈霍尔果斯国际边境合作中心（中方配套区）与境内（区外）（非海关特殊监管区域、保税监管场所）之间进出的货物，填报"出口加工区"（代码Z）。

⑨ 境内运入深港西部通道港方口岸区的货物以及境内进出中哈霍尔果斯国际边境合作中心中方区域的货物，填报"边境特殊海关作业区"（代码H）。

⑩ 经横琴新区和平潭综合实验区（以下简称综合试验区）二线指定申报通道运往境内（区外）或从境内经二线指定申报通道进入综合试验区的货物，以及综合试验区内选择性征收关税申报的货物，填报"综合试验区"（代码T）。

⑪ 海关特殊监管区域内的流转、调拨货物，海关特殊监管区域、保税监管场所之间的流转货物，海关特殊监管区域与境内（区外）之间进出的货物，海关特殊监管区域外的加工贸易余料结转、深加工结转、内销货物，以及其他境内流转货物，填报"其他运输"（代码9）。

提示 | 本栏目信息来源及填制技巧：

（1）运输方式属于与运输相关的信息，实际进出境的货物由其使用的进出境运输工具决定，可以通过提/运单确认，如海运提单，运输方式填报"水路运输"，代码2；空运运单，运输方式填报"航空运输"，代码5。

（2）非实际进出境货物中，进出海关特殊监管区域的货物，需在确认货物流向后，查询运输方式代码表。

（3）加工贸易监管方式下非实际进出境货物，例如进料深加工、进料余料结转、进料料件内销、进料边角料内销等货物，填报"其他运输"，代码9。

10. 运输工具名称及航次号

运输工具名称是指运载货物进出境的运输工具的名称或编号，航次号是指运载货物进出境的运输工具的航次号。运输工具名称与航次号的填报内容应与运输部门向海关申报的舱单（载货清单）所列相应内容一致。

（1）运输工具名称具体填报要求如下：

① 直接在进出境地或采用全国通关一体化通关模式办理报关手续的报关单填报要求如下：

水路运输：填报船舶编号（来往港澳小型船舶的编号为监管簿编号）或者船舶英文名称。

公路运输：启用公路舱单前，填报该跨境运输车辆的国内行驶车牌号，深圳提前报关模式的报关单填报国内行驶车牌号＋"/"＋"提前报关"。启用公路舱单后，免予填报。

铁路运输：填报车厢编号或交接单号。

航空运输：填报航班号。

邮件运输：填报邮政包裹单号。

其他运输：填报具体运输方式名称，例如：管道、驮畜等。

② 转关运输货物的报关单填报要求如下：

进口。

- 水路运输：直转、提前报关填报"@"＋16位转关申报单预录入号（或13位载货清单号）；中转填报进境英文船名。

- 铁路运输：直转、提前报关填报"@"＋16位转关申报单预录入号；中转填报车厢编号。

- 航空运输：直转、提前报关填报"@"＋16位转关申报单预录入号（或13位载货清单号）；中转填报"@"。

- 公路及其他运输：填报"@"＋16位转关申报单预录入号（或13位载货清单号）。

- 以上各种运输方式使用广东地区载货清单转关的提前报关货物填报"@"＋13位载货清单号。

出口。

- 水路运输：非中转填报"@"＋16位转关申报单预录入号（或13位载货清单号）。如多张报关单需要通过一张转关单转关的，运输工具名称字段填报"@"。

中转货物的境内水路运输填报驳船船名；境内铁路运输填报车名（主管海关4位关区代码＋"TRAIN"）；境内公路运输填报车名（主管海关4位关区代码＋"TRUCK"）。

- 铁路运输：填报"@"＋16位转关申报单预录入号（或13位载货清单号），如多张报关单需要通过一张转关单转关的，填报"@"。

- 航空运输：填报"@"+16位转关申报单预录入号（或13位载货清单号），如多张报关单需要通过一张转关单转关的，填报"@"。
- 其他运输方式：填报"@"+16位转关申报单预录入号（或13位载货清单号）。

③ 其他：

采用"集中申报"通关方式办理报关手续的，报关单填报"集中申报"。

免税品经营单位经营出口退税国产商品的，免予填报。

无实际进出境的货物，免予填报。

（2）航次号具体填报要求如下：

① 直接在进出境地或采用全国通关一体化通关模式办理报关手续的报关单填报要求如下：

水路运输：填报船舶的航次号。

公路运输：启用公路舱单前，填报运输车辆的8位进出境日期〔顺序为年（4位）、月（2位）、日（2位），下同〕。启用公路舱单后，填报货物运输批次号。

铁路运输：填报列车的进出境日期。

航空运输：免予填报。

邮件运输：填报运输工具的进出境日期。

其他运输方式：免予填报。

② 转关运输货物的报关单填报要求如下：

进口。

- 水路运输：中转转关方式填报"@"+进境干线船舶航次。直转、提前报关的免予填报。
- 公路运输：免予填报。
- 铁路运输："@"+8位进境日期。
- 航空运输：免予填报。
- 其他运输方式：免予填报。

出口。

- 水路运输：非中转货物免予填报。
- 中转货物的境内水路运输填报驳船航次号；境内铁路、公路运输填报6位启运日期〔顺序为年（2位）、月（2位）、日（2位）〕。
- 铁路拼车拼箱捆绑出口：免予填报。
- 航空运输：免予填报。
- 其他运输方式：免予填报。

③ 其他。

免税品经营单位经营出口退税国产商品的，免予填报。

无实际进出境的货物，免予填报。

表 12.4 "运输工具名称及航次"栏填写要求
——直接在进出境地或海关通关一体化模式下

运输方式	"运输工具名称及航次"进出口货物报关单填报要求
水路运输	船舶编号或者船舶英文名称和航次号,格式为:"船舶英文名称"(Vessel;S/S),或编号+"/"+"航次号"(Voyage No.),如 ABCD/123 来往港澳小型船舶填监管簿编号
航空运输	航班号
铁路运输	车厢编号或交接单号和列车的进出境日期,格式为:车厢编号或交接单号+"/"+进出境日期
邮件运输	邮政包裹单号和运输工具进出境日期,格式为:邮政包裹单号+"/"+进出境日期
公路运输	未启用公路舱单:该跨境运输车辆的国内行驶车牌号和运输车辆的进出境日期,格式为:该跨境运输车辆的国内行驶车牌号+"/"+进出境日期 深圳提前报关模式填报:国内行驶车牌号+"/"+"提前报关" 启用公路舱单:货物运输批次号,格式为:批次号
其他运输	具体运输方式,如管道、驮畜等

提示 | 本栏目信息来源和填制技巧:

（1）一份报关单只允许填报一个运输工具名称。对于"集中报关"的货物填报"集中申报"4个汉字,无实际进出境的货物,本栏目免于填报。

（2）可从提运单据和舱单系统里查找相关信息。

11. 提运单号

提运单号是指进出口货物提单或运单的编号。一份报关单只允许填报一个提运单号,一票货物对应多个提运单号,应分单填报。

本栏目填报进出口货物提单或运单的编号。

（1）直接在进出境地或采用全国通关一体化通关模式办理报关手续的填报要求如下:

① 水路运输:填报进出口提单号。如有分提单的,填报进出口提单号+"*"+分提单号。

② 公路运输:启用公路舱单前,免予填报;启用公路舱单后,填报进出口总运单号。

③ 铁路运输:填报运单号。

④ 航空运输:填报总运单号+"_"+分运单号,无分运单的填报总运单号。

⑤ 邮件运输:填报邮运包裹单号。

（2）转关运输货物的报关单填报要求如下:

① 进口。

水路运输:直转、中转填报提单号。提前报关的,免予填报。

铁路运输：直转、中转填报铁路运单号。提前报关的，免予填报。

航空运输：直转、中转货物填报总运单号+"_"+分运单号。提前报关的，免予填报。

其他运输方式：免予填报。

以以上运输方式进境的货物，在广东省内用公路运输转关的，填报车牌号。

② 出口。

水路运输：中转货物填报提单号；非中转货物免予填报；广东省内汽车运输提前报关的转关货物，填报承运车辆的车牌号。

其他运输方式：免予填报。广东省内汽车运输提前报关的转关货物，填报承运车辆的车牌号。

（3）其他：

① 采用"集中申报"通关方式办理报关手续的，报关单填报归并的集中申报清单的进出口起止日期［格式为：年（4位）月（2位）日（2位），年（4位）月（2位）日（2位）］。

② 无实际进出境的货物，免予填报。

提示 | 提运单号属于与运输相关的信息，本栏目所填报的运输单证编号主要为海运提运单号、海运单号、铁路运单号、航空运单号等。

12. 货物存放地点

本栏目填报货物进境后存放的场所或地点，包括海关监管作业场所、分拨仓库、定点加工厂、隔离检疫场、企业自有仓库等。

进口报关单中，本栏目为必填项。出口报关单中，本栏目为选填项。

提示 | 货物进境后的存放地点可使用港口、船代、货代的网络公示信息或电话查询运输工具进境后的卸货地点、该票货物进境后分拨、堆存的场所、仓库名称等信息。

13. 消费使用单位 / 生产销售单位

（1）消费使用单位填报已知的进口货物在境内的最终消费、使用单位的名称，包括自行进口货物的单位或委托进出口企业进口货物的单位。

（2）生产销售单位填报出口货物在境内的生产或销售单位的名称，包括：① 自行出口货物的单位；② 委托进出口企业出口货物的单位；③ 免税品经营单位经营出口退税国产商品的，填报统一管理该免税品经营单位的免税店。

（3）减免税货物报关单的消费使用单位 / 生产销售单位应与《征免税证明》的"减免税申请人"一致；保税监管场所与境外之间的进出境货物，消费使用单位 / 生产销售单位填报保税监管场所的名称［保税物流中心（B型）填报中心内企业名称］。

（4）海关特殊监管区域的消费使用单位 / 生产销售单位填报区域内经营企业（"加工单位"或"仓库"）。

（5）编码填报要求如下：

① 填报 18 位法人和其他组织统一社会信用代码。

② 无 18 位统一社会信用代码的，填报 "NO"。

（6）进口货物在境内的最终消费或使用以及出口货物在境内的生产或销售的对象为自然人的，填报身份证号、护照号、台胞证号等有效证件号码及姓名。

提示 | 本栏目属于与货物成交相关的信息，报关人员需要与委托单位确认消费使用单位、生产销售单位的中文全称或代码。

14. 监管方式

监管方式是以国际贸易中进出口货物的交易方式为基础，结合海关对进出口货物的征税、统计及监管条件综合设定的海关对进出口货物的管理方式。其代码由 4 位数字构成，前两位是按照海关监管要求和计算机管理需要划分的分类代码，后两位是参照国际标准编制的贸易方式代码。

本栏目根据实际对外贸易情况，按海关规定的《监管方式代码表》（见表 12.5）选择填报相应的监管方式简称及代码。一份报关单只允许填报一种监管方式。

表 12.5　常见的监管方式及代码

代　码	简　　称	全　　称
0110	一般贸易	一般贸易
0214	来料加工	来料加工装配贸易进口料件及加工出口货物
0255	来料深加工	来料深加工结转货物
0615	进料对口	进料加工（对口合同）
0654	进料深加工	进料深加工结转货物
0644	进料料件内销	进料加工料件转内销
2025	合资合作设备	合资合作企业作为投资进口设备物品
2600	暂时进出货物	暂时进出口货物
3100	无代价抵偿	无代价抵偿进出口货物
1233	保税仓库货物	保税仓库进出境货物
1215	保税工厂	保税工厂
6033	物流中心进出境货物	保税物流中心与境外之间进出仓储货物

特殊情况下加工贸易货物监管方式填报要求如下：

（1）进口少量低值辅料（即5 000美元以下，78种以内的低值辅料）按规定不使用《加工贸易手册》的，填报"低值辅料"。使用《加工贸易手册》的，按《加工贸易手册》上的监管方式填报。

（2）加工贸易料件转内销货物以及按料件办理进口手续的转内销制成品、残次品、未完成品，填制进口报关单，填报"来料料件内销"（0245）或"进料料件内销"（0644）；加工贸易成品凭《征免税证明》转为减免税进口货物的，分别填制进口报关单和出口报关单，出口报关单填报"来料成品减免"（0345）或"进料成品减免"（0744），进口报关单按照实际监管方式填报。

（3）加工贸易出口成品因故退运进口及复运出口的，填报"来料成品退换"（4400）或"进料成品退换"（4600）；加工贸易进口料件因换料退运出口及复运进口的，填报"来料料件退换"（0300）或"进料料件退换"（0700）；加工贸易过程中产生的剩余料件、边角料退运出口，以及进口料件因品质、规格等原因退运出口且不再更换同类货物进口的，分别填报"来料料件复出"（0265）、"来料边角料复出"（0865）、"进料料件复出"（0664）、"进料边角料复出"（0864）。

（4）加工贸易边角料内销和副产品内销，填制进口报关单，填报"来料边角料内销"（0845）或"进料边角料内销"（0844）。

（5）企业销毁处置加工贸易货物未获得收入，销毁处置货物为料件、残次品的，填报"料件销毁"；销毁处置货物为边角料、副产品的，填报"边角料销毁"。

企业销毁处置加工贸易货物并获得收入的，填报为"进料边角料内销"或"来料边角料内销"。

（6）免税品经营单位经营出口退税国产商品的，填报"其他"。

提示 | 本栏目填制技巧及信息来源：
（1）在确定国际贸易项下货物所适用的监管方式前，要充分了解贸易双方交易的背景及货物的最终流向和用途，例如通关货物的资金流、生产后成品流向与其他进出口贸易合同是否存在关联关系等。
（2）监管方式属于与海关管理相关的信息，报关人员需要了解不同监管方式的内涵和使用范围，在报关前与委托单位进行沟通，最终确认监管方式。

15. 征免性质

征免性质是指海关根据《海关法》《关税条例》及国家有关政策，对进出口货物实施的征税、减税、免税管理的性质类别，是海关对进出口货物征、减、免税进行分类统计分析的重要基础。本栏目根据实际情况按海关规定的《征免性质代码表》（见表12.6）选择填报相应的征免性质简称及代码。持有海关核发的《征免税证明》的，按照《征免税证明》中批注的征免性质填报。一份报关单只允许填报一种征免性质。

表 12.6　常见征免性质代码表

代码	简　称	全　称
101	一般征税	一般征税进出口货物
299	其他法定	其他法定减免税进出口货物
307	保税区	保税区进口自用物资
401	科教用品	大专院校及科研机构进口科教用品
501	加工设备	加工贸易外商提供的不作价进口设备
502	来料加工	来料加工装配和补偿贸易进口料件及出口成品
503	进料加工	进料加工贸易进口料件及出口成品
601	中外合资	中外合资经营企业进出口货物
602	中外合作	中外合作经营企业进出口货物
603	外资企业	外商独资企业进出口货物
789	鼓励项目	国家鼓励发展得内外资项目进口设备
799	自有资金	外商投资额度外利用自由资金进口设备、配件

加工贸易货物报关单按照海关核发的《加工贸易手册》中批注的征免性质简称及代码填报。特殊情况下的填报要求如下：

（1）加工贸易转内销货物：按实际情况填报（如一般征税、科教用品、其他法定等）。

（2）料件退运出口、成品退运进口货物填报"其他法定"。

（3）加工贸易结转货物：免予填报。

（4）免税品经营单位经营出口退税国产商品的，填报"其他法定"。

报关单中的"监管方式""征免性质""征免"各栏目存在相应的逻辑关系，反映了进出口货物适用的报关程序。它们之间对应的逻辑关系见表 12.13。

16. 许可证号

许可证号是指商务部及其授权发证机关签发的进出口货物许可证的编号。本栏目填报进出口许可证、两用物项和技术进出口许可证、两用物项和技术出口许可证（定向）、纺织品临时出口许可证、出口许可证（加工贸易）、出口许可证（边境小额贸易）的编号。

免税品经营单位经营出口退税国产商品的，免予填报。

非许可证管理的商品，本栏目留空。

一份报关单只允许填报一个许可证号。

报关人员首先需要确认进出口货物的商品编码及其涉及的监管条件，如果涉及许可证管理，按照许可证编号填报本栏目。

17. 启运港

启运港是指进口货物运抵中国关境前的第一个境外装运港。

本栏目根据实际情况，按海关规定的《港口代码表》填报相应的港口名称及代码。未在《港口代码表》列明的，填报相应的国家名称及代码。

货物从海关特殊监管区域或保税监管场所运至境内区外的，填报《港口代码表》中相应海关特殊监管区域或保税监管场所的名称及代码，未在《港口代码表》中列明的，填报"未列出的特殊监管区"及代码。

其他无实际进境的货物，填报"中国境内"及代码。

启运港属于与运输相关的信息，可以通过提运单、船公司与或航空公司查询平台等确认相关信息。

（1）如果是直接运抵的货物，提单上的"port of loading"列明了启运港信息。

（2）如果是在第三国/地区中转的货物，进口货物提单上的"port of loading"可能是中转港，报关人员需要与船代确认第一个境外装运港，例如某企业从马来西亚进口货物，从基隆启运，经停新加坡，本栏目应填报"基隆"。

18. 合同协议号

本栏目填报进出口货物合同（包括协议或订单）编号。未发生商业性交易的免予填报。免税品经营单位经营出口退税国产商品的，免予填报。

合同协议号为与货物成交相关的信息，报关人员可以按照收发货人提供的合同（包括协议或订单）的编号填报本栏目。如合同中显示：Contact No.20231213，此处的合同协议号填报为：20231213。

19. 贸易国（地区）

发生商业性交易的进口填报购自国（地区），出口填报售予国（地区）。未发生商业性交易的填报货物所有权拥有者所属的国家（地区）。

本栏目按海关规定的《国别（地区）代码表》选择填报相应的贸易国（地区）中文名称及代码。

贸易国（地区）属于与货物成交相关的信息，可以通过查询合同、发票单证中与境内收发货人发生商业性交易的一方所属的国家或地区来进行查找。

20. 启运国（地区）/ 运抵国（地区）

启运国（地区）填报进口货物启始发出直接运抵中国或者在运输中转国（地区）未发生任何商业性交易的情况下运抵中国的国家（地区）。

运抵国（地区）填报出口货物离开中国关境直接运抵或者在运输中转国（地区）未发生任何商业性交易的情况下最后运抵的国家（地区）。

不经过第三国（地区）转运的直接运输进出口货物，以进口货物的装货港所在国（地区）为启运国（地区），以出口货物的指运港所在国（地区）为运抵国（地区）。

经过第三国（地区）转运的进出口货物，如在中转国（地区）发生商业性交易，则以中转国（地区）为启运 / 运抵国（地区）。

本栏目按海关规定的《国别（地区）代码表》选择填报相应的启运国（地区）或运抵国（地区）中文名称及代码。

无实际进出境的货物，填报"中国"及代码。

提示 | 所谓中转（转运）货物，是指船舶、飞机等运输工具从装运港将货物装运后，不直接运往目的港，而在中途的港口卸下后再换装另外的船舶、飞机等运输工具转运至目的港，一般在提运单中有"VIA"，或者是"TRANSIT"的字样。对于发生运输中转而未发生任何商业性交易的货物，其启运国（地区）或运抵国（地区）不变，仍以进口货物的始发国（地区）为启运国（地区），以出口货物的最终目的国（地区）为运抵国（地区）。对于发生运输中转并发生商业性交易的货物，其中转地为启运国（地区）或运抵国（地区）。

例如，中国某公司从英国伦敦进口一批货物，途经中国香港转船运至中国内地（未发生商业性交易），则启运国（地区）为英国；如果在此过程中该公司将该批货物卖给了中国香港的某商人，即发生了商业性交易，那么启运国（地区）则为中国香港。

21. 经停港 / 指运港

经停港填报进口货物在运抵中国关境前的最后一个境外装运港。

指运港填报出口货物运往境外的最终目的港；最终目的港不可预知的，按尽可能预知的目的港填报。

本栏目根据实际情况，按海关规定的《港口代码表》选择填报相应的港口名称及代码。经停港 / 指运港在《港口代码表》中无港口名称及代码的，选择填报相应的国家名称及代码。

无实际进出境的货物，填报"中国境内"及代码。

提示 | 只要货物发生运输中转，不管有没有发生商业性交易，"经停港"都填中转港。

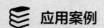

应用案例

"经停港"栏的填报

江苏某进出口公司从马来西亚的巴生港装运一批货物经新加坡中转,再运到宁波北仑港。报关单上的"经停港"栏应如何填报?

分析:"经停港"是指进口货物在运抵中国关境前的最后一个境外装运港。如果货物在运输途中发生中转,那么无论货物在中转地是否发生商业性交易,货物的中转地即经停港。由于货物在新加坡发生中转,因此"经停港"应填新加坡。

22. 入境口岸 / 离境口岸

入境口岸填报进境货物从跨境运输工具卸离的第一个境内口岸的中文名称及代码;采取多式联运跨境运输的,填报多式联运货物最终卸离的境内口岸中文名称及代码;过境货物填报货物进入境内的第一个口岸的中文名称及代码;从海关特殊监管区域或保税监管场所进境的,填报海关特殊监管区域或保税监管场所的中文名称及代码。其他无实际进境的货物,填报货物所在地的城市名称及代码。

离境口岸填报装运出境货物的跨境运输工具离境的第一个境内口岸的中文名称及代码;采取多式联运跨境运输的,填报多式联运货物最初离境的境内口岸中文名称及代码;过境货物填报货物离境的第一个境内口岸的中文名称及代码;从海关特殊监管区域或保税监管场所离境的,填报海关特殊监管区域或保税监管场所的中文名称及代码。其他无实际出境的货物,填报货物所在地的城市名称及代码。

入境口岸 / 离境口岸类型包括港口、码头、机场、机场货运通道、边境口岸、火车站、车辆装卸点、车检场、陆路港、坐落在口岸的海关特殊监管区域等。按海关规定的《国内口岸编码表》选择填报相应的境内口岸名称及代码。

入境口岸 / 离境口岸代码由 6 位数字组成。例如首都国际机场代码为 110101。

23. 包装种类

本栏目填报进出口货物的所有包装材料,包括运输包装和其他包装,按海关规定的《包装种类代码表》(见表 12.7)选择填报相应的包装种类名称及代码。运输包装是指提运单所列货物件数单位对应的包装,如使用再生木托作为运输包装的,在本栏目填报中文"再生木托"和代码 92。其他包装包括货物的各类包装,以及植物性铺垫材料等。

表 12.7　包装种类及代码

代码	包装名称	代码	包装名称
00	散装	39	其他材料制桶
01	裸装	04	球状罐类
22	纸制或纤维板制盒 / 箱	06	包 / 袋
23	木制或竹藤等植物性材料制盒 / 箱	92	再生木托
29	其他材料制盒 / 箱	93	天然木托
32	纸制或纤维板制桶	98	植物性铺垫材料
33	木制或竹藤等植物性材料制桶	99	其他包装

提示 | 本栏目在填报时应注意以下事项：

（1）与委托单位确认货物的运输包装是否含有动植物性包装，例如木质或藤条等植物性材料制盒 / 箱，如有，则必须如实申报。

（2）确认进出口货物是否存在"其他包装"，并确认其材质，例如，使用挡木在集装箱内加固的材料。"其他包装"栏为选填栏目。当其他包装为动物性包装时，必须填报。

（3）一般情况下，其他包装不用于直接包装货物，而运输包装与货物件数相关联。例如在装箱单或提运单据中，件数和包装种类通常合并在一起出现，如 No. of packages 300 cases，则"件数"应填报为 300，"包装种类"填报"木制或竹藤等植物性材料制盒 / 箱"。集装箱内未使用其他材料加固或铺垫的，"其他包装"栏不需填报。

（4）其他包装的货物，按照包装种类和材质，分为纸箱（cartons）、桶（drums, casks）、袋（bags）、包（bales）、捆（bundles）、卷（rolls）、托盘（pallets）、散装（bulk）等。

24. 件数

本栏目填报进出口货物运输包装的件数（按运输包装计）。特殊情况下的填报要求如下：

（1）舱单件数为集装箱的，填报集装箱个数。

（2）舱单件数为托盘的，填报托盘数。

本栏目不得填报为零，裸装货物填报为"1"。

提示 | 提运单、装箱单都会注明货物运输包装件数。提运单、装箱单上的件数应该相同。

25. 毛重（千克）

本栏目填报进出口货物及其包装材料的重量之和，计量单位为千克，不足一千克的填报"1"。

提示 | 在合同、发票、提运单、装箱单等单证中"Gross weight"(缩写为 G. W)所显示的重量为进出口货物的毛重。

26. 净重（千克）

本栏目填报进出口货物的毛重减去外包装材料后的重量，即货物本身的实际重量，计量单位为千克，不足一千克的填报"1"。

提示 | （1）以毛重作净重计价的，可填毛重，即"以毛作净"，如大宗散装货矿砂、粮食等，或裸装货钢管、钢板等。按照国际惯例，以公量重计价的货物，如未脱脂羊毛、羊毛条等，填报公量重。
（2）合同、发票、提运单、装箱单等单证中"Net weight"(缩写为 N. W)所显示的重量为进出口货物的净重。

27. 成交方式

本栏目根据进出口货物实际成交价格条款，按海关规定的《成交方式代码表》(见表12.8)选择填报相应的成交方式代码。

无实际进出境的货物，进口填报 CIF，出口填报 FOB。

表 12.8　成交方式及代码

成交方式代码	成交方式名称	成交方式代码	成交方式名称
1	CIF	5	市场价
2	CFR（C&F/CNF）	6	垫仓
3	FOB	7	EXW
4	C&I		

提示 | 本栏目信息来源与填报技巧：
（1）海关规定的成交方式与国际贸易术语解释中通用的贸易术语内涵并非完全一致。CIF、FOB、CFR 等常见的成交方式并不限于水路，而适用于任何国际货物运输方式，主要体现成本、运费、保险费等成交价格构成因素。
（2）成交方式属于货物成交相关的信息，可在商业发票、合同等单据中查询。
（3）如果商业发票等单证显示的成交方式不属于海关规定的成交方式代码中的成交方式，报关人员需要依照实际成交价格构成因素进行换算，选择成交方式代码中具有相同价格构成的代码填报，如某公司海运进口电机，其商业发票显示DDU Beijing。成交方式代码表中没有DDU，选择成交方式代码表中的 CIF 填报，同时将到达目的港后的运输等费用从成交价格中扣除后申报。

28. 运费

本栏目填报进口货物运抵中国境内输入地点起卸前的运输费用，出口货物运至中国境内输出地点装载后的运输费用。

免税品经营单位经营出口退税国产商品的，免予填报。

提示 | 本栏目信息来源与填报技巧：

（1）成交方式与运费填报的逻辑关系。

当进口货物成交价格不包含上述运费，或当出口货物成交价格含有上述运费，即进口成交方式为 FOB、C&I、EXW 或出口成交方式为 CIF、CFR 的，应在本栏目填报运费。进口货物成交方式包含运费或出口货物成交价格中不包含运费的，本栏目免于填报。

（2）运费的填报要求。

运费可按运费单价、总价或运费率三种方式之一填报，注明运费标记（运费标记"1"表示运费率，"2"表示每吨货物的运费单价，"3"表示运费总价），并按海关规定的《货币代码表》选择填报相应的币种代码。如某批进口货物以 FOB 条款成交，不同运费条款的填报分别为：① 应计入完税价格的运费为 300 美元，填报：3/300/502；② 应计入完税价格的运费为 30 美元 / 吨，应填报：2/30./502；③ 应进入完税价格的运费为货物价格的 3%，填报：1/3。

（3）商业发票单据中的"Freight"栏会体现运费。

29. 保险费

本栏目填报进口货物运抵中国境内输入地点起卸前的保险费，出口货物运至中国境内输出地点装载后的保险费。

免税品经营单位经营出口退税国产商品的，免予填报。

提示 | 本栏目的信息来源与填报技巧：

（1）成交方式与保险费填报的逻辑关系。

当进口货物成交价格不包含上述保险费，或当出口货物成交价格含有上述保险费，即进口成交方式为 FOB、CFR、EXW 或出口成交方式为 CIF、C&I 的，应在本栏目填报保险费。进口货物成交方式包含保险费或出口货物成交价格中不包含保险费的，本栏目免于填报。

（2）保险费的填报要求。

陆运、空运和海运进口货物的保险费按照实际支付的费用计算。进口货物保险费无法确定或者未实际发生的，按货价加运费的 3‰ 计算保险费，计算公式为：

$$保险费 = （货价 + 运费）\times 3‰$$

保险费可按保险费总价或保险费率两种方式之一填报，注明保险费标记（保险费标记"1"表示保险费率，"3"表示保险费总价），并按海关规定的《货币代码表》选择填报相应的币种代码。

运费、保险费合并计算的，运保费填报在"运费"栏中，本栏目免于填报。

（3）商业发票单据中的"Insurance"栏会体现保险费。

30. 杂费

本栏目填报成交价格以外的、按照《中华人民共和国进出口关税条例》相关规定应计入完税价格或应从完税价格中扣除的费用。可按杂费总价或杂费率两种方式之一填报，注明杂费标记（杂费标记"1"表示杂费率，"3"表示杂费总价），并按海关规定的《货币代码表》选择填报相应的币种代码。

应计入完税价格的杂费填报为正值或正率，应从完税价格中扣除的杂费填报为负值或负率。

免税品经营单位经营出口退税国产商品的，免予填报。

提示 | 本栏目信息来源与填报技巧：

（1）杂费属于与货物成交相关的信息，需要报关人员与收发货人确认。

（2）在发票以外由买方支付的作为调整因素应计入完税价格的费用，主要包括除购货佣金以外的佣金和经纪费、与进口货物作为一个整体的容器、包装费、协助价值、特许权使用费、返还给卖方的转售收益等。

（3）在发票中已单独列明，应从完税价格中予以扣除的费用主要包括机械设备等进口后发生的除保修费用以外的费用，货物运抵中国境内输入地点起卸后发生的运输及相关费用、保险费、进口关税、进口环节增值税以及其他国内税、境外技术培训及境外考察费用等。具体见《审价办法》的相关规定。

31. 随附单证及编号

本栏目根据海关规定的《监管证件代码表》和《随附单据代码表》选择填报除《进出口报关单填制规范》第十六条规定的许可证件以外的其他进出口许可证件或监管证件、随附单据代码及编号。

本栏目分为随附单证代码和随附单证编号两栏。其中代码栏按海关规定的《监管证件代码表》和《随附单据代码表》选择填报相应证件代码；随附单证编号栏填报证件编号。

（1）监管证件代码表。

海关根据中国对外贸易法律、法规和规章，对每一项商品编码项下的商品，在通关系统中均对应设置一定的监管条件，用以表示该商品是否可以进出口，或进出口时是否需要提交监管证件以及提交何种监管证件。监管条件以监管证件代码来表示。如果监管条件为空，则表示该商品可以进出口，且无需提交任何监管证件，本栏目无需填报；如果监管证件有要求，则必需填报。例如，监管条件为6A，其中代码"6"表示该商品的旧品禁止进口，代码"A"表示该商品为检验检疫的商品。

表 12.9　监管证件代码表

代码	随附单证（海关）名称	代码	随附单证（海关）名称	代码	随附单证（海关）名称
#	零关税申请单	I	麻醉药品精神药物进出口准许证	d	援外项目任务通知函
0	反制措施排除代码	J	黄金及黄金制品进出口准许证	e	关税配额外优惠税率进口棉花配额证
1	进口许可证	K	深加工结转申请表	f	音像制品（成品）进口批准单
2	两用物项和技术进口许可证	L	药品进出口准许证	g	技术出口合同登记证
3	两用物项和技术出口许可证	M	密码产品和设备进口许可证	h	核增核扣表
4	出口许可证	O	自动进口许可证（新旧机电产品）	i	技术出口许可证
5	纺织品临时出口许可证	P	固体废物进口许可证	k	民用爆炸物品进出口审批单
6	旧机电产品禁止进口	Q	进口药品通关单	m	银行调运人民币现钞进出境证明
7	自动进口许可证	R	进口兽药通关单	n	音像制品（版权引进）批准单
8	禁止出口商品	S	农药进出口登记管理放行通知单	q	国别关税配额证明
9	禁止进口商品	T	提发货凭证	r	预归类标志
@	准予担保通知书	U	合法捕捞产品通关证明	s	适用ITA税率的商品用途认定证明
A	检验检疫	V	人类遗传资源材料出口、出境证明	t	关税配额证明
B	电子底账	X	有毒化学品环境管理放行通知单	v	自动进口许可证（加工贸易）
D	毛坯钻石进出境检验	Y	原产地证明	w	再生原料装运前检验证书
E	濒危物种允许出口证明书	Z	赴境外加工光盘进口备案证明	x	出口许可证（加工贸易）
F	濒危物种允许进口证明书	a	保税核注清单	y	出口许可证（边境小额贸易）
G	两用物项和技术出口许可证（定向）	b	进口广播电影电视节目带（片）提取单	z	古生物化石出境批件
H	港澳OPA纺织品证明	c	内销征税联系单		

（2）特殊填报要求。

① 加工贸易内销征税报关单（使用金关二期加贸管理系统的除外），随附单证代码栏填报"c"，随附单证编号栏填报海关审核通过的内销征税联系单号。

② 一般贸易进出口货物，只能使用原产地证书申请享受协定税率或者特惠税率（以下统称优惠税率）的，即无原产地声明模式，"随附单证代码"栏填报原产地证书代码"Y"，"随附单证编号"栏填报"〈优惠贸易协定代码〉"和"原产地证书编号"。可以使用原产地证书或者原产地声明申请享受优惠税率的，即有原产地声明模式，"随附单证代码"栏填写"Y"，"随附单证编号"栏填报"〈优惠贸易协定代码〉"、"C"（凭原产地证书申报）或"D"（凭原产地声明申报），以及"原产地证书编号（或者原产地声明序列号）"。一份报关单对应一份原产地证书或原产地声明。

海关特殊监管区域和保税监管场所内销货物申请适用优惠税率的，有关货物进出海关特殊监管区域和保税监管场所以及内销时，已通过原产地电子信息交换系统实现电子联网的优惠贸易协定项下货物报关单，按照上述一般贸易要求填报；未实现电子联网的优惠贸易协定项下货物报关单，"随附单证代码"栏填报"Y"，"随附单证编号"栏填报"〈优惠贸易协定代码〉"和"原产地证据文件备案号"。"原产地证据文件备案号"为进出口货物的收发货人或者其代理人录入原产地证据文件电子信息后，系统自动生成的号码。

向香港或者澳门特别行政区出口用于生产香港 CEPA 或者澳门 CEPA 项下货物的原材料时，按照上述一般贸易填报要求填制报关单，香港或澳门生产厂商在香港工贸署或者澳门经济局登记备案的有关备案号填报在"关联备案"栏。

"单证对应关系表"中填报报关单上的申报商品项与原产地证书（原产地声明）上的商品项之间的对应关系。报关单上的商品序号与原产地证书（原产地声明）上的项目编号应一一对应，但不要求按顺序对应。同一批次的进口货物可以在同一报关单中申报，不享受优惠税率的货物序号不填报在"单证对应关系表"中。

③ 各优惠贸易协定项下，免提交原产地证据文件的小金额进口货物"随附单证代码"栏填报"Y"，"随附单证编号"栏填报"〈优惠贸易协定代码〉XJE00000"，"单证对应关系表"享惠报关单项号按实际填报，对应单证项号与享惠报关单项号相同。

提示 ┃ 本栏目信息来源与填报技巧：
（1）根据商品编码确认海关监管条件，并填报监管证件。
（2）优惠原产地项下进口货物，如能提供符合规定的原产地证书，可在本栏目填报"Y〈优惠原产地协定代码〉原产地证书编号"，从而享受相应的优惠税率。一份原产地证书只能对应一份报关单，同一份报关单上的商品不能同时享受协定税率和减免税。在一票进口货物中，对于实行原产地证书联网管理的，如涉及多份原产地证书或含非原产地证书商品，应分单填报。
（3）加工贸易内销征税联系单、深加工结转申请表是进行加工贸易内销征税报关及深加工结转报关的必需单证或审批手续。

32. 标记唛码及备注

标记唛码是运输标志的俗称。进出口货物报关单上的标记唛码专指货物的运输标志。标记唛码的英文表示有 Marks、Marking、MKS、Marks & No.、Shipping Marks 等，通常是由一个简单的几何图形和一些字母、数字及简单的文字组成，包含收货人代号、合同号和发票号、目的地、原产国（地区）、最终目的国（地区）、目的港或中转港、件数等内容。标记唛码填报要求为：标记唛码中除图形以外的文字、数字，无标记唛码的填报 N/M。

备注是指除报关单固定栏目申报进出口货物有关情况外，需要补充或特别说明的事项，包括关联备案号、关联报关单号，以及其他需要补充或特别说明的事项。

备注的填报要求如下：

（1）受外商投资企业委托代理其进口投资设备、物品的进出口企业名称。

 应用案例

"标记唛码及备注"栏的填报

江苏飞宇进出口有限公司受贵阳某中外合作企业的委托进口一批投资机械设备，在"标记唛码及备注"栏内需填写"委托江苏飞宇进出口有限公司进口"。

（2）与本报关单有关联关系的，同时业务管理规范方面又要求填报的备案号，填报在电子数据报关单中"关联备案"栏。

保税间流转货物、加工贸易结转货物及凭《征免税证明》转内销的货物，其对应的备案号填报在"关联备案"栏。

减免税货物结转进口（转入），"关联备案"栏填报本次减免税货物结转所申请的《中华人民共和国海关进口减免税货物结转联系函》的编号。

减免税货物结转出口（转出），"关联备案"栏填报与其相对应的进口（转入）报关单"备案号"栏中《征免税证明》的编号。

（3）与本报关单有关联关系的，同时又因为业务管理规范方面有要求所以填报的报关单号，填报在电子数据报关单中"关联报关单"栏。

保税间流转、加工贸易结转类的报关单，应先办理进口报关，并将进口报关单号填入出口报关单的"关联报关单"栏。

办理进口货物直接退运手续的，除另有规定外，应先填制出口报关单，再填制进口报关单，并将出口报关单号填报在进口报关单的"关联报关单"栏。

减免税货物结转出口（转出），应先办理进口报关，并将进口（转入）报关单号填入出口（转出）报关单的"关联报关单"栏。

（4）办理进口货物直接退运手续的，填报"〈ZT"+"海关审核联系单号或者《海关责令进口货物直接退运通知书》编号"+"〉"。办理固体废物直接退运手续的，填报"固体废物，直接退运表 ×× 号 / 责令直接退运通知书 ×× 号"。

（5）保税监管场所进出货物，在"保税 / 监管场所"栏填报本保税监管场所编码［保税物流中心（B 型）填报本中心的国内地区代码］，其中涉及货物在保税监管场所间流转的，在本栏填报对方保税监管场所代码。

（6）涉及加工贸易货物销毁处置的，填报海关加工贸易货物销毁处置申报表编号。

（7）当监管方式为"暂时进出货物"（代码 2600）和"展览品"（代码 2700）时，填报要求如下：

① 根据《中华人民共和国海关暂时进出境货物管理办法》（海关总署令第 233 号，以下简称《管理办法》）第三条第一款所列项目，填报暂时进出境货物类别，如：暂进六，暂出九；

② 根据《管理办法》第十条规定，填报复运出境或者复运进境日期，期限应在货物进出境之日起 6 个月内，如：20180815 前复运进境，20181020 前复运出境；

③ 根据《管理办法》第七条，向海关申请对有关货物是否属于暂时进出境货物进行审核确认的，填报《中华人民共和国 ×× 海关暂时进出境货物审核确认书》编号，如：〈ZS 海关审核确认书编号〉，其中英文为大写字母；无此项目的，无需填报。

上述内容依次填报，项目间用"/"分隔，前后均不加空格。

④ 收发货人或其代理人申报货物复运进境或者复运出境的：

货物办理过延期的，根据《管理办法》填报《货物暂时进 / 出境延期办理单》的海关回执编号，如：〈ZS 海关回执编号〉，其中英文为大写字母，无此项目的，无需填报。

（8）跨境电子商务进出口货物，填报"跨境电子商务"。

（9）加工贸易副产品内销，填报"加工贸易副产品内销"。

（10）服务外包货物进口，填报"国际服务外包进口货物"。

（11）公式定价进口货物，填报公式定价备案号，格式为："公式定价"+ 备案编号 +"@"。对于同一报关单下有多项商品的，如某项或某几项商品为公式定价备案，则备注栏内填报"公式定价"+ 备案编号 +"#"+ 商品序号 +"@"。

（12）进出口与《中华人民共和国海关预裁定决定书》（以下简称《预裁定决定书》）列明情形相同的货物时，按照《预裁定决定书》填报，格式为："预裁定 +《预裁定决定书》编号"（例如：某份预裁定决定书编号为 R-2-0100-2018-0001，则填报为"预裁定 R-2-0100-2018-0001"）。

（13）含归类行政裁定报关单，填报归类行政裁定编号，格式为："c"+ 四位数字编号，例如 c0001。

（14）已经在进入特殊监管区域时完成检验的货物，在出区入境申报时，填报"预检验"字样，同时在"关联报检单"栏填报实施预检验时的报关单号。

（15）进口直接退运的货物，填报"直接退运"字样。

（16）企业提供 ATA 单证册的货物，填报"ATA 单证册"字样。

（17）不含动物源性低风险生物制品，填报"不含动物源性"字样。

（18）货物自境外进入境内特殊监管区域或者保税仓库的，填报"保税入库"或者"境外入区"字样。

（19）海关特殊监管区域与境内区外之间采用分送集报方式进出的货物，填报"分送集报"字样。

（20）军事装备出入境的，填报"军品"或"军事装备"字样。

（21）申报 HS 为 3821000000、3002300000 且属于下列情况的，填报要求为：属于培养基的，填报"培养基"字样；属于化学试剂的，填报"化学试剂"字样；不含动物源性成分的，填报"不含动物源性"字样。

（22）属于修理物品的，填报"修理物品"字样。

（23）属于下列情况的，填报"压力容器""成套设备""食品添加剂""成品退换""旧机电产品"等字样。

（24）申报 HS 为 2903890020（入境六溴环十二烷），用途为"其他（99）"的，填报具体用途。

（25）集装箱体信息填报集装箱号（在集装箱箱体上标示的全球唯一编号）、集装箱规格、集装箱商品项号关系（单个集装箱对应的商品项号，以半角逗号分隔）、集装箱货重（集装箱箱体自重＋装载货物重量，单位为千克）。

提示 | 集装箱号是指在每个集装箱箱体两侧标示的全球唯一的编号。其组成规则是：箱主代号（3 位字母）＋设备识别号"U"＋顺序号（6 位数字）＋校验码（1 位数字）。

如	T G H	U	849195	2
	↓	↓	↓	↓
	箱主代号	设备识别号	顺序号（6 位数）	校验码

（26）申报 HS 为 3006300000、3504009000、3507909010、3507909090、3822001000、3822009000 且不属于"特殊物品"的，填报"非特殊物品"字样。"特殊物品"定义见《出入境特殊物品卫生检疫管理规定》。

（27）进出口列入目录的进出口商品，以及法律、行政法规规定须经出入境检验检疫机构检验的其他进出口商品，填报"应检商品"字样。

（28）申报时其他必须说明的事项。

提示 | 本栏目信息来源与填制技巧：

（1）标记唛码属于与运输相关的信息，报关人员可以从提运单、装箱单等报关单证中查看，无标记唛码的填报"N/M"。

（2）备注项可以录入与报关管理相关的信息，也可以根据收发货人的要求录入部分补充信息。

33. 项号

项号是指申报货物在报关单中的商品排列序号及该项商品在《加工贸易手册》《征免税

证明》等备案单证中的顺序编号。

本栏目分两行填报。第一行填报报关单中的商品顺序编号；第二行填报备案序号，专用于加工贸易及保税、减免税等已备案、审批的货物，填报该项货物在《加工贸易手册》或《征免税证明》等备案、审批单证中的顺序编号。例如：一张加工贸易料件进口报关单上某项商品项号的第一行填报为"02"，第二行为"08"，说明该商品位列报关单所申报商品的第2项，且对应加工贸易手册备案料件第8项。其中第二行——特殊情况下的填报要求如下：

（1）深加工结转货物，分别按照《加工贸易手册》中的进口料件项号和出口成品项号填报。

（2）料件结转货物（包括料件、制成品和未完成品折料），出口报关单按照转出《加工贸易手册》中进口料件的项号填报；进口报关单按照转进《加工贸易手册》中进口料件的项号填报。

（3）料件复出货物（包括料件、边角料），出口报关单按照《加工贸易手册》中进口料件的项号填报；边角料对应一个以上料件项号时，填报主要料件项号。料件退换货物（包括料件，不包括未完成品），进出口报关单按照《加工贸易手册》中进口料件的项号填报。

（4）成品退换货物，退运进境报关单和复运出境报关单按照《加工贸易手册》原出口成品的项号填报。

（5）加工贸易料件转内销货物（以及按料件办理进口手续的转内销制成品、残次品、未完成品）填制进口报关单时，填报《加工贸易手册》中进口料件的项号；加工贸易边角料、副产品内销，填报《加工贸易手册》中对应的进口料件项号。边角料或副产品对应一个以上料件项号时，填报主要料件项号。

（6）加工贸易成品凭《征免税证明》转为减免税货物进口的，应先办理进口报关手续。进口报关单填报《征免税证明》中的项号，出口报关单填报《加工贸易手册》中原出口成品项号，进、出口报关单货物数量应一致。

（7）加工贸易货物被销毁，填报《加工贸易手册》中相应的进口料件项号。

（8）加工贸易副产品退运出口、结转出口的，填报《加工贸易手册》中新增成品的出口项号。

（9）经海关批准实行加工贸易联网监管的企业，按海关联网监管要求，企业需申报报关清单的，应在向海关申报进出口（包括形式进出口）报关单前，向海关申报"清单"。一份报关清单对应一份报关单，报关单上的商品由报关清单归并而得。加工贸易电子账册报关单中项号、品名、规格等栏目的填制规范比照《加工贸易手册》。

提示 | 本栏目信息来源与填制技巧：

（1）项号是与海关管理相关的信息，本栏目有商品序号和备案序号两种。

（2）一般贸易项下的货物只需按照录入顺序填报项号。一份报关单号可以录入50项商品。加工贸易项下的货物，除需要按照录入顺序填报项号外，还需要按照手册备案内容填报备案项号，按照原料备案项号填报进口报关单，按照成品备案项号填报出口报关单。

34. 商品编号

本栏目填报由 10 位数字组成的商品编号，前 8 位为《中华人民共和国进出口税则》和《海关统计商品目录》确定的编码，第 9 位、第 10 位为监管附加编号。

监管附加编号是指根据海关征税和监管的需要，在原 8 位商品编号后再细分的第 9 位、第 10 位编号。其中第 9 位编号主要用于确定不同的增值税及消费税的税率，第 10 位编号主要用于确定不同的监管证件规定。

35. 商品名称及规格型号

商品名称是指进出口货物的规范中文名称，规格型号是指反映商品性能、品质和规格的一系列指标，如品牌、等级、成分、含量、纯度、尺寸等。

本栏目分两行填报。第一行填报进出口货物的规范中文商品名称，第二行填报规格型号。具体填报要求如下：

（1）商品名称及规格型号应据实填报，并与进出口货物收发货人或受委托的报关企业所提交的合同、发票等相关单证相符。

提示 ｜（1）商品名称、规格、型号的填报需要报关人与委托单位做详细沟通，了解商品信息如材质、成分、含量、工作原理、功能用途等，根据《规范申报目录》填报本栏目。
（2）可通过商业发票中的栏目（Description of Goods, Product and Description, Goods Description, Quantities and Description）获取相关信息，确定商品名称。

（2）商品名称应当规范，规格型号应当足够详细，以满足海关归类、审价及许可证件管理要求为准，可参照《规范申报目录》中对商品名称、规格型号的要求进行填报。见表 12.10。

表 12.10　进出口商品申报要素示例

商品编号	商品名称	申报要素
1504.1000	鱼肝油及其分离品	1. 品名；2. 成分含量；3. 加工程度（未经化学改性）4. 饲料用的鱼油、脂及其分离品请注明是否精炼；5. 保健用鱼油请注明 DHA+EPA 浓度；6. 品牌（中文及外文名称，无品牌请申报厂商）

（3）已备案的加工贸易及保税货物，填报的内容必须与备案登记中同项号下货物的商品名称一致。

（4）对需要海关签发《货物进口证明书》的车辆，商品名称栏填报"车辆品牌 + 排气量（注明 cc）+ 车型（如越野车、小轿车等）"。进口汽车底盘不填报排气量。车辆品牌按照《进口机动车辆制造厂名称和车辆品牌中英文对照表》中"签注名称"一栏的要求填报。

规格型号栏可填报"汽油型"等。

（5）由同一运输工具同时运抵同一口岸并且属于同一收货人、使用同一提单的多种进口货物，按照商品归类规则应当归入同一商品编号的，应当将有关商品一并归入该商品编号。商品名称填报一并归类后的商品名称，规格型号填报一并归类后商品的规格型号。

（6）加工贸易边角料和副产品内销的，边角料复出口的，填报其报验状态的名称和规格型号。

（7）进口货物收货人以一般贸易方式申报进口属于《需要详细列名申报的汽车零部件清单》范围内的汽车生产件的，按以下要求填报：

① 商品名称填报进口汽车零部件的详细中文商品名称和品牌，中文商品名称与品牌之间用"/"相隔，必要时加注英文商业名称；进口的成套散件或者毛坯件应在品牌后加注"成套散件""毛坯"等字样，并与品牌用"/"相隔。

② 规格型号填报汽车零部件的完整编号。在零部件编号前应当加注"S"字样，并与零部件编号之间用"/"相隔，零部件编号之后应当依次加注该零部件适用的汽车品牌和车型。汽车零部件属于可以适用于多种汽车车型的通用零部件的，零部件编号后应当加注"TY"字样，并用"/"与零部件编号相隔。与进口汽车零部件规格型号相关的其他需要申报的要素，或者海关规定的其他需要申报的要素，如"功率""排气量"等，应当在车型或"TY"之后填报，并用"/"与之相隔。汽车零部件报验状态是成套散件的，应当在"标记唛码及备注"栏内填报该成套散件装配后的最终完整品的零部件编号。

（8）进口货物收货人以一般贸易方式申报进口属于《需要详细列名申报的汽车零部件清单》范围内的汽车维修件的，填报规格型号时，应当在零部件编号前加注"W"，并与零部件编号用"/"相隔；进口维修件的品牌与该零部件适用的整车厂牌不一致的，应当在零部件编号前加注"WF"，并与零部件编号用"/"相隔。其余申报要求同上条执行。

（9）品牌类型。品牌类型为必填项目。可选择"无品牌"（代码0）、"境内自主品牌"（代码1）、"境内收购品牌"（代码2）、"境外品牌（贴牌生产）"（代码3）、"境外品牌（其他）"（代码4）如实填报。其中，"境内自主品牌"是指由境内企业自主开发、拥有自主知识产权的品牌；"境内收购品牌"是指境内企业收购的原境外品牌；"境外品牌（贴牌生产）"是指境内企业代工贴牌生产中使用的境外品牌；"境外品牌（其他）"是指除代工贴牌生产以外使用的境外品牌。上述品牌类型中，除"境外品牌（贴牌生产）"仅用于出口外，其他类型均可用于进口和出口。

提示｜关于品牌类型的注意事项：

（1）根据品牌持有企业的所在地来确定品牌类别，所有权属于境外企业的品牌按境外品牌申报，反之按境内品牌申报。

（2）境外品牌（贴牌生产）仅用于在境内生产、出口时按生产合同约定使用境外品牌的货物。贴牌生产中的品牌使用许可通常并不采用授权书等单独法律文本的形式，而是在加工合同中用合同条款表述。在这种情况下，只要符合合同约定，出口商出口商品使用境外品牌的，即可申报为境外品牌（贴牌生产）。

品牌类别反映的是货物生产时的品牌信息，与货物进出口的目的地或用途无关。加工贸易的进口料件也按照料件本身的品牌类别申报，不得申报为"境外品牌（贴牌生产）"。例如某贴牌生产企业从中国香港进口了一批料件，印有中国香港某企业的品牌标识，应按"境外品牌（其他）"申报。

（3）境外品牌（其他）用于除贴牌生产外所有使用境外品牌的进出境货物，品牌持有人为境外公司但在境内工厂生产的货物，应申报境外品牌（其他）。如总部在境外的跨国公司在境内全资设立了子公司，使用总公司品牌生产出口商品，出口时该商品申报为"境外品牌（其他）"。

（4）境内自主品牌是指由境内企业自主创立、具有自主知识产权的品牌，但品牌类别范围更广，包括但不限于在海关进行知识产权保护备案的商标。

（5）境内收购品牌是指境内企业收购的原境外品牌。境内企业为打开国外市场而收购了境外品牌并进出口货物的，按照"境内收购品牌"申报。

（6）无品牌是指不包含品牌信息的进出口货物。进出口货物的外包装上仅有公司名称，商品本身未印有品牌，商品或商品的销售包装上不能反映品牌信息时，应按"无品牌"申报。

（7）同一海关商品编码涉及多个品牌类别时，应该在报关单表体中分行申报，确保每个不同的品牌类别都能准确反映出所对应商品的进出口情况。

（10）出口享惠情况。出口享惠情况为出口报关单必填项目，可选择"出口货物在最终目的国（地区）不享受优惠关税""出口货物在最终目的国（地区）享受优惠关税""出口货物不能确定在最终目的国（地区）享受优惠关税"如实填报。进口货物报关单不填报该申报项。

（11）申报进口已获 3C 认证的机动车辆时，填报以下信息：

① 提运单日期：填报该项货物的提运单签发日期。

② 质量保质期：填报机动车的质量保证期。

③ 发动机号或电机号：填报机动车的发动机号或电机号，应与机动车上打刻的发动机号或电机号相符。纯电动汽车、插电式混合动力汽车、燃料电池汽车应填报电机号，其他机动车应填报发动机号。

④ 车辆识别代码（VIN）：填报机动车车辆识别代码，须符合国家强制性标准《道路车辆车辆识别代号（VIN）》（GB 16735）的要求。该项目一般与机动车的底盘（车架号）相同。

⑤ 发票所列数量：填报对应发票中所列进口机动车的数量。

⑥ 品名（中文名称）：填报机动车中文品名，按《进口机动车辆制造厂名称和车辆品牌中英文对照表》（原质检总局 2004 年 52 号公告）的要求填报。

⑦ 品名（英文名称）：填报机动车英文品名，按《进口机动车辆制造厂名称和车辆品牌中英文对照表》（原质检总局 2004 年 52 号公告）的要求填报。

⑧ 型号（英文）：填报机动车型号，须与机动车产品标牌上整车型号一栏相符。

（12）进口货物收货人申报进口的货物属于实施反倾销反补贴措施货物的，填报"原厂商中文名称""原厂商英文名称""反倾销税率""反补贴税率"和"是否符合价格承诺"等计税必要信息。

格式要求为："|〈〉〈〉〈〉〈〉〈〉"。"|""〈"和"〉"均为英文半角符号。第一个"|"为在规格型号栏目中已填报的最后一个申报要素后系统自动生成或人工录入的分割符（若相关商品税号无规范申报填报要求，则需要手工录入"|"），"|"后面5个"〈〉"的内容依次为"原厂商中文名称""原厂商英文名称"（如无原厂商英文名称，可填报以原厂商所在国或地区文字标注的名称，具体可参照商务部实施贸易救济措施相关公告中对有关原厂商的外文名称写法的要求）、"反倾销税率"、"反补贴税率"、"是否符合价格承诺"。其中，"反倾销税率"和"反补贴税率"填写实际值，例如，税率为30%，填写"0.3"。"是否符合价格承诺"填写"1"或者"0"，"1"代表"是"，"0"代表"否"。填报时，5个"〈〉"为不可缺项，如第3、4、5项"〈〉"中无申报事项，相应的"〈〉"中内容可以为空，但"〈〉"需要保留。

36. 数量及单位

本栏目指进出口商品的成交数量及计量单位，以及海关法定计量单位和按照法定计量单位计算的数量。海关法定计量单位分为法定第一计量单位和法定第二计量单位，海关法定计量单位以《海关统计商品目录》中规定的计量单位为准。例如，《海关统计商品目录》里天然水：千升／千克，表示法定第一计量单位为千升，法定第二计量单位为千克。

本栏目分三行填报。

（1）第一行按进出口货物的法定第一计量单位填报数量及单位。

（2）凡列明有法定第二计量单位的，在第二行按照法定第二计量单位填报数量及单位。无法定第二计量单位的，第二行为空。

（3）成交计量单位及数量填报在第三行。

特殊情况下的填报要求如下：

（1）法定计量单位为"千克"的，填报数量时，特殊情况下的填报要求如下：

① 装入可重复使用的包装容器的货物，按货物扣除包装容器后的重量填报，如罐装同位素、罐装氧气及类似品等。

② 使用不可分割包装材料和包装容器的货物，按货物的净重填报（即包括内层直接包装的净重重量），如采用供零售包装的罐头、药品及类似品等。

③ 按照商业惯例以公量重计价的商品，按公量重填报，如未脱脂羊毛、羊毛条等。

④ 采用以毛重作为净重计价的货物，按毛重填报，如粮食、饲料等大宗散装货物。

⑤ 采用零售包装的酒类、饮料、化妆品，按照液体／乳状／膏状／粉状部分的重量填报。

（2）成套设备、减免税货物如需分批进口，货物实际进口时，按照实际报验状态确定数量。

（3）具有完整品或制成品基本特征的不完整品、未制成品，根据《协调制度》归类规

359

则按完整品归类的，按照构成完整品的实际数量填报。

（4）已备案的加工贸易及保税货物，成交计量单位必须与《加工贸易手册》中同项号下货物的计量单位一致，加工贸易边角料和副产品内销的、边角料复出口的，填报其报验状态的计量单位。

（5）优惠贸易协定项下进出口商品的成交计量单位必须与原产地证书上对应商品的计量单位一致。

（6）法定计量单位为立方米的气体货物，折算成标准状况（即摄氏零度及1个标准大气压）下的体积进行填报。

应用案例

"数量及单位"栏的填报

某公司进口花边500米，净重120千克，商品编码为5804.3000，法定计量单位为千克。本栏目填报为：第一行120千克，第二行为空，第三行500米。

提示 | 发票、装箱单中都列有货物的交易数量、单位和净重，合同或订单中列明的货物数量为总数量，它有可能大于发票中列明的数量，不要混淆。

37. 单价

本栏目填报同一项号下进出口货物实际成交的商品单位价格。无实际成交价格的，填报单位货值。

38. 总价

本栏目填报同一项号下进出口货物实际成交的商品总价格。无实际成交价格的，填报货值。

提示 | 单价、总价、币制为与交易相关的信息，是发票、合同中必有的重要信息。特殊交易方式下，如免费提供的样品等无商业价值的货物，报关人员需与委托单位确认进出口货物的实际价值，并按照实际价值申报。

39. 币制

本栏目按海关规定的《货币代码表》（见表12.11）选择相应的货币名称及代码填报，如《货币代码表》中无实际成交币种，需将实际成交货币按申报日外汇折算率折算成《货币代码表》中列明的货币填报。

表 12.11　常见币制代码

币制名称	币制代码	币制名称	币制代码
日本元	116	欧元	300
新加坡元	132	英镑	303
人民币	142	美元	502
澳大利亚元	601	加拿大元	501

40. 原产国（地区）

原产国（地区）是指进口货物的生产、开采或加工制造的国家（地区）。本栏目按海关规定的《国别（地区）代码表》选择填报相应的国家（地区）名称及代码。

（1）一般填报要求如下：① 原产国（地区）依据《中华人民共和国进出口货物原产地条例》《中华人民共和国海关关于执行〈非优惠原产地规则中实质性改变标准〉的规定》以及海关总署关于各项优惠贸易协定原产地管理规章规定的原产地确定标准填报。② 同一批进出口货物的原产地不同的，分别填报原产国（地区）。③ 进出口货物原产国（地区）无法确定的，填报"国别不详"。

（2）加工贸易报关单特殊情况下的填报要求如下：① 料件结转货物，原产国（地区）为原进口料件生产国（地区）。② 深加工结转货物，原产国（地区）和最终目的国（地区）均为"中国"。③ 加工出口成品因故退运境内的，原产国（地区）填报"中国"。④ 加工贸易剩余料件内销的，原产国（地区）填报料件的原实际生产国（地区）；加工贸易成品（包括半成品、残次品、副产品）转内销的，原产国（地区）均填报"中国"。⑤ 海关特殊监管区域运往区外的，未经加工的进口货物填报货物原进口时的原产国（地区）；经加工的成品或半成品，按现行原产地规则确定原产国（地区）。

提示 | 本栏目信息来源：
（1）发票或原产地证书上原产国（地区）一般表示为"Made in ×××"或"Origin/County of Origin: ×××）。
（2）提单或装箱单的唛头上也会记录原产国（地区）信息，如"Made in Thailand"。

41. 最终目的国（地区）

最终目的国（地区）填报已知的进出口货物的最终实际消费、使用或进一步加工制造的国家（地区）。按海关规定的《国别（地区）代码表》选择填报相应的国家（地区）名称及代码。

（1）一般填报要求如下：① 不经过第三国（地区）转运的直接运输货物，以运抵国（地区）为最终目的国（地区）；经过第三国（地区）转运的货物，以最后运往国（地区）

为最终目的国（地区）。②同一批进出口货物的最终目的国（地区）不同的，分别填报最终目的国（地区）。③进出口货物不能确定最终目的国（地区）的，以尽可能预知的最后运往国（地区）为最终目的国（地区）。

（2）加工贸易报关单特殊情况下的填报要求如下：① 料件结转货物，最终目的国（地区）填报"中国"。② 深加工结转货物，原产国（地区）和最终目的国（地区）均为"中国"。③ 料件或成品复运出境的，填报实际最终目的国（地区）。④ 从海关特殊监管区域外运入区内的货物，最终目的国（地区）填报"中国"。

提示 | 本栏目信息来源：

> 最终目的国（地区）是与交易相关的信息，报关人员应与委托单位确认货物的最终实际消费、使用和进一步加工制造的国家（地区）。如果不能确认，以出口报关单证（发票、装箱单）上列明的运抵国（地区）填报本栏目。

42. 境内目的地 / 境内货源地

境内目的地填报已知的进口货物在国内的消费、使用地或最终运抵地，其中最终运抵地为最终使用单位所在的地区。最终使用单位难以确定的，填报货物进口时预知的最终收货单位所在地。

境内货源地填报出口货物在国内的产地或原始发货地。出口货物产地难以确定的，填报最早发运该出口货物的单位所在地。

海关特殊监管区域、保税物流中心（B型）与境外之间的进出境货物，境内目的地 / 境内货源地填报本海关特殊监管区域、保税物流中心（B型）所对应的国内地区。

本栏目按海关规定的《国内地区代码表》选择填报相应的国内地区名称及代码。境内目的地还需根据《中华人民共和国行政区划代码表》选择填报其对应的县级行政区名称及代码。无下属区县级行政区的，可选择填报地市级行政区。

 应用案例

境内目的地的填报

　　天津某外贸公司进口医疗设备，货物通关后运往包头某医院，此票进口货物报关单的境内目的地应填报为包头。

43. 征免

征免是指海关依照《海关法》《进出口关税条例》《中华人民共和国进出口税则》及其他法律、法规，对进出口货物实际决定征税、减税、免税或特案处理的操作方式。

本栏目按照海关核发的《征免税证明》或有关政策规定，对报关单所列每项商品选择海关规定的《征减免税方式代码表》（见表12.12）中相应的征减免税方式填报。加工贸易货物报关单根据《加工贸易手册》中备案的征免规定填报；《加工贸易手册》中备案的且征免规定为"保金"或"保函"的，填报"全免"。

表12.12　征免性质代码表及含义

代码	名　称	含　义
1	照章征税	是指对进出口货物依照法定税率计征各类税、费
2	折半征税	是指依照主管海关签发的《征免税证明》或海关总署的通知，对进出口货物依照法定税率折半计征关税和增值税，但照章征收消费税
3	全免	是指依照主管海关签发的《征免税证明》或海关总署的通知，对进出口货物免征关税和增值税，但消费税是否免征应按有关批文的规定办理
4	特案减免	是指依照主管海关签发的《征免税证明》或海关总署通知规定的税率计征各类税、费
5	随征免性质	是指对某些监管方式下的进出口货物按照征免性质规定的特殊计税公式或税率计征税、费
6	保证金	是指经海关批准具保放行的货物，由担保人向海关缴纳现金的一种担保形式
7	保证函	是指担保人根据海关的要求，向海关提交的订有明确权利义务的一种担保文书
8	折半补税	是指对已征半税的供特区内销售的市场物资，经海关核准运往特区外时，补征另一半相应税款
9	出口全额退税	是指对计划内出口的丝绸、山羊绒实行出口全额退税时，凭《计划内出口证明》开具出口全额退税税单，并计征关务费

征免是与海关管理相关的信息，与报关单的监管方式、征免性质的填报存在相对应的逻辑关系，见表12.13。

表12.13　报关制度、监管方式、征免性质、征免各栏目之间的逻辑关系

报关制度	监管方式	征免性质	征　免
以一般贸易成交并按一般进出口通关制度报关（征税）的	一般贸易	一般征税	照章征税/保证金/保函

报关制度	监管方式	征免性质	征　免
对来料加工 / 进料加工物并确认按保税通关制度报关（保税）的	来料加工 / 进料加工	来料加工 / 进料加工	全免
对来料 / 进料深加工结转货物并按保税通关制度报关（保税）的	来料深加工 / 进料深加工	本栏为空	全免
对外商投资企业在投资额度内进口设备、物品被并已确认按特定减免税通关制度报关（免税）的	合资合作设备 / 外资设备物品	鼓励项目	全免 / 特案
对外商投资企业在投资额度外利用自有资金进口设备、物品并已确认按特定减免税通关制度报关（免税）的	一般贸易	自有资金	全免 / 特案

44. 特殊关系确认

根据《审价办法》第十六条，填报确认进出口行为中买卖双方是否存在特殊关系，有下列情形之一的，应当认为买卖双方存在特殊关系，本栏目应填报"是"，反之则填报"否"。

（1）买卖双方为同一家族成员的。

（2）买卖双方互为商业上的高级职员或者董事的。

（3）一方直接或者间接地受另一方控制的。

（4）买卖双方都直接或者间接地受第三方控制的。

（5）买卖双方共同直接或者间接地控制第三方的。

（6）一方直接或者间接地拥有、控制或者持有对方 5% 以上（含 5%）公开发行的有表决权的股票或者股份的。

（7）一方是另一方的雇员、高级职员或者董事的。

（8）买卖双方是同一合伙的成员的。

（9）买卖双方在经营上相互有联系，一方是另一方的独家代理、独家经销或者独家受让人的，如果符合前款的规定，也应当视为存在特殊关系。

提示 | 出口货物免予填报，加工贸易及保税监管货物（内销保税货物除外）免予填报。

45. 价格影响确认

本栏目根据《审价办法》第十七条，填报确认纳税义务人是否可以证明特殊关系未对进口货物的成交价格产生影响。纳税义务人能证明其成交价格与同时或者大约同时发生的下列任何一款货物的价格相近的，应视为特殊关系未对成交价格产生影响，填报"否"，反之则填报"是"：

（1）向境内无特殊关系的买方出售的相同或者类似进口货物的成交价格。

（2）按照《审价办法》第二十三条的规定所确定的相同或者类似进口货物的完税价格。

（3）按照《审价办法》第二十五条的规定所确定的相同或者类似进口货物的完税价格。

提示 | 本栏目出口货物免予填报，加工贸易及保税监管货物（内销保税货物除外）免予填报。

46. 支付特许权使用费确认

本栏目根据《审价办法》第十一条和第十三条，填报确认买方是否存在向卖方或者有关方直接或者间接支付与进口货物有关的特许权使用费，且该费用未被包括在进口货物的实付、应付价格中。

买方存在需向卖方或者有关方直接或者间接支付特许权使用费，且该费用未被包含在进口货物实付、应付价格中，并且符合《审价办法》第十三条的，在"支付特许权使用费确认"栏目填报"是"。

买方存在需向卖方或者有关方直接或者间接支付特许权使用费，且该费用未被包含在进口货物实付、应付价格中，但纳税义务人无法确认是否符合《审价办法》第十三条的，填报"是"。

买方存在需向卖方或者有关方直接或者间接支付特许权使用费，且该费用未被包含在实付、应付价格中，纳税义务人根据《审价办法》第十三条，可以确认需支付的特许权使用费与进口货物无关的，填报"否"。

买方不存在向卖方或者有关方直接或者间接支付特许权使用费的，或者特许权使用费已经包含在进口货物实付、应付价格中的，填报"否"。

提示 | 出口货物免予填报，加工贸易及保税监管货物（内销保税货物除外）免予填报。

47. 自报自缴

进出口企业、单位采用"自主申报、自行缴税"（自报自缴）模式向海关申报的，填报"是"；反之则填报"否"。

48. 申报单位

申报单位是指向海关申报进出口货物的单位。自理报关的，本栏目填报进出口企业的名称及编码；委托代理报关的，填报报关企业名称及编码。编码填报 18 位法人和其他组织统一社会信用代码。

报关人员填报在海关备案的姓名、编码、电话，并加盖申报单位印章。

49. 海关批注及签章

本栏目供海关作业时签注。

12.2.2 报关单填制的技巧及案例分析

1. 报关单填制技巧

（1）熟悉发票、装箱单、提运单据的格式结构及各栏目的具体内容。

（2）弄清填制时所需要的信息来源，具体包括：已知信息；发票/装箱单/提运单据；自主判断。

报关单相关内容查找技巧如表 12.14 所示。

表 12.14　报关单相关内容查找技巧

可从提供的提运单、装箱单中查找的	可从提供的发票中查找的	可从提供的补充内容里直接查找的	通过逻辑才能推断出来的
1. 航次号 2. 运输方式 3. 运输工具名称 4. 提运单号 5. 启运国（地区）/运抵国（地区） 6. 经停港/指运港 7. 件数 8. 包装种类 9. 毛重（千克） 10. 净重（千克） 11. 集装箱号 12. 标记唛码及备注	1. 收发货人 2. 消费使用单位/生产销售单位 3. 集装箱号 4. 成交方式 5. 运费 6. 保险费 7. 杂费 8. 合同协议号 9. 商品名称、规格型号 10. 数量及单位 11. 原产国（地区）/最终目的国（地区） 12. 单价 13. 总价 14. 币制	1. 备案号 2. 进出口日期 3. 申报日期 4. 收发货单位 5. 许可证号 6. 境内目的地/境内货源地 7. 批准文号 8. 随附单据	1. 监管方式 2. 征免性质 3. 用途 4. 部分备注的内容

（3）"概要申报"要素。

在"两步申报"通关模式下，第一步，企业进行概要申报后，经海关同意即可提离货物；第二步，企业自运输工具申报进境之日起 14 日内完成完整申报，办理缴纳税款等其他通关手续。对于不涉及进口禁限管制、检验或检疫的货物，企业只需申报 9 个项目，确认 2 个物流项目；对于涉及进口禁限管制或检验检疫的，分别增加申报 2 个或 5 个项目。表 12.15、表 12.16、表 12.17、表 12.18 显示了在不同情况下概要申报所要求的填报项目。

表 12.15　概要申报项目必须填制的 9 个项目

申报项目	报关单栏目名称
企业信息	境内收发货人

申报项目	报关单栏目名称
运输信息	运输方式/运输工具名称及航次号
	提运单号
监管方式	监管方式
货物属性	商品编码（6 位）
	商品名称
	数量及单位
	总价
国别信息	原产国（地区）

表 12.16　企业提离货物需确认的 2 个物流项目

信息来源	报关单栏目名称
以舱单为准	毛重
	集装箱号

表 12.17　属于禁止、限制管理类货物需增加的 2 个申报项目

申报项目	报关单栏目名称
监管证件号	许可证号/证件编号
集装箱号	集装箱商品项号关系

表 12.18　属于依法需要检验或检疫类货物需增加的 4 个项目和需完善的 1 个项目

申报项目	报关单栏目名称
商品信息	产品资质（产品许可/审批/备案）
	商品编码（13 位）
	货物属性
	用途
集装箱号	集装箱商品项号关系

2. 报关单填制案例分析

根据以下资料填写进口货物报关单。

资料1：北京 ×× 液压有限公司（91103026000× × × × ×）以一般贸易方式进口碳钢棒料用于公司生产。货物抵港后，委托天津 ×× 报关有限公司向海关办理进境申报手续。为满足报关单填制要求，报关公司与客户做了以下确认：

（1）商品信息及归类。碳钢棒料，非合金钢，成分含量：0.44% 碳，0.21% 硅，0.76% 锰，0.14% 镍，0.02% 铬，98.43% 铁。加工方法：热轧，带有轧制后产生的变形，热轧且带有轧制产生的变形；钢号 AE94。根据提供的商品信息，确定碳钢帮料的商品编码为 7214.2000。

（2）检验检疫信息确认。商品编码 7214.2000 规定该货物属于《海关总署关于调整必须实施检验的进出口商品目录的公告》（以下简称《法检目录》）商品，企业填报进口报关单需要填报检验检疫栏目。货物使用钢带打捆，无外包装，但使用实木铺垫。

（3）其他信息确认。进口单位确认其与发货人没有特殊关系，也无需向外方支付特许权使用费。

资料2：提货单

天海国际船务代理公司

TMSC INTERNATIONAL SHIPPING AGENCY

提货单

DELIVERY ORDER 船档号：24113 IMO：91606624

致　　　　　　　　　　　　　　港区、场站

收货人：× × × ×（Beijing）Hydraulic CO., LTD			下列货物已办妥手续，运费结清，准予交付收货人。		
船名：VITAN	航次：1908W	起运港：BUSAN		目的港：XINGANG	
提运单号：HSLI01019020341	交付条款：CY/CY	到付运费：			
抵港日期：20190225	箱数：1×20GP	第一程运输：			
卸货地点：联盟国际	进场日期：	箱进口状态：			
标记与集装箱号、铅封号	货物名称		件数与包装	重量（kgs）	体积（m³）
N/M HSLU2008380/549030/20GP	ALLOY STEEL ROUND BARS		8 BUNDLES	14984	5
请核对放货：			天海国际船务代理公司 2019 年 02 月 25 日		
凡属法定检验，检疫的进口商品，必须向有关监督机构申报。					
收货人章	海关章		**货主自付港口费用** **天海船代进口**		

资料3：发票

INVOICE   ××××（Beijing）Hydraulic CO., LTD

1）Shipper/Exporter ×××× SPECIAL PRODUCTS GMBH 150, Maeyeong-ro, Yeongtong-gu, Suwon-si, Gyeonggi-do, SEOUL 443-743 Rep. of KOREA	8）No. & date of invoice EA41430017 FEB.10，2019
	9）No. & date of L/C
2）For Account & Risk of Messers ×××（Beijing）Hydraulic CO., LTD	10）L/C issuing bank
3）Notify party*	11）Remarks
4）Port of loading BUSAN 5）Final destination TIANJIN	*Wooden BOX 1～3
6）Carrier 7）Sailing on or about FEB.21.2019	

12）Marks and numbers of PKGS   13）Description of goods   14）Quantity/Unit

15）Unit   16）Amount

 N/M

                  CIF TIANJING CHINA

      ALLOY STEEL ROUND BARS

        R909136821   7844.00KG   0.959   7522.40 USD

        R909136821   7140.00KG   0.959   6847.26 USD

                 TOTAL：14369.66 USD

资料4：装箱单

PACKING LIST

                 DATE：2019.2.21

VENDOR：   PAGE：1 OF 1

P'KG NO	DESCRIPTION	Q'TY	N/WT KG	G/WT KG	DIMENSION（CM）			CBM	TYPE
					L	W	H		
1	ALLOY STEEL ROUND BARS	8 BUNDLES	14984	14984				5	
	总计		14984	14984					
TOTAL: 8 BUNDLES								5	CBM

资料 5：合同

Sales Contract

SEM

314, MAETAN-3DONG.

PALDAL-KU，SUWON-CITY

KYUNGKI-DO，KOREA

Telex：SEMCOSL K29361

Telephone：0331-210-5114

REF. NO. EA41430017

DATE 2018.01.01

××××SPECIAL PRODUCTS GMBH as Seller and

×××（Beijing）Hydraulic CO., LTD as buyer do hereby to sell and purchase agreed the following goods under the terms and conditions set forth hereunder.

DESCRIPTION	QUANTITY	UNIT	UNIT PRICE（US$）	AMOUNT（US$）
NAME：ALLOY STEEL ROUND BARS TYPE：R909136821 Country of origin Korea	14984	KGS	0.959	14369.66
TOTAL	C.I.F TIANJIN			14369.66
PAYMENT：	T/T			
PACKING：EXPORT STANDARD PACKING	INSPECTION：MAKER'S INSPECTION TO BE FINAL			
INSURANCE：TO BE COVERED BY SELLER	PORT OF ENTRY/			
	DESTINATION：			
PORT OF SHIPMENT: ANY KOREAN PORT OR/AND AIRPORT: BUSAN，INCHON，KIMPO				
SPECIAL TERMS & CONDITIONS 1. 1/3 ORIGINAL SHIPPING DOCUMENTS TO BE PRESENTED TO KOREA EXCHANGE BANK 2. 2/3 ORIGINAL SHIPPING DOCUMENTS HAVE TO BE SENT TO CONSIGNEE DIRECTLY，Y DHL/SKYPAK 3. THE INTERNATION MACHINE ASSURE FOR FREE SERVICE 5YEARS 4. THE THIRD PARTY B/L ACCEPTABLE				

The general terms and conditions appearing on the reverse side hereof are integral part hereof

For and on behalf of Seller

Signed by

For and on behalf of Buyer

Signed by

根据以上提供的资料，报关单各栏目填写解析如下：

（1）境内收发货人。

填报结果：北京××液压有限公司（91103026000××××××）。

简要说明：根据资料 1 及委托人提供的相关信息，填报收发货人名称及 18 位统一社会信用编码。

（2）进境关别。

填报结果：新港海关（0202）。

简要说明：根据资料 2 提货单上显示，目的港为"XINGANG"，本栏目应填报新港海关，代码为 0202，注意此处不要填报为天津海关（0201）。填报内容应与海关舱单系统关区代码一致。

（3）进口日期。

填报结果：20190225

简要说明：根据资料2提货单上信息显示，抵港日期为20190225，进口日期应填报运载进口货物运输工具申报进境的日期，

（4）申报日期。

进口货物报关单此栏无需人工填报，海关接受申报后系统自动生成。

（5）备案号。

填报结果：备案号为空

简要说明：根据资料1的信息，进口货物的监管方式为一般贸易，没有相关的备案，故本栏目为空。

（6）境外收发货人。

填报结果：××××SPECIAL PRODUCTS GMBH

简要说明：根据发票、合同的信息显示，境外收发货人的英文全称为×××× SPECIAL PRODUCTS GMBH。

（7）运输方式。

填报结果：水路运输（2）

简要说明：进口货物的提货单为船务公司海运提货单，并且有船名、启运港、目的港等信息，运输工具应为海运班轮，因此运输方式应为水路运输，其代码为"2"。

（8）运输工具名称及航次号。

填报结果：VITAN/1908W

简要说明：提货单上列明了货物进境的运输工具名称及航次号——VITAN/1908W。按照填报规定，填报时需注意填报内容应与运输部门向海关申报的舱单（载货清单）内容一致。

（9）提运单号。

填报结果：HSLI01019020341

简要说明：提货单显示该票进口货物的提运单号为HSLI01019020341。注意填报内容与海关舱单数据中的提运单号一致。

（10）货物存放地。

填报结果：联盟国际

简要说明：资料2提货单显示船舶的卸货地点为"联盟国际"码头。

（11）消费使用单位。

填报结果：北京××液压有限公司（91103026000××××××）

简要说明：根据资料1和资料5的信息，没有委托代理情况，收发货人与消费使用单位应为同一单位。

（12）监管方式。

填报结果：一般贸易0110

简要说明：根据资料 1，进口货物为企业自行购进且未办理相关减免税手续，监管方式应填写"一般贸易"，其代码为 0110。

（13）征免性质。

填报结果：一般征税 101

简要说明：根据资料 1 及"监管方式"栏填报的内容，对应的征免性质应为"一般征税"，其代码为 101。

（14）许可证号。

填报结果：许可证号为空

简要说明：根据进口商品的属性和归类后的商品编码查询，申报商品不涉及进口许可证管理。

（15）启运港。

填报结果：釜山（韩国）KOR003

简要说明：进口货物从釜山港启运，船舶直达天津新港。因此，釜山港为运抵中国关境前的第一个境外装运港。

（16）合同协议号。

填报结果：EA41430017

简要说明：根据合同提供的信息，销售合同的号码为 EA41430017，应将全部信息填入本栏。

（17）贸易国（地区）。

填报结果：韩国 KOR

简要说明：根据合同提供的信息，与收货人签订贸易合同的发货人所属国为韩国，故本栏目应填报韩国，代码为 KOR。

（18）启运国（地区）。

填报结果：韩国 KOR

简要说明：根据提货单和发票信息，进口货物从韩国的釜山港起始发出，直接运抵中国的天津新港，所以启运国应为韩国，其代码为 KOR。

（19）经停港。

填报结果：釜山 KOR003

简要说明：根据资料 2 显示，进口货物从韩国的釜山港起始发出后，直接运抵中国的天津新港，这也是进口货物运抵中国关境前最后一个境外装运港。因此，经停港应填报为釜山，其代码为 KOR003。

（20）入境口岸。

填报结果：北疆港区（120002）

简要说明：根据提货单，进口货物从船舶卸离后进入的第一个境内口岸为天津新港，货物存放于北疆港区的联盟国际码头。按照《国内口岸编码表》应填报为北疆港区，代码为 120002。

（21）包装种类。

填报结果：包装种类为裸装，其他包装为植物性铺垫材料。

简要说明：根据资料1、资料2、资料4，进口货物为裸装，但使用植物性材料铺垫。因此，碳钢棒料的运输包装种类应填报裸装，其他包装填报植物性铺垫材料。

（22）件数。

填报结果：8

简要说明：根据提货单及装箱单件数栏，货物为8捆，件数应填报为8。

（23）毛重。

填报结果：14 984

简要说明：根据提货单的重量栏及装箱单毛重栏，进口货物及其包装材料的重量之和应为14 984千克。

（24）净重。

填报结果：14 984

简要说明：根据装箱单，该票货物为裸装，毛净重相同。

（25）成交方式。

填报结果：CIF（1）

简要说明：根据发票和合同信息，进口货物实际成交价格条款为CIF，其代码为1。

（26）运费

填报结果：运费栏为空

简要说明：该货物的实际成交价格条款为CIF，价格中已包含货物的运费，无需重复填报。

（27）保险费。

填报结果：保险费栏为空

简要说明：该货物的实际成交价格条款为CIF，价格中已包含货物的保险费，无需重复填报。

（28）杂费。

填报结果：杂费栏为空

简要说明：根据发票和合同信息，没有发生成交价格以外的按照《审价办法》的相关规定应计入完税价格或应从完税价格中扣除的费用。

（29）随附单证及编号。

填报结果：随附单证及编号为空

简要说明：根据申报货物的商品编码查询《中华人民共和国进出口税则》可知，申报货物除涉及检验检疫外，不涉及其他监管证件要求，也不涉及优惠贸易协定的原产地申报，故此栏目为空。

（30）标记唛码及备注。

填报结果：标记唛码为N/M，集装箱标箱数及号码显示为：1，HSLU2008380。在"单

"一窗口"系统中，录入如下：

箱号：HSLU2008380；箱型：勾选"普通标准箱"（S）；商品项号对应关系："1"

简要说明：根据提货单信息，进口货物无唛头标志，装运于一个20尺的普通集装箱。因此标记唛码填报 N/M；按照集装箱信息填入实报集装箱箱号、箱型，本次进口货物均为1项品名，装运于1个集装箱。因此，填报"1"。

（31）项号。

填报结果：1

简要说明：根据发票信息，商品只有一项，此处应填报"1"。

（32）商品编码。

填报结果：7214.2000.00

简要说明：根据归类总规则，结合具体商品的属性，通过《税则》确定该货物的8位数商品编码为7214.2000，附加编码为"00"。

（33）商品名称、规格型号。

填报结果：商品名称栏目填报"碳钢制棒料"（本栏目第一行）。规格型号按照申报要素填报：品名类型、境外品牌｜出口享惠情况：不适用进口报关单｜形状：杆状｜材质：碳钢制，非合金钢｜加工方法：热轧｜状态：带有轧制后产生的变形｜成分含量：0.44%碳，0.21%硅，0.76%锰，0.14%镍，0.02%铬，98.43%铁｜规格：RD170MM｜钢号：AE94。

简要说明：经与委托单位确认，品牌类型为境外品牌（其他）。根据资料1及委托单位提供的申报要素信息，按照《规范申报目录》进行填报，第一行填报货物规范的中文商品名称，第二行至第三行填报规格型号。

（34）数量及单位。

填报结果：14 984 千克（第一行），第二行为空，14 984 千克（第三行）

简要说明：本栏目分三行填报，第一行为法定第一计量单位及数量，第二行为法定第二计量单位及数量，第三行为成交计量单位及数量。该批货物的法定第一计量单位为千克，无法定第二计量单位，收货人与卖方的成交单位为千克，因此第一行为14 984 千克，第二行为空，第三行为14 984 千克。

（35）单价。

填报结果：0.959 0

简要说明：发票的单价栏中显示，单价为0.959 0。

（36）总价。

填报结果：14 369.66

简要说明：发票信息的总价栏中注明，总价为14 369.66。

（37）币值。

填报结果：美元（USD）

简要说明：发票和合同信息显示，实际成交币种为美元，按照规定应填报"美元"及其代码"USD"。

（38）原产国（地区）。

填报结果：韩国（KOR）

简要说明：根据合同信息，进口货物的原产国为韩国，此处应填报为韩国，其代码为KOR。

（39）最终目的国（地区）。

填报结果：中国（CHN）

简要说明：根据资料1，此批进口货物将用于收货人生产，因此本栏目填报"中国"及代码"CHN"。

（40）境内目的地。

填报结果：在"单一窗口"系统内，本栏目需要录入两项内容，即境内目的地代码和目的地名称及代码。依据企业所在地信息，填报如下：

境内目的地名称及代码：北京经济技术开发区（11132）；目的地名称及代码：北京市大兴区（110115）。

简要说明：此批进口货物在境内的最终使用单位为收货人，其所在地点依据《国内地区代码》，填报北京经济技术开发区（11132）。按照《中华人民共和国行政区划代码表》，其目的地名称及代码填报北京市大兴区（110115）。

（41）征免。

填报结果：照章征税（1）

简要说明：根据申报商品的"监管方式"栏、"征免性质"栏，以及报关单栏目填报逻辑的对应关系，此栏目应为"照章征税"，代码为"1"。

（42）特殊关系确认/价格影响确认/与货物有关的特许权使用费支付确认。

填报结果：特殊关系确认填"否"；价格影响确认填"否"；与货物有关的特许权使用费支付确认填"否"

简要说明：根据资料1的信息，进口单位与外方既没有特殊关系，也无需向外方支付特许权使用费，因此，本栏目三项均应填"否"。

本章小结

1. 进出口货物报关单是进出口货物收发货人向海关报告其进出口货物实际情况及适用海关业务制度、申请海关审查并放行货物的必备法律文件，按照海关的规定和要求正确规范填制报关单是海关对报关企业和报关员的基本要求，进出口货物收发货人或其代理人应按照《报关单填制规范》《中华人民共和国海关进出口货物申报管理规定》《进出口货物申报项目录入指南》《规范申报目录》《统计商品目录》等有关规定要求向海关申报，并对申报内容的真实性、准确性、完整性和规范性承担相应的法律责任。

2. 海关对进出口货物报关单填报的一般要求有：按照相应制度申报并承担相应的法律责任，遵循"三个相符"原则、分单填报、分商品填报等填制规范。

3. 报关单的填制有其技巧。货物收发货人首先应准确理解各栏目名称的含义，熟悉申报栏目与发票、装箱单、提运单等单证各栏目的对应关系；其次应尽可能弄清填制时各栏目的信息来源，包括已知信息、发票、装箱单、提运单据、自主判断等；再次需要正确理解报关单各栏目之间的逻辑关系，如：收发货人和消费使用单位/生产销售单位填报之间的逻辑关系，监管方式与征免性质、备案号、征免栏目之间的逻辑关系，成交方式与运费、保险费栏目之间的逻辑关系等。

练习题

一、单选题

1. 中国一外贸企业从越南进口一批货物，合同里显示交易金额为总价 23 000 美元 FOB 胡志明，从胡志明市到上海的总运费为 300 美元。则报关单的"运费"栏应填报为（　　）。

   A. 不填　　　　　　　B. 300 美元　　　　　C. 3/300/502　　　　D. 300/502

2. 中国煤炭进出口公司收购山西省五矿公司在大同煤矿开采的煤，经河北省唐山京唐港出口，其在出口报关单上填写的发货单位应为（　　）。

   A. 中国煤炭进出口公司　　　　　　　B. 山西省五矿公司

   C. 大同煤矿　　　　　　　　　　　　D. 唐山京唐港

3. 某出口加工区内企业从中国香港购进中国台湾产的薄型尼龙布一批，加工成女式服装后，经批准运往区外内销，该批服装向海关申报出区时，其原产地应申报为（　　）。

   A. 中国香港　　　　　B. 中国台湾　　　　　C. 中国　　　　　　　D. 国别不详

二、多选题

1. 可以作为境内收发货人填报的单位包括（　　）。

   A. 对外签订合同但并非执行合同的单位

   B. 非对外签订合同但具体执行合同的单位

   C. 委托外贸公司对外签订并执行进口投资设备合同的外商投资企业

   D. 经营出口退税国产商品的免税品经营单位

2. 属于一般贸易监管方式的进出口贸易行为包括（　　）。

   A. 外商投资企业用国产原材料加工成品出口或采购产品出口

   B. 贷款援助的进出口货物

   C. 外商投资企业为加工内销产品而进口的料件

D. 进出口货样广告品

3. 根据海关对报关单上"运输方式"项目的分类规定，下列说法正确的是（　　）。

A. 非邮件方式进出境的快递货物，按实际进出境运输方式填报

B. 不复运出（入）境而留在境内（外）销售的进出境展览品、留赠转卖物品等，填报"其他运输"（代码 9）

C. 保税区运往境内非保税区，填报"非保税区"

D. 进口转关运输货物，按载运货物运达进境地的运输工具填报

4. 中国某进出口公司（甲方）与新加坡某公司（乙方）签订一出口合同，合同中订明：甲方向乙方出售 5 000 件衬衣，于 2023 年 4 月 10 日在上海装船。途经中国香港运往新加坡，在签订合同时，甲方得知乙方还要将该批货物从新加坡运往智利。报关单中以下填写不正确的是（　　）。

A. 运抵国（地区）为"中国香港"，最终目的国（地区）为"新加坡"

B. 运抵国（地区）为"新加坡"，最终目的国（地区）为"智利"

C. 运抵国（地区）为"中国香港"，最终目的国（地区）为"智利"

D. 运抵国（地区）为"智利"，最终目的国（地区）为"智利"

三、判断题

1. 报关单上的"境内收货人"应为进口货物在境内的最终消费、使用的单位名称，"境内发货人"应为出口货物在境内生产或销售的单位名称。（　　）

2. 联合国救灾协调员办事处在美国市场采购原产于加拿大的冰雪救灾物资来无偿援助中国，该批物资在美国洛杉矶装船，在日本东京中转后运抵中国，这种情况其报关单"启运国（地区）"栏目应填日本。（　　）

3. 报关单上"商品名称、规格型号"栏目，正确填写的内容应有中文商品名称、规格型号、商品的英文名称和品牌，缺一不可。（　　）

4. 特定减免税货物以外的实际进出口货物都属于一般进出口货物。（　　）

5. 经海关批准，从保税仓库内提取一批货物在国际市场上销售，由于该批货物是通过空运方式进入保税仓库的，故该货物出仓库时，报关单上"运输方式"栏应填报"航空运输"。（　　）

四、实训题

请根据所提供的资料，填制进口货物报关单。

资料 1：天津 ××× 电机公司（91120116600911××××）与国外签订合同开展进料加工业务，企业的电子账册编号为 E0203300××××。为生产成品，企业进口两种生产原料，法定计量单位均为千克。根据与客户沟通的结果，信息整理如下：

（1）商品信息及归类。3402130090 脂肪醇聚氧乙烯醚

4 │ 3 │非离子│脂肪醇聚乙烯醚 100% │品牌：BASA │型号 LF22

38249999.90 电极浆料（银浆料）

4 │ 3 │电极用│银粉状浆料 40%、桉树油 20%、玫瑰油 20%、环己酮 10%、乙二醇 10% │ 2KG/ 塑料桶│三星│无

（2）检验检疫信息确认。进口货物均为非法检货物，货物使用胶合板制作的托盘装运，未使用实木铺垫、加固。

（3）其他信息、运费、保险费确认。进口单位确认，其与发货人没有特殊关系，也无需向外方支付特许权使用费。此票进口货物海运费为 350 美元，保险费率为 2.7‰。

资料 2： 提货单

中国外运天津集团船务代理公司

SINOTRANS TIANJIN MARING SHIPPING AGENCY

NO. 40317001

2016（B）海关编号：241136

船舶 IMO 编号：9160891

NO. 4031437

提货单

（DELIVERY ORDER）

收货人：COMAX（COREANA-MAXPEED）TIANJIN CO., LTD. ROOM 3222, TIANJIN GOLDENEMPEROR BUILDING, NO. 20 通知人：SAME AS CONSIGNEE				下列货物已办妥手续，运费结清请准许交付收货人。	
船名：SINOKOR TIANJIN	航次：0065W	启运港：INCHON		唛头：NOMARK ** F: 86-22-2334- × × × × ATTN:MR GRIS KIM （IMP）, MS WINNI（EXP）	
提单号：SNK0010140301279	交付条款：CY/CY	目的港：TIANJIN XINGANG			
卸货地点：联盟国际	进场日期：	箱进口状态：F			
抵港日期：2019-03-16	到付运费：	备注：			
一程船：		提单号：			
集装箱 / 铅封号	货物名称		件数与包装	重量（kgs）	体积（m³）
CRSU1475603/672630 1×20'GP	METAL FINISHING CHEMICAL ELECTRODE PASTE		10 PLATE	8540	20
请核对放货： 凡属法定检验，检疫的进口商品，必须向有关监督机关申报。	中国外运天津集团船务代理公司 提货专用章				
海关章					

资料 3：发票

INVOICE

1. SHIPPER/EXPORTER MK CHEM AND TECH CO.，LTD 71 ONESI-RO，DANWON-GU, ANSAN-SI，GYEONGGI-DO 71 ONESI-RO A02425100 Tel：031-491-7878 Fax：031-495-6718	10. NO. & DTAE OF INVOICE MK1403-005　　　03/07/2016
2. FOR ACCOUNT & RISK OF MESSRS TIANJIN××××ELECTRO-MECHANICS CO.，LTD NO. 88 XIAQING ROAD, THE WEST ZONE OF TEDA TIANJIN，CHINA 300462 Tel：86-22-2830-××××（3266） Fax：86-22-2831-××××	11. NO. & DTAE OF L/C
3. NOTIFY PARTY TIANJIN ××× ELECTRO-MECHANICS CO.，LTD 28 HeiNiuCheng Road TianJin China 300210 Tel：86-022-2830-××××（3266） Fax：022-2827-××××	12. L/C ISSUING BANK

5. FORWARDER COMAX（COREANA-MAXPEED）TIANJIN CO.，LTD		13. NO. OF CONTRACT 1403CN08002
8. CARRIER SINOKOR TIANJIN 0065	9. SAILING ON OR ABOUT ETD：03/14/2019 ETA：03/16/2019	14. REMARKS （Sloc：1L31）
15. TERMS OF DELIVERY FOB INCHON，KOREA	16. TERMSOFP A YMENT BWT 60 Days	

NO.	MATERIAL NO. DESCRIPTION SPECIFICATION	QUANTITY	ORIGIN HS NO.	PRICE LC NO. CUST PO&PO ITEM	AMOUNT OTHER CHARGE HANDINGCHARGE
1	0204-000364	5,000.000KG	KR	3.4	17,000.00
	PLURAFAC LF221 项号：311 中文品名：脂肪醇聚氧乙烯醚		3402130090	Opened	
2	Electrode paste 项号：216 中文品名：电极浆料（银浆）	3,000.000KG	3824909990	5.6	16,800.00
TOTAL（FOB INCHON PORT）Qty:8,000.000（KG）Amount: USD 33,800.00					
				TOTAL:	USD 33,800.00

资料 4：装箱单

PACKING LIST

1. SHIPPER/EXPORTER MK CHEM AND TECH CO., LTD 71 ONESI-RO, DANWON-GU, ANSAN-SI, GYEONGGI-DO 71 ONESI-RO A02425100 Tel：031-491-7878 Fax：031-495-6718	10. NO. & DTAE OF INVOICE MK1403-005　　03/07/2016
2. FOR ACCOUNT & RISK OF MESSRS TIANJIN × × × ELECTRO-MECHANICS CO., LTD NO. 88 XIAQING ROAD, THE WEST ZONE OF TEDA TIANJIN, CHINA 300462 Tel：86-22-2830-× × × ×（3266） Fax：86-22-2831-× × × ×	11. NO. & DTAE OF L/C
3. NOTIFY PARTY TIANJIN × × × ELECTRO-MECHANICS CO., LTD 28 HeiNiuCheng Road TianJin China 300210 Tel：86-022-2830-× × × ×（3266） Fax：022-2827-× × × ×	12. L/C ISSUING BANK
5. FORWARDER COMAX（COREANA-MAXPEED）TIANJIN CO., LTD	13. NO. OF CONTRACT 1403CN08002

6. PORT OF LOADING INCHONPORT	7. FINAL DESTINATION Tianjin	14. REMARKS （Sloc：1L31）
8. CARRIER SINOKOR TIANJIN 0065	9. SAILING ON OR ABOUT ETD：03/14/2019 ETA：03/16/2019	

PALLET FROM-TO	CUST PO NO ITEM NO MATERIAL	DESCRIPTION SPECIFICATION	QTY	N.W	G.W
1-10	4503305402 00001 0204-000364	PLURAFAC LF221	5,000.000KG	5,000.000KG	5,340.000KG
		Electrode paste	3,000.000KG	3,000.000KG	3,200.000KG

Total PALLET: Total Net Wgt:	10 PALLET 8,000.000KG	Total Qty: Total Grs Wgt:	8,000.000KG 8,540.000KG

1078180508　　　　　　　　　　　　　*Kim Halebgeen*

MADE IN KOREA

图书在版编目(CIP)数据

报关管理与实务 / 唐俏,张永庆编著. — 上海 ：
格致出版社 ：上海人民出版社，2024.2
ISBN 978 - 7 - 5432 - 3540 - 3

Ⅰ. ①报… Ⅱ. ①唐… ②张… Ⅲ. ①进出口贸易-
海关手续-中国 Ⅳ. ①F752.5

中国国家版本馆 CIP 数据核字(2024)第 002248 号

责任编辑 郑竹青 程 倩
装帧设计 路 静

报关管理与实务
唐俏 张永庆 编著

出 版 格致出版社
上海人民出版社
(201101 上海市闵行区号景路 159 弄 C 座)
发 行 上海人民出版社发行中心
印 刷 浙江临安曙光印务有限公司
开 本 787×1092 1/16
印 张 24.25
插 页 1
字 数 541,000
版 次 2024 年 2 月第 1 版
印 次 2024 年 2 月第 1 次印刷
ISBN 978 - 7 - 5432 - 3540 - 3/F · 1556
定 价 89.00 元